国家社会科学基金重点项目"外资商业竞争与中国流通产业安全研究"
（项目批准号：10AJY010）成果

江苏省重点序列学科——应用经济学（苏政办发【2014】37号）

外资商业竞争与中国流通产业安全研究

Research on Foreign Commercial Competition and Chinese Distribution Industry Security

李陈华 著

中国社会科学出版社

图书在版编目（CIP）数据

外资商业竞争与中国流通产业安全研究/李陈华著．
—北京：中国社会科学出版社，2016.1
ISBN 978 – 7 – 5161 – 7137 – 0

Ⅰ.①外… Ⅱ.①李… Ⅲ.①流通产业—研究—中国
Ⅳ.①F724

中国版本图书馆 CIP 数据核字（2015）第 283347 号

出 版 人	赵剑英
责任编辑	侯苗苗
特约编辑	曹慎慎
责任校对	杨 涛
责任印制	王 超

出　　版	中国社会科学出版社
社　　址	北京鼓楼西大街甲 158 号
邮　　编	100720
网　　址	http://www.csspw.cn
发 行 部	010 – 84083685
门 市 部	010 – 84029450
经　　销	新华书店及其他书店
印刷装订	三河市君旺印务有限公司
版　　次	2016 年 1 月第 1 版
印　　次	2016 年 1 月第 1 次印刷
开　　本	710×1000　1/16
印　　张	24
插　　页	2
字　　数	406 千字
定　　价	88.00 元

凡购买中国社会科学出版社图书，如有质量问题请与本社营销中心联系调换
电话：010 – 84083683
版权所有　侵权必究

目 录

第一章 导论 1
- 第一节 研究背景 1
- 第二节 研究内容 2
- 第三节 研究方法 4
- 第四节 主要观点 5
- 第五节 可能的创新 9

第二章 相关文献回顾 10
- 第一节 理论文献 10
  - 一 国外研究 11
  - 二 国内研究 17
- 第二节 经验文献 25
  - 一 指标体系 25
  - 二 经验度量 31
- 第三节 政策文献 35
  - 一 国外政策 35
  - 二 国内政策 44

第三章 中国流通产业安全的现实背景 48
- 第一节 从改革开放到经济起飞 48
  - 一 改革开放 48
  - 二 经济起飞 49
- 第二节 从资金瓶颈到"流动性过剩" 58
  - 一 资金瓶颈缓解 58

二　流动性过剩 ………………………………………………… 62
　第三节　从引进外资到管理外资 ………………………………… 67
　　一　引进外资 …………………………………………………… 67
　　二　管理外资 …………………………………………………… 70

第四章　流通开放与外资商业竞争 ………………………………… 75
　第一节　中国流通业的开放历程 ………………………………… 75
　　一　基本封闭阶段 ……………………………………………… 77
　　二　试点开放阶段：中央尝试、地方蜂起 …………………… 77
　　三　调整回撤阶段：中央整顿、地方敷衍 …………………… 80
　　四　全面开放阶段：中央—地方博弈的解 …………………… 84
　第二节　中外商业竞争力比较 …………………………………… 86
　　一　总体规模比较 ……………………………………………… 86
　　二　总体盈利性比较 …………………………………………… 93
　第三节　"逆向型"开放与外资商业竞争 ……………………… 103
　　一　"逆向型"开放路径 ……………………………………… 103
　　二　外资商业的快速扩张 ……………………………………… 107
　　三　外资商业的竞争优势 ……………………………………… 111

第五章　中国流通产业安全理论 …………………………………… 114
　第一节　产业安全 ………………………………………………… 114
　　一　严格的产业安全 …………………………………………… 115
　　二　宽泛的产业安全 …………………………………………… 116
　　三　一般的产业安全 …………………………………………… 118
　第二节　流通产业地位 …………………………………………… 122
　　一　基础产业 …………………………………………………… 122
　　二　先导产业 …………………………………………………… 126
　　三　战略产业 …………………………………………………… 128
　第三节　流通产业安全 …………………………………………… 131
　　一　行业性质与规模结构变化 ………………………………… 131
　　二　自下而上"逆向型"开放路径 …………………………… 135
　　三　非均衡的地理布局 ………………………………………… 142

四　概念界定··145

第六章　中国流通产业安全度测算··146

　第一节　经验方法··146
　　一　方法论中的经验方法··146
　　二　流通产业安全的经验问题··149
　第二节　流通产业的"序数安全度"··151
　　一　现有的"基数安全度"测算··151
　　二　"序数安全度"：一种新的经验方法······························154
　　三　指标体系··158
　第三节　数据来源、测算结果与分析讨论··································160
　　一　数据来源··160
　　二　测算结果··160
　　三　分析讨论··163

第七章　中国流通产业安全的影响因素···168

　第一节　历史因素··168
　　一　没有市场经济传统··169
　　二　缺乏对外开放经验··170
　　三　民族资本从未得到长足发展··172
　第二节　现实因素··173
　　一　经济全球化不可逆转··174
　　二　探索性改革与开放同步进行··175
　　三　流通业成为开放前沿领域··181
　第三节　政策层面··184
　　一　流通规制滞后于流通发展··184
　　二　统一政策不适于差异化的地区特征······························192
　　三　地方政策与中央方针不一致··194
　　四　行业协会的规制作用缺失··196
　第四节　企业层面：基于比较视角··197
　　一　规模实力比较··198
　　二　盈利性比较··199

第八章　中国流通产业安全的政策保障……203

第一节　国际经验……204
- 一　日本……204
- 二　美国……208
- 三　挪威……211
- 四　法国……214
- 五　韩国……216
- 六　小结……218

第二节　政策保障……220
- 一　基本原则……220
- 二　政策措施……221

第九章　结束语……228

附录一　政策文件……230

附录二　附表数据……259

参考文献……355

后　记……372

表目录

表2-1　部分学者的产业安全评价指标体系 ……………………… 28
表2-2　部分国家对外资进入的产业限制 ………………………… 43
表2-3　产业安全防范体系的特征比较：发展中国家VS发达国家 … 44
表3-1　中国GDP的历史变化：1960—2011年 ………………… 50
表3-2　全球主要国家GDP：1980—2011年 ……………………… 51
表3-3　中国人均GDP的历史变化：1960—2011年 …………… 54
表3-4　中国人均GDP及其全球排名：1980—2011年 ………… 55
表3-5　中国人均国民收入和消费支出：1978—2011年 ………… 56
表3-6　中国城乡居民储蓄存款及实际增长：1978—2011年 …… 58
表3-7　中国国内工业企业利润总额及实际增长：1978—2011年 … 60
表3-8　中国外汇储备及实际增长指数：1978—2011年 ………… 61
表3-9　中国M2的实际增长及其占GDP比重：1978—2011年 … 63
表3-10　中国金融机构存贷差的历史变化：1978—2011年 …… 65
表3-11　中国人民银行对（大型金融机构）
　　　　存款准备金率的历年调整 …………………………………… 66
表3-12　中国引进外资的历史变化：1980—2011年 …………… 68
表3-13　外商投资企业在中国的非均衡地理布局：2011年 …… 71
表3-14　协议外资项目的资金到位率：1985—2006年 ………… 73
表4-1　在华外资商业总体情况：1995—1997年 ………………… 79
表4-2　美元兑人民币汇率：2000—2012年 ……………………… 87
表4-3　中国零售40强与全球零售40强的
　　　　总营业额比较：2000—2012年 …………………………… 88
表4-4　中国市场上中外零售企业的整体
　　　　规模比较：2000—2012年 ………………………………… 89
表4-5　中国零售百强中外资商业与本土

	商业规模比较：2000—2012 年 ………………………………	91
表 4-6	中国零售上市公司与全球 500 强中零售 企业的总体盈利性比较：1995—2012 年 ……………………	94
表 4-7	中国市场上中外零售企业的整体 盈利性比较（a）：2000—2012 年 …………………………	96
表 4-8	中国市场上中外零售企业的整体 盈利性比较（b）：2000—2012 年 …………………………	97
表 4-9	中外电子专业店比较：2012 年度 …………………………	98
表 4-10	中外超市比较：2012 年度 …………………………………	100
表 4-11	中外百货店比较：2012 年度 ………………………………	102
表 4-12	引进外资总额中批发零售业所占比重：1993—2012 年 ……	105
表 4-13	外资商业在中国市场所占比重：1999—2012 年 …………	107
表 5-1	一般意义上的产业安全概念：几种典型定义 ……………	119
表 5-2	中国社会消费品零售总额的历史变化：1978—2011 年 ……	123
表 5-3	中国流通产业对 GDP 的实际贡献：1978—2011 年 ………	125
表 5-4	中国流通产业的就业贡献：2004—2011 年 ………………	126
表 5-5	美国前 100 家公司中的流通 （批发零售）企业：1995 年 VS 2012 年 …………………	133
表 5-6	全球 500 强企业中流通（批发与零售） 企业规模增大：1996—2012 年 ……………………………	134
表 5-7	中国引进外资情况：总体与批发零售业：1996—2011 年 …	138
表 5-8	中国批发零售业引进外资占总体比重：1996—2011 年 ……	139
表 5-9	外商直接投资进入中国的行业选择：2004—2011 年 ………	141
表 5-10	各地限额以上批发零售业主营业务 收入中外资所占比重：2011 年 ……………………………	143
表 6-1	两种不同的外资商业比重计算方法 ………………………	150
表 6-2	部分学者的流通（或零售）产业安全指标体系 …………	153
表 6-3	外资商业的市场及行业比重：2006—2011 年 ……………	161
表 6-4	外资商业的资产及数量比重：2006—2011 年 ……………	161
表 6-5	批发零售业占 FDI 比重与外资商业 利润比重：2006—2011 年 …………………………………	162
表 6-6	中国连锁百强和零售百强中的外资	

	商业比重:2006—2011 年	162
表6-7	全球零售250强中在华有业务外资商业的营业额及数量比重:2006—2011 年	163
表6-8	中国流通产业的"序数安全度":2006—2011 年	163
表7-1	全球商品、服务贸易与FDI流入的历史增长:1950—2013 年	176
表7-2	中国主要流通企业的成立时间	177
表7-3	中国对外贸易(包括商品和服务)与FDI流入:1950—2013 年	180
表7-4	中国批发零售业的外资进入情况	183
表7-5	1986年国务院宣布废除的商业法规目录	185
表7-6	中国东中西部地区流通业的非均衡发展	192
表7-7	历次《外商投资产业指导目录》中有关流通业内容的变化	195
表7-8	中外大型零售企业规模比较:2000—2012 年	198
表7-9	中国零售上市公司盈利性:2010—2012 年(三年平均)	199
表8-1	部分国家流通产业政策规制	219

图目录

图 3-1　中国 GDP 的历史变化：1960—2011 年 ………………… 51
图 3-2　全球主要国家 GDP 排名变化 …………………………… 53
图 3-3　中国人均 GDP 的历史变化：1960—2011 年 ……………… 55
图 3-4　中国人均 GDP 全球排名变化：1980—2011 年 …………… 56
图 3-5　中国人均国民收入和人均居民消费支出的
　　　　变化：1978—2011 年 ………………………………… 57
图 3-6　中国城乡居民储蓄存款实际增长指数：1978—2011 年 …… 59
图 3-7　中国国内工业企业利润总额实际增长指数：1978—2011 年 … 60
图 3-8　中国外汇储备实际增长指数：1978—2011 年 …………… 62
图 3-9　中国 M2 实际增长指数及 M2 占 GDP 比重：1978—2011 年 … 64
图 3-10　中国金融机构存贷差实际值的历史变化：1978—2011 年 … 65
图 3-11　中国引进外资（实际值）的历史变化：1980—2011 年 …… 70
图 4-1　中国流通业自下而上的"逆向型"开放："N"形路径 …… 106
图 5-1　中国社会消费品零售总额实际增长指数：1978—2011 年 … 124
图 5-2　中国流通产业对 GDP 的实际贡献率：1978—2011 年 …… 125
图 5-3　中国限额以上批发零售业的就业贡献：2004—2011 年 …… 127
图 5-4　全球 500 强企业中流通（批发与零售）
　　　　企业规模相对增大：1996—2012 年 …………………… 135
图 5-5　中国批发零售业引进外资占总体比重：1996—2011 年 …… 140
图 6-1　经济分析的类型 ………………………………………… 148
图 6-2　中国流通产业安全度的相对变化（左）
　　　　及速度趋势（右）：2006—2011 年 …………………… 164
图 7-1　经济全球化：全球商品、服务贸易与 FDI 的历史增长 …… 177
图 7-2　中国对外开放：商品出口、服务出口与 FDI
　　　　流入的历史增长：1983—2013 年 ……………………… 181
图 8-1　日本流通产业政策演变 ………………………………… 205

第一章 导论

第一节 研究背景

经济全球化和区域经济一体化趋势推动了国际分工的纵深发展，大大增加了国际市场上的交换利益，但在交换利益总量增长的背后，这种全球化浪潮对一些民族国家（尤其是欠发达国家和发展中国家）的经济主权形成巨大挑战，它不仅通过贸易全球化加剧了全球产业竞争，而且还通过生产及金融全球化改变传统的国际分工格局，使民族国家的内部分工模式、产业链以及相应的产业生态环境发生了革命性的变化。于是，在经济全球化的浪潮中，很多国家逐渐丧失了产业控制权，产业安全成为制约其经济持续发展的核心问题。造成产业安全问题的直接原因是商品进口和资本进口。对于商品进口方面的原因，在国际贸易学界讨论较多，往往与贸易保护政策联系在一起，相关研究可以上溯到15世纪末期的重商主义和19世纪的贸易保护主义。到了20世纪80年代又兴起了一种所谓的新贸易保护主义（New Trade Protectionism），亦称为"超贸易保护主义"或"新重商主义"，以绿色壁垒、技术壁垒、反倾销和知识产权保护等非关税壁垒措施为主要表现形式。

相对而言，资本进口对产业安全的影响更直接，其主要形式是外国直接投资（FDI），但 FDI 效应最近几十年才引起学术界的关注，尚没有标准的经济学解释，究其原因主要有以下几个方面：第一，FDI 本身出现较晚，是19世纪60年代以后垄断资本主义为"过剩资本"寻求国际扩张的必然结果，直到第二次世界大战以后随着跨国公司迅猛发展才开始成为一种主要的跨国经营活动；第二，在殖民主义时代，殖民地完全依附于宗主国，FDI 从本义（两个主权国之间发生的投资活动）上并不适于这二者之间的活动,自然不存在产业安全问题,只有在民族国家政治独立之后开始寻求经济主权独立的时候,FDI 的负面效应和产业安全问题才开始凸显;第三,发达国家的产业竞争力普遍较强,很少遭遇产业安全问题,因此以发达国家学者为主体的国际主流经济学界对产业安全问题的关注自然就很少。中国学术界对产业安全问题的关注起始于 20 世纪 90 年代中期,在加入 WTO 及各个领域对外开放度大大提高以后,一些民族产业或多或少地受到外资的冲击,导致有关产业安全的研究逐渐成为热点。但这些研究较多地关注宏观上的经济安全和金融安全,对流通业这一在传统观念看来属于典型竞争性行业关注不太多。

中国 2004 年年底全面开放流通业之后,外资商业加快了在华扩张和并购步伐,尤其是一些外资商业并购势头咄咄逼人,家乐福、麦德隆增持股权,Tesco 收购乐购,百思买收购江苏五星电器,家得宝收购家世界,沃尔玛收购好又多,乐天玛特收购万客隆和时代零售,家乐福收购保龙仓。中国零售百强中的外资商业在 2000 年只有 8 家,到 2011 年增加到了 21 家,占零售百强总营业额的比重从 5.97% 上升到 17.92%;中国连锁百强中的外资商业在 2001 年只有 7 家,到 2011 年增加到了 22 家,占连锁百强总营业额的比重从 8.68% 上升到 24.66%。外资商业在中国的快速扩张不仅直接冲击了本土商业的发展空间,而且这种冲击可能上升至产业安全的层面,这是本书选题的重要背景。

第二节 研究内容

本书共分为九章,各章内容如下:

第一章是导论。主要介绍整个研究的基本观点、研究内容以及可能的贡献和创新。

第二章是文献述评。我们将现有文献分为理论研究、经验研究和政策研究三大部分:理论研究主要包括国内和国外两个方面;经验研究主要包括度量指标体系和实际经验度量两个方面;政策研究包括国外政策借鉴和国内政策讨论两个方面。

第三章讨论中国流通产业安全的现实背景。主要分析中国自改革开放以来的经济发展和转型给流通业带来的环境变化,首先回顾中国改革开放带来的制度变迁、市场转型和经济增长；然后讨论中国摆脱改革开放初期资金"瓶颈"的过程，以及当前资金相对富足的现状；最后讨论中国从最初引进外资到当前管理外资的（可能的、应有的）政策变化。

第四章讨论流通开放与外资商业竞争。首先回顾中国流通的开放历程，包括基本封闭阶段、试点开放阶段、调整回撤阶段和全面开放阶段；然后对中外商业进行竞争力比较，包括总体规模比较、总体盈利性比较和典型企业比较；最后提出"逆向型"开放背景下的外资商业竞争问题，包括界定"逆向型"开放的含义以及可能对中国本土零售业发展的影响。

第五章提出中国流通产业安全的概念逻辑。首先从严格意义上、宽泛意义上和一般意义上总结学术界现有的产业安全概念；然后基于数据来论述流通产业作为基础产业、先导产业和战略产业的地位；最后把前面两个方面结合起来提出我们对流通产业安全的概念理解。

第六章对中国流通产业安全度进行经验测算。首先从方法论角度讨论经济分析中的经验方法，提出中国流通产业安全的经验问题；然后指出现有"基数安全度"测算的主观性问题，并提出我们的"序数安全度"方法，包括指标选取原则、计算调整方法和具体的指标体系；最后基于数据对各项指标进行测算，汇总测算中国流通产业安全的"序数安全度"，并讨论测算结果。

第七章分析中国流通产业安全的影响因素。我们将这些因素分为四大类，并分节阐述。第一类是历史的因素，包括中国经济没有市场经济传统、缺乏对外开放经验、民族资本从未得到长足发展等。第二类是现实的因素，包括经济全球化不可逆转、探索性改革与开放同步进行、流通业成为开放前沿领域等。第三类是政策层面的因素，包括流通规制滞后于流通发展、统一政策不适于差异化的地区特征、地方政策与中央方针不一致、行业协会的规制作用缺失等。第四类是企业层面的因素，主要通过中外商业的总体规模实力和盈利性进行比较，揭示中国流通企业竞争力的差距所导致的中国流通产业安全因素。

第八章提出中国流通产业安全的政策保障。首先以部分国家为例总结国外在流通产业规制方面的立法和政策经验；然后结合中国国情和本土商业发展情况，提出保障中国流通产业安全政策的制定原则和具体措施。

第九章是结束语。指出有待进一步研究的方向。

第三节 研究方法

本书所采取的方法主要有规范分析法、经验分析法、比较分析法、历史分析法。

第一，规范分析。在讨论中国流通产业安全概念逻辑的时候，我们提出了自己的判别标准，并对中国流通产业的安全状态给出了"序数安全度"意义上的评价，这种评价一方面基于历史经验数据，但另一方面也包含我们对中国流通产业安全的性质判别。

第二，经验分析。为了对中国流通产业安全的理论假说进行验证，我们设立了指标体系和测算方法，并基于2006—2011年的经验数据进行测算，对中国流通产业的序数安全度给出了一个总体上的经验结果。在考察中外商业竞争力的时候，我们也大量使用经验分析。采集的数据来自中经网统计数据库、中国统计年鉴、各省市自治区统计年鉴、中国零售百强排行榜、中国连锁百强排行榜、全球零售250强排行榜、《财富》杂志全球500强排行榜、中国零售上市公司经营数据、世界银行等多个数据库的数据资料。

第三，比较分析。这是在本书中使用最多的方法，因为产业安全实际上是一个比较问题，一个相对概念，也就是中外商业竞争状态和控制状态的比较。这里的比较不仅涉及理论上的逻辑比较，而且还有中外商业经营数据的经验比较。比较分析的内容包括中外流通产业政策上的比较、中外流通企业经营规模和盈利能力上的比较以及中外流通业发展路径上的比较。

第四，历史分析。这种分析方法是本书的一种创新尝试，由于中国流通业开放的历史事实与中央政策方针显示出了一种极大的不一致，这是地方政府与中央政府博弈的结果，这种博弈过程只有通过详尽的历史文档考察才能得到充分揭示。本书使用的历史文档主要包括国务院和各部委的政策规定和文件通知，从这些文档的内容中回顾和还原当时国内流通业发展和开放的状态，以及中央和地方对相应问题的态度变化。

第四节 主要观点

第一,在改革开放初期,中国作为一个从自然经济直接过渡到社会主义经济的国家,后来经历了很长一段时期的计划经济体制,市场经济的软件知识和硬件条件都非常缺乏,因此需要大力引进国外资本、管理和技术,利用各种优惠政策吸引外商来华投资,符合当时经济发展的需要。然而,随着改革开放和经济体制改革的逐步推进,特别是进入新世纪以来,中国与世界发达国家的差距快速缩小,经济形势与 30 年前相比已经有了根本性改变,GDP 从 1978 年的 1577 亿美元增加到 2011 年的 35479 亿美元(2000 年不变美元价格),年均增长 9.98%,经济总量在全球排名从 1980 年的第 12 位上升到当前的第 2 位,仅次于美国;社会消费品零售总额从 1978 年的 1528 亿元增加到 2011 年的 183919 亿元,年均增长 15.62%,即便剔除物价指数(商品零售价格指数),实际年均增长也有 10.66%;城乡居民人民币储蓄存款余额从 1978 年的 211 亿元增加到 2011 年的 34 万亿元,即便剔除物价指数(居民消费价格指数)也翻了近 289 倍,实际年均增长 18.73%。从总量上看,中国显然已经摆脱了当年的资金"瓶颈",成为资金相对富足的国家之一。在我们看来,当前最重要的不是利用外资,相反,问题可能更多地在于流动性过剩,尤其是缺乏把股市、楼市中的游资导向生产性用途的畅通渠道。这不是说要重新闭关锁国,而是说政府不应该把利用外资作为首要的政绩工程,而应该把利用外资作为对外开放和交流的一种正常形态。事实上,"利用外资"与"被外资利用"正如一枚硬币的两面,外资的目的在于盈利,看中的是中国国内巨大的市场潜力。如果在新时期仍然坚持利用外资的传统概念来理解,既不利于民族产业的发展,也不利于整个国家的经济安全。

第二,在过去统购统销的计划经济时代,"重生产、轻流通"的观念盛行,经过几十年的改革开放实践以及流通学术界的持续呼吁,这种传统观念已经有所转变。但最近十多年来,特别是中国加入 WTO 之后,社会上又出现了一种新的狭隘观念,即认为流通产业天然是一个竞争性行业,无须政府介入。在成熟的市场经济中,流通业竞争的确相对充分,但对于转型经济中刚刚步入成长期的中国流通产业,又骤然面临如此严峻的外资商业竞争，这种竞争性逻辑是否成立值得怀疑。事实上，即便是在西方发达的市场经济中，政府也一直对流通产业有着各种各样的法律和政策规制。一些国家有专门的流通立法，如日本的《大店立地法》，法国的《罗瓦耶法》，德国的《建筑物使用条例》，西班牙的《零售法》，丹麦的《商店营业时间法》，韩国的《流通产业发展法》，等等。另一些国家则有明确的政策规定，如奥地利、挪威、意大利的营业时间管制，美国、加拿大、比利时的商业网点规划，并且许多发达国家对大商店的选址开业都有严格的听证审查制度。发达国家的实践经验表明，流通业并不像流行观念所认为的那样完全自由竞争、无须政策规制，更何况中国流通业尚处于成长期，企业经营、市场结构等各个层面上尚未形成一种成熟的运行模式。

第三，从理论上讲，只要整个市场结构不是垄断性的，外资商业内部充分竞争，无法利用市场势力有意操纵进销价格，那么外资商业在中国市场占多大比重似乎无关紧要，比重再高也不会对中国的生产者和消费者产生负面影响，因为企业的目的在于获利，没有激励偏离正常的理性行为路径，一套科学的法律体系（如《反垄断法》、《反不正当竞争法》等）就足以保障正常的竞争秩序。但如果是在非常时期（如冰灾、地震、瘟疫、战争等），那么情况就完全不一样了，政府必须介入正常的市场运行，全方位地快速调配社会资源，这便需要得到流通企业的大力配合。特别是一些大型的零售商和批发商，各自拥有一整套高效率的配送系统，对政府非常时期的决策执行效果有着举足轻重的战略作用。但是，不论在什么时期，外资商业的目标仍然是利润，而不会在决策中融入国家、民族、同胞等情感因素，可能对政府的紧急调配决策采取抵制措施，借口向总部请示、利用WTO规则、讨价还价、例行程序等，甚至凭借其强大的市场势力故意操纵市场、扰乱秩序、乱中取利。正是在这种意义上，我们说中国流通产业安全问题是指一种潜在的威胁，而不是一种实际的状态，如果等到潜在威胁变成现实问题，临时补救是来不及的。

第四，尽管当前外资商业在中国市场所占比重并不是非常高，但这种比重的调整变化趋势却值得注意和警惕。众所周知，1983年《中华人民共和国中外合资经营企业法实施条例》禁止外资涉足商业经济领域，1992年《国务院关于商业零售领域利用外资问题的批复》开始容许部分城市和经济特区在流通领域以合资或合营的方式试点引入外商投资，直到2004年年底才全面开放流通业。然而，地方政府在商品流通领域的开放步伐却大大提前了；违规批准了大量的外资商业项目，中央在20世纪90年代后期曾对此类违规现象进行过严格整顿，但并没有明显减缓外资商业进入中国市场的步伐。据统计，批发零售业外商直接投资合同项目数在2000年只有852个，到2011年发展到7259个，外商投资企业数量从2000年的12275家增加到2011年的73163家。从外资进入中国的行业选择变化也能看出这一趋势，对各个行业实际利用FDI进行排序可以发现，2004年批发零售业排在第10位，但2011年上升为第3位，仅次于制造业和房地产业。结果，中国零售业销售收入、总资产中外资所占比重分别从1999年的8.44%、8.10%上升至2011年的12.67%、14.85%；批发业销售收入、总资产中外资所占比重分别从1999年的0.61%、0.55%上升至2011年的12.65%、13.39%；中国连锁百强总营业额中外资商业所占比重从2001年的8.68%上升到2011年的24.66%；中国零售百强总营业额中外资商业所占比重从2000年的5.97%上升到2011年的17.92%。外资商业的行业控制力、资本控制力和总体竞争力大大增强，且呈逐年上升趋势，值得关注和警惕。同样是（假设为）5%的比重，多年来一直保持5%、持续下降为5%与持续上升至5%这三种情形对产业安全问题具有完全不同的含义。

第五，流通产业作为保障人民日常生活补给的一线产业，其安全问题往往是地区性的，甚至针对某一个城市。整个国家的宏观数据显示外资商业所占比重不高，并不意味着外资商业没有构成产业威胁，因为外资商业在中国的地理布局上具有明显的非均衡特征。大多数外资商业集中在沿海发达地区和大中型城市，中西部地区和中小城市外资商业比重偏低从而大大拉低了总体比重。比如，2011年度限额以上批发零售企业销售额中外资所占比重，上海、北京、重庆、广东、江苏分别为27.9%、22.7%、14.3%、14.1%、12.1%，而内蒙古、宁夏、甘肃、西藏、山西分别只有0.6%、0.6%、0.4%、0.4%、0.3%，各省（市、自治区）差别很大。更进一步，即便在各个省（市、自治区）内部，外资商业地理布局也是不平衡的，比如发达地区的浙江省，外资商业总体上所占比重不高，只有2.17%，但进一步分析发现，外资商业主营业务收入全省为584亿元，而杭州市就有494亿元。也就是说，浙江省外资商业约有84.61%都集中在杭州市，结果杭州市的外资商业比重上升至4.49%，比全省平均水平高出一倍多。再比如西部地区的陕西省，2011年全省限额以上批发零售企业销售额为 4101 亿元，外资商业 239 亿元，占 5.81%，但这些外资商业全部集中在西安市（占全省的 100%），从而导致西安市的外资商业比重上升为 12.63%，远远高于陕西省的平均水平。因此，在考察中国流通产业安全时，还必须结合地理布局方面的特征，外资商业对中国市场的控制力首先必然体现为对某个区域市场的控制力。外资商业在全国比重不高并不意味着在个别省份所占比重不高，在某个省比重不高并不意味着在个别城市（尤其是大型省会城市）所占比重不高。外资商业在中国的地理分布非均衡性，是分析中国流通产业安全问题必须注意的一个重要方面。在后文的经验指标测算时，我们将使用结构调整法对这种非均衡性进行调整。

第六，考察中国流通产业安全不能局限于中国国内市场，而要把眼光扩展到外资商业的全球布局和整体实力。有报道称沃尔玛等外资零售巨头进入中国十多年来，直到最近几年才开始有所盈利，这说明什么问题？与中国流通企业竞争的不是沃尔玛（中国），而是整个沃尔玛。外资商业可以用其母国或其他国家市场上的盈利来弥补中国市场上的亏损，达到快速侵入中国市场的目的，也就是郎咸平在其《财经郎闲评》节目中所谓的"零售倾销"。如果沃尔玛（中国）是一家与美国本顿维尔沃尔玛总部无关的企业，它是不可能做到这一点的。从这种意义上看，中国国内每年一度的零售百强排名和连锁百强排名，也可能会给人一种假象，使人们低估外资商业在中国市场的竞争能力，误以为中国流通企业已经非常强大。根据 2011 年中国零售百强排名，最大的零售企业苏宁是沃尔玛（中国）和家乐福（中国）的 5.4 倍和 4.3 倍，但稍微考察一下这些外资商业背后的整体实力，结果令人吃惊：2011 年沃尔玛、家乐福营业额为 4470 亿美元和 1132 亿美元，分别相当于苏宁的 30.7 倍和 7.8 倍，或者相当于百强中 79 家内资零售企业营业额加总的 1.7 倍和前五家内资零售企业（苏宁、国美、百联、大商、华润万家）营业总额。如果从中外流通企业竞争力角度来考察中国流通产业安全，这种比较不仅公平，而且更加能够说明实际情况。另外，外资商业进入中国的途径有时比较隐蔽，通过多层级控股或旗下子公司来实现抢占市场的目的，比如联合美华是联合博姿（Alliance Boots）旗下的商业品牌，而联合博姿实际上是一家瑞士公司，在 2012 年《财富》全球 500 强中排名第 274 位。因此在考察外资商业竞争实力的时候，还必须注意其背后的控股公司，实际中的外资商业股权关系可能要复杂得多。

第五节　可能的创新

本书选择了"流通安全"这一颇具争议的主题，由于时间精力、研究能力和数据可得性等方面的限制，一些观点基于数据进行经验验证，一些观点可能只是启发性的，总体上看在以下几方面可能有所创新：

（1）把流通产业安全界定为一种潜在威胁而非实际状态，进一步凸显理论研究和对策探讨的实际意义，为流通产业安全的概念争论注入新的内容，特别地提出中国流通业走的是一种自下而上"逆向型"开放路径（即地方政府率先开放，在与中央的讨价还价中以既成事实推动中国流通业的全面开放），这一认识为社会上"流通业开放过早、过快"的言论提供了一个很好的另类注解。

（2）以"序数安全度"取代"基数安全度"，即基于可加性指标测算中国流通产业安全的相对变化，而不限于一个具体的安全度数值，避免了经验度量中指标赋权和判别标准上的主观臆断问题，并且，在指标计算过程中，针对外资商业地理布局非均衡性使用结构调整法，针对历史发展趋势使用趋势调整法，更加客观地反映外资商业控制力和中国流通产业安全的真实情况。

（3）测算结果显示，中国流通产业安全在2006—2011年呈加速恶化的态势，法律和政策规制不完善以及外资商业总体实力增强、进入速度过快、地理布局不均衡等，都有助于促成这种不利的趋势，但2008年全球金融危机之后中国民族商业实力相对增强，是未来可能扭转这一趋势的积极因素。

（4）根据研究的理论逻辑和经验结果，借鉴国际经验，结合中国国情，针对中国流通产业安全提出具体的政策保障措施。

第二章 相关文献回顾

国际学术界对产业安全问题关注较少，可能的原因是：国际学术界大体上是由西方发达国家的学者来主导，而这些发达国家的产业国际竞争力相对较强，因此国际学术界自然也就很少关注产业安全问题了。但是西方学术界有关贸易保护、发展经济学、经济民族主义的研究与产业安全有关。由于我们这里所说的产业安全首先必然是一个开放经济中的问题，所以国内学术界对此问题的关注是随着改革开放逐渐深入之后才开始的，尤其在20世纪90年代中期发生了一次有关产业安全的大辩论。在加入WTO、各个领域对外开放度大大提高以后，一些民族产业或多或少地受到外资的冲击，导致有关产业安全的研究逐渐成为热点。本章拟全面回顾有关产业安全的研究文献。[①] 我们将现有文献分为理论研究、经验研究和政策研究三大部分：理论研究主要包括国内和国外两个方面；经验研究主要包括度量指标体系和实际经验度量两个方面；政策研究包括国外政策借鉴和国内政策讨论两个方面。

第一节 理论文献

产业安全本身并没有形成一个理论学科，或者说其本身没有理论可言，有关产业安全的文献大都是在产业经济学、产业组织理论、发展经济

[①] 国内也有学者对产业安全研究文献进行了出色的综述，参见何维达、李冬梅《我国产业安全理论研究综述》，《经济纵横》2006年第8期，第74—76页；何维达、潘玉璋、李冬梅《产业安全理论评价与展望》，《科技进步与对策》2007年第4期，第92—97页；马有才、赵映超《产业安全理论研究综述——兼论高新技术产业安全的特点》，《科技管理研究》2009年第12期，第301—303页；金成晓、余志刚、俞婷婷《我国产业安全研究的历史与发展动态评析》，《财经问题研究》2010年第7期，第26—33页；张秀岩《国内产业安全理论研究现状分析》，《人民论坛》2010年第29期，第112—113页。但是，本书在有关思想历史演进、观点划分和研究层次评价等方面都有所不同。

学、国际贸易和国际经济学等理论基础上展开分析。① 以下将回顾有关产业安全的理论文献,包括国外和国内两个方面。国外研究主要包括早期的贸易保护思想,发展经济学中的"独立发展"观点,以及现代经济分析中所谓的"经济民族主义",等等。国内研究包括产业安全的概念、起因及影响因素、数理建模等。由于国际学术界对产业安全问题关注较少,因此这里的国外研究文献只能说是一种思想溯源,② 而国内研究在理论上相对系统、全面。

一 国外研究

1. 重商主义

国外学者对产业安全的研究最早可上溯到 15 世纪末期的重商主义,它经历了早期和晚期重商主义两个阶段。早期重商主义被称为"重金主义"或"货币差额论",其主要代表人物是英国的约翰·海尔斯和威廉·斯塔福德(John Halesand & William Stafford,1581)。③ 在这种思想看来,财富的唯一形式就是黄金和白银,所有的经济活动和经济政策都只针对这一目的,由于国内贸易不会增加金银的数量,因此对财富增长不会起到任何积极作用。于是,财富增长的来源只有国际贸易,通过与其他国家的贸易中少买多卖,保持国际贸易顺差,从而带来金银的净流入,才能增加本国财富总量。更进一步,为了保证国际贸易的顺差,政府必须积极干预经济,一方面提高关税限制商品进口,防止金银流出;另一方面鼓励出口,增加金银流入。晚期重商主义被称为"贸易差额论",其主要代表人物是英国的托马斯·孟(Thomas Mun,1621)和法国的安·德·蒙克莱田(Antoine de Montchrétien,1615)。④ 这种思想与早期重商主义一脉相承,

---

① 也有学者试图为产业安全研究建立单独的理论体系,如李孟刚(2006a,2006b)把产业安全理论体系归纳为产业国际竞争力理论、产业损害理论、产业控制理论、产业国际竞争力理论、产业安全评价与预警等,但他接下去还是回归到了产业经济学的分析框架,其博士论文第五章标题就是"基于产业经济学理论框架的产业安全分析"。参见李孟刚《产业安全理论的研究》,博士学位论文,北京交通大学,2006 年;李孟刚《产业安全理论研究》,《管理现代化》2006 年第 3 期,第 49—52 页。

② 景玉琴在此方面做了一个非常出色的综述,参见景玉琴《关于产业安全问题的经济思想钩沉》,《江汉论坛》2005 年第 10 期,第 13—17 页。

③ 在英国 1581 年有人匿名发表了著作《对我国同胞某些控诉的评述》,这是早期重商主义的代表作。后人推测该书作者为海尔斯和斯塔福德。

④ Mun, Thomas, *A Discourse of Trade:From England unto the East – Indies.* London, 1621; Montchréstien, Antoine de, *Traicté de l'oeconomie politique*, 1615. 蒙克莱田在《献给国王和王后的政治经济学》一书中还首次使用了"政治经济学"这个词,把研究对象扩展至国家范围和社会范围的经济问题,而不仅仅局限于家庭经济或庄园经济。

只不过两者对通过顺差贸易来获取金银的具体看法和主张有所不同，早期重商主义主张在国际贸易中尽量不买或少买，晚期重商主义主张在国际贸易中多卖。

严格地讲，重商主义并不能算作是一种产业安全思想，因为其主要目的在于金银形态的国家财富，而不在于本国产业的竞争和发展。并且，由于亚当·斯密（Adam Smith，1776）自由贸易理论的兴起，重商主义逐渐退出历史舞台。然而，1929—1933年的大萧条使情况又有了改变，特别是1936年英国经济学家约翰·梅纳德·凯恩斯（John Maynard Keynes）在其名著《就业、利息和货币通论》中对重商主义进行重新评价，并大加赞赏。凯恩斯认为，重商主义主张追求贸易顺差体现了一种极高的智慧，保护贸易政策在实际中必然有助于推动经济繁荣和扩大就业。[①]然而，凯恩斯也承认，一个国家的贸易顺差必须保持在一定限度内，否则会物极必反，前功尽弃。后来凯恩斯的追随者基于凯恩斯的"投资乘数"提出了一国对外贸易乘数理论，主张国家干预经济，追求贸易顺差，又被称为"新重商主义"。

2. 贸易保护主义

美国的亚历山大·汉密尔顿（Alexander Hamilton）和德国的弗里德里希·李斯特（Friedrich List）是贸易保护主义的代表人物。美国刚独立时的财政部长亚历山大·汉密尔顿于1791年向国会提交了《关于制造业的报告》，其中明确表达了保护贸易的理论观点。他认为亚当·斯密的自由贸易理论不适合美国，因为与英国相比，当时的美国工业基础薄弱，技术落后，生产成本高，无法在平等的基础上进行对外贸易。如果实行自由贸易政策，只会使美国的产业被限制在农业范畴，而使制造业受到极大损失，使美国经济陷入困境。所以汉密尔顿强调，在一国工业化的早期阶段，应当排除外来竞争，保护国内市场，以促使本国新的幼稚工业顺利发展。他极力主张实行保护关税政策来鼓励幼稚工业发展，阐述了保护和发展制造业的必要性和有利条件，但他并不主张对一切进口商品征收高关税或禁止进口，而只是对本国能生产的但竞争力弱的进口商品实施严厉的限制进口政策。他还提出了以加强国家干预为主要内容的一系列措施，指出

---

① Keynes, John Maynard, *The General Theory of Employment, Interest and Money*, Macmillan: Cambridge University Press, 1936.

保护和发展制造业对维护美国的经济和政治独立具有重要意义。① 汉密尔顿主要目的在于阐述经济政策，因此理论体系显得比较零碎。

李斯特认为财富的生产比财富本身要重要得多，进口国外廉价商品会阻碍本国工业发展，英国古典学派的自由放任和"世界主义"政策忽视了国家的作用和不同国家经济发展的民族特点，因而竭力反对自由贸易政策，主张实行保护关税制度。他（1841）在《政治经济学的国民体系》中提出了著名的针对本国幼稚产业（The Infant Industry）的有效保护理论，他说："在目前的世界形势下，任何大国要获得恒久的独立和富强的保障，首先要做到的就是使自己的力量与资源能够获得独立的、全面的发展。……限制政策并不只是出于凭空的理想，而是由于利益的分歧，由于各国在追求独立与优势方面的争夺……一切国家还没有在同一个法律体系下合成一体以前，这个政策是不能舍弃的。"② 在第十二章"生产力理论与价值理论"中李斯特继续写道："保护关税……使国家不但在物质财富的量上获得无限增进，而且一旦发生战争，可以保有工业的独立地位。"③ 相比之下，李斯特比汉密尔顿的分析更加系统、更加有理论深度，毕竟他的是一部货真价实的学术著作，而不是一份政策研究报告。

3. 发展经济学

第二次世界大战以后，许多殖民地在获得政治独立之后开始寻求经济独立，发展经济学应运而生。事实上在笔者看来，发展经济学的核心问题不仅在于落后国家的"发展"，而且更重要的是落后国家的"独立发展"。威廉·阿瑟·刘易斯（William Arthur Lewis）在《经济增长理论》（1955）中明确指出，"几乎每一个发达国家在其发展的初期阶段，都有外国资金的援助来补充自己数量有限的储蓄资金。……一个发展中国家即使自己愿意，也会发现难以完全用国内储蓄来支持它的发展计划……"。④ 在谈到国际贸易及外国投资的作用时，刘易斯也主张政府要对自己国家的工业进行一定程度保护。"……这些出口货打入欠发达国家的经济，它们在那里的作用就是破坏与之竞争的工业。……这就是十九世纪印度所发生的事

---

① Hamilton, A., "Report on Manufactures." Communicated to the House of Representatives, December 5, 1791.
② 弗里德里希·李斯特：《政治经济学的国民体系》，商务印书馆1961年版，第104页。
③ 同上书，第128页。
④ 威廉·阿瑟·刘易斯：《经济增长理论》，商务印书馆1983年版，第299页。

情。……制造业中有大规模经济,所以,当(比如说)英国的工业发展,(比如说)印度的工业萎缩时,这两国在生产力方面的差距就会扩大。印度被迫越来越专门经营没有规模经济可言的农业,而英国部分地以牺牲印度为代价越来越富"。① 值得一提的是,刘易斯客观地指出了发展中国家对外资进入的担忧,并认为发展中国家不能因为产业安全顾虑而拒绝利用外资,"将那些涉及垄断地位的外国投资与没有涉及这种地位的外国投资区别开来也是非常重要的。如果让外国人垄断蕴藏着矿产的土地或者最好的土地,那么当地人民就无法取代它们,无论他们有多大的能力。但是经营商业或制造业的外国人的危险要小得多……"。②

另外一位著名的发展经济学家劳尔·普雷维什(Raul Prebisch, 1950)提出了所谓"中心—外围"理论和欠发达国家工业化的思想,认为欠发达国家不发达和未能现代化的原因在于西方发达国家利用不平等的世界经济格局和贸易关系控制和剥削外围国家,使之为西方发达国家提供发展条件。"欠发达国家,正如我们今天看到的那样,是历史的产物,特别是由欧洲的扩张和它对世界的支配地位所产生的力量的产物"。③ 普雷维什认为欠发达国家工业化的实质就是建立本国独立自主的工业体系,欠发达国家的工业化依赖外资,但绝不能受外资控制,政府必须保护和促进本国投资的增长,对外资进行适当管理。

4. 经济民族主义

西方发达国家的市场经济体制和产业运行模式已非常成熟,其企业的国际竞争力也相对较强,因此很少使用"产业安全"这个词,一些国家甚至没有产业政策。相反,西方国家的学者对"经济民族主义"(economic nationalism)比较关注,Girvan(1976)、Burnell(1986)较早地指出了第三世界国家的这种倾向性。④ 传统观念认为经济民族主义在当前经济全球化和自由化的时代已经过时,但许多学者的研究表明,经济民族主义在当前时期仍然是一种强大的意识形态:Julius Kiiza(2000)研究了全

---

① 威廉·阿瑟·刘易斯:《经济增长理论》,商务印书馆1983年版,第428页。
② 同上书,第318页。
③ 劳尔·普雷维什:《发达与不发达的政治经济学》,中国社会科学出版社1984年版,第114页。
④ Girvan, N., *Corporate Imperialism: Conflict and Expropriation, Transnational Corporations and Economic Nationalism in the Third World*, NY: M. E. Sharpe, 1976; Burnell, P., *Economic Nationalism in the Third World*, Colorado: Westview Press, 1986.

球化时代经济民族主义文化的含义是否仍然存在;① K. S. Jomo（2000）对重新出现的民族主义给出了一个经济学解释;② Liah Greenfeld（2001）出版了专著《资本主义精神：民族主义与经济增长》;③ Mark N. Hagopian（2002）研究了资本主义精神、经济民族主义与经济增长之间的关系;④ Eric Helleiner（2002）基于19世纪的全球经济实际情况讨论了经济民族主义与经济自由主义之间的张力;⑤ Eric Lohr（2003）以莫斯科商人和犹太商人为例，研究了第一次世界大战时期俄国的经济民族主义;⑥ Chris Dixon（2004）研究了东南亚危机后泰国的经济民族主义;⑦ Eric Helleiner 和 Andreas Pickel（2005）编写了一本《全球化世界中的经济民族主义》;⑧ Joongi Kim（2007）讨论经济民族主义的老面孔，即对外国所有权的担忧;⑨ Syed H. Akhter（2007）基于消费者行为构建了全球化下的经济民族主义期望模型;⑩ 欧洲经济顾问团（EEAG）2007年度报告第6章的标题就是经济民族主义，2009年度报告中又详细讨论了法国的经济民族主义;⑪ Stephanie Decker（2008）研究了加纳和尼日利亚在1945—1977

---

① Kiiza, Julius, "Does The Culture of Economic Nationalism Make Sense in A Globalizing World?.", *Journal of Cultural Studies*, Vol. 2, No. 1, 2000, pp. 14 – 39.

② Jomo, K. S., "Economic Considerations for a Renewed Nationalism", *Journal of Contemporary Asia*, Special Issue: *Tribute to Renato Constantino*, Vol. 30, No. 3, 2000, pp. 338 – 368.

③ Greenfeld, Liah, *The Spirit of Capitalism: Nationalism and Economic Growth*, Cambridge and London: Harvard University Press, 2001.

④ Hagopian, Mark N., "Political Theory: The Spirit of Capitalism: Nationalism and Economic Growth", *The American Political Science Review*, Vol. 96, No. 4, 2002, pp. 803 – 804.

⑤ Helleiner, Eric, "Economic Nationalism as A Challenge to Economic Liberalism? Lessons from the 19th Century", *International Studies Quarterly*, Vol. 31, No. 3, 2002, pp. 307 – 329.

⑥ Lohr, Eric. "Russian Economic Nationalism during the First World War: Moscow Merchants and Commercial Diasporas", *Nationalities Papers*, Vol. 31. No. 4, 2003, pp. 471 – 484.

⑦ Dixon, Chris, "Post – Crisis Restructuring: Foreign Ownership, Corporate Resistance and Economic Nationalism in Thailand", *Contemporary Southeast Asia*, Vol. 26. No. 1, 2004, pp. 45 – 72.

⑧ Helleiner, Eric, and Andreas Pickel (ed.), *Economic Nationalism in a Globalizing World*, Ithaca, N. Y.: Cornell University Press, 2005.

⑨ Kim, Joongi, "Fears of Foreign Ownership: The Old Face of Economic Nationalism", *The SAIS Review of International Affairs*, Vol. 27, No. 2, 2007, pp. 167 – 177.

⑩ Akhter, Syed H., "Globalization, Expectations Model of Economic Nationalism, and Consumer Behavior", *The Journal of Consumer Marketing*, Vol. 24, No. 3, 2007, pp. 142 – 150.

⑪ EEAG, "The EEAG Report on the European Economy 2007", http://www.cesifo - group.de/portal/page/portal/ifoHome/B - politik/70eeagreport/40PUBLEEAG2007, 2007; EEAG, "The EEAG Report on the European Economy 2009", http://www.cesifo - group.de/portal/page/portal/ifoHome/B - politik/70eeagreport/20PUBLEEAG2009, 2009.

年间的经济民族主义；① M. Bucheli（2008）以拉丁美洲的跨国公司——美国联合果品公司为例，从历史角度考察了跨国公司、经济民族主义与独裁政权之间的关系，发现当跨国公司能帮助独裁政权保持国家经济稳定时，这二者能够联合起来对付工会，否则，独裁政权便会大力倡导经济民族主义，联合工会来对抗跨国公司；② F. Stefanescu（2009）分析了经济危机期间各国政府对保护主义（protectionism）的偏好，并把保护主义定义为"一种经济学说，源于工业化程度较低的国家中民族主义的政治觉醒，主张国家干预经济生活以保护经济主体利益免受国内外自由变化的冲击"③；Berry（2009）也关注到了欧盟各国在全球化背景下的经济民族主义问题④；Manali Chakrabarti（2009）研究了两次世界大战期间印度大企业对经济民族主义的追求⑤；Randal Sheppard（2011）讨论了20世纪80年代墨西哥的民族主义、经济危机与"现实主义革命"⑥；Max – Stephan Schulze 和 Nikolaus Wolf（2012）讨论了19世纪末奥匈帝国的经济民族主义与经济一体化。⑦

一些学者专门研究了日本的经济民族主义问题。Mark Ravina（2000）追溯了日本18世纪经济民族主义的商人起源。D. Hall（2004）研究了经济民族主义对日本经济增长及经济自由化的作用。Masako Suginohara

---

① Decker, Stephanie, "Building Up Goodwill: British Business, Development and Economic Nationalism in Ghana and Nigeria, 1945 – 1977", *Enterprise & Society*, Vol. 9, No. 4, 2008, pp. 602 – 613.

② Bucheli, Marcelo, "Multinational Corporations, Totalitarian Regimes and Economic Nationalism: United Fruit Company in Central America, 1899 – 1975", *Business History*, Vol. 50, No. 4, 2008, pp. 433 – 454.

③ Stefanescu, F., "The Economic Crisis and Protectionism", *Romanian Economic Business Review*, Vol. 4, No. 3, 2009, pp. 199 – 214.

④ Berry, H. J., "Globalisation and the Rise of 'Economic Nationalism': Takeovers and Regulation within the European Union", *International Journal of Economics and Business Research*, Vol. 1, No. 2, 2009, pp. 234 – 251.

⑤ Chakrabarti, Manali, "Why Did Indian Big Business Pursue a Policy of Economic Nationalism in the Interwar Years? A New Window to an Old Debate", *Modern Asian Studies*, Vol. 43, No. 4, 2009, pp. 979 – 1038.

⑥ Sheppard, Randal, "Nationalism, Economic Crisis and 'Realistic Revolution' in 1980s Mexico", *Nations and Nationalism*, Vol. 17, No. 3, pp.: 500 – 519.

⑦ Schulze, Max – Stephan and Nikolaus Wolf, "Economic Nationalism and Economic Integration: The Austro – Hungarian Empire in the Late Nineteenth Century", *The Economic History Review*, Vol. 65. No. 2, 2012, pp. 652 – 673.

(2008) 研究了外资进入是否导致日本国内民族主义扩散以及这种民族主义是否影响了经济政策。结果表明，日本的普通民众并没有民族主义倾向，但一些政策制定者往往利用经济民族主义来推行其偏好的政策。

二 国内研究

一般来说，产业安全是一国开放到一定程度之后才成为一种社会关注，国内有关产业安全的讨论是进入 20 世纪 90 年代之后的事情，特别是在 20 世纪 90 年代中期有关外资进入与产业安全问题出现过一次大的讨论。① 王晓蓉 (1996) 较早地指出了外资进入对中国产业安全的影响，② 王允贵 (1997a, 1997b) 和陈海东 (1997) 指出了外资对中国产业可能造成的负面影响，如削弱国家控管调控力度、逃避必要的政策监管、垄断价格、哄抬物价、企业利润汇出、国民财富流失、肢解完整的国民经济体系、危害中国国家经济主权与独立性，等等。③ 李孟刚 (2006a, 2006b) 归纳为产业损害理论、产业控制理论、产业保护理论、产业国际竞争力理论、产业安全评价与预警，并且构建了基于产业经济学理论框架的产业安全理论模型。④ 国内许多学者从各个方面讨论了产业安全问题，特别是进入新世纪和中国加入 WTO 之后，国内有关产业安全的文章越来越多，根据中国期刊网"产业安全"篇名检索结果：2001 年以前总共只有 34 篇，2001—2005 年平均每年有 27 篇，而到了 2006—2010 年间猛增至平均每年 96.4 篇。这说明产业安全问题已经越来越受到中国学术界的关注，以下对这方面的国内现有研究进行述评。

国内有关产业安全的理论探讨主要集中于以下几个方面：一是有关产业安全的概念；二是有关产业安全的起因和影响因素；三是有关产业安全的数理模型。

(1) 有关产业安全的概念。许多学者曾出色地综述了国内学术界有

---

① 参见张志宏《关于利用外资与我国产业安全大论战若干问题的深入思考》，《国际经贸探索》1997 年第 6 期，第 22—27 页。

② 王晓蓉：《外资流入与产业安全》，《中国投资与建设》1996 年第 2 期，第 12—13、26 页。

③ 王允贵：《产业安全问题与政策建议》，《开放导报》1997 年第 1 期，第 27—32 页；王允贵：《外资对我国产业安全的影响与对策》，《瞭望》1997 年第 3 期，第 7—9 页；陈海东：《外资对我国产业安全的影响及对策》，《财金贸易》1997 年第 6 期，第 40—41 页。

④ 李孟刚：《产业安全理论的研究》，博士学位论文，北京交通大学，2006 年；李孟刚：《产业安全理论研究》，《管理现代化》2006 年第 3 期，第 49—52 页。

关产业安全的研究文献,在产业安全概念方面,他们总结出了几种代表性观点,如何维达、李冬梅(2006)将这些观点大致分为产业竞争力说、产业控制力说、产业发展说、产业权益说四类①,随后的一些综述中许多都采纳了这一分类,② 随后的研究和综述基本上沿用了这种分类方法。也有学者把有关产业安全概念的观点总结为三类,没有把"产业发展说"作为一类独立的观点。③ 还有学者提出了其他的分类方法,如祝年贵(2003)区分了阶段论、产业竞争力论、动静态论和可持续发展论。④

然而在笔者看来,这种分类也有不合适之处,特别是在产业竞争力说与产业控制力说之间很难区分。事实上,这二者内容在某种程度上是重叠的,竞争力是控制力的前提,控制力是竞争力的结果。以下将根据产业安全概念的宽泛程度来划分相关研究。

第一,宽泛的产业安全概念。这种观点基本上对应于流行划分中的"权益说",它主张从权益的角度来定义产业安全,认为只要外资进入损害了中国民族产业的权益,从而损害中国国民的权益,均可称为危害了中国民族产业的安全。赵世洪(1998)是这类观点的代表,为了突出"国民权益",他倾向于使用"国民产业安全"一词,认为国民产业安全是指一国国民既有的或潜在的产业权益免受危害的状态和能力,"……外国国民在东道国内取得的任何产业权益,都是对东道国国民权益至少在机会成本意义上的侵占……"。⑤ 这种说法听起来有些费解,好像国际交流或外资进入是一场"零和博弈",只有竞争,没有合作。事实上,通过恰当引导和规制,外资获利不必然损害东道国国民的利益,"双赢"局面并非没有可能。程恩富(1998)的定义与此类似,但宽泛程度缩小了一些,他

---

① 何维达、李冬梅:《我国产业安全理论研究综述》,《经济纵横》2006年第8期,第74—76页;但是,本书在有关思想历史演进、观点划分和研究层次评价等方面都有所不同。

② 例如:付敏:《产业安全问题讨论综述》,《经济理论与经济管理》2007年第2期,第76—80页;何维达、潘玉璋、李冬梅:《产业安全理论评价与展望》,《科技进步与对策》2007年第4期,第92—97页;马有才、赵映超:《产业安全理论研究综述——兼论高新技术产业安全的特点》,《科技管理研究》2009年第12期,第301—303页;金成晓、余志刚、俞婷婷:《我国产业安全研究的历史与发展动态评述》,《财经问题研究》2010年第7期,第26—33页。

③ 例如:孙瑞华、刘广生:《产业安全评价指标体系的构建研究》,《科技进步与对策》2006年第5期,第138—140页;张秀岩:《国内产业安全理论研究现状分析》,《人民论坛》2010年第29期,第112—113页。

④ 祝年贵:《利用外资与中国产业安全》,《财经科学》2003年第5期,第111—115页。

⑤ 赵世洪:《国民产业安全概念初探》,《经济改革与发展》1998年第3期,第15—18页。

认为民族产业安全是发展中国家经济安全的核心,或称为国民产业安全,是指在国际交往和竞争中由该国国民所有和控制的产业,其地位和权益可能受到外国产业影响和危害的状态。[①] 如果把"权益受损或受影响"作为判别标准,那么绝大多数外资活动都可能威胁东道国的产业安全,正是在这种意义上,我们称这种定义是对产业安全概念的宽泛理解。

第二,严格的产业安全概念。与以上宽泛理解相对立,杨国亮(2010)提出了一种比较严格的产业安全概念。在杨国亮看来,不安全的状态实际上是一个动态变化的序列,它的极端情形就是产业实体被消灭。他认为反其道而行之可以得出研究安全问题的创新方法,即以这种极端情形作为判别基准,向前回溯,研究一个实体如何从消亡状态恢复到生存、发展和安全状态。杨国亮将这种恢复到生存和发展的可能性称为"可重塑性"——在面临外部冲击时,如果一个实体具有可重塑性,那么这个实体就是安全的。并且杨国亮还进一步强调,这种可重塑性必然是针对整体和长期的情况,少数个体在短期内面临严重危险往往并不妨碍整体在长期内的安全性。他接下来说道,"在一个产业中,重要企业具有控制力和竞争力,则该产业就具有可重塑性,就能够有效抵御外来冲击,从而在整体上和从长期看是安全的。这样,一个产业的安全问题实际上就归结为本国资本对该产业中重要企业的控制力和竞争力问题"。[②] 看来他也赞同流行的产业控制力和竞争力观点,只不过他强调的是重要企业的控制力和竞争力。总之,根据"可重塑性"观点,只有某个产业不可重塑的时候才会出现产业安全问题,因此我们说这是一种严格的产业安全概念。

第三,一般意义上的产业安全概念。从产业竞争力和产业控制力的角度来理解产业安全,是当前比较普遍的观点,因此我们称为一般意义上的产业安全。根据这种观点,产业安全主要在于开放经济条件下本国资本是否有足够的竞争力,是否能够抵御潜在的外来威胁,是否能够控制某个产业的发展。值得一提的是,易明、杨树旺、宋德勇(2007)对产业安全概念做了一个扩展,他们认为在研究产业安全问题时,不能仅仅把国民产业权益的控制或是经济利益主体在经济活动中利益的充分分配作为唯一的衡量标准,而应综合考虑生态、资源、环境、能源等对产业持续发展的制约

---

① 程恩富:《外商直接投资与民族产业安全》,《财经研究》1998年第8期,第42—44页。
② 杨国亮:《新时期产业安全评价指标体系构建研究》,《马克思主义研究》2010年第6期,第63—71页。

作用，对产业安全的控制应该是一个持续过程。① 于是，他们认为产业安全是指一国在开放竞争的条件下，拥有或保持着对民族产业发展的控制，并且在动态的发展过程中，这一控制力具有一定的持续性。笔者不主张所谓"产业竞争力说"和"产业控制力说"的区分，因为这两种观点实际上很难分开。产业竞争力是产业控制力的前提和基础，没有竞争力的产业是不可能获得控制力的，反过来，产业控制力是产业竞争力的必然结果，产业竞争力的逐步提高必然导致产业控制力。事实上，在产业安全概念问题上，许多被列为"产业竞争力说"的定义也提及产业控制力，被列为"产业控制力说"的定义也提及产业竞争力，二者内容多有交叉。这种定义比较流行和普遍，得到学术界的广泛认同，但各个学者在定义中也稍有不同。

另外也有学者针对某个行业给出了特定的产业安全定义。张志君（2002）考虑了国家电视文化产业安全的特殊性，并将国家电视文化产业安全界定为：一个国家在全球化语境中，在"强敌"环视，乃至"强敌"压境的情况下，如何为了本国、本民族的利益乃至本行业自身的利益，而使本国的电视文化产业没有危险、不出事故、不受损害。② 刘伟、陶树人（2005）把煤炭产业安全定义为：在相当长的时期内，在煤炭市场价格等于或接近国际煤炭市场价格的情况下，一个国家（或地区）煤炭市场的总格局是煤炭总供求大体平衡，产业内多数煤炭企业获得正常的利润以及煤炭产业整体能获得与其他产业大体相同的产业利润。③

（2）产业安全的起因和影响因素。尽管表述不同，但大部分学者都倾向于从内因和外因两个方面来讨论中国产业安全的起因和影响因素，内因主要是中国产业的竞争力和控制力相对较弱，外因主要是外国资本相对强大，进入速度快、规模大，对中国产业的发展形成冲击、挑战和控制。从分析上看，外因相对简单一些，主要就是外商进入中国后的竞争和并购引发产业安全问题；内因相对复杂一些，民族企业自身的创新和发展，整个产业的结构和绩效，以及中央政府和地方政府的产业政策和招商引资政策，这些微观、中观和宏观层面的因素都可能引发产业安全问题。何维

---

① 易明、杨树旺、宋德勇：《资源环境约束与产业安全评价指标体系重构》，《工业技术经济》2007年第9期，第119—122页。
② 张志君：《中国全面"入世"与国家电视文化产业安全》，《中国人民大学学报》2002年第1期，第21—25页。
③ 刘伟、陶树人：《浅谈煤炭产业安全》，《中国矿业》2005年第44期，第17—20页。

达、宋胜洲（2003）和郭春丽（2007）明确区分了影响产业安全的外部因素和内部因素。何维达、宋胜洲认为外部因素包括全球经济一体化和来自国外的资本、技术和产品等因素，内部因素包括国内产业的生存环境和竞争环境两类。① 郭春丽对这两方面的因素讨论得更加详细，她认为外因主要在于进入新世纪之后外资并购战略意图的转变，如从获取利润转向垄断产业、从弱化竞争转向消灭竞争对手、从局部控制转向全面控制，内因主要在于中国体制和政策的弊端，如对内外资实行不平等待遇（对外资的税收优惠政策过多、内外资进入领域不平等、内外资并购国有企业的条件不同），地方政府缺乏国家利益和安全防范意识，开放领域过宽、边界不清，地方和部门利益诉求与国家利益出现冲突，大规模采购国外设备、损害国内企业成长机会，缺乏自主知识产权和核心技术，等等。②

一些学者没有提出明确的内因—外因区分，只是笼统地总结了各个方面的影响因素。黄建军（2001）总结了引发产业安全问题的五大因素：跨国公司战略实施，产业国内生存环境恶化，市场集中度下降，行业规模不经济，错误的国内产业政策和制度安排。③ 马建会（2002）总结了引发产业安全问题的八大因素：跨国公司发展战略与东道国产业发展的吻合度，产业金融环境，产业生产要素环境，市场需求环境，市场集中度，产业进入壁垒，产业国际竞争力，产业控制力。④ 刘雪斌、颜华保（2007）从产业价值链角度总结了引发产业安全问题的八大因素：产业在国际分工中的位势较低；产业国内生态环境恶化；产业集中度降低、产业关联减弱；产业控制力减弱；产业对外依存度提高、缺乏自主知识产权；产业链长度与宽度不恰当；产业组织优化的制度缺失；产业演进过程中主导产业断层。⑤ 国家发展和改革委员会宏观经济研究院课题组（2009）从四个方面总结中国产业安全的影响因素：对外贸易环境（传统非关税壁垒、技术性贸易壁垒）；外商直接投资和跨国并购（外商对国内产业的控制、跨

---

① 何维达、宋胜洲：《开放市场下的产业安全与政府规制》，江西人民出版社2003年版。
② 郭春丽：《外资并购给我国产业安全带来的隐患透析》，《宏观经济管理》2007年第4期，第44—47页。
③ 黄建军：《中国的产业安全问题》，《财经科学》2001年第6期，第1—7页。
④ 马建会：《加入WTO后影响我国产业安全的八大因素》，《亚太经济》2002年第4期，第52、61—63页。
⑤ 刘雪斌、颜华保：《基于产业链角度探析我国的产业安全》，《南昌大学学报》（人文社科版）2007年第6期，第71—74页。

国公司本土化运营、外资对国内重要企业的并购）；国际产业分工、产业转移（中国产业分工处于国际产业价值链的低端、国际产业转移的影响、国内产业分工发展滞后）；国内产业竞争力较弱（产业结构失衡影响产业协调发展、工业比重过大而国际竞争力较弱、产业发展方式粗放从而可持续发展能力不强）。[①]

也有学者在讨论这一问题时提出了一些新的视角。余治利（2000）提出了一个"产业空洞化"的概念：一个国家或地区的已有产业处于衰退阶段，而新的产业还没有得到发展，或者新的产业发展得不够充分，不能弥补已有产业衰退的影响，造成经济陷入不断下降甚至萎缩的现象。[②]基于这一新概念，余治利认为外资进入将加快中国的"产业空洞化"，从而引发产业安全问题。王学人、张立（2005）认为中国产业安全问题的主要根源在于制度的非均衡性：一方面，经济全球化、不同政治制度相互碰撞、原有计划体制内在矛盾激发了中国产业发展的制度需求；另一方面，中国1978年开始的制度改革受阻于改革战略思路、旧制度的惯性势力等，导致新制度供给相对稀缺，因此形成了中国产业发展和产业安全所需的制度供求均衡无法实现。[③]

另外还有一些学者专门讨论了影响中国产业安全的某个方面。黄志勇、王玉宝（2004）集中于FDI在中国的行业分布特征，以及FDI对中国产业安全可能造成的影响。[④] 王前超（2006）集中讨论了跨国公司的战略性并购对中国产业安全的影响，并揭示了这种并购的五大动因：开拓中国市场、获得竞争优势、获取低成本资源、获取现成的营销网络、把握投机机会。[⑤] 昝欣（2010）专门分析了后危机时代国际投机资本对中国产业安全的影响，总结了目前国际投机资本流入中国的主要渠道（资本项目、经常项目、个人项目、地下钱庄、非贸易项目）以及国际投机资本在中

---

① 国家发展和改革委员会宏观经济研究院课题组：《中国产业安全态势评估、国际借鉴及若干对策建议》，《改革》2009年第4期，第5—21页。

② 余治利：《警惕"产业空洞化"——对我国产业安全的思考》，《世界经济研究》2000年第5期，第22—26页。

③ 王学人、张立：《产业安全问题制度非均衡成因探讨》，《求索》2005年第4期，第18—20页。

④ 黄志勇、王玉宝：《FDI与我国产业安全的辩证分析》，《世界经济研究》2004年第6期，第35—41页。

⑤ 王前超：《跨国公司战略性并购对我国产业安全的影响及对策》，《亚太经济》2006年第4期，第92—96页。

国通常进出的主要领域（人民币理财市场、A 股市场、房地产市场、民间借贷市场、成品油和粮食市场）。[①] 郁德强、左世全（2011）专门讨论了国际产业转移对中国产业安全的影响，他们认为被动地承接国际产业转移加剧了中国产业结构的失衡，造成了中国产业在国际产业分工中的从属和依附地位，导致跨国公司控制中国某些关键行业的资本、技术和市场。[②]

（3）产业安全的理论建模。就目前情况来看，国内学术界的产业安全研究很少使用数学模型，安果和伍江（2007）、王耀中和刘建江（2009）算是例外。安果、伍江（2007）以动态的 Stackelberg 产量竞争博弈为基础，比较了强强联合、弱弱联合、强并弱、弱并强四种类型的兼并行为，结果发现：①在动态兼并条件下，无论哪一种兼并行为，都造成了产量减少，价格上升，社会福利水平的下降；②外资收购国内龙头企业属于强强联合，这种兼并行为可能导致整个产业受外资控制；③外资借助管理优势和技术优势将成为产业引导者，对国内企业扫荡式兼并属于强并弱，若不加以规制，最终可能演化为外资的"行业通吃"，民族企业丧失产业控制权；④外资扫荡式并购国内企业，形成垄断，将抑制中国的总体创新能力；⑤尽管弱并强和弱弱联合在特殊条件下也能出现，并且给弱势企业带来利润，兼并动机也存在，但这两类兼并的条件过于苛刻，兼并中的障碍约束较多，发生的概率较小。[③] 这些结论表明，如果对外资并购不做任何规制，不仅国家总体福利水平会持续下降，而且技术创新能力受到抑制，国家产业安全便会受到威胁。

王耀中、刘建江（2009）认为在外资并购过程中主要涉及政府、内资和外资三个利益主体，并先后考虑了外资—政府博弈、外资—内资博弈以及外资—内资—政府博弈，分析结果显示：①只有预期外资并购使所并购的产业的收益递增时，政府才会允许外资并购的进行；②外资并购中所存在的寻租行为（针对地方政府或被收购企业管理层）是损害中国产业安全的重要因素；③地方政府过于专注本地方的利益，有可能造成事实上

---

① 昝欣：《后危机时代国际投机资本对我国产业安全的影响》，《中央财经大学学报》2010 年第 4 期，第 71—75 页。

② 郁德强、左世全：《国际产业转移对我国产业安全的影响》，《国际经济合作》2011 年第 7 期，第 19—22 页。

③ 安果、伍江：《外资并购国内企业与国家产业安全——基于 Stackelberg 博弈模型的解释》，《广东社会科学》2007 年第 6 期，第 30—36 页。

的对中国产业安全的威胁。①

最后必须指出的是,也有一些学者认为外资进入并不一定构成产业安全威胁。② 张文魁(2006)认为,国内民营企业整合中国国内企业的能力高于外资,只要放宽民营企业的准入,外资进入就不会威胁到国家产业安全③,但王元京(2007)的分析更为谨慎,他同时指出外商在中国关键行业的投资并购可能对中国产业安全构成一定的隐患,如影响国民经济可持续发展、影响宏观经济大局的稳定、影响社会公共利益的提高、影响国家核心竞争力、影响国家核心价值观。④ 在这方面最有代表性的是张律律(2011),他认为发展外资经济与维护产业安全之间并不存在必然的矛盾:产业安全只能是动态的、相对的,完全不受外部经济因素制约和影响的"安全"是不存在的;促进产业安全的根本途径恰恰在于对外开放,而外资则是对外开放的优良载体;有关国家的成功经验也证明,大量吸收外资和保持经济自主性之间完全可以做到并行不悖。张律律初步判断当前中国的外资经济在总体上并不构成对产业安全的现实威胁:从构成特点上看,中国的外资经济并不是一个利益与行为方式高度一致的独立整体;当代中国的外资经济是自主开放的产物,其迅速成长基本是符合中国战略意图的;外资在部分领域内的优势地位实际上是其建设性作用的反映,具有明显的阶段性特征。因此,他建议要以发展的眼光、务实的精神处理外资与中国产业发展间的关系:客观认识中国现阶段产业发展水平,从全局和长远的需要出发衡量吸收外资的利弊得失;准确区分不同层次、不同性质的问题,选择恰当的政策手段加以应对;以积极的态度协调内外资关系,采取有效措施促使其实现共同发展。⑤

---

① 王耀中、刘建江:《基于产业安全视角的外资并购主体博弈分析》,《求索》2009年第6期,第5—7页。

② 早期如:张志宏:《关于利用外资与我国产业安全大论战若干问题的深入思考》,《国际经贸探索》1997年第6期,第22—27页;张志宏:《关于利用外资与我国产业安全的若干问题》,《高校理论战线》1998年第1期,第17—21页。

③ 张文魁:《外资并购并未产生巨大威胁 真正威胁是限制内资》,http://finance.sina.com.cn/review/20060409/12302485737.shtml。

④ 王元京:《外商在关键性产业投资并购对产业安全的影响》,《经济理论与经济管理》2007年第4期,第5—12页。

⑤ 张律律:《外资与产业安全若干问题分析与思考》,《国际贸易》2011年第1期,第60—63页。

第二节 经验文献

国内有关产业安全的经验分析主要体现在两个方面,第一是有关产业安全度量指标的设计,第二是对产业安全的经验度量。

一 指标体系

到了新世纪初,学术界有关产业安全的探讨开始从理论逻辑逐步扩展到经验度量。这首先必然涉及度量方法问题,尤其是度量指标的设定。李海舰(1997)和顾海兵(1997)针对国家经济安全提出了一些初步的指标设计,前者从外商直接投资的角度确定了市场占有率、外资品牌拥有率、外资技术控制率、外资控股率四大指标①,后者的分析更加细致,把市场安全、金融安全和信息安全与产业安全区分开来讨论,其中产业安全指标包括:三资企业外方总资产占全国企业总资产的比重,各大行业、细行业的三资企业外方资产占所属行业资产的比重,三资企业各类产品总额占全国同类产品总额的比重,外方专利许可量占全国专利许可量的比重。② 杨公朴等(2000)认为,产业安全评价体系包括产业和企业两个层次,产业层次主要在于产业发展和产业间技术经济联系,企业层次主要在于本国资本对战略性产业的控制力、对战略性产业内重要产品的控制力以及政府对战略性产业内部主要企业重大投资和发展方向的控制力。③ 杨公朴(2005)认为度量产业安全需考虑产业对外依存度、产业对外贸易的国别集中度、外资市场控制率(或外资品牌拥有率)、外资股权控制率、外资技术控制率、外资经营决策控制率、某个重要企业受外资控制情况、受控制企业外资国别集中度。④ 杨公朴和夏大慰(2005)认为产业安全指标体系不仅要涵盖实际经济活动结果的客观指标,也要包括通过专家调查法之类方法得来的主观指标;不仅要涵盖反映中国产业发展运行现

---

① 李海舰:《外资进入与国家经济安全》,《中国工业经济》1997年第8期,第62—66页。
② 顾海兵:《当前中国经济的安全度估计》,《浙江社会科学》1997年第3期,第15—17页。
③ 杨公朴、王玉、朱舟、王蔷、李太勇:《中国汽车产业安全性研究》,《财经研究》2000年第1期,第22—27页。
④ 杨公朴:《产业经济学》,复旦大学出版社2005年版。

状的指标，也要包括一些反映未来演变趋势的指标。他们提出，产业安全评价的指标体系包括五个方面的内容：反映民族产业国际竞争力和成长状态的指标；反映外商对国内产业控制度的指标；反映经济体制竞争力的指标；反映政府对产业控制力的指标；反映产业结构竞争力的指标。这些研究为后来的产业安全评价指标设计奠定了基础。① 史忠良（2005）认为，产业安全指标体系应包括衡量产业对海外市场依赖程度的指标（产业进口对外依存度、产业出口对外依存度、产业资本对外依存度、产业技术对外依存度等）和衡量产业对海外资本控制程度的指标。② 相对而言，何维达的产业安全评价指标更能够兼顾指标体系的系统性和可度量性要求。而杨公朴、夏大慰以及史忠良的评价指标体系基本上可以看作在何维达基础上的扩展。景玉琴纳入衡量政府绩效的指标，剔除了与外资控股控制率和外资技术控制率相关度过高的"产业资本对外依存度"和"产业技术对外依存度"，可以看作对传统产业安全评价指标体系的进一步完善。

设计产业安全指标体系普遍的做法是：首先，确定一级指标，把这些指标进一步分解到可度量的二级或三级指标；其次，采用个人判断法、专家会议法和德尔菲法确定权重，或者更准确地，采用主成分分析法选择指标，确定权数；再次，根据指标分值和权数计算产业安全度分值；最后，根据事先设定的量纲标准（不同取值范围对应于从安全到不安全的各种状态），判别产业安全状态。黄建军（2001）应该是中国有关产业安全评价指标的第一篇文献，他认为指标设计应该考虑产业的生存环境、产业的国际竞争力、产业控制力、外资利用度、对外依存度等方面，并针对每一方面做了进一步的指标分解，③ 但对一些指标的具体度量还没有完全阐释清楚。何维达和何昌（2002）从产业国际竞争力、产业对外依存度、产业控制力三个方面构建了产业安全评价指标体系，并就各项指标的含义作出详细说明。④ 孙瑞华和刘广生（2006）、朱钟棣和孙瑞华（2006）以及

---

① 杨公朴、夏大慰：《现代产业经济学》，上海财经大学出版社 2005 年版。
② 史忠良：《产业经济学》，经济管理出版社 2005 年版。
③ 黄建军：《中国的产业安全问题》，《财经科学》2001 年第 6 期，第 1—7 页。
④ 何维达、何昌：《当前中国三大产业安全的初步估算》，《中国工业经济》2002 年第 2 期，25—31 页。

李冬梅（2007）在此基础上增加了"产业生存环境"①，景玉琴（2006）、杨国亮（2010）在指标设计时剔除了"产业对外依存度"，只考虑产业国内环境、产业竞争力、产业控制力三个方面②，但二者的具体指标设计有所不同。杨国亮特别说明了剔除"产业对外依存度"的原因：在经济全球化加速发展的背景下，一国对外依存度的高低反映了该国融入世界经济的程度，新时期大力推动"引进来"和"走出去"，实际上就是大力加强与外部世界的联系，提高对外依存度，在某些情况下，对外依存度的提高恰恰是该国产业安全程度提高的表现，而不是相反。白澎（2010）对前面几种指标体系进行了综合，从产业生存环境、产业国际竞争力、产业对外依存度、产业控制力四个方面提出了自己的产业安全评价指标体系。③ 邵念荣、付春光（2011）提出所谓"四力模型"，即产业安全指标体系由产业的协调力、控制力、竞争力和发展力构成，其中协调力是基础，控制力是过程，竞争力是关键，发展力是目的。④ 也有学者提出了一些不同的产业安全评价指标体系。李泳、王爱玲（2006）从综合表现、影响因素、政府规制、内资实力和机遇修正指标五个方面建立了一套评价指标体系。⑤ 易明、杨树旺、宋德勇（2007）将资源环境要素纳入到产业安全的评价指标体系，从而构建了包括产业国际竞争力、产业控制力、产业发展的制度环境、产业发展的市场环境、产业可持续发展能力五个层次的评价体系。⑥ 我们将以上学者对产业安全度量所设定的指标体系总结为表2-1。需要说明的是，许多学者都对产业安全设计了好几级指标（比如分为一级指标、二级指标和三级指标），并阐明了具体的度量方法，表

---

① 孙瑞华、刘广生：《产业安全评价指标体系的构建研究》，《科技进步与对策》2006年第5期，第138—140页；朱钟棣、孙瑞华：《入世后评价产业安全的指标体系》，《世界贸易组织动态与研究》2006年第5期，第1—10页；李冬梅：《产业安全的多层次综合评价研究》，《科技管理研究》2007年第6期，第93—95页。

② 景玉琴：《产业安全评价指标体系研究》，《经济学家》2006年第2期，第70—76页；杨国亮：《新时期产业安全评价指标体系构建研究》，《马克思主义研究》2010年第6期，第63—71页。

③ 白澎：《中国产业安全的实证研究》，《山西财经大学学报》2010年第8期，第65—79页。

④ 邵念荣、付春光：《产业安全指标评价体系创新研究》，《商业时代》2011年第1期，第102—104页。

⑤ 李泳、王爱玲：《中国重点行业安全评价指标体系研究》，《财经研究》2006年第10期，第48—59、70页。

⑥ 易明、杨树旺、宋德勇：《资源环境约束与产业安全评价指标体系重构》，《工业技术经济》2007年第9期，第119—122页。

2-1中所列只是大致情况，全面的详细情况参见相关文献。

表2-1　　　　　　　部分学者的产业安全评价指标体系

文献	度量产业安全的基本指标
黄建军（2001）	产业生存环境：产业金融环境；产业生产要素环境；产业市场需求环境
	产业国际竞争力：国家竞争力；产业竞争力；企业竞争力
	产业控制力：内部控制；外部控制
	产业外资利用度
	产业对外依存度：资本对外依存度；出口对外依存度；进口对外依存度；技术对外依存度
何维达、何昌（2002）	产业国际竞争力：产业世界市场份额（出口）；产业国内市场份额；产业集中度；相对市场绩效指数；产业国内竞争度
	产业对外依存度：产业进口对外依存度；产业出口对外依存度；产业资本对外依存度；产业技术对外依存度
	产业控制力：外资市场控制率；外资品牌拥有率；外资股权控制率；外资技术控制率；外资经营决策权控制率；某个重要企业受外资控制情况；受控制企业外资国别集中度
孙瑞华、刘广生（2006）朱钟棣、孙瑞华（2006）	产业生存环境：产业融资环境；产业劳动力要素环境；产业市场需求环境；产业技术要素环境
	产业国际竞争力：产业市场竞争力；产业市场集中度；产业效益效率；相关产业的竞争力
	产业对外依存度：产业的进口依存度
	产业控制力：外资市场控制率
李冬梅（2007）	产业发展环境：资本效率；资本成本；劳动力素质；劳动力成本；制度环境状况；供给产业状况；需求增长率；产业损害状况
	产业国际竞争力：产业世界市场份额；产业国内市场份额；产业国际竞争力指数；产业R&D费用；价格比；产业集中度
	产业对外依存度：产业进口对外依存度；产业出口对外依存度；产业资本对外依存度；产业技术对外依存度
	产业控制力：外资市场控制率；外资品牌拥有率；外资股权控制率；外资技术控制率；受控制企业外资国别集中度
景玉琴（2006）	产业国内环境：政府规制环境；市场环境
	产业竞争力：产业绩效；产业结构
	产业控制力：外资产业控制；外资国别集中度

续表

文献	度量产业安全的基本指标
杨国亮（2010）	产业控制力：外资产业控制；核心技术控制力；其他关键要素控制力；品牌控制力；营销渠道控制力
	产业竞争力：核心技术创新力；关键要素可得性；品牌美誉度；营销渠道扩张力
	产业发展环境：政府规制环境（政府行政能力、产业软环境）；产业市场环境（生产要素环境、市场竞争环境）
白澎（2010）	产业生存环境：政府规制环境；市场环境
	产业国际竞争力：产业市场竞争力；产业结构；产业效益
	产业对外依存度：进口对外依存度；出口对外依存度；资本对外依存度；技术对外依存度；出口对外资企业依存度
	产业控制力：外资产业控制；外资国别集中度
邵念荣、付春光（2011）	产业协调力：产业协调度；产业市场集中度；市场竞争度；供给市场集中度；产业进口对外依存度；产业出口对外依存度；产业资本对外依存度；产业技术对外依存度
	产业控制力：外资市场控制率；外资品牌控制率；外资股权控制率；外资核心技术控制率；外资对重要企业的控制；重要企业外资国别集中度；某外国对产业的控制程度
	产业竞争力：国内市场占有率；世界市场占有率；显性比较优势指数（RCA）；国内资源成本（DRC）；贸易竞争指数；产业损害指数；劳动生产率；产品增值率；产品价格；相关产业竞争力
	产业发展力：政府行政力；资本成本；资本生产效率；资产负债率；资本结构；劳动力成本；劳动力素质；技术发明和创新人员占专业人才的比重；行业失业率；研发费用占成本比重；专利拥有率；供给产业竞争力；境内需求量；境内需求增长率
李泳、王爱玲（2006）	综合表现：市场控制率；技术控制率；行业控制率
	行业安全诱发因素：FDI存量占工业产值的比例；FDI流量占当年固定资产形成比例；外资企业劳动生产率指数；外资企业增加值增长指数；外资企业R&D投入力度；外资企业出口倾向指数；外资企业的利润汇出占当年FDI流入的比率；外资企业撤资额占当年FDI流入的比率；FDI来源地集中度
	政府规制力：税率指数；外资企业数目增长率；环境破坏率
	内资企业实力：内资企业增加值增长率（%）；内资企业R&D投入力度；内资企业劳动生产率指数；内资企业的行业集中度
	机遇修正

续表

文献	度量产业安全的基本指标
易明、杨树旺、宋德勇（2007）	产业国际竞争力：全要素生产率；显性比较优势指数；产业内贸易指数；净出口份额
	产业控制力：外资市场控制率；外资品牌拥有率；外资股权控制率；外资技术控制率；外资经营决策权控制率；重要企业受外资影响度；受控制企业外资国别集中度
	产业发展的制度环境：所有制结构；市场化程度；利益分配格局；政府规制绩效水平
	产业发展的市场环境：市场机会；经营环境
	产业可持续发展能力：单位国内生产总值能源消耗强度；产业单位产值"三废"排放量；"三废"综合利用率；主要污染物排放量；单位工业增加值用水量

另外也有学者针对特定行业对指标体系作出适应性调整，如许铭（2004）的医药产业安全指标体系，[①] 何维达、吴玉萍、刘瑞华（2007）、吴玉萍（2008）的煤炭产业安全指标体系，[②] 何维达、何丹、朱丽萌（2007）和朱丽萌（2007）的农业产业安全指标体系，[③][④] 邓立治、何维达（2009）的船舶产业安全评价指标体系，王腊芳、文雯、赖明勇（2010）的铁矿石产业安全评价指标体系，[⑤] 张淑荣、魏秀芬（2011）的棉花产业安全评价指标体系。[⑥] 随着中国零售业 2004 年年底全面对外开

---

① 许铭：《中国医药产业安全评估的实证分析》，《经济管理》2004 年第 23 期，第 59—63 页。

② 何维达、吴玉萍、刘瑞华：《煤炭产业安全评价研究及实证分析》，《商业研究》2007 年第 9 期，第 58—61 页；吴玉萍：《煤炭产业安全的基本内涵及评价指标体系研究》，《生产力研究》2008 年第 8 期，第 104—105 页。

③ 前者基于农业产业发展速度、农业产业国际竞争力指数、粮食自给率、农业产业进口对外依存度、农业产业出口对外依存度五项指标，后者剔除了"农业产业发展速度"而保留后四项指标。

④ 何维达、何丹、朱丽萌：《加入世界贸易组织后我国农业产业安全估算及对策》，《经济与管理研究》2007 年第 2 期，第 50—56 页；朱丽萌：《中国农产品进出口与农业产业安全预警分析》，《财经科学》2007 年第 6 期，第 111—116 页。

⑤ 王腊芳、文雯、赖明勇：《中国铁矿石产业面临的安全威胁及其产业安全度的测算》，《财经理论与实践》2010 年第 5 期，第 93—98 页。

⑥ 张淑荣、魏秀芬：《我国棉花产业安全状况评价》，《农业技术经济》2011 年第 2 期，第 92—95 页。

放，学术界对流通安全的关注也越来越多。李飞、汪旭晖（2006）初步测算了零售业开放对国家经济安全的影响，尽管没有设定具体的指标体系，但他们明确使用了零售企业市场占有率、外资消费品品牌与制造业品牌市场占有率的比值、零售顾客满意度指数等度量指标，是后续有关零售产业安全评价研究的重要基础。① 有关流通业和零售业的产业安全指标设计研究，后文中再做详细讨论。

至于产业安全状态的判别标准，当前学术界大致分为两种：一种可称为 4 级量纲，即"安全、基本安全、不安全、危机"；另一种可称为 5 级量纲，即"很安全、安全、基本安全、不安全、很不安全"。也有部分学者采用其他量纲，如顾海兵（1997）在考虑经济安全程度时采用 7 级量纲，即"很安全（AAA）、相当安全（AA）、比较安全（A）、轻度不安全（B）、中度不安全（C）、严重不安全（D）、危险或危机爆发（E）"。②

二 经验度量

一些学者设计了详细的产业安全评价指标体系，另外更多的学者不仅设计了这种指标体系，而且还基于行业数据进行了经验测算。何维达和何昌（2002）测算了中国三大产业的总体安全状态，结果显示大部分产业基本安全，只有金融保险业显示为不安全。③ 许铭（2004）测算了中国医药产业安全，结果显示为不太安全。④ 何维达、何丹、朱丽萌（2007）的预警分析结果显示，中国农业在 2000—2010 年基本安全；朱丽萌（2007）的测算结果与此类似，中国农业产业在 2001—2010 年处于基本安全到不安全的状态。⑤ 李冬梅（2007）初步估算中国汽车产业在 2001

---

① 李飞、汪旭晖：《零售业开放度对国家经济安全影响的测评研究》，《国际贸易》2006 年第 8 期，第 29—32 页。

② 顾海兵（1997）在文章中说"经济安全程度可以考虑分为 6 个等级……"，但实际上怎么数也有 7 个等级。参见顾海兵《当前中国经济的安全度估计》，《浙江社会科学》1997 年第 3 期，第 15—17 页。

③ 何维达、何昌：《当前中国三大产业安全的初步估算》，《中国工业经济》2002 年第 2 期，第 25—31 页。

④ 令人费解的是，许铭测算结果为 56.1，但并没有说明判别标准，而直接得出了"不太安全"的结论。参见许铭《中国医药产业安全评估的实证分析》，《经济管理》2004 年第 23 期，第 59—63 页。

⑤ 何维达、何丹、朱丽萌：《加入世界贸易组织后我国农业产业安全估算及对策》，《经济与管理研究》2007 年第 2 期，第 50—56 页；朱丽萌：《中国农产品进出口与农业产业安全预警分析》，《财经科学》2007 年第 6 期，第 111—116 页。

年、2002年、2004年和2005年处于基本安全状态，在2003年和2009年为安全状态，在2006年处于危机状态，她认为这是因为2006年恰好是入世保护期已过，关税降至最低，配额又完全取消，是"入世"冲击最大的一年。① 何维达、吴玉萍、刘瑞华（2007）对煤炭产业进行了经验研究，结果显示2002—2005年中国煤炭产业处于基本安全状态，但安全度在不断减弱。② 曹秋菊、唐新明（2009）从产业国际竞争力、产业出口对外依存度、产业资本对外依存度和产业外资股权控制率四个方面构建产业安全评价指标体系，基于1995—2007年的数据，运用因子分析法初步测算了中国三大产业和各主要产业的安全度，结果显示中国农业、采掘业、服务业、交通运输、仓储和邮电通信业、科学研究和综合技术服务业处于基本安全状态，但工业、制造业和金融保险业处于不安全状态。③ 张金鑫、徐森、谢纪刚（2010）借鉴瑞士洛桑国际管理发展学院（IMD）和世界经济论坛（WEF）的方法构建产业安全的评价模型，基于2002年与2006年的数据比较分析发现，外资并购削弱了中国医药业的创新能力、竞争力和控制力，导致医药产业安全状况恶化。④ 李泳、王爱玲（2006）对中国电子及通信设备、纺织、化工、医药制造、汽车制造和钢铁六个重点产业安全度的测算分析表明，纺织、钢铁、化工、医药制造等行业处于基本安全状态，而汽车和电子及通信设备等行业处于不安全状态。⑤ 白澎（2010）基于1998—2005年的数据测算了中国三大产业的安全度，评价结果显示，中国三大产业都处于基本安全状态，其安全度排序为：第一产业＜第二产业＜第三产业。⑥ 王腊芳、文雯和赖明勇（2010）基于1995—2008年数据分析了铁矿石产业的年度安全状况，并基于2008年1月至

---

① 李冬梅：《产业安全的多层次综合评价研究》，《科技管理研究》2007年第6期，第93—95页。
② 何维达、吴玉萍、刘瑞华：《煤炭产业安全评价研究及实证分析》，《商业研究》2007年第9期，第58—61页。
③ 曹秋菊、唐新明：《开放经济下中国产业安全测度》，《统计与决策》2009年第17期，第82—84页。
④ 张金鑫、徐森、谢纪刚：《外资并购对我国医药产业安全的影响》，《财政研究》2010年第2期，第56—59页。
⑤ 李泳、王爱玲：《中国重点行业安全评价指标体系研究》，《财经研究》2006年第10期，第48—59、70页。
⑥ 白澎：《中国产业安全的实证研究》，《山西财经大学学报》2010年第8期，第65—79页。

2009年5月的月度数据对指标进行了月度评估，结果显示：1995—2001年中国铁矿石产业处于基本安全状态；2002—2008年则处于不安全状态。① 程宝栋（2011）根据产业国际竞争力理论，分别从木材资源供给、市场需求数量及质量、产业组织竞争、相关产业发展和产业政策五个方面评价了中国木材产业安全，结果显示中国木材产业处于不安全状态。② 张淑荣、魏秀芬（2011）运用主成分分析法构建了中国棉花产业安全指标体系和评价模型，对1995—2008年中国棉花产业安全状况进行了评价，结果显示，中国棉花产业总体处于基本安全状态，但安全度较低，主要原因在于产业竞争力低、产业控制力弱、产业成长性慢和产业市场发展环境不佳。③

李飞、汪旭晖（2006）基于2004年以前的数据进行了初步测算，结果表明中国零售业对外开放度处于安全警戒线之内，并且还有较大的进一步开放的空间。④ 王丽、王苏生、黄建宏（2008）的分析结果显示中国零售业处于基本安全状态；朱涛（2010）的分析结果显示中国零售业处于不安全状态；宋则和王水平（2010）、王水平（2010）的分析结果显示中国零售业处于基本安全偏下、正快速接近不安全边界的状态。⑤ 张丽淑、樊秀峰（2011）基于跨国零售企业行为要素构建了零售产业安全评估指标体系，并分别通过加权平均模型、模糊综合评价模型两种方法进行了实证检验，结果显示：2009年中国零售产业处于基本安全状态，但2003年以来呈明显下降趋势；并且，两种方法实证结果极为一致，与其他学者的

---

① 王腊芳、文雯、赖明勇：《中国铁矿石产业面临的安全威胁及其产业安全度的测算》，《财经理论与实践》2010年第5期，第93—98页。

② 程宝栋：《我国木材安全分析与评价》，《西北农林科技大学学报》（社会科学版）2011年第5期，第43—47页。

③ 张淑荣、魏秀芬：《我国棉花产业安全状况评价》，《农业技术经济》2011年第2期，第92—95页。

④ 李飞、汪旭晖：《零售业开放度对国家经济安全影响的测评研究》，《国际贸易》2006年第8期，第29—32页。

⑤ 王丽、王苏生、黄建宏：《我国零售业产业安全研究》，《中央财经大学学报》2008年第6期，第61—64、73页；朱涛：《中国零售业的产业安全评价体系研究》，《商业经济与管理》2010年第9期，第12—18页；宋则、王水平：《中国零售产业安全问题研究——框架、评测和预警》，《经济研究参考》2010年第56期，第2—24页；王水平：《基于产业控制力视角的中国零售业安全评估》，《财贸研究》2010年第6期，第32—38页。

判断也基本吻合。① 吴英娜、伍雪梅（2011）基于 2000—2009 年数据测算了中国零售业安全度，结果表明，中国零售行业的产业安全总体上逐年变好，但是在 2004 年全面放开后零售业的产业安全受到了一定程度的冲击，2006 年和 2009 年出现了两次负值，后一次主要因为金融危机。②

另外一些研究没有严格设定指标体系，只是通过描述性的经验数据来阐释中国产业安全问题，如吕勇斌（2009）阐述了外资并购对农业产业安全的影响。③ 倪洪兴（2010）以大豆、棉花、羊毛为例，经验性地描述了中国农业产业安全所面临的挑战。④ 赵勤（2010）基于数据指出中国大豆产业控制力不断削弱，在国际上处于竞争劣势，产业进口依存度高，产业发展环境趋于复杂，产业面临较高风险和安全弱势，处于非常不安全状态，并特别讨论了黑龙江大豆产业的安全及发展问题。⑤ 李碧芳、肖辉（2010）专门讨论了中国大豆进口现状与趋势对中国经济安全的影响，得出了类似的结论。⑥ 李万青（2010）讨论了中国物流产业安全问题。⑦ 韩常青、蔡坚（2010）把产业安全讨论集中于产业国际竞争力问题，通过建立产业国际竞争力评价模型，用 2003—2008 年出口数据分析中国与政府采购市场密切相关的产业国际竞争力情况，并与其他国家相关产业的竞争力进行对比，从而揭示加入 GPA（WTO 的《政府采购协议》）对中国产业安全的影响。⑧

---

① 张丽淑、樊秀峰：《跨国企业行为视角：我国零售产业安全评估》，《当代经济科学》2011 年第 1 期，第 69—77 页。

② 吴英娜、伍雪梅：《开放条件下中国零售流通产业安全评价分析》，《宏观经济研究》2011 年第 11 期，第 70—75 页。

③ 吕勇斌：《外资并购与中国农业产业安全：效应与政策》，《农业经济问题》2009 年第 11 期，第 67—71 页。

④ 倪洪兴：《开放条件下我国农业产业安全问题》，《农业经济问题》2010 年第 8 期，第 8—12 页。

⑤ 赵勤：《产业安全视角下黑龙江省大豆产业发展研究》，《大豆科学》2010 年第 3 期，第 525—529 页。

⑥ 李碧芳、肖辉：《国家产业安全视角下的中国大豆产业研究》，《湖北农业科学》2010 年第 8 期，第 2002—2005 页。

⑦ 李万青：《我国物流产业安全问题及应对策略》，《中国物流与采购》2010 年第 17 期，第 76—77 页。

⑧ 韩常青、蔡坚：《加入 GPA 对我国产业安全影响的实证分析》，《国际贸易问题》2010 年第 12 期，第 20—27 页。

第三节 政策文献

一 国外政策

许多学者特别关注了外国政府对本国产业的保护政策，尤其是一些发达国家表面上倡导自由竞争和自由贸易，但实际上也有着各种各样的政策措施保护本国产业的发展利益。

1. 美国的产业安全政策

张铭（1997）把美国保护产业安全的措施归纳为三个方面。第一，贸易保护政策，如对外贸易的"双轨制"（在竞争力较强的产业领域推行自由贸易，在竞争力较弱的产业领域实行管理贸易），《反倾销法》，《反补贴法》，《综合贸易和竞争法案》，进口配额，附加关税，限制进口，等等；第二，限制外国投资，如1975年成立外国投资委员会和外国投资办公室，1990年颁布《外国直接投资和国际金融统计改进法》要求外国企业必须经常披露有关经济活动，限制外国在其关键行业和部门的投资，对外资实行严格监管，等等；第三，利用其他手段，如以国家安全名义限制进口、限制投资以及采取特殊措施援助国内企业，加强经济领域的反间谍工作，运用反托拉斯法禁止企业垄断或企图垄断的行为，利用技术壁垒限制进口，制定和实施各种联邦保险和信用计划保护和促进本国产业发展，等等。[①] 童志军（1997）从行业管理、组织管理、价格管理、备案管理四个方面介绍了美国的外资管理方式。行业管理是指对有些特殊行业设置了不同的外资进入限制，如通信业的《联邦通讯法》（1934年修订）、交通运输业的《联邦航空运输法》（1958年）和《海商法》（1920年）等；组织管理主要是指对外资进行一般规制的法律，如《反托拉斯法》、《公平交易法》、《证券法》、《综合贸易及竞争法》等；价格管理是指美国财政部1968年颁布的国际定价管制办法，其要求跨国公司在内部交易中应按市场供求，以"独立竞价原则"计算的"局外价格"进行，否则可以增加纳税额；备案管理是指对外资活动的档案监控，如《国际投资调查

[①] 张铭：《美国保护产业安全的做法及对我国的启示》，《经济管理》1997年第2期，第28—29页。

法》（1976年）规定外商每获得一家美国机构10%以上的股权需在购入股权的45天内呈送备案报告。①

景玉琴、宋梅秋（2006）详细梳理了美国产业保护政策的历史演变。② 在独立之初，美国本国产业基础相对弱小，于是实行高关税政策保护国内产业发展。联邦政府于1824年、1828年和1832年几次颁布保护关税条例，限制英国廉价工业品输入美国，先后通过《羊毛与毛料税则》（1867年）、《麦金莱税则》（1890年）和《丁利税则》（1897年）等全面提高关税。③ 当前，为了保护国内产业，美国制定了细致的法律，《美国贸易法》（1974年修订）是其中最主要的一个，其对本国产业的保护主要体现于"201条款"及"301条款"。④ "201条款"规定：如果美国国际贸易委员会裁定，某物品正以迅速增加的数量进入美国，以致成为对生产与进口物品相同或直接竞争物品的国内生产造成严重损害或严重损害威胁的实质原因，总统可在其权限内根据情况采取可行的、会促进国内产业对进口竞争进行积极调整努力的措施。"301条款"一般是指《综合贸易和竞争法案》（1988年）中的"一般301条款"、"特别301条款"、"超级301条款"及其他配套措施。"一般301条款"又称"狭义301条款"，是指《美国贸易法》（1974年修订）中的第301条。根据这项条款，如果政府认为某种外国贸易做法"不正当"、"不合理"，则可以实施调查，并且可以与有关国家政府协商，最终由总统决定采取什么样的报复措施，如提高关税、限制进口、停止有关协定等。这一条款后来经过几次修改，把总统权限转给了美国贸易代表（USTR），贸易代表可以中止、撤回美国在相关贸易协议中所做的承诺，取消贸易减让或优惠条件等，迫使相关国改变"不公正"或"不公平"的做法，也可以对相关国家的商品施以征税或进口限制，还可以撤销、限制或中止对外国的免税待遇等。"超级301条款"和"特别301条款"及配套条款是一些具体性的贸易政策规

---

① 童志军：《利用外资和国家产业安全——美、日、韩、墨四国的政策及借鉴》，《中国软科学》1997年第2期，第45—50页。

② 景玉琴、宋梅秋：《美国维护产业安全的政策及其借鉴意义》，《当代经济研究》2006年第5期，第36—39、43页。

③ 随着美国工业实力增强，这些贸易保护措施有所放松，后来的《佩恩—奥尔德里奇税则》（1909年）、《安德伍德税则》（1913年）对进口关税先后做了下调。

④ 《美国贸易法》共分7个部分，第二部分的第一个条款被称为"201条款"，第三部分的第一个条款被称为"301条款"。

定,共同构成了"301条款"法律制度的主要内容和适用体系:"特别301条款"针对知识产权保护和知识产权市场准入等;"超级301条款"针对外国贸易障碍和扩大美国对外贸易;配套措施主要针对电信贸易中市场障碍的"电信301条款",以及外国政府机构国际采购中的歧视性和不公正做法。

国家发展和改革委员会宏观经济研究院课题组(2009)从五个方面介绍了美国的产业保护政策经验:第一,立法保护,如《麦金莱税则》(1890年)、《丁利税则》(1897年)、《斯穆特·霍利关税法案》(1930年)、《互惠贸易协议法》(1934年)、《贸易扩展法》(1962年)、《贸易法》(1974年)、《贸易协议法》(1979年)、《综合贸易与竞争法案》(1988年)、《美国反倾销条例》(2006年)等;第二,以行业协会为主体进行标准制定,一方面为美国产品进入国外市场提供了便利,另一方面则为外国产品进入美国市场设置了重重门槛;第三,对重点产业实施分门别类的保护措施,如根据新实行的新农业法,美国在2002—2012年对农业实施的各种补贴和财政支持总额达1900亿美元;第四,严格管理外国投资,专门成立了外国投资委员会和外国投资办公室,负责管理外国在美国的投资,其成员包括八个联邦机构负责人,财政部长任委员会主席,负责分析外国在美国投资发展的现状和趋势,考察外资注入是否符合美国利益,并向国会提供有关外资管理的立法和有关议案;第五,大力鼓励高新科技产业的发展,包括成立专门的领导协调机构,制定一系列旨在保护和鼓励高新科技发展的政策和法律,以及通过多种融资形式实现对高新科技产业的扶持。[①]

2. 日本的产业安全政策

在利用贸易、外资政策和产业政策,通过技术引进、消化、吸收、再创新方面,日本是典型代表。这一点日本与美国的原则恰好相反,日本利用外资(特别是FDI)的要求相对来说更加严格,并且在不同发展阶段,日本在制定执行产业政策过程中利用外资的方式、规模、行业分布、管理模式也有所不同。

第二次世界大战以后,日本的经济遭受了严重战争破坏,亟须资金发

---

① 国家发展和改革委员会宏观经济研究院课题组:《中国产业安全态势评估、国际借鉴及若干对策建议》,《改革》2009年第4期,第5—21页。

展本国产业。在战后初期至20世纪50年代及20世纪60年代、80年代都是以借款为主,在20世纪70年代主要通过吸收外国证券投资。日本为了限制外国投资对本国产业和企业的控制权,一般倾向于利用间接投资,外国直接投资是从1950年《外资法》制定后开始的,在1967年第一次资本自由化后,流入日本的外资规模快速增大,FDI的部门分布大部分集中在第二产业的制造业。日本注意使引进的外资与产业政策相结合,由于吸收主要是外国间接投资,因此把大部分外资引向优先发展的产业,例如产业合理化阶段外资大多流入石油化工、机械、钢铁等部门,严格限制FDI投向重化工业等尚未强大前的战略产业,以此来保护民族工业。同时,日本非常注重技术的引进,长期以来遵循"模仿式"技术追赶政策。日本的《对内直接投资自由化决议》(1967年通过,1975年修订)把国内产业分为三类:第一类是有竞争力的行业,外资可拥有100%股份,到1975年这一类已增加到155种(包括电子计算机、房地产、钢铁、造船业等);第二类是本国企业已有相当竞争能力,但在资本、技术、设备的某一方面或综合竞争能力上同外企尚有一定距离的产业,故尚须对本国企业进行适当的保护,外商可拥有50%以下的股份,包括医药、电视机、电话设备制造等;第三类是竞争力相对较弱的产业,外商投资须事先经过主管部门的审批,1975年后剩下四种需个别审查的产业(农林水产业、矿业、皮革业、石油业),少了原来的电子计算机业、房地产业、中小零售业、情报处理业等。另外,对外商在日本老企业搞合资经营企业仍需事先经主管部门的审批,以保护日本企业不受外资的控制和吞并。日本针对外资的证券投资管理也非常明确,单个外商在某企业中进行证券投资所取得的股票不得超过总额的10%(若超过10%则按直接投资的管理条例办理);一个企业中所有外商的股份累计额在第一、第二类产业中不得超过25%,在第三类产业中限制为15%以下。最后,与美国类似,日本亦有一系列的行业法规对外资进行限制,如《水道法》、《信托业法》、《银行法》、《广播法》、《矿业法》、《运输事业法》等。①

国家发展和改革委员会宏观经济研究院课题组(2009)从以下三个方面介绍了日本维护其本国产业安全的政策经验:第一,对贸易和外资实

---

① 参见童志军《利用外资和国家产业安全——美、日、韩、墨四国的政策及借鉴》,《中国软科学》1997年第2期,第45—50页。

行严格管理，第二次世界大战后日本始终一贯的贸易政策是保护产业、扶植出口，其具体措施经历了从以管制措施为主到以关税措施为主，再到以非关税措施为主的三个阶段，当前的非关税贸易保护措施主要体现在国内税、严格的技术标准和检查、行业规定三个方面；第二，产业政策立法，如《石油业法》、《电气事业法》、《综合能源调查会设置法》、《动力炉、核燃料开发事业团法》、《煤炭矿业再建完善临时措施法》等；第三，重视先进技术的引进、消化、吸收和再创新。①

3. 韩国的产业安全政策

韩国作为"亚洲四小龙"之一，在20世纪60年代初至80年代末短短20多年的时间里，成功实现了由贫穷的农业国向新兴工业化国家的转变，很大程度上得益于政府的产业政策导向和实行外向型的发展战略。韩国的成功实践表明，政府为扶植主导产业发展而提供倾斜性的政策保障，有助于推动整个国家产业结构的升级和工业化进程，进而在维护产业安全的同时，增强整个产业的国际竞争力。随着经济全球化和世界经济一体化，韩国政府注重发展对外直接投资，同时积极引进先进技术。

在利用外资过程中，韩国实行"以借款为主，引进直接投资为辅"的战略方针。在1959—1982年引进外资总额中，外国贷款约占96%（其中商业性贷款约占51.7%），其中，20世纪70年代为大量举债阶段，20世纪80年代为积极引进外国直接投资阶段，20世纪90年代开始利用证券吸引外资。韩国对外商和外资有一整套的规制政策：第一，FDI项目管理，明确禁止与限制FDI的项目；第二，投资申请，外商对韩国投资须通过韩国法人或自然人提出申请，凡符合一定条件（非禁止和限制产业、投资比例＜50%的项目、投资金额＜500万美元的项目）等皆自动批准；第三，投资金额，每个项目的外资数额必须在5000万韩元以上，这有益于保护本国中小企业，亦有益于外资利用的高起点上规模原则；第四，持股比率，除了出口比例超过总统令规定比例的情况外，外商接受股票或持有股份的比例不得达到50%以上；第五，再投资规定，《韩国外资引进法》中规定，红利的再投资应向财务部长申报，增资时应在财务部备置的外国人投资企业注册簿上注册；第六，待遇规定，《外资法》中列举了

---

① 国家发展和改革委员会宏观经济研究院课题组：《中国产业安全态势评估、国际借鉴及若干对策建议》，《改革》2009年第4期，第5—21页。

外资可免税的情形,如引进高技术的事业、迁入出口自由地区的事业、对改善国际收支起显著作用的事业等;第七,国产化率,为提高国产化率,奖励和指导外企(非韩国企业法人)使用国产原材料和零部件,并且,财政部往往以逐年提高使用国内原材料和零部件作为外商投资批准的条件。由于韩国未能像日本那样重视对本国重点产业的扶持,以及技术引进创新机制的不足,闻名世界的"现代"汽车等至今仍需进口重要零部件,这不利于本国经济的相对独立性。[①]

许铭(2005)从六个方面总结了韩国政府维护产业安全的经验教训:第一,"强政府"对促进产业发展和维护产业安全具有一定的重要作用;第二,通过独特的融资方式为产业发展提供持续性保障;第三,重视高新科技发展为推动产业结构升级提供了后劲;第四,产业发展过多依赖国际举债成为影响产业安全的重要隐患;第五,对外依存度过高致使产业发展缺乏稳定性;第六,"道德风险"严重削弱了产业安全的信用基础。[②] 国家发展和改革委员会宏观经济研究院课题组(2009)从四个方面介绍了韩国的产业安全政策经验:第一,"强政府"干预促进产业发展和维护产业安全,韩国政府运用国家影响力,有效集中国内资源,指导产业部门的经济活动,将产业发展纳入政府的计划轨道,并通过一系列的优惠政策扶植了一批超大型企业集团,使之跻身世界超强企业之林,成为经济国际化的主力军,从而提高了产业的整体国际竞争力,以汽车产业为例,韩国政府严禁外国企业独家经营汽车生产,在进口方面以高关税方式限制整车特别是轿车进口;第二,独特的融资方式为产业持续发展提供保障,韩国实施了一种具有浓厚"官治"色彩的产业金融体制,中央银行事实上成为服务于产业政策的一个机构,主要商业银行均被政府严格控制,在产业化进程中普遍实行利率管制和市场准入等金融约束政策,便于有效集中国家资源、优先支援国家主导产业的兴起和发展;第三,重视高新科技发展为推动产业结构升级提供了后劲,从一开始就制定了与产业发展紧密配合的技术进步政策,不断引进先进技术,并建立相应的法规、机构和官民一致的科研体系进行科研创新,还建立了国家科研成果流通体制,并通过国际

---

① 参见童志军《利用外资和国家产业安全——美、日、韩、墨四国的政策及借鉴》,《中国软科学》1997年第2期,第45—50页。

② 许铭:《浅析韩国维护产业安全的成败与得失》,《亚太经济》2005年第5期,第25—27页。

交流和建立国内外科研合作研究所和联合体的形式，促进国家研发事业的国际化、开放化；第四，加强对利用外资和对外直接投资的管理，为了防止跨国公司控制民族产业，韩国政府把引进外资的重点放在利用外国政府贷款和商业贷款上，严格限制外国直接投资。①

4. 墨西哥的产业安全政策

墨西哥是拉丁美洲利用外资最多的三个国家之一（另两个是巴西、阿根廷）。在利用外资方式上对外借款占主要地位。由于第二次世界大战后致力于工业化发展，以较快的速度建立起相对完备的工业体系，墨西哥的经济发展水平相对高于非洲和亚洲的发展中国家，而且局势也较为安定，对外资采取开放政策，故而跨国公司在该地区一直较为活跃。第二次世界大战前，英国是最大投资国，后来随着世界经济格局的变化，美国、前西德、瑞士、日本占据了投资的前几位。当前墨西哥对外资管理的主要政策包括以下几个方面：第一，法律管理，《外资法实施细则》（1989年）规定符合某些条件（固定资产投资额1亿美元以下，外国投入资金相当于总投资额的20%以上；开业后3年内的外汇应能平衡等）的新企业外资比例可占多数，且只要登记即可，否则外资不得超过49%，符合某些条件（作为增资而向固定资产的投入额高于认缴投资额的20%以上）的老企业外资比例可占多数，且只要登记即可，否则外资比例不得超过49%，外国人董事比重不得超过外资的投资比例，限制外资进入石油开采、电力供应、通信、银行、铁路运输、森林开发、沿海运输、广播等行业。第二，技术输入管理，《技术转让管制登记法》（1981年）旨在通过对外国输入技术的管制，逐步减少对外国工业产权和技术的依赖，同时也是为了提高墨西哥技术需求方的谈判地位，鼓励本国的技术发展。第三，行业管理，对于国内航空运输及海上运输、汽车零部件的制造活动，各种法规都有较为详尽的规定，如《汽车产业合理化法令》（1983年）规定了各类汽车的国产化率。②

5. 其他国家的产业安全政策比较

徐力行、高伟凯、陈俞红（2007）认为发展中国家和发达国家针对

---

① 国家发展和改革委员会宏观经济研究院课题组：《中国产业安全态势评估、国际借鉴及若干对策建议》，《改革》2009年第4期。

② 参见童志军《利用外资和国家产业安全——美、日、韩、墨四国的政策及借鉴》，《中国软科学》1997年第2期，第45—50页。

外资的产业安全防范体系结构相似,基本都包括外资法,产业政策,反垄断法以及证券法。① 俄罗斯、巴西、印度等发展中国家侧重于外资的产业限入,主要法律依据是外资法及产业政策。俄罗斯对外资限制最多,结果导致其吸引外资进程艰难,效果不明显。② 巴西对外资限制相对较少,结果导致其很多重要的工业部门受外资控制。③ 印度引进外资的政策比较积极,但非常强调本国企业的控股权。④ 发展中国家的反垄断规制。发展中国家对外资也有针对垄断性并购的规定(如巴西的定性规定和印度的定量规定),但大多没有设立专门的外资并购审查机构,而采用外资审查与并购审查两种机构相互协作的方法。发展中国家产业安全防范体系的主要问题:(1)不能科学把握外资限入的程度和范围;(2)法律体系尚不完善,有些国家未制定反垄断法,而已颁布反垄断法的国家,对企业垄断性并购判定标准不太明确和具体;(3)存在内外目标差异的两难,本国企业做大就必须允许其并购,同时又要限制外资并购,这在 WTO 框架下是一种两难选择。⑤

发达国家国内产业竞争力与国际竞争力并无多大差异,因而发达国家对于大多数行业中外资并购的审查标准与本国并购相似,它们产业安全防范的重点是维护市场的有效竞争,禁止限制竞争的行为。发达国家规范外资并购以反垄断法为核心,在此基础上以外资法、证券法以及一些专门法分别从不同侧面加以辅助。发达国家判定垄断性并购的标准以法则为主,审查机构只起辅助作用。发达国家禁止或严格限制外资并购的行业一般是关系到国家安全的军工业、矿藏资源类产业、国家自然垄断行业(参见表 2-2),而对于已经具备相当实力的其他产业则采取自由化的态度。发达国家产业安全防范的特点:反垄断法是发达国家产业安全防范体系的核心;很少对产业加以直接限入,一般只在关系国家安全的关键性产业,才

---

① 徐力行、高伟凯、陈俞红:《国外产业安全防范体系的比较及启示》,《财贸经济》2007 年第 12 期,第 88—92 页。

② 参见马友君《俄罗斯吸引外资的历程及其前景》,《西伯利亚研究》2004 年第 1 期,第 33—36 页。

③ 参见姜鸿《国外吸引外资的经验教训及武汉的借鉴》,《中南财经政法大学学报》2005 年第 2 期,第 81—84 页。

④ 参见杨宏斌《印度利用外国直接投资政策的特点及新发展》,《南亚研究季刊》2002 年第 3 期,第 9—13 页。

⑤ 参见高伟凯《冷战后的国家利益理论探讨》,《世界经济与政治论坛》2006 年第 6 期,第 90—95 页。

对外资的进入有所限制,且涉及的产业面很小。

表 2-2　　　　　　　部分国家对外资进入的产业限制

国家	禁止(或严格限制)进入的行业	限入行业
美国	原子能等能源类产业,矿藏挖掘等资源类产业以及水力发电行业	航空、海运、通信、金融等
德国	军事和国防工业	银行或金融服务业等
日本	农林水产业、皮革及其制品、石油业、矿业等	汽车制造、电话设备、合成纤维、医药品生产等
韩国	电视传播、无线电广播业	农业、渔业、电力、电信、航空、海运、银行金融业等
俄罗斯	油气资源、核武、核能及国防、军工	电力;海运、内河航运和空运以及铁路运输;民航机场建设、养护;公路铺设;地质资料的编纂与出版;测绘仪器设计制造销售;地球仪、地形图的生产;医疗制品和药物生产;城镇工程系统管理;贵金属和稀土金属的开采;土地利用设计研究;教科书、参考资料的编制;教育;城建资料研究;两用技术的研究和应用;航空;生产性捕鱼和渔业科研;猎捕活动;林业;酒精产品生产销售;会计事务等
巴西	核能、航空、邮政、航空产业等	媒体、金融、公路运输(20%)、电信、矿产资源开采等
印度	原子能产业	国防设备、保险业、精炼业等(20%);航空、电信、硬件设备的建立等(49%);原子矿产、有网关的互联网服务商等(74%)

资料来源:徐力行、高伟凯、陈俞红:《国外产业安全防范体系的比较及启示》,《财贸经济》2007 年第 12 期。

发展中国家与发达国家产业安全防范体系结构框架相似,都拥有相同类型的法律体系,都设立了相关审查机构,但是具体而言,二者又各有特点(参见表 2-3)。总之,发展中国家在产业安全防范方面,主要利用外资政策和产业政策调整,更具有灵活性。这虽然更好地兼顾了本国的产业利益,但也会由于对外资的非国民待遇而导致与 WTO 的规则不符。随着一国的经济增长,其开放程度、开放意愿和开放能力势必逐渐加大,发展中国家规范外资并购的做法,向发达国家的做法靠拢也将成为一种趋势。发达国家主要从维护市场效率和公平竞争的角度来规范外资对本国企业的并购,其政策的内外差异性并不明显,所采取的也主要是法律方法,执行的刚性较大,但也通过审查委员会的制度增加了一定的灵活性。

表2-3　产业安全防范体系的特征比较:发展中国家 VS 发达国家

	核心法律	审查的出发点	垄断性并购的判定标准	产业限入
发展中国家	外资法、产业政策	产业安全	定性标准为主	限入相对严格
发达国家	反垄断法	经济安全	定量标准为主	限入相对较少

资料来源:徐力行、高伟凯、陈俞红:《国外产业安全防范体系的比较及启示》,《财贸经济》2007年第12期。

刘一飞(2010)从国内立法保护、严格管理外国投资、对重要产业实行保护和扶持、运用非关税贸易壁垒、政府—行业协会—企业策略性互动、建立产业损害预警机制六个方面介绍了国外保障产业安全的主要经验,同时也总结了一些国家不当做法导致的产业安全教训,比如东欧各国在私有化过程中对外资放任自流导致国有资产大量流失、主要产业被外资全面控制、本国产业一蹶不振、技术进步受阻、垄断加剧、利润外流等,拉美一些国家资本市场过于开放导致本国经济在国际金融震荡时濒临崩溃,技术创新投入较少导致自主创新能力严重缺乏,忽视农业发展导致粮食供给严重依赖国外进口。[①]

二　国内政策

许多学者探讨保障中国产业安全的政策思路,大致体现为限制外资过度渗透和扩张、鼓励本国企业发展壮大两个方面,具体措施包括以下几个方面。

1. 充分利用法律手段

中国于1994年颁布了《中华人民共和国对外贸易法》,国务院依据该法于1997年颁布了《中华人民共和国反倾销和反补贴条例》,2001年对该条例进行了修订,重新修订的《中华人民共和国反倾销条例》自2002年1月1日起施行。原国家经贸委产业损害调查局的吴岩(2002)、张春森(2002)详细介绍了新旧《条例》之间的差别以及企业如何运用

---

① 刘一飞:《国外有关产业安全的经验及教训》,《宏观经济管理》2010年第4期,第69—72页。

这一政策工具来维护自身利益，以及中国进口反倾销工作尚存在的问题。① 景玉琴（2003）基于中国产业整体竞争力不强、尚缺乏真正意义上的产业保护体系以及产业保护的国际通行性，建议从关税、反倾销反补贴、《反垄断法》、《反不正当竞争法》、非关税壁垒等方面采取措施切实保障中国产业安全。② 张瑞萍（2011）针对跨国粮商垄断中国大豆等农产品市场的形势，从法学角度提出了保障中国农业产业安全的反垄断法机制和反垄断法规则。③ 刘勇、朱瑜（2011）指出反倾销与反补贴措施对于保护中国国内产业具有比较明显的作用，但也存在一定的局限性，包括贸易转移效应、增加中间产业使用进口产品的成本等。④

胡峰（2011）指出，面对外资并购对中国产业安全的严重威胁，中国主要通过外资准入立法、反垄断法、证券法、国家安全审查等法律制度加以防御。但是，中国产业安全法律保障体系仍存在诸多问题。他建议在外资准入立法方面，对新建投资和并购投资区分立法、对关系国家安全和国民经济命脉的重要行业和关键领域的外资并购投资设置较高准入门槛；在反垄断法方面，《反垄断法》第 7 条需要完善配套细则和程序规定；在外资收购上市公司过程中，应该加强对目前外资收购上市公司时各种前置审查程序的协调安排；在国家安全审查制度方面，需要在实施细则中进一步明确国家安全审查部际联席会议的组成成员和各自的职权分配；在具体的实施条例或者实施细则中必须增加对外资并购安全审查的事后监控制度；在实体规则方面，需要明确"外国投资者的概念"、国家安全审查的标准等。⑤

2. 提升本国企业竞争力

何维达（2001）较早地提出保障产业安全要制定和监督产业安全战

---

① 吴岩：《反倾销条例——保护产业安全的有力武器》，《企业管理》2002 年第 2 期，第 16—17 页；张春森：《进口反倾销：保护产业安全的利剑》，《浙江经济》2002 年第 7 期，第 30—31 页。

② 景玉琴：《论运用产业保护措施维护我国产业安全》，《经济学家》2003 年第 6 期，第 73—79 页。

③ 张瑞萍：《我国农业产业安全的反垄断法保障机制与规则分析》，《当代法学》2011 年第 1 期，第 100—106 页。

④ 刘勇、朱瑜：《论反倾销与反补贴对我国国内产业安全的保障作用》，《国际贸易问题》2011 年第 2 期，第 107—117 页。

⑤ 胡峰：《外资并购下我国产业安全法律保障体系的构建》，《亚太经济》2011 年第 2 期，第 113—117 页。

略，提升产业竞争力。① 景玉琴、高洪力、高艳华（2004）认为现行体制中某些行政性垄断与地区封锁制造了不平等竞争，限制了行业竞争力的提高，使中国一些重要产业在开放竞争中丧失竞争优势，对产业安全构成了隐患，建议采用"竞争替代"：在完全对外开放前先对内开放，允许民间资本先行进入外资迟早都要进入的领域，同时创造公平竞争的环境。② 景玉琴（2005b）提出保障产业安全须遵循产业保护与有效竞争并举的思路。③ 杜丹清（2005）针对零售业安全问题也提出要大力扶持国内流通企业走集团化、规模化发展之路，动态性地保护国内中小商业零售企业，鼓励流通企业努力提高流通效率。④ 倪洪兴（2011）认为确保中国农业产业安全主要在于统筹农业利用两个市场、两种资源。⑤

3. 注意处理一些重要的关系

纪宝成、刘元春（2006）指出了保障中国产业安全应注意六个方面的问题：第一，必须从国家利益的战略高度来认识产业安全的重要性，从"新型市场失灵"的高度来治理产业安全；第二，正确认识FDI、市场结构与产业安全之间的关系，走出"FDI无害论"的认识误区，加强对外资并购的监管；第三，正确处理企业利益、地方政府利益与全局利益，国家需要从"纯公共品"的高度来统筹处理产业安全问题；第四，正确处理好立法管理和行政管理之间的关系，加强配套法律体系的建设，以避免中国产业安全管理的短视性、任意性和无序发展的情况；第五，治理产业安全必须"内外结合"、"软硬兼顾"；第六，正确处理开放、发展与产业安全的辩证关系，在避免极端自由主义的同时，要防止新闭关锁国倾向。⑥ 国家发改委宏观经济研究院投资研究所的王元京（2007）认为，如何把握与掌控对外开放与产业安全的关系，应当多吸收国际经验，在关键性产

---

① 何维达：《中国"入世"后的产业安全问题及其对策》，《经济学动态》2001年第11期，第41—44页。

② 景玉琴、高洪力、高艳华：《创造有利于产业安全的制度环境》，《理论前沿》2004年第24期，第27—28页。

③ 景玉琴：《开放、保护与产业安全》，《财经问题研究》2005年第5期，第32—37页。

④ 杜丹清：《零售商业全面开放下的产业安全危机及其消解》，《国际贸易问题》2005年第11期，第22—25页。

⑤ 倪洪兴：《统筹两个市场两种资源确保农业产业安全》，《中国农村经济》2011年第5期，第57—60、81页。

⑥ 纪宝成、刘元春：《对我国产业安全若干问题的看法》，《经济理论与经济管理》2006年第9期，第5—11页。

业领域对外开放度上处理好六个关系：第一，处理好关键性产业与非关键性产业吸引外资的关系问题；第二，处理好国内并购与国外并购优先选择的关系问题；第三，处理好投资并购中"以我为主"还是"以外为主"的关系问题；第四，处理好单一国家并购与多国并购的关系问题；第五，引进跨国公司投资与非跨国公司投资的关系问题；第六，处理好用股权换技术还是用资金换技术的关系问题。①

4. 建立产业安全预警机制

何维达（2001）较早地提出了这一建议，他认为中国一方面应建立有关风险监测的机构和组织，对一些重大和突发性事件进行监督和监测；另一方面应建立科学的、有效的预警模型，可依据上述产业安全标准，并参照一些其他重要因素如贸易条件变化、外汇储备、外债及偿债以及外部政治风险等建立预警模型，并实行动态监测。产业安全预警系统建立起来之后，要定期发布产业安全信息（季度）和产业安全报告（年度），提醒政府、企业乃至国民注意，加强安全意识，防范产业安全风险。② 在我们看来，这种预警机制还应该因行业而异，充分考虑行业特殊性，从而提高预警系统的科学性和实用性。

---

① 王元京：《外商在关键性产业投资并购对产业安全的影响》，《经济理论与经济管理》2007年第4期，第5—12页。

② 何维达：《中国"入世"后的产业安全问题及其对策》，《经济学动态》2001年第11期，第41—44页。

第三章　中国流通产业安全的现实背景

产业安全是一个具有历史阶段性特征的命题，也就是说，产业安全是在一国处于某个发展阶段才被提出、被关注、被重视。首先一个必要条件就是对外开放，封闭经济中是不存在我们这里所讨论的产业安全问题的，但对外开放并不是产业安全问题的充分条件。一般来说，某个国家在经济发展初期，民族产业竞争力较弱，产业安全较为突出，在本国经济起飞、产业竞争力全面提升之后，问题便逐渐转向开拓国际市场，贸易和投资自由化倾向开始占据主导地位，西方发达国家的工业化发展和政策转变轨迹充分证明了这一点。事实上，所有国家提出产业安全问题都有其特定的现实背景。

第一节　从改革开放到经济起飞

一　改革开放

新中国成立初期，由于数十年的战乱破坏和战后西方国家的经济封锁，国内在生产和消费领域均出现严重的资源短缺现象，中国选择了计划经济，实行统购统销的经济政策。计划经济虽然曾一度为中国早期的经济恢复和初步发展做出了巨大贡献，但随着时间的推移其弊端日渐明显：（1）政企职责不分，无视价值规律与市场调节的作用，一切以计划为纲，无法适应消费群体的需要，制约商品经济的发展；（2）生产商品的数量都在计划之中，凭票购买，造成消费者即使有钱也难以买到需要的商品；（3）工农业生产与商品经营均为强制性的生产资料公有制，个人不得持有私有财产，一切劳动成就都会被均分，这导致生产者没有兴趣扩大生产，很大程度上丧失了劳动积极性和发展经济的动力。20世纪70年代末中国开始实行的经济改革和对外开放的政策，前者主要在于国内，后者主要针对国际。中国的对内改革首先从农村开始，安徽省凤阳县小岗村开始实行

"家庭联产土地承包责任制",拉开了中国对内改革的大幕;对外开放首先从一些沿海城市开始试点,然后从广度和深度上逐步推进,直至当前全面开放的局面。

1978年以前的安徽省凤阳县小岗村,是全县有名的"吃粮靠返销,用钱靠救济,生产靠贷款"的"三靠村",每年秋收后几乎家家外出讨饭。1978年11月24日,小岗村18户农民以敢为天下先的胆识,捺下了18个手印,搞起生产责任制,揭开了中国农村改革的序幕。也许是历史的巧合——就在这些农民捺下手印后不久,中共十一届三中全会在北京人民大会堂隆重开幕。在关系国家命运和前途的严峻历史关头,以邓小平为代表的中国最高层的政治家和最底层的农民们,共同翻开了历史新的一页。小岗村从而成为中国农村改革的发源地,家庭联产承包制随后(1983年初)成为中国农村一项占主导地位的经济制度。此后,中国经济改革逐步向城市推进,向行业深入,向全国扩展,几十年来着力推进企业、财税、金融、劳保、福利、住房、科技、教育、文化、医疗等各个方面的改革。从1984年中央提出有计划的商品经济,到1992年邓小平南方谈话确立社会主义市场经济体制改革目标,至今已发展到逐步完善社会主义市场经济体制的历史新阶段。

1979年,党中央、国务院批准广东、福建在对外经济活动中实行"特殊政策、灵活措施",并决定在深圳、珠海、厦门、汕头试办经济特区,深圳等经济特区的成功,为进一步扩大开放积累了经验,有力推动了中国改革开放和现代化的进程。1984年中共中央决定进一步开放大连、秦皇岛、天津、烟台、青岛、连云港、南通、上海、宁波、温州、福州、广州、湛江、北海这14个港口城市,1985年起相继在长江三角洲、珠江三角洲、闽东南地区和环渤海地区开辟经济开放区,1988年增辟了海南经济特区,1990年党中央和国务院做出了开发与开放上海浦东新区的决定。至此,中国形成了经济特区—沿海开放城市—沿海经济开放区—内地,这样一个全方位、多层次、宽领域的对外开放格局。2001年11月11日,在卡塔尔多哈举行的世界贸易组织(WTO)第四届部长级会议通过了中国加入世界贸易组织法律文件,中国终于成为世界贸易组织新成员,标志着中国的对外开放进入了一个新阶段。

二 经济起飞

中国的经济改革极大地调动了全社会的劳动积极性,全面解放和发展了生产力,而对外开放则启动了国内分工—交换机制进一步融入国际分工体系,在经济全球化浪潮中创造了"中国奇迹"。随着改革开放和经济体制改革的逐步推进,特别是进入新世纪以来,中国与世界发达国家的差距快速缩小,经济形势与30多年前相比已经有了根本性改变。以下从GDP、人均GDP、收入和消费等几个方面来阐明这种增长。

1. GDP总量增长

根据世界银行数据,以2000年不变美元价格计算,中国GDP从1960年的704亿美元,增长至1978年的1577亿美元,再增长至2011年的35479亿美元,详细数据参见表3-1。

表3-1   中国GDP的历史变化:1960—2011年

单位:亿美元(2000年不变美元价格)、%

年份	GDP	增长	年份	GDP	增长	年份	GDP	增长	年份	GDP	增长
1960	704		1973	1199	7.9	1986	3313	8.8	1999	11056	7.6
1961	513	-27.1	1974	1227	2.3	1987	3697	11.6	2000	11985	8.4
1962	482	-6.1	1975	1334	8.7	1988	4115	11.3	2001	12980	8.3
1963	531	10.3	1976	1312	-1.6	1989	4283	4.1	2002	14161	9.1
1964	616	15.8	1977	1412	7.6	1990	4446	3.8	2003	15577	10.0
1965	716	16.4	1978	1577	11.7	1991	4855	9.2	2004	17150	10.1
1966	793	10.7	1979	1697	7.6	1992	5544	14.2	2005	19088	11.3
1967	748	-5.7	1980	1829	7.8	1993	6321	14.0	2006	21512	12.7
1968	717	-4.1	1981	1925	5.2	1994	7149	13.1	2007	24567	14.2
1969	838	16.9	1982	2100	9.1	1995	7928	10.9	2008	26925	9.6
1970	1001	19.4	1983	2329	10.9	1996	8721	10.0	2009	29402	9.2
1971	1071	7.0	1984	2683	15.2	1997	9532	9.3	2010	32460	10.4
1972	1112	3.8	1985	3045	13.5	1998	10275	7.8	2011	35479	9.3

资料来源:世界银行,http://data.worldbank.org.cn。

从表3-1中可以看出,中国经济在新中国成立之后取得了巨大进步,但在前几十年波动明显且波动幅度较大,在20世纪70年代末改革开放之后,经济总量呈快速且稳定的增长态势。中国GDP在1960—1977年年均增长4.84%,但波动较大(标准差11.43%),在1978—2011年年均增长9.98%,且波动较小(标准差2.73%)。为了更明显地看出这一趋势,我们根据历史数据绘制了图3-1。从图3-1中可以看出,中国经济不仅总量上呈上升趋势,而且增长速度的波动也越来越小,显示出平稳且快速的特征。

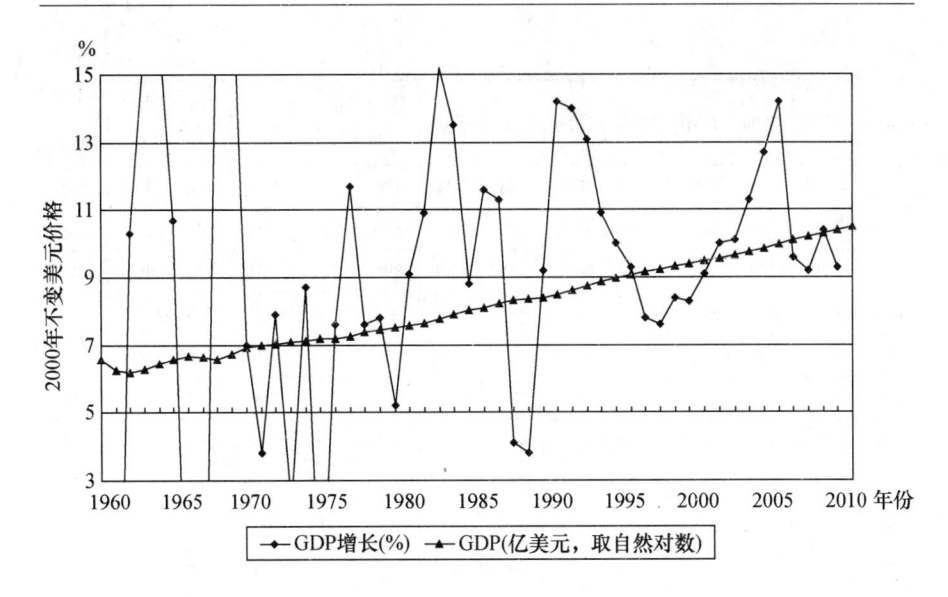

图3-1 中国GDP的历史变化：1960—2011年

事实上，中国经济改革的成功不仅体现在绝对数意义上的经济总量（GDP）增长，从国际比较的层面上更能看出这种相对意义上的巨大变化。以现价美元计算，在1980—2011年间，中国GDP从1890亿美元增长到73180亿美元，年均增长12.52%，其他国家均没有超过10%，巴西、印度、俄罗斯分别为7.89%、7.61%、6.08%（俄罗斯为1989—2011年数据），中国在"金砖国家"中遥遥领先，详细数据参见表3-2。

表3-2　全球主要国家GDP：1980—2011年

单位：10亿美元（现价）、%

年份	美国	中国	日本	德国	法国	巴西	英国	意大利	俄罗斯	印度	加拿大	西班牙	澳大利亚
1980	2768	189	1087	920	690	235	542	460		190	269	226	151
1981	3104	194	1201	775	605	264	515	415		197	301	197	179
1982	3228	203	1117	752	575	282	491	412		204	308	190	196
1983	3507	228	1218	746	550	203	466	427		222	334	166	179
1984	3900	257	1295	702	522	209	439	422		216	347	167	195
1985	4185	307	1385	709	543	223	464	436		237	356	176	182
1986	4425	298	2051	1012	759	268	570	617		253	369	244	183

续表

年份	美国	中国	日本	德国	法国	巴西	英国	意大利	俄罗斯	印度	加拿大	西班牙	澳大利亚
1987	4699	270	2485	1256	918	294	701	776		284	422	309	190
1988	5062	310	3015	1356	1001	330	851	859		302	498	365	238
1989	5440	344	3017	1354	1007	426	859	895	507	301	556	403	302
1990	5751	357	3104	1714	1244	462	1013	1133	517	327	583	521	314
1991	5931	379	3537	1809	1245	407	1056	1195	509	275	598	560	329
1992	6262	423	3853	2064	1373	391	1092	1272	460	293	580	613	329
1993	6583	441	4415	2007	1297	438	981	1026	435	284	564	510	315
1994	6993	559	4850	2148	1368	546	1061	1059	395	333	564	515	326
1995	7338	728	5334	2523	1572	769	1157	1132	396	367	591	597	371
1996	7751	856	4706	2437	1573	840	1220	1266	392	400	614	622	404
1997	8257	953	4324	2157	1421	871	1359	1199	405	423	638	573	438
1998	8741	1019	3915	2178	1469	844	1456	1225	271	429	617	601	401
1999	9301	1083	4433	2131	1456	587	1503	1208	196	464	661	618	390
2000	9899	1198	4731	1886	1326	645	1477	1104	260	475	725	580	417
2001	10234	1325	4160	1881	1338	554	1471	1124	307	492	715	609	380
2002	10590	1454	3981	2007	1452	504	1612	1225	345	523	735	686	397
2003	11089	1641	4303	2424	1792	552	1860	1515	430	618	866	884	468
2004	11798	1932	4656	2726	2056	664	2201	1736	591	722	992	1045	616
2005	12564	2257	4572	2766	2137	882	2281	1786	764	834	1134	1131	696
2006	13315	2713	4357	2903	2256	1089	2445	1873	990	949	1279	1236	750
2007	13962	3494	4356	3324	2582	1366	2813	2127	1300	1239	1424	1441	857
2008	14219	4522	4849	3624	2832	1653	2636	2307	1661	1224	1503	1593	1062
2009	13864	4991	5035	3299	2620	1622	2171	2111	1223	1361	1338	1456	924
2010	14447	5931	5488	3259	2549	2143	2252	2044	1488	1684	1577	1383	1132
2011	15094	7318	5867	3571	2773	2477	2432	2195	1858	1848	1736	1491	1372
年均增长	5.62	12.52	5.59	4.47	4.59	7.89	4.96	5.17	6.08	7.61	6.20	6.28	7.38
2023	29104	30135	11368	6037	4751	6164	4348	4019	3773	4458	3573	3095	3224

注：2023 年数据根据 1980—2011 年平均增长速度估算，这一年中国 GDP 将超过美国成为全球第一。

资料来源：世界银行，http：//data.worldbank.org.cn。

另外，还可以从 GDP 排名变化中看出中国经济总量的快速增长。1980 年中国 GDP 在全球排第 12 位，1987 年升至第 11 位，1992—1994 年每年上升 1 位，1996 年升至第 7 位，2000 年升至第 6 位，2005 年超过法国，2006 年超过英国，2007 年超过德国，2010 年超过日本升至第 2 位，仅次于美国。为了更直观地看出经济总量排名上的这种"中国追赶"，我们将 1980 年以来全球主要国家 GDP 排名变化绘制为图 3-2。许多评论家都认为中国经济总量超过美国是迟早的事情，英国《经济学人》杂志预测这一时间最早为 2018 年。① 但我们认为这一预测过于乐观了，如果按照表 3-2 中 1980—2011 年年均增长速度计算，这一时间至少要到 2023 年，届时中国 GDP 将达到 301350 亿美元（美国 291040 亿美元），是日本的 2.67 倍，德国的 4.99 倍，法国的 6.34 倍，英国的 6.93 倍。

排序												
1	美国	美国	美国	美国	美国	美国	美国	美国	美国	美国	美国	美国
2	日本	日本	日本	日本	日本	日本	日本	日本	日本	日本	**中国**	**中国**
3	德国	德国	德国	德国	德国	德国	德国	德国	**中国**	日本	日本
4	法国	法国	法国	法国	法国	英国	英国	**中国**	德国	德国	德国
5	英国	意大利	意大利	意大利	英国	意大利	法国	**中国**	英国	法国	法国
6	意大利	英国	英国	英国	意大利	法国	**中国**	法国	法国	法国	英国	巴西
7	加拿大	加拿大	西班牙	加拿大	**中国**	意大利	意大利	意大利	意大利	巴西	英国
8	巴西	西班牙	加拿大	西班牙	**中国**	巴西	加拿大	加拿大	西班牙	意大利	意大利
9	西班牙	巴西	俄罗斯	**中国**	巴西	西班牙	巴西	西班牙	西班牙	加拿大	印度	俄罗斯
10	墨西哥	印度	**中国**	巴西	西班牙	加拿大	墨西哥	巴西	巴西	加拿大	印度
11	印度	**中国**	巴西	俄罗斯	韩国	韩国	西班牙	墨西哥	俄罗斯	俄罗斯	俄罗斯	加拿大
12	**中国**	荷兰	墨西哥	墨西哥	墨西哥	荷兰	韩国	韩国	墨西哥	印度	西班牙	西班牙
年份	1980	1987	1992	1993	1994	1996	2000	2005	2006	2007	2010	2011

图 3-2 全球主要国家 GDP 排名变化

2. 人均 GDP 增长

众所周知，中国是一个人口大国，许多指标落到"人均"层面上会

---

① 《经济学人杂志：中国经济总量 2018 年将超过美国》，http://business.sohu.com/20111228/n330556680.shtml。

大打折扣，中国的人均GDP并不高，2011年为5445美元，全球排名第84位，但其持续增长趋势是不争的事实。根据世界银行的不变美元价格计算，在1960—2011年，中国人均GDP从最初的105.5美元增至2639.5美元，增长了24.1倍，详细数据参见表3-3。

表3-3　　　　　中国人均GDP的历史变化：1960—2011年

单位：美元（2000年不变美元价格）、%

年份	人均GDP	增长	年份	人均GDP	增长	年份	人均GDP	增长	年份	人均GDP	增长
1960	105.5		1973	136.0	5.5	1986	310.5	7.2	1999	882.6	6.7
1961	77.7	-26.4	1974	136.3	0.2	1987	341.0	9.8	2000	949.2	7.5
1962	72.3	-6.9	1975	145.5	6.8	1988	373.5	9.5	2001	1020.5	7.5
1963	77.9	7.7	1976	141.0	-3.1	1989	382.9	2.5	2002	1106.0	8.4
1964	88.1	13.2	1977	149.7	6.1	1990	391.7	2.3	2003	1209.0	9.3
1965	100.1	13.6	1978	164.9	10.2	1991	421.9	7.7	2004	1323.2	9.4
1966	107.8	7.7	1979	175.1	6.2	1992	475.9	12.8	2005	1464.1	10.6
1967	99.1	-8.1	1980	186.4	6.5	1993	536.4	12.7	2006	1640.9	12.1
1968	92.6	-6.6	1981	193.6	3.9	1994	599.8	11.8	2007	1864.1	13.6
1969	105.3	13.7	1982	208.2	7.5	1995	658.0	9.7	2008	2032.6	9.0
1970	122.3	16.1	1983	227.5	9.3	1996	716.2	8.9	2009	2208.4	8.6
1971	127.3	4.1	1984	258.7	13.7	1997	774.9	8.2	2010	2426.3	9.9
1972	128.9	1.3	1985	289.7	12.0	1998	827.3	6.8	2011	2639.5	8.8

资料来源：世界银行，http://data.worldbank.org.cn。

从表3-3中可以看出，中国人均GDP与GDP总量有着同样的变化特征，改革开放以前波动较大，改革开放之后波动较小，呈相对稳定的长期增长态势，1978—2011年年均增长8.8%，如图3-3所示。

需要特别一提的是，如果从国际比较的层面上看，中国人均GDP优势并不十分明显，特别是在20世纪80年代后期出现了相对下滑现象。在1980—2011年，中国人均GDP从最初的第142位上升至当前的第84位，详细数据参见表3-4。然而，这种上升并没有呈线性趋势，而是倾向于"U形"，即先下跌再上升，于1990年最低跌至第165位，如图3-4所示。

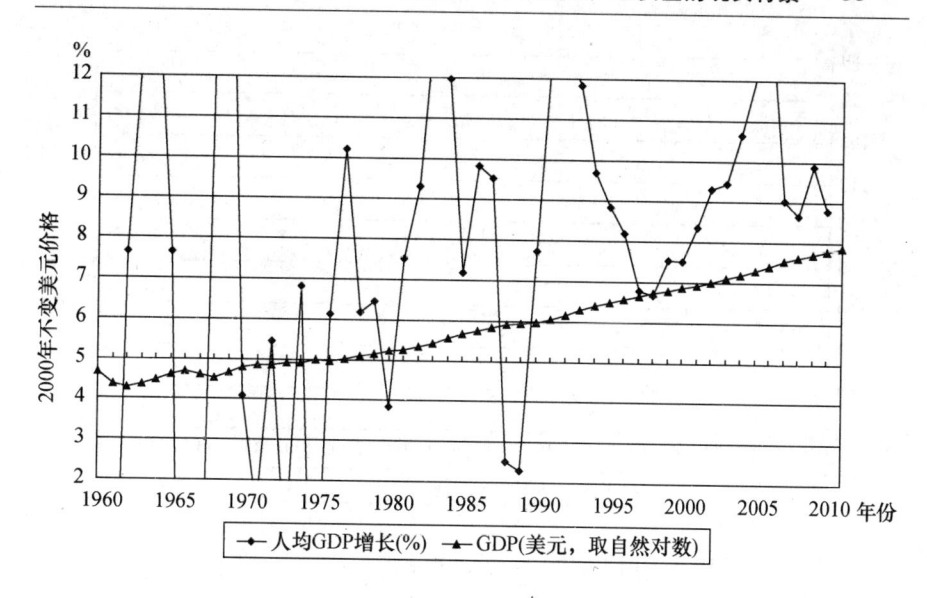

图 3-3　中国人均 GDP 的历史变化：1960—2011 年

表 3-4　　　　中国人均 GDP 及其全球排名：1980—2011 年

单位：美元（现价）

年份	人均GDP	全球排名	年份	人均GDP	全球排名	年份	人均GDP	全球排名	年份	人均GDP	全球排名
1980	193	142	1988	281	150	1996	703	139	2004	1490	122
1981	195	144	1989	307	146	1997	774	136	2005	1731	123
1982	201	145	1990	314	165	1998	821	134	2006	2069	127
1983	223	143	1991	330	163	1999	865	132	2007	2651	122
1984	248	141	1992	363	156	2000	949	135	2008	3414	115
1985	292	139	1993	374	154	2001	1042	128	2009	3749	106
1986	279	141	1994	469	142	2002	1135	126	2010	4433	94
1987	249	151	1995	604	141	2003	1274	123	2011	5445	84

资料来源：世界银行，http://data.worldbank.org.cn。

3. 收入和消费增长

中国经济起飞的另一个表现是居民收入、消费支出和国内市场的空前扩张，社会消费品零售总额从 1978 年的 1527.5 亿元增加到 2011 年的 183919

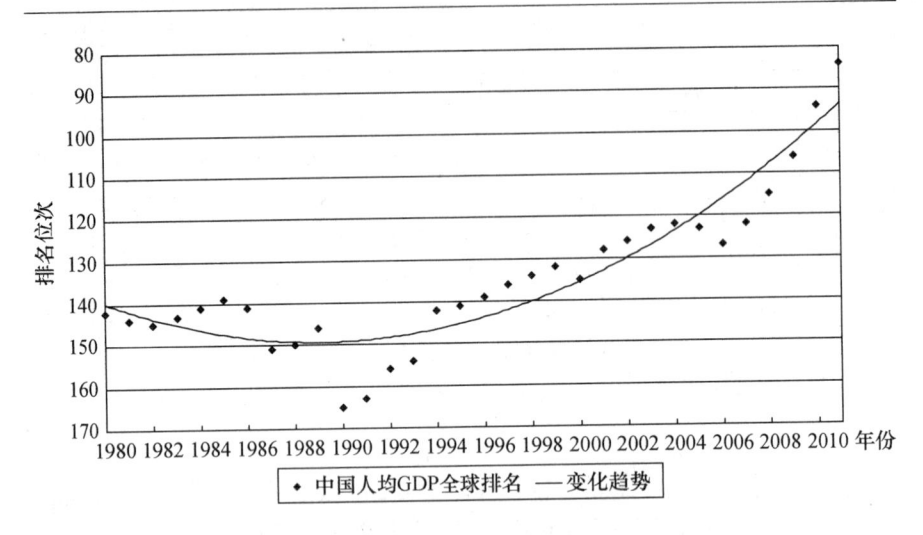

图 3-4 中国人均 GDP 全球排名变化：1980—2011 年

亿元，年均增长 15.62%，即便剔除物价指数（商品零售价格指数），实际年均增长也高达 10.66%。① 从人均国民收入和人均消费支出的历史变化趋势可以清楚地看到这一点。以 2000 年不变美元价格计算，1978 年中国人均国民总收入和最终消费支出分别只有 90 美元和 165.1 美元，到了 2011 年这两项指标分别增至 949.0 美元和 2635.7 美元，年均增长 8.79% 和 7.45%，详细数据参见表 3-5，更直观的变化趋势参见图 3-5。人均收入和消费的稳步提高意味着市场规模的持续扩张，这一点是许多外资企业进入中国的一个重要考虑，因为直接投资不仅避免了进口关税等复杂手续，直接进入中国内地市场，而且还可以充分利用中国国内的廉价劳动力资源。

表 3-5 中国人均国民收入和消费支出：1978—2011 年

单位：美元（2000 年不变美元价格）、%

年份	人均国民总收入		人均居民最终消费支出		年份	人均国民总收入		人均居民最终消费支出	
	数额	增长	年份	增长		数额	增长	数额	增长
1978	90.0		165.1		1995	321.7	10.49	647.2	8.10
1979	95.6	6.22	174.8	5.93	1996	350.4	8.92	705.6	9.03
1980	104.1	8.83	186.4	6.58	1997	363.1	3.63	765.7	8.51

① 资料来源：中经网数据库。

续表

年份	人均国民总收入		人均居民最终消费支出		年份	人均国民总收入		人均居民最终消费支出	
	数额	增长	年份	增长		数额	增长	数额	增长
1981	111.3	7.00	193.5	3.85	1998	382.1	5.22	813.4	6.24
1982	119.0	6.86	208.5	7.75	1999	410.9	7.55	867.7	6.67
1983	131.2	10.29	228.6	9.64	2000	438.7	6.76	937.6	8.06
1984	147.1	12.07	260.2	13.80	2001	460.8	5.03	1005.7	7.27
1985	172.3	17.17	290.5	11.64	2002	487.8	5.87	1094.8	8.86
1986	178.6	3.66	310.5	6.90	2003	516.3	5.85	1203.4	9.91
1987	193.1	8.11	340.8	9.75	2004	551.2	6.76	1320.9	9.76
1988	210.4	8.96	373.3	9.55	2005	582.0	5.58	1454.0	10.08
1989	209.3	−0.50	383.1	2.64	2006	629.9	8.24	1637.7	12.64
1990	210.1	0.34	392.8	2.52	2007	692.2	9.88	1868.0	14.06
1991	220.3	4.89	422.8	7.64	2008	746.0	7.78	2039.9	9.20
1992	250.6	13.76	476.2	12.63	2009	809.8	8.55	2211.5	8.41
1993	277.4	10.66	534.8	12.31	2010	871.3	7.60	2416.6	9.27
1994	291.2	4.98	598.7	11.94	2011	949.0	8.91	2635.7	9.07

资料来源：世界银行，http://data.worldbank.org.cn。

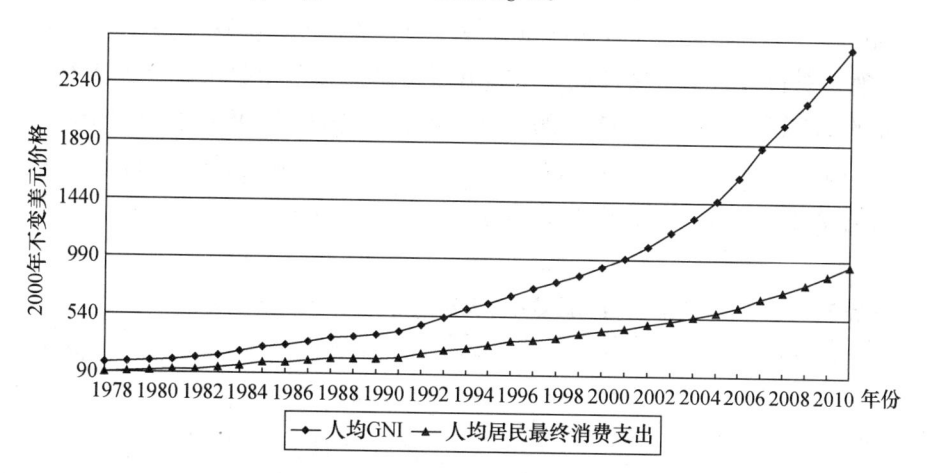

图 3-5　中国人均国民收入和人均居民消费支出的变化：1978—2011 年

从以上几个方面可以看出，新中国成立之后，中国经济取得了长足发展，特别是改革开放之后，中国经济发生了翻天覆地的变化，尽管经历了 1997 年东南亚金融风暴以及 2008 年的全球金融危机，但每一次中国经济都化险为夷、渡过难关，总体上的"中国追赶"趋势毋庸置疑。

第二节 从资金瓶颈到"流动性过剩"

在改革开放初期,中国市场经济的软件知识和硬件条件都非常缺乏,因此需要大力引进国外资本、管理和技术,利用各种优惠政策吸引外商来华投资,符合当时经济发展的需要。然而,随着对外开放和经济体制改革的逐步推进,特别是进入新世纪以来,中国与世界发达国家在经济总量上的差距逐步缩小,用于发展经济的资金总量与30年前相比已经有了根本性改变。一方面是我们国内的资金瓶颈已经有了极大的缓解,甚至开始出现所谓"流动性过剩";另一方面是外国资本的进入速度越来越快。

一 资金瓶颈缓解

随着经济改革的稳步推进,中国经济总量快速增长,经济中的资金也日益充足。这主要体现在居民、企业、政府三个层面上的资金增加,通俗地讲就是"老百姓有钱了,企业有钱了,政府也有钱了"。

1. 居民储蓄存款增加

一个国家的资金富足程度首先就是要看居民手中所掌握的资金,民富则国强,民穷则国弱。现实中也有民穷国富的情况,但这不是长久之计,这种增长模式是不可持续的。中国城乡居民人民币储蓄存款余额从1978年的211亿元增加到2011年的343636亿元,即便用居民消费价格指数进行平减,按可比价格计算也翻了近289倍,年均实际增长18.73%,详细数据参见表3-6,更直观的增长趋势如图3-6所示。

表3-6　　中国城乡居民储蓄存款及实际增长:1978—2011年　　单位:亿元

年份	年末余额	实际指数	年份	年末余额	实际指数	年份	年末余额	实际指数
1978	211	1.00	1990	7120	15.62	2002	86911	95.20
1979	281	1.31	1991	9245	19.61	2003	103618	112.15
1980	396	1.72	1992	11757	23.45	2004	119555	124.55
1981	524	2.22	1993	15204	26.43	2005	141051	144.34
1982	675	2.80	1994	21519	30.14	2006	161587	162.90
1983	893	3.63	1995	29662	35.49	2007	172534	165.97
1984	1215	4.81	1996	38521	42.55	2008	217885	197.93

续表

年份	年末余额	实际指数	年份	年末余额	实际指数	年份	年末余额	实际指数
1985	1623	5.88	1997	46280	49.73	2009	260772	238.58
1986	2239	7.61	1998	53408	57.85	2010	303303	268.64
1987	3081	9.77	1999	59622	65.50	2011	343636	288.80
1988	3822	10.20	2000	64332	70.39			
1989	5196	11.76	2001	73762	80.15			

注：表中年末余额为现价数据，在计算其实际指数时用 CPI 进行平减。

资料来源：中经网统计数据库，以及作者整理、计算。

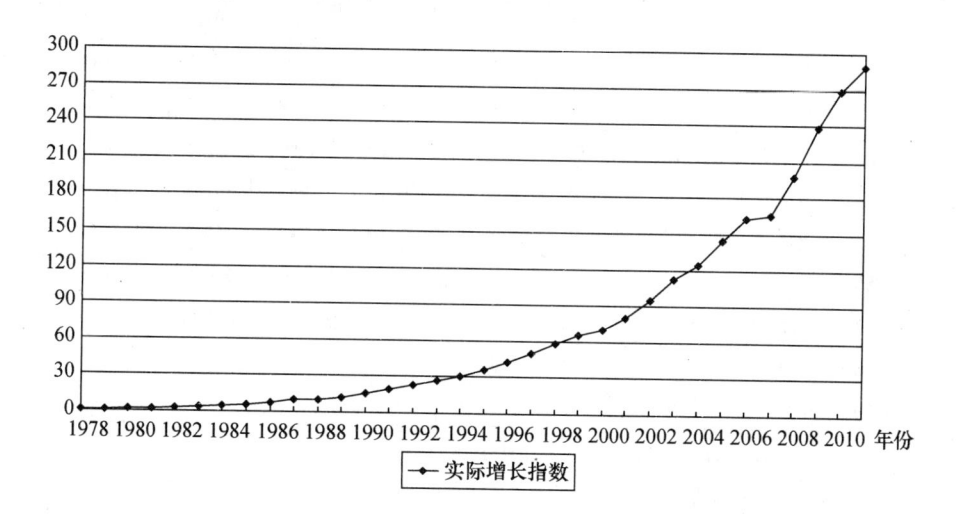

图 3-6　中国城乡居民储蓄存款实际增长指数：1978—2011 年

2. 企业利润增加

中国国内资金总量增加的第二个方面是企业利润的增加，由于数据可得性限制，我们以工业企业为例来说明这种情况。中国工业企业利润总额从 1978 年的 599.3 亿元增加到 2011 年的 61396.3 亿元，即便用工业品出厂价格指数进行平减，按可比价格计算也翻了近 22.8 倍，年均实际增长 9.94%，详细数据参见表 3-7。值得注意的是，中国工业企业利润的增长并不像居民存款余额那样呈明显的线性趋势，在进入新世纪以前，企业利润的实际增长并不显著，甚至在一些时期趋于下降，如图 3-7 所示。这也许与政府在不同时期的宏观经济政策以及企业制度改革有关，政策变化对企业经营绩效有着非常重要的影响,尤其是国有企业,一些相关财税制度变化可能会对其会计报表中"利润总额"有着直接调整的效应。这里不详细讨论工业企业利润总额波动的原因。

表3-7 中国国内工业企业利润总额及实际增长:1978—2011年 单位:亿元

年份	利润总额	实际增长指数	年份	利润总额	实际增长指数	年份	利润总额	实际增长指数
1978	599.3	1.00	1990	560.0	0.52	2002	5784.5	2.94
1979	654.3	1.08	1991	642.8	0.57	2003	8337.2	4.14
1980	692.3	1.13	1992	972.4	0.80	2004	11929.3	5.58
1981	682.4	1.11	1993	1602.5	1.06	2005	14802.5	6.60
1982	704.2	1.15	1994	1796.8	1.00	2006	19504.4	8.44
1983	772.1	1.26	1995	1635.0	0.79	2007	27155.2	11.40
1984	852.4	1.38	1996	1490.0	0.70	2008	30562.4	12.00
1985	944.1	1.40	1997	1703.0	0.80	2009	34542.2	14.34
1986	877.6	1.26	1998	1458.1	0.72	2010	53049.7	20.88
1987	1005.0	1.33	1999	2288.2	1.15	2011	61396.3	22.80
1988	1189.9	1.37	2000	4393.5	2.15			
1989	1000.3	0.97	2001	4733.4	2.35			

资料来源:中经网统计数据库,以及作者整理、计算。

注:表中利润总额为现价数据,在计算其实际增长指数时用工业品出厂价格指数进行平减。

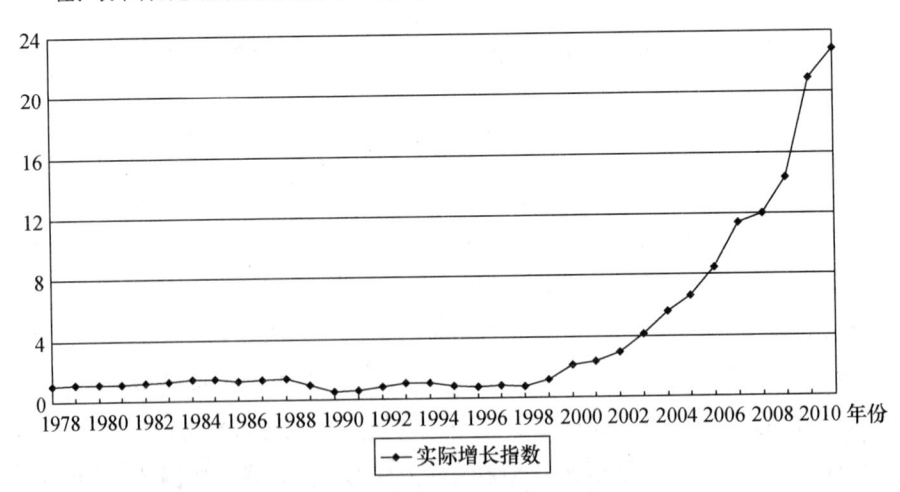

图3-7 中国国内工业企业利润总额实际增长指数:1978—2011年

3. 政府资金储备增加

从政府层面看,中国国内资金总量增加可用黄金储备和外汇储备作为替代指标。在1978—2011年,中国黄金储备从最初的1280万盎司增加到3398万盎司,外汇储备增长尤其明显,从最初的1.7亿美元增加到3.18万亿美元,即便按可比价格计算也翻了近5525倍(基于美国CPI),年均实际增长29.84%,详细数据参见表3-8。特别是进入新世纪之后,中国外汇储备增长速度明显加快,除2011年外,其他年度均呈两位数增长,更直观的增长趋势如图3-8所示。

表3-8   中国外汇储备及实际增长指数:1978—2011年   单位:亿美元

年份	外汇储备	实际增长指数	年份	外汇储备	实际增长指数	年份	外汇储备	实际增长指数
1978	1.7	1.00	1990	110.9	33.17	2002	2864.1	622.06
1979	8.4	4.52	1991	217.1	62.28	2003	4032.5	856.39
1980	-13.0	-6.14	1992	194.4	54.13	2004	6099.3	1261.55
1981	27.1	11.64	1993	212.0	57.33	2005	8188.7	1638.13
1982	69.9	28.28	1994	516.2	136.05	2006	10663.4	2066.52
1983	89.0	34.91	1995	736.0	188.69	2007	15282.5	2879.53
1984	82.2	30.91	1996	1050.3	261.60	2008	19460.3	3531.16
1985	26.4	9.60	1997	1398.9	340.47	2009	23991.5	4368.90
1986	20.7	7.39	1998	1449.6	347.35	2010	28473.4	5101.39
1987	29.2	10.04	1999	1546.8	362.77	2011	31811.5	5525.04
1988	33.7	11.14	2000	1655.7	375.64			
1989	55.5	17.49	2001	2121.7	468.12			

注:表中外汇储备为年度末现价数据,在计算其实际增长指数时用美国CPI进行平减。
资料来源:中经网统计数据库,以及作者整理、计算。

以上这些只是部分地反映了中国资金总量的变化,其实还可以从财政收入、国民资产、黄金储备等方面进一步说明,但这三个方面的数据足以说明中国当前面临的资金约束与30多年前相比已经有了根本性变化。在这快速发展的30多年时间里,一些资金可能"漏出"生产领域,一些资金可能流向国外,还有一些资金可能被浪费性地使用,但不容置疑的是,中国整体上已经彻底摆脱了从前的资金"瓶颈"。

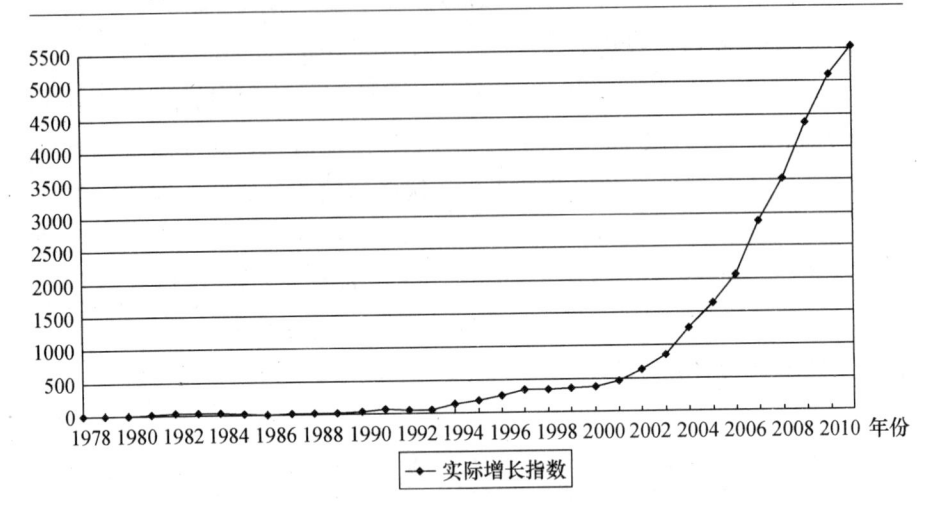

图 3-8　中国外汇储备实际增长指数：1978—2011 年

二　流动性过剩

中国经济的飞速增长极大地缓解了资金"瓶颈",导致当前政府关心的可能不是资金不足,而是"流动性过剩"问题。通常意义的"流动性"（Liquidity）指整个宏观经济的流动性,即在经济体系中货币的投放量的多少。所谓流动性,实际上是指一种商品对其他商品实现交易的难易程度。衡量难易程度的标准是该商品与其他商品实现交易的速度。当该商品与其他商品交易速度加快,也就是非常容易实现交易的时候,流动性就会出现过剩;当该商品与其他商品的交易出现速度减缓,也就是实现交易非常困难的时候,流动性就会出现不足。在一般的宏观经济分析中,"流动性过剩"（Excess Liquidity）被用来特指一种货币现象,欧洲中央银行（ECB）就把流动性过剩定义为实际货币存量对预期均衡水平的偏离。

事实上,除了国内经济发展导致资金总量增长之外,流动性过剩也有国际方面的原因,尤其是所谓"热钱"涌入。美国经济显露疲软致使美联储再度迈开降息的步伐,日元长期维持零利率或者低利率,欧洲国家为阻止本币升值步伐而放慢提高利率的节奏,全球性扩张的货币政策在刺激经济复苏的同时,也积蓄了大量的流动性。受经济失衡的诱导,这些爆炸式的流动性绝大部分都流到了新兴经济体,中国也成为全球流动性的巨大蓄水池。对于流动性的测度有不同的口径,从世界范围来讲,流动性是指储备货币的投放量的多少;从一个国家的整个宏观经济来讲,流动性是指该国主权货币的投放量的多少,一般用 M2 来反映;① 从银行体系来讲,主要是指银行体系内可贷放资金的多少,一般用存贷差来反映。这里我们通过测度后两种口径,来检测中国流动性的规模与发展趋势,并用最近几年中央银行存款准备金率的变化做补充说明。

1. 货币投放量

中国的 M2 自改革开放以来变化非常大,从 1978 年的 890 亿元增加到 2011 年的 851591 亿元,即便用 CPI 进行平减,按可比价格计算也翻了近 170 倍。另外,从 M2 占 GDP 的比重变化也能看出流动性过剩问题,中国的这一比重一直在上升,从 1978 年的 24.41% 增加到 2011 年的 180.09%。② 表 3-9 列出了中国经济中流动性（M2）以 1978 年为基期的实际增长指数,以及 M2 占 GDP 的比重,更直观的增长趋势如图 3-9 所示。

表 3-9　　中国 M2 的实际增长及其占 GDP 比重：1978—2011 年

单位：亿元、%

年份	名义值	实际值	实际指数	占 GDP 比重	年份	名义值	实际值	实际指数	占 GDP 比重
1978	890	890	1.00	24.41	1995	60744	15305	17.20	99.92
1979	1328	1303	1.46	32.68	1996	76095	17701	19.90	106.91
1980	1671	1526	1.72	36.76	1997	91868	20789	23.37	116.33
1981	1978	1763	1.98	40.43	1998	105560	24079	27.06	125.07
1982	2266	1981	2.23	42.56	1999	121042	28006	31.48	134.98
1983	2713	2325	2.61	45.50	2000	135960	31327	35.21	137.04
1984	3599	3001	3.37	49.92	2001	156412	35792	40.23	142.64
1985	4875	3719	4.18	54.07	2002	176965	40822	45.88	147.06
1986	6349	4548	5.11	61.79	2003	211013	48100	54.06	155.36
1987	7957	5312	5.97	65.99	2004	242426	53187	59.78	151.63
1988	9602	5398	6.07	63.83	2005	283012	60994	68.56	153.03

---

① M2 包括银行外的通货、除中央政府外的活期存款以及除中央政府外的居民定期、储蓄和外汇存款。

② 当然,这一数据也从另一方面说明中国的货币使用效率不高。2011 年,中国该比重为 180.09%,即 1.8 元货币只撬动了 1 元 GDP,美国该比重为 86%,即 0.86 美元货币撬动了 1 美元 GDP,显然后者效率更高。

续表

年份	名义值	实际值	实际指数	占GDP比重	年份	名义值	实际值	实际指数	占GDP比重
1989	11393	5428	6.1	67.05	2006	345604	73377	82.47	159.77
1990	14682	6785	7.63	78.65	2007	403442	81735	91.87	151.78
1991	18599	8311	9.34	85.39	2008	475167	90906	102.18	151.31
1992	24327	10217	11.48	90.36	2009	610225	117577	132.15	179.00
1993	35681	13065	14.68	100.98	2010	725852	135395	152.18	180.78
1994	46920	13841	15.56	97.35	2011	851591	150724	169.41	180.09

资料来源：中经网统计数据库，作者整理。

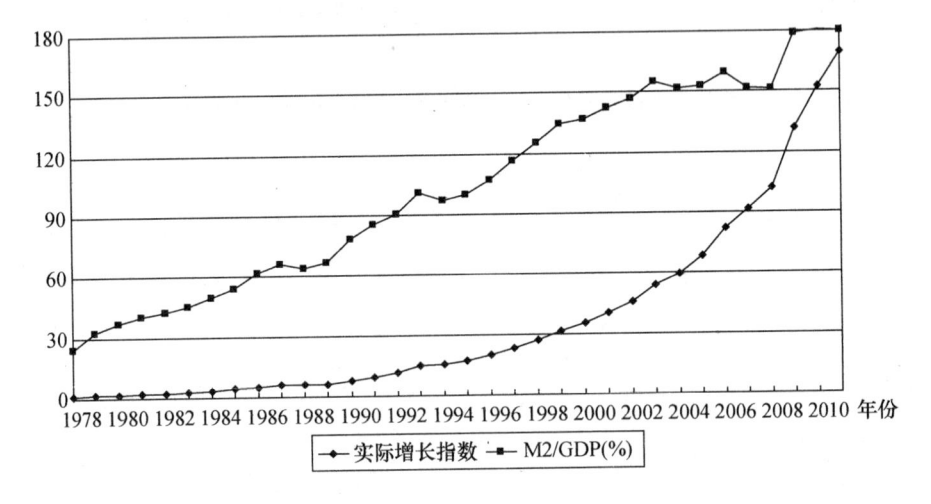

图3-9 中国M2实际增长指数及M2占GDP比重：1978—2011年

2. 存贷差

存贷差作为代理指标，可大致反映银行体系内可贷放资金的多少，存差就是存款多于贷款，贷差就是贷款多于存款。在1994年以前，中国金融机构一直是"贷差"，且呈扩大趋势，1990年最高达3668亿元。自1994年开始，中国金融机构内部出现流动性过剩（"存差"），之后呈持续扩大趋势，至2011年存差规模达261422亿元。存贷差虽然不能说明整个经济中的流动性，但可以说明银行系统内部的流动性状况，近20年来这种流动性过剩趋势已经非常明显，详细数据参见表3-10，更直观的变化趋势如图3-10所示。

表3-10　　中国金融机构存贷差的历史变化：1978—2011年　　单位：亿元

年份	各项贷款	各项存款	存贷差	存贷差实际值	年份	各项贷款	各项存款	存贷差	存贷差实际值
1978	1850	1135	-716	-716	1995	50544	53882	3338	841
1979	2040	1339	-701	-687	1996	61157	68596	7439	1730
1980	2414	1661	-753	-688	1997	74914	82390	7476	1692
1981	2860	2027	-833	-742	1998	86524	95698	9174	2093
1982	3181	2370	-811	-709	1999	93734	108779	15045	3481
1983	3590	2789	-801	-687	2000	99371	123804	24433	5630
1984	4766	3584	-1182	-986	2001	112315	143617	31302	7163
1985	5906	4265	-1641	-1251	2002	131294	170917	39623	9140
1986	7591	5355	-2236	-1602	2003	158996	208056	49060	11183
1987	9033	6517	-2516	-1679	2004	178198	241424	63226	13871
1988	10551	7426	-3126	-1757	2005	194690	287170	92480	19931
1989	14360	10786	-3574	-1703	2006	225347	335460	110113	23378
1990	17681	14013	-3668	-1695	2007	261691	389371	127680	25867
1991	21338	18079	-3259	-1456	2008	303468	466203	162735	31134
1992	26323	23468	-2855	-1199	2009	399685	597741	198056	38161
1993	32943	29627	-3316	-1214	2010	479196	718238	239042	44589
1994	39976	40503	527	155	2011	547947	809368	261422	46269

注：存贷差实际值以1978年为基期，用CPI进行平减。
资料来源：中经网统计数据库，以及作者整理。

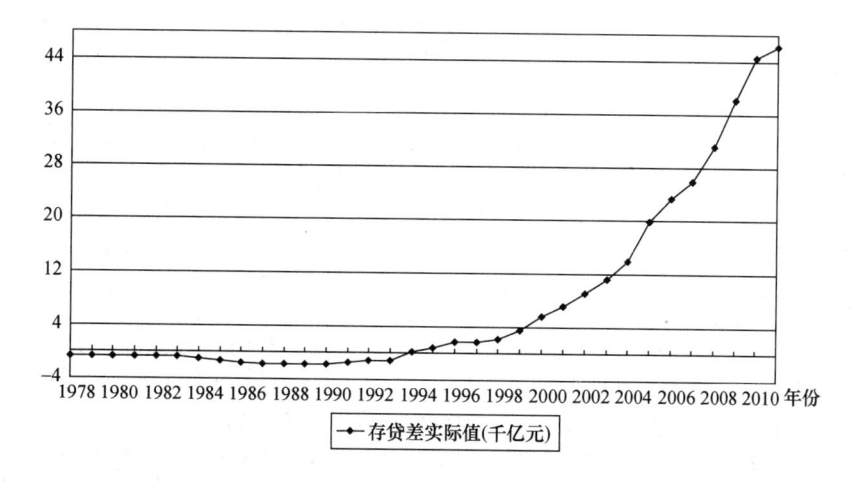

图3-10　中国金融机构存贷差实际值的历史变化：1978—2011年

3. 存款准备金率

从中国近些年来的货币政策中也可以看出一些流动性过剩的迹象。从 1984 年开始中国人民银行共调整了存款准备金率 45 次，以大型金融机构为例，在这 45 次调整中只有 9 次是下调，1 次只针对中小金融机构（大型金融机构存款准备金率未变），其他 35 次均为上调（详细数据参见表 3-11），这也从另一个侧面说明了中国当前流动性过剩的事实。这里需要特别说明的是，央行调整存款准备金率也只能对此问题有着部分说明作用，这种调整不一定完全针对流动性问题，还与整个经济的周期波动以及政府相机政策有关，有时候调整也许是为了抑制经济过热或刺激经济增长。

表 3-11 中国人民银行对（大型金融机构）存款准备金率的历年调整

时间	%	调整方向	时间	%	调整方向	时间	%	调整方向
1984 年	40.0		2007 年 6 月 5 日	11.5	↑	2010 年 1 月 18 日	16.0	↑
1985 年	10.0	↓	2007 年 8 月 15 日	12.0	↑	2010 年 2 月 25 日	16.5	↑
1987 年	12.0	↑	2007 年 9 月 25 日	12.5	↑	2010 年 5 月 10 日	17.0	↑
1988 年 9 月	13.0	↑	2007 年 10 月 25 日	13.0	↑	2010 年 11 月 16 日	17.5	↑
1998 年 3 月 21 日	8.0	↓	2007 年 11 月 26 日	13.5	↑	2010 年 11 月 29 日	18.0	↑
1999 年 11 月 21 日	6.0	↓	2007 年 12 月 25 日	14.5	↑	2010 年 12 月 20 日	18.5	↑
2003 年 9 月 21 日	7.0	↑	2008 年 1 月 25 日	15.0	↑	2011 年 1 月 20 日	19.0	↑
2004 年 4 月 25 日	7.5	↑	2008 年 3 月 18 日	15.5	↑	2011 年 2 月 24 日	19.5	↑
2006 年 7 月 5 日	8.0	↑	2008 年 4 月 25 日	16.0	↑	2011 年 3 月 25 日	20.0	↑
2006 年 8 月 15 日	8.5	↑	2008 年 5 月 20 日	16.5	↑	2011 年 4 月 21 日	20.5	↑
2006 年 11 月 15 日	9.0	↑	2008 年 6 月 7 日	17.5	↑	2011 年 5 月 18 日	21.0	↑
2007 年 1 月 15 日	9.5	↑	2008 年 9 月 25 日	17.5	—	2011 年 6 月 20 日	21.5	↑
2007 年 2 月 25 日	10.0	↑	2008 年 10 月 15 日	17.0	↓	2011 年 12 月 5 日	21.0	↓
2007 年 4 月 16 日	10.5	↑	2008 年 12 月 5 日	16.0	↓	2012 年 2 月 24 日	20.5	↓
2007 年 5 月 15 日	11.0	↑	2008 年 12 月 25 日	15.5	↓	2012 年 5 月 18 日	20.0	↓

注：（1）1984 年，央行按存款种类规定法定存款准备金率，企业存款 20%，农村存款 25%，储蓄存款 40%；（2）1985 年，央行将法定存款准备金率统一调整为 10%；（3）2008 年 9 月 25 日的调整只针对中小金融机构，而大型金融机构的存款准备金率保持不变。

资料来源：《存款准备金率历次调整一览表》，http://finance.sina.com.cn/china/20120512/195912052069.shtml。

流动性过剩的说法可能并不一定准确，当前中国只是整体上缓解了资金约束，但结构性供求矛盾却非常突出：一些亟须发展资金的生产性行业（如中小型民营制造业）融资无门，一些热门行业（如房地产）却不断地吸入大量的社会资金。现在中国不是缺乏资金，而是缺乏把资金从股市、楼市导向生产性用途的畅通渠道。以上讨论说明了中国改革取得的巨大成就，经济持续 30 多年的高速增长使中国彻底摆脱了长达几十年的资金"瓶颈"，尽管当前我们的人均 GDP 还不高，全球排名才第九十多位，但经济总量全球排名第二位，外汇储备全球排名第一位，并且从最近的"美债危机"和"欧债危机"等事件也可以看出，中国已然成为全球资金相对充裕的国家之一。

第三节　从引进外资到管理外资

一　引进外资

众所周知，新中国成立初期，一方面是西方资本主义国家的封锁，另一方面是我们自己选择相对封闭的计划经济，当然还有意识形态等各种各样的原因，导致中国与国际社会相对隔离，自然也就没有西方国家的外资进入了。党的十一届三中全会启动对外开放的按钮，1979 年 7 月 1 日第五届全国人民代表大会第二次会议通过《中华人民共和国中外合资经营企业法》，1983 年 9 月 20 日国务院发布了《中华人民共和国中外合资经营企业法实施条例》，允许在六大行业设立合营企业：（1）能源开发，建筑材料工业，化学工业，冶金工业；（2）机械制造工业，仪器仪表工业，海上石油开采设备的制造业；（3）电子工业，计算机工业，通信设备的制造业；（4）轻工业，纺织工业，食品工业，医药和医疗器械工业；（5）农业，牧业，养殖业；（6）旅游和服务业。国务院的实施条例还进一步规定了合营企业的经济效益要求，不予批准设立的情况，并分章节说明了外资企业的设立与登记，组织形式与注册资本，出资方式，董事会与经营管理机构，引进技术，场地使用权及其费用，计划、购买与销售，税务，外汇管理，财务与会计，职工，工会，期限、解散与清算，以及争议的解决等各个方面的规定。随着对外开放的逐步推进，全国人民代表大会于 1990 年和 2001 年先后对合资经营企业法进行了两次修订，中国开放层次从4个经济特区，14个开放港口城市，长三角、珠三角、闽东南和环渤海开放区，到海南经济特区，以及上海浦东新区，直到2001年中国正式加入WTO，标志着中国已经从一个封闭经济转型为开放经济。

事实上，中国政府在开放过程中还制定和实行了一系列的法律、法规、政策和文件，如1986年颁布并实施了《中华人民共和国外资企业法》（2000年修订），商务部和发改委多次发布和修订《外商投资产业指导目录》，等等。这些举措大大激发了地方政府和国内企业引进外资的热情，提升了外国资本对中国开放政策的信心，从而导致招商引资规模持续扩大。外商投资企业年底登记户数从1980年的7家增加到2011年的近45万家，同期，外商投资企业年末投资总额和注册资本分别从无增加到近3万亿美元和1.8万亿美元，实际利用外资金额从1983年的近23亿美元增加到2011年的近1177亿美元，详细数据参见表3－12。

表3－12　　　　中国引进外资的历史变化：1980—2011年　单位：亿美元、户

年份	外商投资企业年底登记户数	外商投资企业年末投资总额		外商投资企业年末注册资本		实际利用外资金额	
		名义值	实际值	名义值	实际值	名义值	实际值
1980	7	0.05	0.05	0.04	0.04	—	—
1981	82	1.32	1.20	1.14	1.04	—	—
1982	330	6.51	5.56	6.07	5.19	—	—
1983	616	17.67	14.60	14.30	11.82	22.60	18.68
1984	1999	43.46	34.49	32.51	25.80	28.70	22.78
1985	4912	164.12	125.28	83.44	63.69	47.60	36.34
1986	6524	214.04	160.93	116.37	87.50	76.28	57.35
1987	8546	264.13	191.40	146.68	106.29	84.52	61.25
1988	13747	378.06	262.54	215.44	149.61	102.26	71.01
1989	18968	469.08	312.72	275.90	183.93	100.60	67.07
1990	25389	545.74	343.23	330.42	207.81	102.89	64.71
1991	37215	717.83	435.05	446.58	270.65	115.54	70.02
1992	84371	1784.56	1049.74	1159.87	682.28	192.03	112.96
1993	167507	3823.89	2185.08	2456.31	1403.61	389.60	222.63
1994	206096	4907.24	2726.24	3122.75	1734.86	432.13	240.07

续表

年份	外商投资企业年底登记户数	外商投资企业年末投资总额		外商投资企业年末注册资本		实际利用外资金额	
		名义值	实际值	名义值	实际值	名义值	实际值
1995	233564	6390.09	3454.10	3991.23	2157.42	481.33	260.18
1996	240447	7153.22	3764.85	4414.85	2323.61	548.05	288.45
1997	235681	7534.70	3863.95	4598.14	2358.02	644.08	330.30
1998	227807	7742.29	3910.25	4672.87	2360.04	585.57	295.74
1999	212436	7785.68	3854.30	4635.49	2294.80	526.59	260.69
2000	203208	8246.75	3945.81	4840.00	2315.79	593.56	284.00
2001	202306	8750.00	4069.77	5058.00	2352.56	496.72	231.03
2002	208056	9819.00	4504.13	5521.00	2532.57	550.11	252.34
2003	226373	11174.00	5010.76	6226.00	2791.93	561.40	251.75
2004	242284	13112.00	5725.76	7285.00	3181.22	640.72	279.79
2005	353030	14640.00	6177.22	8120.00	3426.16	638.05	269.22
2006	376711	17076.00	6969.80	9465.00	3863.27	670.76	273.78
2007	406442	21088.00	8368.25	11554.00	4584.92	783.39	310.87
2008	434937	23241.30	8904.71	13005.53	4982.96	952.53	364.95
2009	434248	25000.00	9615.38	14035.00	5398.08	918.04	353.09
2010	445244	27059.00	10210.94	15738.00	5938.87	1088.21	410.65
2011	446487	29931.00	10963.74	17294.00	6334.80	1176.98	431.13

注：实际值用美国 CPI 进行平减（基于 1980 年价格）。特别值得注意，这并不准确，因为外资并不一定来自美国，只不过用美元作为计价单位，因此来自其他国家的外资并不一定适于美国 CPI 平减。

资料来源：中经网统计数据库，以及作者整理。

尤其是改革开放最初 10 年，快速增长的趋势非常明显，随后逐渐趋于平稳增长，稳中有升。值得注意的是，由于 20 世纪 90 年代中后期政府对外资进入、经营、管理等方面的混乱情况加以规范整治，外资进入受到一定影响，四项指标对应的四条曲线同时趋于平缓，如图 3-11 所示。

整体上看，中国改革开放以来引进外资的效果是明显的，至少从外资进入数量上看是这样，这也从一个侧面说明中国对外开放政策是成功的，中国已经逐步融入了国际经济网络，成为影响世界经济走向的一个重要经济体。

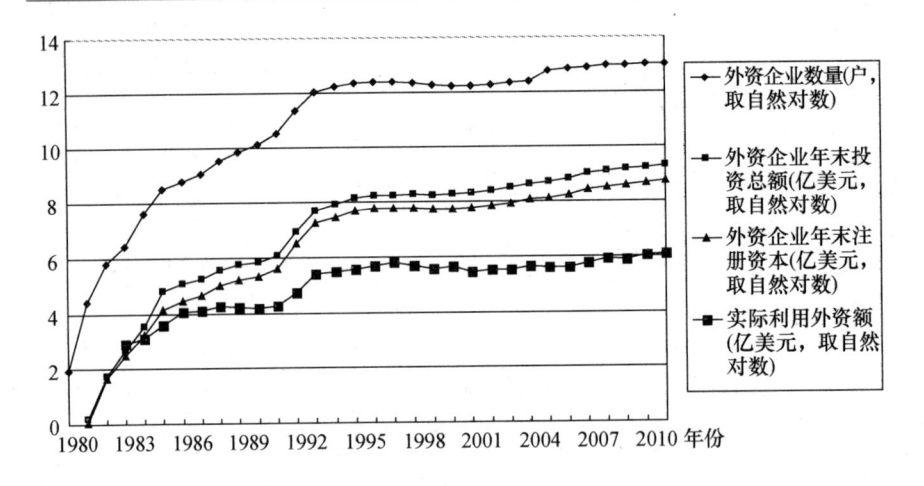

图 3-11　中国引进外资（实际值）的历史变化：1980—2011 年

二　管理外资

外资进入对中国的体制改革和经济增长起到了非常重要的积极作用，但同样明显的是，外资进入中国是看准了中国巨大的市场潜力，其目的是盈利。中国在经济转型过程中出现了各种各样的问题，如区域经济失衡、城乡市场不协调、收入差距扩大、非再生资源损耗等，导致这些问题的源头不一定在外资，但在新形势下如何利用外资来促进中国经济的持续、稳定、健康发展，是摆在政府、企业和社会各界面前的又一重大课题。我们认为，在新形势下，中国对外资的政策必须从以引进外资为主导转向以管理外资为主导。当然，管理外资不能狭隘地理解为限制外资进入，而要通过政策导向使外资能更好地为中国社会和经济发展服务，主要包括两个方面：一是在地理布局上把外资导向资金相对缺乏、经济发展相对落后的中西部地区；二是在现有基础上进一步提高外资利用质量。这两个方面不仅涉及中国经济的可持续发展，而且也涉及中国经济安全和产业安全。

从地理布局上看，外资在中国的分布呈典型的非均衡特征，绝大多数外资分布在东部发达地区，中西部地区外资比重相对低很多。2011 年在华外商投资企业，年底登记户数共 446265 户，东部地区有 358429 户，占 80.32%；年末投资总额共 28798 亿美元，东部地区有 23680 亿美元，占 82.23%；年末注册资本共 16485 亿美元，东部地区有 13620 亿美元，占 82.62%；年末外方注册资本共 13301 亿美元，东部地区有 11147 亿美元，占 83.81%，详细数据参见表 3-13。从表 3-13 的数据中可以明显地看出，当前外资在中国的地理布局是不平衡的，大部分外资分布在东部发达地区。但是，我们很难断定经济增长非均衡与外资进入非均衡之间的因果关系，二者应该是相互作用、相互促进的。

表 3-13　　外商投资企业在中国的非均衡地理布局：2011 年

单位：户、亿美元、%

地区	省市自治区	年底登记户数		年末投资总额		年末注册资本		年末外方注册资本	
		数量	比重	金额	比重	金额	比重	金额	比重
东部地区	北京	25672	5.75	1344	4.67	803	4.87	646	4.86
	天津	11850	2.66	1148	3.99	648	3.93	544	4.09
	河北	8817	1.98	457	1.59	242	1.47	177	1.33
	辽宁	18164	4.07	1660	5.76	1058	6.42	865	6.50
	上海	58993	13.22	3774	13.11	2262	13.72	1841	13.84
	江苏	52959	11.87	5729	19.89	3050	18.50	2612	19.64
	浙江	29288	6.56	2019	7.01	1170	7.10	912	6.86
	福建	23727	5.32	1369	4.75	754	4.57	641	4.82
	山东	28915	6.48	1434	4.98	817	4.96	616	4.63
	广东	97084	21.75	4525	15.71	2685	16.29	2207	16.59
	海南	2960	0.66	221	0.77	131	0.79	86	0.65
中部地区	山西	3849	0.86	319	1.11	140	0.85	84	0.63
	吉林	4327	0.97	233	0.81	130	0.79	87	0.65
	黑龙江	5426	1.22	209	0.73	122	0.74	92	0.69
	安徽	5427	1.22	329	1.14	184	1.12	137	1.03
	江西	6926	1.55	491	1.70	313	1.90	270	2.03
	河南	10404	2.33	424	1.47	225	1.36	163	1.23
	湖北	7473	1.67	519	1.80	293	1.78	215	1.62
	湖南	5257	1.18	350	1.22	183	1.11	135	1.01

续表

地区	省市自治区	年底登记户数		年末投资总额		年末注册资本		年末外方注册资本	
		数量	比重	金额	比重	金额	比重	金额	比重
西部地区	四川	10026	2.25	574	1.99	344	2.09	259	1.95
	重庆	3985	0.89	452	1.57	257	1.56	202	1.52
	贵州	2029	0.45	57	0.20	32	0.19	25	0.19
	云南	3919	0.88	206	0.72	121	0.73	92	0.69
	西藏	298	0.07	7	0.02	5	0.03	3	0.02
	陕西	5765	1.29	199	0.69	121	0.73	91	0.68
	甘肃	2177	0.49	64	0.22	29	0.18	19	0.14
	青海	471	0.11	31	0.11	15	0.09	9	0.07
	宁夏	579	0.13	44	0.15	21	0.13	12	0.09
	新疆	1247	0.28	56	0.19	33	0.20	24	0.18
	广西	4650	1.04	299	1.04	161	0.98	130	0.98
	内蒙古	3601	0.81	255	0.89	136	0.82	105	0.79
加总		446265	100.00	28798	100.00	16485	100.00	13301	100.00
东部地区		358429	80.32	23680	82.23	13620	82.62	11147	83.81
中部地区		49089	11.00	2874	9.98	1590	9.65	1183	8.89
西部地区		38747	8.68	2244	7.79	1275	7.73	971	7.30

资料来源：中经网统计数据库，以及作者整理、计算。

外资利用质量问题不像其地理布局那样一目了然，许多学者对此展开了深入研究，其中傅元海的系列研究具有代表性。傅元海（2008）基于项目平均规模、大中型企业的比例、结构、技术和管理知识含量、实际到位率和污染项目比例等指标，经验性地分析了中国引进 FDI 的质量，结果表明中国引进 FDI 的质量整体上低于中国工业企业的水平。[1] 并且，外资进入还可能造成其他一些方面的问题。首先，政府在引进外资时的成本较高，其中一个重要原因就是实际到位项目金额比协议项目金额要少得多。1985—2006 年平均每年协议外资项目资金到位率平均只有 62.08%，1992 年最低只有 27.65%，只有 1997 年、1999 年两个年度协议外资项目金额全部到位且略微超过了一点，特别是进入新世纪之后该比率持续走低

---

[1] 傅元海：《我国引进 FDI 质量的实证研究》，《统计研究》2008 年第 10 期，第 9—17 页。

（详细数据参见表3-14），这也意味着地方政府的招商引资工作有将近38%是徒劳的，白白耗费了人力、物力和财力等方面的谈判成本。其次，外资进入对中国本土产业在产生正向溢出效应的同时，也造成了负向的竞争效应，即可能冲击本土产业的发展。张海洋、刘海云（2004）以广东为例分析了这两类效应，结果显示，外资对中国内资工业部门的负向竞争效应超过正向溢出效应，净效应为负。① 最后，许多外资进入的目的是转移在其母国或其他国家发展不好的夕阳产业或受管制的污染产业。中国引进外资项目中有相当一部分是污染项目，主要分布在橡胶、塑料、印染、制革、电镀、造纸、制鞋、电池等行业，从长期看，这些高能耗、高污染型项目的引入除了满足地方政府招商引资政绩目标，几乎没有什么好处，既不能带动当地经济发展，又破坏环境，影响人民生活安全和身体健康。

表3-14　　　　协议外资项目的资金到位率：1985—2006年

单位：万美元、%

年份	合同利用外资金额	实际使用外资金额	到位率
1985	1026900	476000	46.35
1986	1223300	762800	62.36
1987	1213600	845200	69.64
1988	1600400	1022600	63.90
1989	1147900	1006000	87.64
1990	1208600	1028900	85.13
1991	1958300	1155400	59.00
1992	6943900	1920300	27.65
1993	12327300	3896000	31.60
1994	9375600	4321300	46.09
1995	10320500	4813300	46.64
1996	8161000	5480500	67.15
1997	6105800	6440800	105.49
1998	6320100	5855700	92.65
1999	5200900	5265900	101.25

---

① 张海洋、刘海云：《外资溢出效应与竞争效应对中国工业部门的影响》，《国际贸易问题》2004年第3期，第76—81页。

续表

年份	合同利用外资金额	实际使用外资金额	到位率
2000	7113000	5935600	83.45
2001	7197600	4967200	69.01
2002	8475100	5501100	64.91
2003	11690100	5614000	48.02
2004	15658800	6407200	40.92
2005	19259300	6380500	33.13
2006	19821600	6707600	33.84
平均			62.08

注：2007年开始《中国统计年鉴》不再提供"协议外资金额"的数据。

资料来源：《中国统计年鉴》（2012），以及作者整理、计算。

根据以上描述的情况，中国引进外资必须从以数量为主转向以质量为主，努力提高利用外资的质量，充分发挥外资的正效应，尽量减少外资的负效应，这是我们提出"管理外资"概念的目的所在。事实上，中国政府一直非常重视对外资的管理工作，出台了一系列的法律和政策规定，如《中华人民共和国中外合资经营企业法》（1979年颁布，1990年修订），《中华人民共和国外资企业法》（1986年颁布，2000年修订），《指导外商投资方向暂行规定》（1995年发布，2002年出台正式），《外商投资产业指导目录》（1995年发布，2007年修订），2007年又出台了最新的《外商投资产业指导目录（修订版）》，这些法律和政策对外资进入起着重要的规制和导向作用，但在地方政府操作层面上，这种作用却大打折扣，许多政策规定并没有落到实处。

第四章 流通开放与外资商业竞争

产业安全是一个开放经济问题，它的出现有两个条件：第一是经济对外开放，如果论及某个产业，那就是某个产业向外资开放；第二是本土产业发展相对不足，企业竞争力相对较弱。整个经济不对外开放，或经济中某个行业不对外开放，是不会出现产业安全问题的；进一步，即便整个经济或特定行业对外开放，但本土产业较发达、企业竞争力较强，也不会出现产业安全问题。因此，在讨论中国流通产业安全问题的时候，必然涉及外资商业进入的时间、速度、规模和相应的外资商业管理政策，以及中外商业在中国本土乃至全球市场在规模、效率等竞争要素上的比较。本章首先分析外资商业进入中国市场的历史路径，然后比较性地讨论中外商业竞争力问题。

第一节 中国流通业的开放历程

许多文献在分析中外商业竞争和中国流通产业安全的时候或多或少涉及中国流通业的开放历程，但专门对这一历程进行历史考察的文献非常少，这里我们主要讨论几篇代表性论文，他们明确划分出了中国流通业或零售业的开放阶段。夏春玉、汪旭晖（2008）结合中国商业体制改革进程，对中国零售业发展和结构变迁进行了阶段性划分：第一，起步阶段（1978—1991年），几乎与西方世界隔绝，游离于期间发生的世界零售市场之外；第二，初步发展阶段（1992—2001年），国务院对流通开放进行试点，在几个主要城市和经济特区尝试引进外资商业项目；第三，全面开放过渡阶段（2002—2004年），中国正式签署WTO协议，承诺全面开放分销领域，但争取了3年的过渡时期；第四，全面开放阶段（2005年至今），中国流通业入世过渡期结束，分销领域实行全面开放，外资商业进入数量和规模均明显增加,流通竞争越发激烈。① 赵凯(2009)基于外资商业在华零售业务属于服务贸易中的"商业存在"方式,在 WTO 语境下描述了中国零售业壁垒演变的五个阶段:第一,服务贸易壁垒完全封闭期(1978—1992 年),中国政府禁止外商在中国开办独资或合资的零售、批发企业,但是允许外商从事一些特定的零售业务形式,如外资生产企业可以在华开办经营本企业产品的专业店等;第二,服务贸易壁垒开始松动的试点期(1992—1995 年),这一时期的壁垒体现在市场准入限制和非国民待遇上,包括地点准入限制、出资形式限制、服务范围限制、审批程序限制等;第三,服务贸易壁垒有限度降低的试验期(1995—1999 年),服务贸易壁垒在市场准入限制方面比第二阶段有所降低,对连锁零售和批发领域进行引入外资商业试点;第四,服务贸易壁垒全面降低的清理整顿期(1999—2001 年),流通业对外开放的地区扩大,审批权和外商出资形式等方面也有所改变;第五,服务贸易壁垒有步骤迅速降低直至取消期(2001 年至今),中国正式加入 WTO,明确地给出了流通业全面开放的过渡时间表。② 类似地,彭磊(2009)把中国流通业开放划分为四个阶段:第一,试点阶段(1992—1995 年);第二,探索阶段(1995—1999 年);第三,规范发展阶段(1999—2004 年);第四,全面开放与快速扩张阶段(2004 年至今)。③

以上几位学者对中国流通业开放阶段的划分大同小异,都阐明了"封闭→试点→整顿→全面开放"的历史路径,为本书提供了重要参照。但是,这些文献没有仔细深入地分析历史文档(主要是一些相关的中央和部委文件)内容以及其中所反映的冲突和问题。通过详细的历史文档考察,我们发现中国流通业开放其实是一场中央—地方博弈,最终的解在于中国加入世界贸易组织这一历史事件。以下将基于历史文档,分阶段地考察中国流通业开放历史路径,包括基本封闭阶段、试点开放阶段、调整加撤阶段以及全面开放阶段。

---

① 夏春玉、汪旭晖:《中国零售业 30 年的变迁与成长——基于拓展 SCP 范式的分析》,《市场营销导刊》2008 年第 6 期,第 11—22 页。

② 赵凯:《中国零售壁垒演变与跨国公司战略转变关系研究》,《商业经济与管理》2009 年第 6 期,第 5—12 页。

③ 彭磊:《外资商业企业在华直接投资分析与本土商业企业竞争力研究》,《财贸经济》2009 年第 1 期,第 94—101 页。

一 基本封闭阶段

众所周知,在1978年以前整个中国经济都是相对封闭的,更不用说流通业了,事实上在那个统购统销的年代,不可能有真正意义上的流通业。然而,即便改革开放以后,直到1992年以前,中国流通业也仍然保持基本封闭状态。这里,我们加上"基本"二字,意思是这一时期并不如想象的那样完全封闭,当时已经为外资在中国从事商品流通活动打开了一点点缝隙。1979年出台的《中华人民共和国中外合资经营企业法》第九条规定合营企业产品也可在中国市场销售,1983年国务院发布的《中华人民共和国中外合资经营企业法实施条例》对此进行了详细说明:第十四条规定了合营企业合同的主要内容应包括"产品在中国境内和境外销售的比例";第六十四条具体说明了合营企业在中国销售产品的办法:"(一)属于计划分配的物资……(二)属于物资、商业部门经营的物资……(三)上述两类物资的计划收购外的部分,以及不属于上述两类的物资,合营企业有权自行销售或委托有关单位代销。……"第六十六条规定"合营企业在中国国内销售的产品,除经物价管理部门批准可以参照国际市场价格定价的以外,应执行国家规定价格……"

从1983年的《条例》中可以看出,当时合营企业可以在国内就本企业的产品从事销售活动,只不过销售比例、销售范围、销售方式、销售价格等各个方面均受到严格限制。也就是说,在1992年以前,尽管严格意义上的外资流通企业尚未进入中国,但一些外资企业通过产销结合的方式开始进入中国流通领域。典型的例子是美国雅芳产品有限公司(AVON Products, Inc.),早在1990年就进入中国,与广州化妆品厂合资成立"中美合资·广州雅芳有限公司",1998年开始通过专卖店与专柜等零售渠道进行产品销售,目前在中国的业务已经遍及23个省、5个自治区及4个直辖市。另外我们还发现一个特例,日本的八佰伴1991年就进入中国内地,第一家分店——深圳沙头角八佰伴于1991年9月8日开业。这只是其中之一,也许还有其他的外资商业在1992年以前就已经进入中国,从某个侧面暗示着中央政策在地方层面上具有一定的操作空间。

二 试点开放阶段:中央尝试、地方蜂起

随着对外开放的推进,在邓小平同志南方谈话精神的鼓励下,1992年经贸部、商业部、国家体改委、国务院特区办和国家计委分别向国务院提交了《关于商业零售领域利用外资问题的请示》(〔1992〕外经贸资发

第252号）和《关于利用外资兴办商业零售企业试点工作的请示》（计外资〔1992〕805号），当年7月14日国务院正式做出批复，从中央政策层面上掀开了中国开放流通业的新篇章。根据《国务院关于商业零售领域利用外资问题的批复》（国函〔1992〕82号，以下简称《批复》），当时流通业对外开放只是一种尝试性的试点工作，外资商业在许多方面受到限制：①

> ……先在北京、上海、天津、广州、大连、青岛和五个经济特区各试办一至两个中外合资或合作经营的商业零售企业……防止一哄而起……暂不举办外商独资经营的商业零售企业……由地方政府报国务院审批。……外商投资商业企业的经营范围是百货零售业务、进出口商品业务，不得经营商业批发业务和代理进出口业务。主要经营商品为国产名优商品，也可经营一定数量的进口商品。……对外商投资商业企业的中外合营者由商业部进行资格审查。……

从内容中可以看出，《批复》对外资商业进入有着严格的限制：（1）地域限制，进入地域仅限于6个城市和5个经济特区；（2）数量限制，规定地域只能试点引入1—2家外资商业；（3）经营形式限制，只允许中外合资或合作经营，且对中方企业资质有严格要求，不允许外商独资经营；（4）经营范围限制，仅限于百货零售和进出口商品业务，不得经营商业批发和代理进出口业务；（5）审批程序限制，必须由地方政府报国务院审批。尽管如此，但是在1992年《批复》正式开启了外资商业进入的大门之后，形势完全出人意料。截至1995年年底，全国批发零售贸易业销售总额为40545.3亿元，其中外商投资经济（包括港澳台）180.0亿元，占0.444%；全国批发贸易业网点1675156个，其中外商投资经济（包括港澳台）1221.0个，占0.073%；全国零售贸易业网点13286512个，其中外商投资经济（包括港澳台）872.0个，占0.007%。到了1996年和

---

① 在1991年原商业部发布《城市商业网点建设管理暂行规定》时，"商业部门主管的商业网点建设资金来源"并不包括外商投资（第十四条），到1995年原国内贸易部发布《城市商业网点建设管理规定》时，"城市商业网点建设资金来源"中可以有"国家规定允许的外商投资"（第十四条）。

1997年，这些数字进一步增加（详细数据参见表4-1）。

表4-1　　　　　　在华外资商业总体情况：1995—1997年

	年份	总体	外资（包括港澳台）	外资比重（%）
全国批发零售贸易业销售总额（亿元）	1995	40545.3	180.0	0.444
	1996	42546.9	351.9	0.827
	1997	55168.7	542.3	0.983
全国批发贸易业网点（个）	1995	1675156	1221.0	0.073
	1996	2026002	2863.0	0.141
	1997	—	—	
全国零售贸易业网点（个）	1995	13286512	872.0	0.007
	1996	13963162	2785.0	0.020
	1997	—	—	

注："—"表示数据缺失。
资料来源：中国统计年鉴。

从表4-1中可以看出，在20世纪90年代中期外资商业在中国市场所占比重很低，不到1%。但是，从绝对数量上看情况则完全不同，外资商业进入速度远远快于《批复》中所规定的步伐。国务院《批复》中只允许6个城市、5个经济特区各试办1—2个外资商业企业，因此最多也就22个项目，但实际上在1996年批发贸易业和零售业领域的外资商业项目已经多达5648个。我们无法确定这些外资商业项目的具体形式是合营、合资或独资以及项目审批开业的具体时间，也不能确定其进入地区是否仅限于《批复》中规定的区域，但可以确定的是，外资商业进入速度明显快于中央政策规定。这说明地方政府在操作层面上并没有严格遵照中央意图，而是出现《批复》中明确提到要防止的"一哄而起"，地方政府违规审批已经非常明显。

除了地方政府的热情和违规操作之外，这种提前开放也与中央政策的松动有关，主要是1995年国家计划委员会、国家经济贸易委员会、对外贸易经济合作部联合颁布的《指导外商投资方向暂行规定》和《外商投资产业指导目录》，进一步把外商投资项目分为鼓励、允许、限制和禁止四类，其中限制类又包括限制类（甲）、限制类（乙）两个子类。在《外商投资产业指导目录》中，"商业零售、批发"和"物资供销"等流通产业活动都被列入了"限制外商投资产业目录（乙）"第十二项"内外贸、旅游、房地产及服务业（不允许外商独资经营）"。《指导外商投资方向暂行规定》对限制类（乙）外商投资项目有这样的规定：

> 限制类（乙）外商投资项目，属于国务院规定审批限额以下的，项目建议书由国务院行业归口管理部门审批；项目可行性研究报告按照项目建设性质，分别由省、自治区、直辖市以及计划单列市的计划部门或者主管企业技术改造的部门审批，并报国家计划委员会或者国家经济贸易委员会备案。

可以看出，与《批复》相比，《指导外商投资方向暂行规定》和《外商投资产业指导目录》在流通开放政策上出现了松动：（1）允许外资商业进入批发业领域，只不过不允许外商独资经营；（2）审批权限下放，从国务院直接审批变为行业部委和地方政府审批。这种松动进一步扩大了地方政府在引入外资商业项目时的操作空间，也是造成20世纪90年代中期外资商业进入速度过快的一个重要原因。

三 调整回撤阶段：中央整顿、地方敷衍

通过以上对流通业试点阶段的历史考察和数据分析，不难发现，即便1995年的《指导外商投资方向暂行规定》和《外商投资产业指导目录》对流通开放政策略有松动，外资商业项目也不可能在几年时间内从零猛增至5600多个，因此可以猜测，地方政府开放流通业的热情非常高，越权或违规审批了大量的外资商业项目。接下来几年中央对地方政府违规操作的全面整顿，进一步证实了我们的这种猜测。

在发现地方政府普遍越权或违规审批外资商业项目的情况之后，中央决定对此进行全面整顿。1997年5月4日国务院办公厅下发了《关于立即停止地方自行审批外商投资商业企业的紧急通知》（国办发明电〔1997〕15号），重申了《批复》中的文件精神：

> ……当前有一些地方政府违背国务院的规定，擅自越权批准和自行举办了一批外商投资商业企业……给商业领域利用外资试点工作带来了混乱，对外也造成了不良影响。……商业领域利用外资工作尚属试点阶段，试点范围、数量和试点项目的审批管

理，仍按《国务院关于商业零售领域利用外资问题的批复》（国函〔1992〕82号）的规定执行。国务院重申，举办外商投资商业企业的审批权限在国务院。……地方各级政府必须立即停止自行洽谈和审批外商投资商业企业……未经国务院批准，各级工商行政管理机关不得办理外商投资商业企业的登记注册手续。……

从这份文件的内容中可以推断，地方政府确实违规审批了许多外资商业项目，对流通业的开放大大超前于中央事先设计的步伐。这份文件标题为"……紧急通知"，而且内容中的措辞也非常果断坚决，可见问题的严重性以及中央对此问题的重视程度。① 事实上，从表4-1中外资商业销售总额中可以推断，外资商业数量1997年比1996年要多得多，因为其销售总额增加了54.11%，从351.9亿元增加至542.3亿元。为了便于以上《紧急通知》能够得到贯彻落实，在1997年8月5日，国务院办公厅又下发了《关于清理整顿非试点外商投资商业企业有关问题的通知》（国办发〔1997〕26号），对整顿要求做了进一步解释，详细说明了整顿范围、整顿对象、整顿方式、处理程序以及对弄虚作假的责任追究等。

然而，中央整顿违规外资商业项目的想法遭到了地方政府的强烈抵制，没有达到预期效果。这让中央感到非常不满，国务院办公厅在1998年7月1日又下发了《关于清理整顿非试点外商投资商业企业情况的通知》（国办发〔1998〕98号），通报了各地的清理整顿情况，点名批评了几个城市，并对进一步整顿提出了更加具体的要求，措辞非常严厉：

> ……经过清理需要进行整改的外商投资商业企业还有199家。整改的具体要求是……对在《国务院办公厅关于立即停止地方自行审批外商投资商业企业的紧急通知》下发后审批、不按规定时间入资、未通过年检或未参加年检的36家外商投资商业企业，以及属于清理整顿范围而未上报的外商投资商业企业，由省级外经贸部门、工商行政管理部门撤销原批准证书，办理注销登记或吊销营业执照手续。……对违背国家商业领域吸收外商

---

① 这可能是在1998年统计年鉴中找不到1997年年底外资商业网点数据中的主要原因，地方政府根本就没有办法（或不敢）上报"按注册登记类型分"的批发和零售网点统计情况，否则就是"顶风作案，自投罗网"，所以最后只有一个总的"批发零售贸易业销售总额"。

投资试点政策,擅自越权审批外商投资商业企业的地方人民政府,特别是在《紧急通知》下发后,仍自行批准设立非试点外商投资商业企业的重庆、成都、西安、南昌市人民政府,予以通报批评。……

从这份文件中可以看出,中央的政策意图在地方并不能得到贯彻落实,地方政府对清理整顿外资商业项目的态度不积极,甚至抵制。地方政府大范围越权审批外资商业项目还有一个原因,就是以往中央有关引进外资商业的政策规定不够明确和细化,导致在实际操作层面上存在许多模糊不清的情况。于是,国家经济贸易委员会和对外贸易经济合作部在1999年6月25日联合出台了《外商投资商业企业试点办法》(外经贸部〔1999〕第12号),明确规定不允许外商独自设立商业企业,中外合营(包括合资和合作)商业企业暂限于试点地区,并且对合营商业企业在投资者资质、注册资本、经营业态、经营范围、经营年限、报批程序等方面都有非常具体的规定。但是,从这份文件中同时也可以发现,中央对外资商业进入的政策有了进一步松动:

……设立合营商业企业的地区由国务院规定,目前暂限于省会城市、自治区首府、直辖市、计划单列市和经济特区(以下简称试点地区)。……经营年限不超过30年,中西部地区不超过40年。……国家经济贸易委员会征求对外贸易经济合作部意见后审批。……

总体上看,这份文件体现了有关部委在中央与地方之间的一种折中权衡,或者说起着调停的作用。一方面,按照中央要求,对地方引进外资商业项目进行规范管理。另一方面,迎合地方政府的诉求,将试点地区从《批复》中的"6个城市和5个经济特区"扩展到"省会城市、自治区首府、直辖市、计划单列市和经济特区",包括中西部地区。然而,中央和地方都以不同的方式拒绝了国家经济贸易委员会和对外贸易经济合作部的这种调停,中央要求部委必须按照有关文件进行彻底整顿,而地方则我行我素,不仅许多项目没有按规定注销或整改,而且还新增了不少违规项目,这一点从2000年12月1日国家经济贸易委员会、对外贸易经济合作部、国家工商行政管理总局联合下发的《关于立即停止越权审批和变相设立外商投资商业企业的通知》（国经贸外经〔2000〕1072号）可见一斑：

> ……但是，《通知》① 发布之后，仍有一些地方越权批准和变相设立外商投资商业企业……为维护国家法规和政策的严肃性，现将有关事项通知如下：……对本通知下发后继续顶风违规批准外商投资商业企业、外商投资商业企业分店和外商以变相方式参与国内商业经营项目的，要追究有关负责人的责任……坚决制止擅自批准外商投资商业企业和外商以其他方式参与国内商业经营项目的做法，保证扩大商业领域利用外资试点工作健康有序地进行。……近期将召开全国商业利用外资工作会议，总结试点经验，并根据我国即将加入世界贸易组织的新形势，研究、部署清理整顿后续工作和今后商业利用外资工作。

这份文件可谓不痛不痒、半推半就，一方面说要禁止越权审批，坚决清理整顿；另一方面又特别提到"即将加入世界贸易组织"，暗示着很快会有新的政策出台。显然，这样的文件不会产生实际效果，一些地方政府仍然在拖延整改、违规审批。于是，国家经济贸易委员会、对外贸易经济合作部、国家工商行政管理总局在2001年8月6日再次联合下发《关于进一步做好清理整顿非试点外商投资商业企业工作的通知》（国经贸外经〔2001〕787号）：

> ……但是，98号文件精神在部分地区至今没有得到认真贯彻落实，仍有一些地方继续擅自审批设立外商投资商业企业及其分店。截至目前，各地擅自越权批准设立了316家非试点外商投资商业企业，其中65家已转为内资、不再经营商业或已注（吊）销，还有251家正在经营。……98号文件列入整改类但尚未完成整改的企业和98号文件下发后地方又擅自越权批准设立的企业共216家，对其要严格按照《外商投资商业企业试点办法》（以下简称《试点办法》）规定进行整改。……要吸取教训，严格执行国家

---

① 指国务院1998年下发的98号文件。——作者注

商业利用外资的政策法规，规范外商投资商业行为，做到令行禁止，保证商业领域利用外资工作健康有序地进行。

并且，这份文件点名指出了一些违规企业，如重庆江田国际商业广场有限公司、法国家乐福公司投资设立的企业、成都家乐福连锁超市有限公司、河南郑州丹尼斯百货有限公司、上海龙华乐购生活购物有限公司等，并在附件中详细列出了"需要整改的216家非试点外商投资商业企业名单"、"已转为内资、不经营商业或已注销的65家非试点外商投资商业企业名单"、"98号文件列入通过类的32家非试点外商投资商业企业名单"。

四 全面开放阶段：中央—地方博弈的解

从以上一系列文件中可以看出，[①] 中国流通业对外开放实际上是一场中央—地方政府博弈，中央的初衷是通过试点逐步探索经验，对外资商业实行渐进式开放，但结果却不如此，地方政府引进外资商业的热情远远超过中央的预期。更有甚者，等到中央发现地方引进外资商业步伐过快、普遍违规越权审批项目的时候，想及时制止都感到力不从心。在这场博弈中，国家经济贸易委员会、对外贸易经济合作部、国家工商行政管理总局等业务主管部门起着重要的沟通和调停作用，一方面遵照中央（国务院）指示清理整顿违规项目；另一方面照顾地方利益，对中央政策加以变通。比如，尽管《试点办法》第四条明确说"合营商业企业的地区由国务院规定"，但实际上把外资商业进入的试点地区从1992年《批复》中的"北京、上海、天津、广州、大连、青岛和五个经济特区"进一步扩大到"省会城市、自治区首府、直辖市、计划单列市和经济特区"，审批权限也进一步向地方下放；再比如，《批复》中明确规定不允许外资商业进入批发领域，但《外商投资产业指导目录》把批发业列入了"限制外商投资产业目录（乙）"，实际上开放了批发业。这从一个侧面也反映了地方政府引进外资商业的要求以及由此而对中央施加的压力。

至于国经贸外经〔2001〕787号文件中列出的需要整改的216家非试点外商投资商业企业，最终结果如何，我们不得而知，因为恰恰在这个时候，中国加入WTO的谈判即将尘埃落定，初步方案中央、部委和地方政

[①] 注意，其中一些文件已经废止，但这并不影响我们通过文件考察来追溯中国流通业开放的历史路径。

府都应该早已胸中有数。① 我们猜想，中央在20世纪90年代中期以后要求整顿违规审批的外资商业项目，除了这些项目本身违反政策规定以外，还有一个原因也许在于中央利用这种整顿行为（即便是摆出一种姿态）在WTO谈判争取更多的筹码，所以导致的结果是中央假装要严格彻底整顿，部委假装努力落实中央指示，地方政府则一边应付检查一边通过统计瞒报假装在清理。导致这种局面的直接原因就是中国加入WTO已成定局，或者说这场博弈的"解"实际上并不在于参与方，也不在于调停方，而在于局势所迫、大势所趋，或者叫水到渠成。

自中国签订WTO协议至今，社会上尤其在流通学术界一直流传着这样一种说法，认为中国在流通业开放方面让步太大，承诺太多。从以上一系列政策文件的回溯中可以看出，事实并非完全如此，中国流通业的全面开放是势在必然，所谓"箭在弦上，不得不发"，不仅美国等西方国家有这种迫切要求，希望其已在华营业的商业企业获得充分合法性，快速扩大市场份额，为其尚未进入中国市场的商业企业鸣锣开道，中国的地方政府也同样如此，似乎更需要这些外资商业来拉动本地GDP，并且已经在实际操作层面先行走出了很远。中国复关及入世谈判代表团团长龙永图（2005）公开表示中国零售业的开放一直"领先于""入世"谈判："……事实上，在不少城市，外资零售巨头进入的规模、速度，远远超前于零售业开放时间表……"② 如果说中国2001年入世协议中全面开放分销领域的承诺有不妥之处，那么问题也许不完全在于西方国家施压和中央政府谈判让步，中国地方政府用实际行动所表达出来的愿望也是一个非常重要的因素，甚至是促成这一协议条款的关键决策变量。正是在这种意义上，我们说中国流通业开放属于一种自下而上的"逆向型"开放，所谓趁"入世谈判"之机，顺"不开放不行"之势，认"实际已开放"之实。③

---

① 事实上，早在1999年11月中美之间就达成了《中国加入世贸组织的协议》，中国承诺开放分销领域。

② 龙永图：《外资零售没有想象的那么可怕》，《当代经理人》2005年第3期，第43页。

③ 只不过学术界可能没有认识到这一点，而政府官员又不愿意公开承认，毕竟这涉及中央与地方政府之间的一场权力博弈。在协议签订之后，面对社会各界关于流通业过度开放的质疑，政府官员的解释转向了一些积极的方面，特别强调这种开放并未过度，如龙永图（2005）认为外资零售没有想象的那么可怕，不宜过高估计其影响和冲击，零售开放不会危及国家安全，并指出中国本土零售企业的四大误区。站在政府立场上，龙永图的观点是务实的，已经开放了，签约了，承诺了，怕也没用，当务之急自然是把本土零售企业快速做大做强。参见龙永图《外资零售没有想象的那么可怕》，《当代经理人》2005年第3期，第43页。

第二节 中外商业竞争力比较

本土企业竞争力相对较弱是一国产业安全问题的根源。中国流通产业由于发展时期较短，① 总体上看还属于初生的弱势产业，其直接原因有两个方面：一方面是商业体制改革，国有商业经历了漫长的转型，一些大型商业面临改制、裁员、转换机制等多方面的困扰，民营商业刚刚起步，规模相对较小；另一方面是几乎在中国商业转型的同一时期，外资商业开始进入中国市场，而且步伐非常快，这些外资商业大都是全球性的流通巨头，实力非常强，商战经验非常丰富，经营模式也非常成熟。所以从这种意义上说，中国流通产业完全是一个弱势产业。以下将从规模和盈利性两个方面对中外商业竞争力进行详细比较。

一　总体规模比较

企业大不一定好，但是几乎任何一家企业都希望实现增长、扩大业务规模，因为规模是企业竞争力的主要基础之一。对于流通业这样竞争性行业来说，其利润率相对较低，企业只能凭借经营规模从而利润基础扩大来保持其持久的生命力。所以，规模成为流通企业保持和提升竞争力的基本要素。分别选出中国和全球最大的40家零售企业，基于这80家大型零售企业的历史数据，对中外零售企业规模进行比较，以揭示二者之间的实力差距及发展趋势。为了避免不必要的争论，我们首先要对数据和分析做几点说明：（1）限于数据可得性和可比性，我们用零售企业作为流通企业的代表，全球零售企业包括沃尔玛之类的综合商店（General Merchandisers）、家乐福之类的食品药品店（Food and Drug Stores）、家得宝之类的专业零售店（Specialty Retailers）、亚马逊之类的网络服务和零售（Internet Services and Retailing）；（2）这种比较看起来存在概念上的矛盾（中国属于全球的一部分），但是从现实情况来看，中国的零售企业基本上难以进

---

① 这里是从现代流通产业的意义上而言的。即便在计划经济时期，也不是没有商品流通活动，只不过那个年代中央统购统销，几乎没有市场，因此不存在现代意义上的流通产业。

入"全球零售企业40强"排名,① 在中国零售40强中,我们剔除了在中国的外资商业,因此这两组企业之间没有重叠问题,实际上是可以比较的;(3) 中国零售40强数据来自中国商业联合会和中华全国商业信息中心联合发布的"中国零售百强排行榜",全球零售40强数据来自《财富》杂志发布的"全球500强排行榜"以及公司年度报告,《商店》杂志与德勤国际人力资本咨询公司联合发布的"全球零售250强排行榜";(4) 在中外流通企业规模比较中必然涉及汇率折算问题,我们使用中国银行的美元中行折算价(参见表4-2)。②

表4-2　　　　美元兑人民币汇率:2000—2012年

年份	2000	2001	2002	2003	2004	2005	2006
平均汇率	8.2767	8.2767	8.2767	8.2767	8.2766	8.1734	7.9395
年份	2007	2008	2009	2010	2011	2012	
平均汇率	7.5567	7.0696	6.8314	6.7255	6.4618	6.2932	

注:平均汇率为年初和年末的平均值。
资料来源:中国银行官方网站,http://www.boc.cn/sourcedb/whpj/。

对中外商业规模比较可以分为三个层面:一是全球范围内的整体比较,即中国零售企业与全球零售企业的比较;二是中国市场上的整体比较,即中国零售企业与在中国有业务的全球零售企业的整体比较;三是中国市场上的直接比较,即中国零售企业与全球零售企业中国分公司的比较。站在流通竞争和流通产业安全的角度,乍一看来第三个层面的比较最具有直接意义。其实不然,因为任何一家店铺、分部或分公司的竞争实力与其背后的总公司实力关系非常密切。例如,没有沃尔玛总部的支持,沃尔玛(中国)不可能持续多年地以牺牲利润为代价来渗透中国市场,也就是说,与中国零售企业竞争的不是沃尔玛(中国),而是整个沃尔玛帝国。因此,这种整体比较也同样具有重要意义。

1. 全球范围内的整体比较

这种比较主要是考察中国零售企业的全球竞争实力,尽管有些全球零

---

① 只有香港的和记黄埔(Hutchison Whampoa)、怡和集团(Jardine Matheson)、中国华润总公司(China Resources National)在部分年度进入了这一排行榜,但根据本书的界定,这些企业都属于外资企业。

② 注意,2004年汇率改革之后美元汇率变化较大,至今呈下降趋势。

售巨头尚未进入中国市场，但我们可以将其看作潜在进入者和竞争者。通过比较发现，全球40强总营业额比中国零售40强总营业额要大得多，前者与后者之比在2000年为90.55倍，2012年下降至9.29倍，而且呈明显的逐年下降趋势。这得益于中国零售企业在规模上的快速扩张，2000—2012年年均增长28.69%；而同期全球这40家企业的年均增长只有6.45%，在2009年甚至为负增长（具体数据参见表4-3）。

表4-3　中国零售40强与全球零售40强的总营业额比较：2000—2012年

单位：百万美元、%

指标 年份	中国40强加总		全球40强加总		全球/中国
	营业额	比上年增长	营业额	比上年增长	
2000	13235	—	1198400	—	90.55
2001	19787	49.50	1258428	5.01	63.60
2002	25583	29.30	1330249	5.71	52.00
2003	34979	36.72	1451843	9.14	41.51
2004	48291	38.06	1591671	9.63	32.96
2005	65279	35.18	1704648	7.10	26.11
2006	76152	16.66	1850070	8.53	24.29
2007	96015	26.08	2038904	10.21	21.24
2008	118146	23.05	2172751	6.56	18.39
2009	140515	18.93	2142973	-1.37	15.25
2010	172848	23.01	2241644	4.60	12.97
2011	223130	29.09	2449454	9.27	10.98
2012	273021	22.36	2536877	3.57	9.29
年均增长		28.69		6.45	

注：2010年度中国零售40强数据不完整，有两家公司（无锡商业大厦、北京菜市口百货）的营业额根据其前后位排名估计而得。

资料来源：中国商业联合会和中华全国商业信息中心联合发布的"中国零售百强排行榜"，《财富》杂志发布的"全球500强排行榜"。

通过表4-3的规模数据比较，我们至少可以得出以下两个结论：（1）中国零售企业与全球零售巨头之间存在较大差距；（2）进入21世纪以来，这种差距呈明显的逐年缩小趋势，从最初的90倍缩小到2012年的

9倍。这说明从全球范围来看，中国零售企业正在步入一条崛起之路，至少在规模实力上是这样。

2. 中国市场上的整体比较

这种比较主要是考察中国零售企业与已经进入中国市场的全球零售企业之间的相对规模实力。由于从《财富》杂志的全球500强排行榜中得不到公司业务的地区分布，因此这里改用《商店》杂志与德勤国际人力资本咨询公司联合发布的"全球零售250强排行榜"数据，该排行榜列出了零售企业的业务所在国家/地区。需要说明的是，该排行榜的排名是根据零售营业额，同时也给出集团或母公司的营业额，对于一些多元化经营的零售企业来说，二者有较大差异。而中国零售百强排行榜的排名是根据集团营业额，为了强化可比性，我们在比较中采用全球零售250强的"集团营业额"数据。另外，由于全球250强中在中国有业务的公司数量每年都不同，因此在比较中选择相同的中国企业数量，即以全国n强与中国n强进行对比，这里n在各个年度取值不同。最后，由于每一年比较的样本数量不同，我们进一步计算出了每一年的平均企业营业额，以便进行年均增长率的比较。通过比较发现，已经进入中国的全球零售企业比中国本土企业的总体规模要大得多，前者与后者之比在2000年为56.56∶1，2012年下降至6.45∶1，而且呈明显的逐年下降趋势。这得益于中国零售企业在规模上的快速扩张，样本企业平均规模在2000—2012年年均增长23.37%；而同期全球样本企业平均规模年均增长只有2.95%，其中有4个年度为负增长（具体数据参见表4-4）。

表4-4 中国市场上中外零售企业的整体规模比较：2000—2012年

单位：家、百万美元、%

年份	企业数量	中国 n 强			在中国有业务的全球 n 强			全球/中国
		营业额	平均营业额	比上年增长	营业额	平均营业额	比上年增长	
2000	23	10389	452	—	587577	25547	—	56.56
2001	31	17836	575	27.38	619600	19987	-21.76	34.74
2002	32	23575	737	28.05	700081	21878	9.46	29.70
2003	33	32916	997	35.39	806592	24442	11.72	24.50
2004	34	46171	1358	36.14	940783	27670	13.21	20.38

续表

指标年份	企业数量	中国 n 强			在中国有业务的全球 n 强			全球/中国
		营业额	平均营业额	比上年增长	营业额	平均营业额	比上年增长	
2005	34	62497	1838	35.36	1002903	29497	6.60	16.05
2006	37	74750	2020	9.91	1212276	32764	11.08	16.22
2007	44	98269	2233	10.55	1388196	31550	-3.71	14.13
2008	41	118847	2899	29.79	1487949	36291	15.03	12.52
2009	44	143617	3264	12.60	1476515	33559	-7.53	10.28
2010	52	182714	3514	7.65	1760055	33847	0.86	9.63
2011	51	236660	4640	32.06	1692701	33190	-1.94	7.15
2012	52	291944	5614	20.99	1882654	36205	9.08	6.45
年均增长				23.37			2.95	

注：(1) 中国 n 强不包括外资企业，全球 n 强不包括中国企业；(2) 增长率以及全球/中国比率的计算基于平均企业营业额；(3) 2010 年度中国零售 40 强数据不完整，有两家公司（无锡商业大厦、北京菜市口百货）的营业额根据其前后位排名估计而得。

资料来源：中国商业联合会和中华全国商业信息中心联合发布的"中国零售百强排行榜"，《商店》杂志与德勤国际人力资本咨询公司联合发布的"全球零售 250 强排行榜"。

通过表 4-4 的比较可以发现，中国零售企业与已进入中国市场的全球零售企业相比仍然有较大的规模差距，但这种差距进入 21 世纪以来一直在减小。除了上述中国零售企业快速增长的原因之外，出现这一趋势还有一个重要原因就是进入中国市场的外国零售企业越来越多，但与最初进入的沃尔玛、家乐福、麦德龙等国际流通巨头相比规模更小，从总体上拉低了其平均规模。

3. 中国市场上的直接比较

最后我们将进行一种更加直接的比较，即对中国市场上的本土零售企业与外资零售企业进行直接对比，而不考虑这些外资公司（中国分部）背后的母公司整体实力。这种比较有助于反映外资商业在中国市场上与中国本土商业的直接竞争情况和实力对比，以及中国零售企业在外资商业进入之后所承受的竞争压力。采用中国商业联合会和中华全国商业信息中心联合发布的"中国零售百强排行榜"数据，但该排行榜没有列出企业的性质（外资或本土），而外资企业的界定由于并购、控股、重组等多种因素而变得非常复杂，我们的区分标准是：对于类型不太明确的企业，若使用了外国品牌名称则算作外资企业，后文经验测算时将作出详细说明。通过比较发现，在中国市场上，本土零售企业与外资零售企业相比并没有显示出明显优势，二者平均企业规模增长速度差不多，前者甚至相对更弱一些，2000—2012年分别为25.19%、25.83%；进入中国的大型外资商业数量从最初的8家增加至2012年的22家，占百强总营业额的比重由最初的5.95%增加至2012年的17.48%（具体数据参见表4－5）。

表4－5 中国零售百强中外资商业与本土商业规模比较：2000—2012年

单位：家、亿元、%

指标 年份	中国本土商业					外资商业					本土/ 外资
	企业数量	总营业额	比重	平均营业额	比上年增长	企业数量	总营业额	比重	平均营业额	比上年增长	
2000	92	1548	94.05	17	—	8	98	5.95	12	—	1.37
2001	94	2242	95.69	24	41.75	6	101	4.31	17	36.81	1.42
2002	94	2764	95.51	29	23.29	6	130	4.49	22	29.33	1.35
2003	87	3583	86.76	41	40.06	13	547	13.24	42	93.80	0.98
2004	88	4805	87.08	55	32.59	12	713	12.92	59	41.10	0.92
2005	85	6259	84.51	74	34.86	15	1147	15.49	76	28.75	0.96
2006	83	6973	80.93	84	14.09	17	1643	19.07	97	26.33	0.87
2007	83	8395	80.95	101	20.39	17	1975	19.05	116	20.27	0.87
2008	80	9517	78.93	119	17.62	20	2540	21.07	127	9.29	0.94
2009	78	10862	79.47	139	17.06	22	2806	20.53	128	0.45	1.09
2010	77	13112	79.43	173	23.89	23	3395	20.57	148	15.70	1.17
2011	79	16515	82.07	209	21.17	21	3607	17.93	172	16.36	1.22
2012	78	19629	82.52	252	20.38	22	4157	17.48	189	10.03	1.33
年均增长					25.19					25.83	

注：（1）比重为本土商业或外资商业加总营业额占百强总营业额的比重；（2）增长率以及本土/外资比率的计算基于平均企业营业额；（3）2010年度中国零售百强数据不完整，有几家公司（无锡商业大厦、北京菜市口百货、湖南友谊阿波罗、南京中商、杭州大厦、天津一商、中兴—沈阳、银川新华百货）的营业额根据其前后位排名估计而得。

资料来源：中国商业联合会和中华全国商业信息中心联合发布的"中国零售百强排行榜"。

从表 4-5 中可以得出与前面两类比较不同的结论：（1）中国零售百强中的外资企业越来越多，而且占百强总营业额的比重也呈上升趋势，说明大型外资商业进入中国市场的步伐加快；（2）在中国市场上，中国本土商业与外资商业在平均企业规模的意义上看几乎势均力敌，2000—2012年显示出 U 形发展趋势，最初前者略高于后者，然后下降至后者略高于前者，但 2008 年金融危机之后前者又开始高于后者，目前态势似乎是本土商业渐居上风。

总结以上三类比较结果，从某个侧面说明中国外资商业与中国本土商业共同分享中国庞大的市场潜力，相对于其他市场，外资商业在中国市场上发展更快。

4. 进一步讨论："货币规模"与"实际规模"[①]

中国零售企业近年来增长速度较快，但是与国际零售企业在规模上存在明显的总体差距和个体差距，这是不争的事实。如果中国零售企业 40 强和全球零售企业 40 强营业总额分别以 2000—2012 年年均 28.69% 和 6.45% 的速度增长，那么二者之间的差距消失至少还需要 12 年，即要到 2024 年。但是，通过"货币规模"与"实际规模"之间的概念区分，我们可以从另一种角度来重新审视这一问题。在度量企业规模时，一般用的都是货币规模，即以销售额或营业额来衡量企业的规模，在国际比较中直接用名义汇率进行折算，这是一种方便的比较方法，也是前文中所用的方法。企业的实际规模是指用实际销售或经营的物品数量来衡量企业的规模，这在国际比较中不需要汇率折算，各国企业都可以直接进行规模比较。这种实际规模比较对于有些行业来说是可行的，比如钢铁行业，标准钢产量多少吨，但对大多数行业来说都不适用，特别是流通企业，经营范围非常广，商品数量可能成千上万且品质规格各不相同，实际规模比较在操作上非常复杂。但是，我们认为，如果不以名义汇率，而以购买力平价指数来对企业货币营业额进行折算，可以近似地表达企业的"实际规模"，从而剔除企业货币规模比较中"价格水分"。[②] 比如说，百联集团在

[①] 这一讨论可以参见李陈华《中外流通企业规模比较：中国 30 强 VS 全球 30 强》，《商业经济与管理》2008 年第 4 期，第 21—26 页。

[②] 购买力平价可能是更加合理的一种经济实力衡量方法。如果以购买力平价来衡量，2011 年中国 GDP 为 11.3 万亿国际元，仅次于美国（15.1 万亿国际元），是日本（4.4 万亿国际元）的 2.6 倍。特别是西方的专家和媒体，尤其喜欢以此来宣扬中国的经济增长或"中国威胁论"。

中国销售了600瓶矿泉水,每瓶售价1元,营业额为600元人民币,比如以6:1的汇率折算,折合100美元,沃尔玛在美国销售了600瓶矿泉水,每瓶售价1美元,营业额为600美元;显然,如果统一用美元来衡量,那么沃尔玛比百联的"货币规模"要大6倍;但同样显然的是,二者的"实际规模"是一样的。笔者没有详细考察各个国家的物价和购买力水平,但是在一次欧洲考察中发现,这种物价上的差距是非常明显的,德国的一瓶矿泉水价格为1欧元,相当于10元人民币,而中国的矿泉水价格为1元人民币。

考虑到《财富》全球500强中前40家零售企业绝大部分都是在美国和欧盟国家(其中美国就有19家),并且它们的大部分销售收入都来自这两个地区,而中国零售40强中绝大多数企业的销售收入是在本土实现的。如果从购买力平价的意义上进行比较,不把人民币与美元之间汇率折算,而把它们进行直接比较,那么中外零售企业之间的差距可能要小得多。当然,我们也必须认识到,基于购买力平价的折算没有这么简单,许多全球零售企业的销售收入也有一部分是在发展中国家实现的,并且它们在发展中国家的扩张速度近年来逐步加快。总的来看,我们认为,从实际规模而非货币规模的角度看,中国零售企业与全球零售企业之间的差距并不像表面上看起来那么大。

二 总体盈利性比较

利润是企业的生命所在,没有长期可持续的利润保障,市场份额、经营规模、营销战略等一切都是空谈,企业不可能实现持续发展。前一部分对中外商业进行了规模比较,这里将进一步对它们进行盈利性比较,主要考察净利润率指标。与前文规模比较类似,盈利性比较也分为三个层面:一是全球范围内的整体比较,即中国零售企业与全球零售企业的比较;二是中国市场上的整体比较,即中国零售企业与在中国有业务的全球零售企业的整体比较;三是中国市场上的直接比较,即中国零售企业与全球零售企业中国分公司的比较。在盈利性比较中,考虑到数据可得性,我们选择中国零售上市公司为样本,参照国泰安数据服务中心—股票—代码筛选—证监会行业分类—H批发和零售贸易—H11零售业上市公司名单,包括88家零售企业。对于外国商业,仍然选择《财富》全球500强排行榜和《商店》全球零售250强排行榜的数据。我们认为这种比较也是有意义的,在中国股票市场上市的企业一般都是在本行业做得相对较好的企业,因此能够作为中国零售业领军力量的代表。

1. 全球范围内的整体比较

这种比较主要是考察中国零售企业在全球范围内的相对盈利能力。如果先算出单个企业纯利润,再根据当年总样本数量计算平均值,可能会导致由于个别企业在个别年度纯利润过高或过低,从而对结果造成重大偏差。所以,为了保证可比性,在每一年度我们用所有企业纯利润加总除以营业额加总的结果大致代表样本总体的纯利润率。通过比较发现,与全球500强中零售企业相比,中国零售上市公司的总体盈利能力(总体纯利润率)并不差,但这种优势可能正在逐步丧失(具体数据参见表4-6)。

表4-6　中国零售上市公司与全球500强中零售企业的总体盈利性比较:1995—2012年

单位:亿元、亿美元、%

指标 年份	中国零售上市公司				全球500强中零售企业				中国/全球
	企业数量	营业额加总	纯利润加总	总体纯利润率	企业数量	营业额加总	纯利润加总	总体纯利润率	
1995	30	224	13	5.80	47	25457	562	2.21	2.59
1996	44	365	18	4.93	46	8883	194	2.18	2.21
1997	52	497	26	5.23	49	9687	219	2.26	2.35
1998	55	538	19	3.53	53	11015	280	2.54	1.40
1999	56	572	13	2.27	52	12303	296	2.41	0.93
2000	61	693	26	3.75	51	13232	266	2.01	1.87
2001	64	783	22	2.81	49	13591	222	1.63	1.72
2002	66	916	14	1.53	48	14237	317	2.23	0.70
2003	66	1120	22	1.96	48	15516	415	2.67	0.72
2004	67	1376	16	1.16	47	16905	445	2.63	0.43
2005	66	1664	8	0.48	45	17764	565	3.18	0.16
2006	66	1926	38	1.97	43	18966	619	3.26	0.60
2007	67	2413	80	3.32	40	20389	656	3.22	1.02
2008	69	2906	84	2.89	40	21728	461	2.12	1.37
2009	72	3481	105	3.02	44	22144	636	2.87	1.05
2010	76	4860	173	3.56	41	22622	743	3.28	1.09

续表

年份\指标	中国零售上市公司				全球500强中零售企业				中国/全球
	企业数量	营业额加总	纯利润加总	总体纯利润率	企业数量	营业额加总	纯利润加总	总体纯利润率	
2011	81	6780	232	3.42	41	24726	770	3.11	1.10
2012	83	7658	208	2.71	41	25615	723	2.82	0.96

注：(1) 全球500强企业名单变化比较好理解，对于中国零售上市公司在各年度的名单变化，原因可能是新的零售企业上市，原有上市公司退市，原有上市公司主营业务变化导致行业归属改变或发生了收购、兼并等活动；(2) 中国/全球是基于总体纯利润率。

资料来源：中国商业联合会和中华全国商业信息中心联合发布的"中国零售百强排行榜"，《财富》杂志发布的"全球500强排行榜"。

表4-6显示，中国零售上市公司与全球500强中零售企业的纯利润率之比从1995年的2.59下降至2012年的0.96，2005年最低为0.16，整体上看前者在20世纪末的高盈利相对优势逐步消失。进入21世纪以后，仅考虑2000—2012年的情况，该比率的平均值为0.98，说明中国零售上市公司的盈利能力略低于全球零售巨头，主要原因是在这段时间中国零售上市公司整体盈利性大幅下降，而全球零售企业却仍然保持平稳态势。尽管2006年以后中国零售企业有过持续几年的赶超，但是到2012年又开始落后于全球零售企业。总体上看，以上比较结果还不能给出一个明确的趋势含义。

2. 中国市场上的整体比较

这种比较主要是考察中国零售企业与已经进入中国市场的全球零售企业之间的相对规模实力。与前文类似，这里改用《商店》杂志与德勤国际人力资本咨询公司联合发布的"全球零售250强排行榜"数据。需要说明的是，该排行榜只给出集团纯利润，因此我们使用其集团营业额和集团纯利润为计算基础。由于全球250强数据最早至2000年，所以我们的比较时期为2000—2012年；我们说的2012年数据其实是"2014年全球零售250强排行榜"，因为该排行榜比实际经营数据要晚一年多才出来，其他年度以此类推。通过比较发现，中国零售上市公司总体上的盈利能力明显低于全球零售250强中已进入中国的企业，除了2000年和2001年两个年度以外，其他年度前者总体纯利润率均低于后者，2012年度中国零售企业为2.71%，而它们的全球对手为5.79%，后者是前者的2.14倍；

2005 年最低，中国零售企业为 0.48%，而全球对手为 3.38%，二者之比只有 0.14∶1（具体数据参见表 4-7）。

表 4-7 中国市场上中外零售企业的整体盈利性比较（a）：2000—2012 年

单位：亿元、亿美元、%

指标 年份	中国零售上市公司				全球零售250强中已进入中国的企业				中国/全球
	企业数量	营业额加总	纯利润加总	总体纯利润率	企业数量	营业额加总	纯利润加总	总体纯利润率	
2000	61	693	26	3.75	20	5499	131	2.38	1.58
2001	64	783	22	2.81	26	5735	126	2.20	1.27
2002	66	916	14	1.53	27	6556	223	3.40	0.46
2003	66	1120	22	1.96	30	7605	247	3.25	0.59
2004	67	1376	16	1.16	26	8489	235	2.77	0.41
2005	66	1664	8	0.48	28	9204	311	3.38	0.15
2006	66	1926	38	1.97	32	11575	443	3.83	0.51
2007	67	2413	80	3.32	37	13009	525	4.04	0.82
2008	69	2906	84	2.89	37	14204	540	3.80	0.76
2009	72	3481	105	3.02	40	14209	510	3.59	0.84
2010	76	4860	173	3.56	49	17320	813	4.69	0.76
2011	81	6780	232	3.42	46	16407	878	5.35	0.64
2012	83	7658	208	2.72	47	18438	1067	5.79	0.47

注：(1) 全球 500 强企业名单变化比较好理解，对于中国零售上市公司在各年度的名单变化，原因可能是新的零售企业上市，原有上市公司退市，原有上市公司主营业务变化导致行业归属改变或发生了收购、兼并等活动；(2) 中国/全球是基于总体纯利润率；(3)《商店》杂志与德勤国际人力资本咨询公司在 2000—2002 年最初发布排行榜时只限于 200 强，因此这 3 个年度是在这 200 家企业中选择在中国有业务的企业。

资料来源：中国商业联合会和中华全国商业信息中心联合发布的"中国零售百强排行榜"，《商店》杂志与德勤国际人力资本咨询公司联合发布的"全球零售250强排行榜"。

但是，表 4-7 显示全球零售 250 强的集团纯利润率过高也许主要来自集团的非零售业务，因为有些企业的集团收入比零售收入要高出很多，比如戴尔（Dell Inc.）、苹果（Apple Inc.）和耐克（Nike Inc.），其集团收入分别为零售收入的 13 倍、8 倍和 6 倍，这些企业采取自产自销的直销模式，利润来源很多，除了零售，还包括研发和生产等多个环节。为了证明这种猜想，我们从表 4-7 全球零售 250 强样本中进一步剔除集团收入超过零售收入 10% 以上的企业，然后再重复以上比较过程。结果显示，中国零售上市公司与全球零售 250 强样本的盈利性差距相对缩小，二者纯利润率之比从 0.47 上升为 0.80，2005 年最低点也从 0.15 上升为 0.17（详细数据参见表 4-8）。这说明在全球零售 250 强中，许多企业兼营着零售以外的业务，或者说这些企业本身就采取多元化经营，非零售业务成为它们重要的利润来源。①

表 4-8 中国市场上中外零售企业的整体盈利性比较（b）：2000—2012 年

单位：亿元、亿美元、%

指标 年份	中国零售上市公司				全球零售 250 强中已进入中国的企业				中国/ 全球
	企业数量	营业额加总	纯利润加总	总体纯利润率	企业数量	营业额加总	纯利润加总	总体纯利润率	
2000	61	693	26	3.76	13	3809	107	2.82	1.33
2001	64	783	22	2.80	21	5036	139	2.76	1.01
2002	66	916	14	1.56	19	5326	149	2.80	0.56
2003	66	1120	22	1.92	17	5606	156	2.79	0.69
2004	67	1376	16	1.13	19	6932	214	3.09	0.37
2005	66	1664	8	0.51	20	7699	228	2.96	0.17
2006	66	1926	38	1.96	23	9801	338	3.45	0.57
2007	67	2413	80	3.30	23	10662	383	3.59	0.92
2008	69	2906	84	2.90	25	11842	358	3.02	0.96
2009	72	3481	105	3.02	25	11398	359	3.15	0.96
2010	76	4860	173	3.56	33	13701	520	3.80	0.94
2011	81	6780	232	3.42	33	12920	469	3.63	0.94
2012	83	7658	208	2.71	33	13746	463	3.37	0.80

注：(1) 全球 500 强企业名单变化比较好理解，对于中国零售上市公司在各年度的名单变化，原因可能是新的零售企业上市，原有上市公司退市，原有上市公司主营业务变化导致行业归属改变或发生了收购、兼并等活动；(2) 中国/全球是基于总体纯利润率；(3)《商店》杂志与德勤国际人力资本咨询公司在 2000—2002 年最初发布排行榜时只限于 200 强，因此这 3 个年度是在这 200 家企业中选择在中国有业务的企业。

资料来源：中国商业联合会和中华全国商业信息中心联合发布的"中国零售百强排行榜"，《商店》杂志与德勤国际人力资本咨询公司联合发布的"全球零售 250 强排行榜"。

---

① 需要说明的是，中国零售上市公司也同样存在多元化经营的现象，非零售业务也可能是一个重要的利润来源，但这里不再详细考察非零售业务对中国零售上市公司盈利能力的作用，因为以上两种比较已经可以大致反映二者之间的对比关系。

综合表 4-7 与表 4-8，二者显示的大致趋势是一样的，中国零售上市公司的盈利能力远不如它们在中国市场的外国对手。原因可能在于这些外国公司同样享受了中国整体市场规模扩张的好处，再加上自身成熟有效的经营管理模式，盈利性自然就更高了。

3. 典型企业比较

这一部分将选择几家典型的中国零售企业与外国零售企业进行比较，我们使用 2012 年度全球零售 250 强的企业数据，中国大陆有 7 家公司上榜，分别为苏宁、国美、上海友谊、京东商城、大商、重庆百货和农工商超市，排名分为第 60、82、133、142、193、209 位和第 223 位。为了确保可比性，我们选择同业态比较，中国上榜公司主营业态包括电子专业店（苏宁和国美）、百货店（大商和重庆百货）、超市（上海友谊）、高级百货店/特大购物中心/大型超级市场（农工商超市）、无店铺（京东商城）。①

（1）电子专业店（Electronics Specialty）。全球零售 250 强中主营业态为电子专业店的企业有 14 家，其中 2 家（中国的国美和日本的 Yodobashi Camera）利润数据不可得，予以剔除。另外，Apple 公司的零售业务收入占集团收入的比重非常少，只有 12%，没有可比性，也予以剔除，最后只剩下 11 家企业作为比较样本。在这 11 家样本企业中，中国企业为苏宁云商，外国企业包括来自美国的 Best Buy、RadioShack，来自日本的 Yamada Denki、Edion Corporation、K's Holdings Corporation、Bic Camera、Joshin Denki，来自英国的 Dixons Retail、Darty，以及来自俄罗斯的 OJSC "Company M. Video"。这 11 家电子专业店的经营数据如表 4-9 所示。

表 4-9　　　　　中外电子专业店比较：2012 年度　　　单位：百万美元、%

250 强排名	公司名称	母国/地区	零售收入	集团收入	集团纯利	集团纯利润率
23	Best Buy Co., Inc.	美国	45085	45085	-420	-0.93
44	Yamada Denki Co., Ltd.	日本	20588	20588	269	1.31
60	苏宁云商	中国	15608	15608	415	2.66
70	Dixons Retail plc	英国	13294	13294	-265	-1.99
126	Edion Corporation	日本	7876	8290	-32	-0.39

---

① 这里主营业态划分也是根据全球零售 250 强排行榜的标准。

续表

250强排名	公司名称	母国/地区	零售收入	集团收入	集团纯利	集团纯利润率
128	K's Holdings Corporation	日本	7714	7714	161	2.09
146	Bic Camera, Inc.	日本	6483	6585	53	0.80
187	Darty plc	英国	4895	4895	-136	-2.78
211	OJSC "Company M. Video"	俄罗斯	4318	4318	134	3.10
213	Joshin Denki Co., Ltd.	日本	4273	4428	42	0.95
214	RadioShack Corporation	美国	4258	4258	-139	-3.26

注：公司名称为斜体表示该公司已经在中国大陆市场有业务。

资料来源：《商店》2014年第1期（http://www.stores.org/STORES Magazine January 2014/global-powers-retailing-top-250）。

表4-9显示，就当前情况来看，苏宁云商无论是在规模还是在盈利性方面都具有一定的竞争优势，其规模排名第3位，仅次于美国的百思买（Best Buy）和日本的山田电机（Yamada Denki），二者分别为美国和日本最大的电器零售商，二者均已进入中国市场。在盈利性方面，苏宁云商的表现也比较好，集团纯利润率为2.66%，排名第2位，仅次于俄罗斯的OJSC "Company M. Video"（3.10%）。其他企业除了日本的K's Holdings Corporation纯利润率有2.09%，大都较低，甚至有5家企业（包括百思买）在2012年度出现亏损。因此，总体上来看，在电子专业店行业，中国的苏宁云商还是拥有一定竞争力的，毕竟苏宁现在也是中国最大的零售商。

（2）超市（Supermarket）。全球零售250强中主营业态为超市的企业有63家，其中有18家利润数据不可得，予以剔除，剩下45家企业作为比较样本。在这45家样本企业中，中国企业为上海友谊集团，外国企业数量较多，这里不一一说明，详细名单及经营数据参见表4-10。

表4-10显示，就当前情况来看，上海友谊集团在规模实力上与全球其他超市相比排名相对靠后，在250强中排在第133位，在这45家企业中排在第27位，但盈利性排名相对靠前，在这45家样本企业中排在第11位；集团纯利润率为3.12%，最高的是美国的Publix Super Markets，纯利润率为5.60%，但也有6家公司在2012年度出现亏损。值得一提的是，全球零售250强中的超市大都尚未进入中国，目前在中国有业务的只

表 4-10　　　　　中外超市比较：2012 年度　　　　单位：百万美元、%

250强排名	公司名称	母国/地区	零售收入	集团收入	集团纯利	集团纯利润率
5	The Kroger Co.	美国	96751	96751	1508	1.56
15	Woolworths Limited	澳大利亚	58602	60273	2326	3.86
19	Wesfarmers Limited	澳大利亚	54231	61462	2323	3.78
22	Rewe Combine	德国	48984	53486	126	0.24
25	Safeway, Inc.	美国	43322	44207	598	1.35
26	Koninklijke Ahold N.V.	荷兰	42236	42236	1064	2.52
28	J. Sainsbury plc	英国	36840	36840	971	2.64
33	Delhaize Group	比利时	29242	29242	132	0.45
34	Wm Morrison Supermarkets PLC	英国	28790	28790	1028	3.57
35	Publix Super Markets, Inc.	美国	27707	27707	1552	5.60
42	Mercadona, S.A.	西班牙	22536	22536	654	2.90
49	Coop Group	瑞士	19000	28525	567	1.99
51	Cencosud S.A.	智利	17896	18847	521	2.76
53	Empire Company Limited/Sobeys	加拿大	17353	17563	393	2.24
66	ICA Gruppen (formerly ICA AB)	瑞典	14019	14316	136	0.95
69	John Lewis Partnership plc	英国	13454	13454	241	1.79
72	Co-operative Group Ltd.	英国	13139	19732	-823	-4.17
78	S. Group	芬兰	12508	15481	273	1.76
83	Metro Inc.	加拿大	11923	11923	486	4.08
87	Whole Foods Market, Inc.	美国	11699	11699	466	3.98
94	Shoprite Holdings Ltd.	南非	10534	10534	411	3.90
104	*Dairy Farm International Holdings*	中国香港	9801	9801	453	4.62
112	Kesko Corporation	芬兰	9152	12457	179	1.44
115	Super Valu Inc.	美国	8931	17097	-1466	-8.57
121	Colruyt Group	比利时	8129	10709	456	4.26
127	Grupo Eroski	西班牙	7783	8022	-156	-1.94
133	上海友谊集团	中国	7554	7816	244	3.12
137	Pick n Pay Stores Limited	南非	7110	7110	66	0.93
140	Coop Danmark A/S	丹麦	6757	6976	27	0.39
141	Wegmans Food Markets, Inc.	美国	6672	6672	112	1.68
156	Life Corporation	日本	6181	6364	36	0.57
165	Sonae, SGPS, S.A.	葡萄牙	5737	6918	185	2.67
172	The SPAR Group Limited	南非	5423	5423	132	2.43

续表

250强排名	公司名称	母国/地区	零售收入	集团收入	集团纯利	集团纯利润率
177	Arcs Co., Ltd.	日本	5290	5312	101	1.90
178	Coop Norge, the Group	挪威	5278	5333	6	0.11
179	KF Gruppen	瑞典	5241	5594	-324	-5.79
184	Valor Co., Ltd.	日本	4959	5218	99	1.90
192	OJSC Dixy Group	俄罗斯	4752	4752	34	0.72
198	Harris Teeter Supermarkets, Inc.	美国	4535	4535	83	1.83
212	SMU S. A.	智利	4291	4331	-88	-2.03
231	Demoulas Super Markets, Inc.	美国	4010	4010	217	5.41
242	Roundy's, Inc.	美国	3891	3891	-69	-1.77
244	Agrokor d. d.	克罗地亚	3878	5099	11	0.22
245	Stater Bros. Holdings, Inc.	美国	3873	3873	38	0.98
249	The Maruetsu, Inc.	日本	3817	3864	22	0.57

注：公司名称为斜体表示该公司已经在中国大陆市场有业务。

资料来源：《商店》2014年第1期（http://www.stores.org/STORES Magazine January 2014/global-powers-retailing-top-250）。

有中国香港的牛奶国际控股有限公司（Dairy Farm International Holdings Ltd.）。① 因此，总体上来看，在超市行业，中国的上海友谊集团尽管相对来说规模实力不强，但盈利能力是比较强的。

（3）百货店（Department Store）。全球零售250强中主营业态为百货店的企业有27家，其中有1家利润数据不可得，予以删除，日本的Tokyu Corporation零售业务只占集团总收入的42%，还不到一半，缺乏可比性，也予以删除，最后剩下25家企业作为比较样本。在这25家样本企业中，中国企业为大商集团和重庆百货，外国企业数量较多，已经在中国有业务的外资企业包括英国的马莎百货（Marks and Spencer）、日本的伊势丹三越（Isetan Mitsukoshi）、高岛屋（Takashimaya）、丸井百货（Marui），中国台湾地区的远东百货（Far Eastern Department Stores），详细名单及经营数据参见表4-11。

---

① 注意，表4-10中有家名为"Metro Inc."的企业来自加拿大，与德国的麦德龙（Metro AG）不是同一家企业，也不是德国麦德龙的分部，后者早在1995年就进入了中国市场。

表 4-11　　　　　　　　中外百货店比较：2012 年度　　　　单位：百万美元、%

250强排名	公司名称	母国/地区	零售收入	集团收入	集团纯利	集团纯利润率
27	Sears Holdings Corp.	美国	39854	39854	-1054	-2.64
36	Macy's, Inc.	美国	27686	27686	1335	4.82
47	Kohl's Corporation	美国	19279	19279	986	5.11
57	Marks and Spencer Group plc	英国	15852	15852	724	4.57
62	El Corte Ingl	西班牙	14671	18780	221	1.18
64	Isetan Mitsukoshi Holdings Ltd.	日本	14600	14960	313	2.09
74	J. C. Penney Company, Inc.	美国	12985	12985	-985	-7.59
81	J. Front Retailing Co., Ltd.	日本	12117	13375	211	1.58
86	Nordstrom, Inc.	美国	11762	12148	735	6.05
97	S. A. C. I. Falabella	智利	10269	11312	843	7.45
103	Takashimaya Co., Ltd.	日本	9863	10653	211	1.98
143	Dillard's, Inc.	美国	6648	6752	336	4.98
163	H_2O Retailing Corporation	日本	5767	6354	75	1.18
180	Coppel S. A. de C. V.	墨西哥	5226	5226	742	14.20
193	大商股份 (Dashang Co., Ltd.)	中国	4684	5054	167	3.30
201	El Puerto de Liverpool, S. A. B. de C. V.	墨西哥	4475	5043	548	10.87
208	Neiman Marcus, Inc.	美国	4345	4345	140	3.22
209	重庆百货	中国	4340	4461	111	2.49
220	Far Eastern Department Stores	中国台湾	4172	4275	85	1.99
222	Burlington Coat Factory Investments Holdings, Inc.	美国	4166	4166	25	0.60
226	Hudson's Bay Company	加拿大	4087	4087	-45	-1.10
228	Karstadt Warenhaus GmbH	德国	4028	4028	-324	-8.04
234	Woolworths Holdings Limited	南非	4001	4001	300	7.50
238	Belk, Inc.	美国	3957	3957	188	4.75
243	Marui Group Co., Ltd.	日本	3886	4929	161	3.27

注：公司名称为斜体表示该公司已经在中国大陆市场有业务。

资料来源：《商店》2014 年第 1 期（http://www.stores.org/STORES Magazine January 2014/global-powers-retailing-top-250）。

表4-11 显示，就当前情况来看，在这 25 家百货店中，中国的大商股份和重庆百货在规模实力上相对较弱，排名分别在第 15 位和第 18 位，250 强排名也相对靠后，分别为第 193 位和第 209 位；但盈利能力处于中

等水平,在这 25 家企业中,大商股份和重庆百货分别排在第 11 位 (3.30%) 和第 13 位 (2.49%),纯利润率最高的是两家来自墨西哥的公司 Coppel 和 El Puerto de Liverpool,分别为 14.20% 和 10.87%;另外有 4 家公司在 2012 年度出现亏损,包括规模最大的西尔斯控股(Sears Holdings)。因此,总体上来看,中国市场的百货店行业竞争是比较激烈的,即便中国最大的百货店大商股份和重庆百货,与它们的外国同行相比也没有明显的竞争优势。

在 2012 年全球零售 250 强中还有两家中国企业,分别为京东商城和农工商超市,二者排名分别为第 142 位和第 223 位,业态分别为无店铺(Non - Store)和高级百货店/特大购物中心/大型超级市场(Hypermarket/ Supercenter/ Superstore),但 250 强排行榜中没有给出它们的利润数据,因此无法比较。其实,全球最大零售商沃尔玛的业态就属于这种高级百货店/特大购物中心/大型超级市场,后文中我们将专门以沃尔玛为基准对中国零售上市公司绩效进行全面的考察和比较。

第三节 "逆向型"开放与外资商业竞争

本章前面两节讨论了中国流通业的开放历程以及中外商业的竞争力比较,本节将进一步总结这种开放路径的特征,并考察外资商业在中国市场上对本土商业造成的冲击及其竞争方式。

一 "逆向型"开放路径

(1)中国改革总体上的特征属于自下而上的改革,我们可以称为"逆向型"改革。纵观历史,改革大致可以分为两种,一种是自上而下的改革,另一种是自下而上的改革,前者一般由政府推动,民间响应,后者一般由民间发起,政府默许。当然,改革的初始动力有时候并不会那么明显,中央政府、地方政府或民间力量都有可能部分地参与,我们这里的两类划分主要是基于改革的主体力量和整体趋势。中国近 30 多年来的改革开放没有历史经验可循,也没有现成的灵丹妙药,所谓"摸着石头过河",因此在许多方面事后的发展与事前的设计并不完全一致,有时甚至完全出乎意料。比如,改革初期农村的家庭联产承包责任制,以及后来城市的国有企业改革,从中央层面来看只不过是放开了一点点小口子,结果在微观操作层面上这一小口子被迅速扩大,而中央总体上的默许态度,促进了这种尝试性改革,最终推动了整个宏观经济的转型。尽管最初的一些关键性决策由中央层面做出,但改革实践和创新的主体在地方基层或企业微观领域,并且后者通过有效行动对前者的进一步决策产生了非常有力的影响。因此,从这种意义上说,中国改革应该属于一种自下而上的改革。

有关中国自下而上改革的情况,有两个典型的例子,其一就是1978年在安徽凤阳小岗村发起的农村土地经营制度改革,其二是时隔20年之后1998年在福建永安洪田村发起的集体林权制度改革。关于小岗村18位农民发起中国改革的故事,社会各界了解得比较多,这里不做介绍。但对于中国农村集体林权改革的发起和推进,社会各界的报道较少,毕竟这场改革至今仍然在进行,一些地区已经完成,另一些地区正在推进,还有一些地区开始处理林权地界划分上的纠纷。实际上,集体林权制度改革与农村土地承包制一样,最初也是民间自发性发起的。1998年,福建省永安市洪田村的集体林地与全国其他地方一样,也存在产权不清、经营不活的问题,导致村民偷砍林木,乱砍滥伐,村民与村干部、护林员之间的矛盾激化。于是,洪田村经过20多次村民代表会议反复研究,投票表决,将林地林木产权直接明晰到户,实行自主经营,成为中国第一个实行集体林权制度改革的"小岗村"。结果成效显著,全村农民人均收入由2878元增加到7560多元,其中林业收入由312元增加到3931元,村财政收入由15.3万元增加到87万元。① 正是由于洪田村这种林地自主经营改革尝试,很快在全国形成了示范效应,最重要的是引起了中央高层的注意,并最终得到了中央默许、肯定和进一步推动,于是就有了最近几年全国都在推行的林权制度改革。

流通业开放作为一项新的中央政策,实际上也是一种改革,针对过去商业封闭状态的改革。从前文的分析中可以看出,中国流通业开放遵循的实际上也是一条自下而上的"逆向型"路径,中央最初只是准备尝试和试点,而地方却反应过度,导致外资商业进入速度、规模都大大超出预期,结果中央又开始严肃整顿,外资商业出现撤退,最终由于中国加入WTO而导致当前这种全面开放的格局。

(2) 自下而上的"逆向型"流通开放。如前文所述,在1992年以前

---

① 《关于集体林权制度改革战略意义的分析与思考》,http://www.forestry.gov.cn/Zhuanti-Action.do?dispatch=content&id=508998&name=lqgg。

中国没有开放流通业,处于基本封闭状态。自1992年国务院批准在6个城市、5个特区进行流通开放试点之后,地方政府一哄而起,外资商业进入速度完全超出预期,甚至到了失控的程度。这一现象很快引起了中央高层的注意,开始清理和整顿大量违规审批的外资商业项目,尽管在一定程度上遏制了外资商业进入的速度,但地方政府对中央政策的抵制态度非常明显,以至于这一整顿时期长达5年之久。最终,中国加入WTO以及全面开放流通业的承诺,宣告了整顿时期的结束。这就是前文通过历史文档考察得出的结论:中国流通业开放实际上是一场中央—地方博弈,最终的解在于WTO,属于一种典型的自下而上的"逆向型"开放。为了显示这种波浪形的历史趋势,我们选择了年末投资总额、年末注册资本及年末外方注册资本3项指标进行分析,并在每项指标上对批发零售业和全国总体进行了比较。结果显示,进入中国流通业的外资比重在1992年试点开放之后的几年里迅速增加,但到20世纪90年代中期开始逐渐下降,在中国加入WTO以后又开始快速扩张直到现在,充分揭示了批发零售业引进外资所经历的"从无到有急剧上升→持续下降→触底反弹再次飙升"过程(具体数据参见表4-12)。

表4-12 引进外资总额中批发零售业所占比重:1993—2012年

单位:亿美元、%

年份	外商投资企业投资总额			外商投资企业注册资本			外商投资企业外方注册资本		
	总体	批发零售业	比重	总体	批发零售业	比重	总体	批发零售业	比重
1993	3824	—	0.50	2456	—	0.50	1502	—	0.50
1994	4907	—	1.80	3123	—	1.90	1963	—	2.20
1995	6390	—	3.20	3991	—	3.50	2569	—	3.90
1996	7153	257	3.59	4415	175	3.96	2898	120	4.14
1997	7535	271	3.60	4598	184	4.00	3030	125	4.13
1998	7742	259	3.35	4673	175	3.74	3137	123	3.92
1999	7786	247	3.17	4635	164	3.54	3167	115	3.63
2000	8247	253	3.07	4840	163	3.37	3372	117	3.47
2001	8750	246	2.81	5058	156	3.08	3597	113	3.14
2002	9819	263	2.68	5521	161	2.92	4020	117	2.91
2003	11174	286	2.56	6226	177	2.84	4658	132	2.83
2004	13112	233	1.78	7285	138	1.89	5580	106	1.90
2005	14640	285	1.95	8120	167	2.06	6319	131	2.07

续表

年份	外商投资企业投资总额			外商投资企业注册资本			外商投资企业外方注册资本		
	总体	批发零售业	比重	总体	批发零售业	比重	总体	批发零售业	比重
2006	17076	378	2.21	9465	223	2.36	7406	181	2.44
2007	21088	524	2.48	11554	297	2.57	9211	245	2.66
2008	23241	740	3.18	13006	430	3.31	10389	363	3.49
2009	25000	837	3.35	14035	493	3.51	11369	426	3.75
2010	27059	1032	3.81	15738	604	3.84	12590	525	4.17
2011	29931	1295	4.33	17294	750	4.34	13810	650	4.71
2012	32610	—	5.54	18814	—	5.55	14903	—	5.92

注：(1) 1993—1995年行业数据缺失，表中比重为估计值，以便显示一个完整的趋势；(2) 最新的行业数据缺失，2012年比重根据"实际使用FDI"相关数据推算。

资料来源：中经网统计数据库。

为了更直观地显示这种"逆向型"开放路径，将以上3个指标上的相对数指标值（比重）绘制成图，并附上各个阶段说明，如图4-1所示。从基本封闭阶段，到中央试点、地方蜂起阶段，再到中央整顿、地方敷衍阶段，最后到全面开放阶段，图4-1清楚地显示了中国流通业开放的"N形"路径。造成这种形状的根本原因是中央与地方在流通开放问题上的态度不一致，从而导致一个长达10年之久的博弈过程。

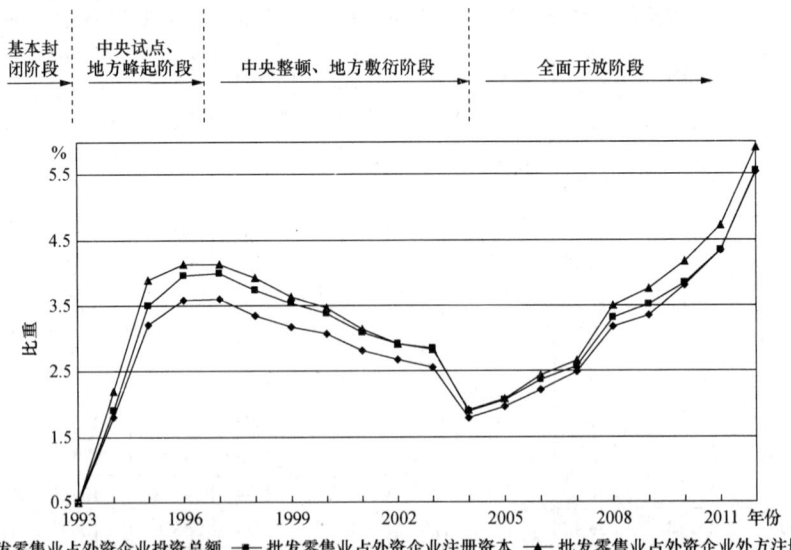

图4-1 中国流通业自下而上的"逆向型"开放："N"形路径

二 外资商业的快速扩张

（1）外资商业进入速度加快，抢占中国市场份额。尽管在20世纪90年代末、21世纪初外资商业进入中国市场出现了阶段性回撤，但总体上的进入速度仍然非常快。外资商业占全国社会消费品零售总额的比重，在1999年仅为0.93%，到2012年增加至4.26%。注意，由于批发企业有部分零售业务，零售企业也有部分批发业务，但细分数据不可得，所以这里外资商业的社会消费品零售总额采用外资零售企业的主营业务收入，大致反映整体情况。从企业数量上看，外资商业占限额以上批发零售企业总数的比重也大大增加，从1999年的1.08%增加至2012年的3.91%，其中批发企业数量中外资占比同期从0.61%上升至4.92%，零售企业数量中外资占比同期从1.80%上升至2.78%（详细数据参见表4-13）。

表4-13　外资商业在中国市场所占比重：1999—2012年　　单位：亿元、%

年份	社会消费品零售总额			批发零售企业数量			批发企业数量			零售企业数量		
	全国	外资	比重	全国	外资	比重	全国	外资	比重	全国	外资	比重
1999	35648	333	0.93	27115	293	1.08	16382	100	0.61	10733	193	1.80
2000	39106	455	1.16	25567	304	1.19	15393	114	0.74	10174	190	1.87
2001	43055	507	1.18	25543	410	1.61	15258	200	1.31	10285	210	2.04
2002	48136	628	1.30	26605	695	2.61	15262	440	2.88	11343	255	2.25
2003	52516	787	1.50	27340	785	2.87	14937	531	3.55	12403	254	2.05
2004	59501	—	—	52448	—	—	30756	—	—	21692	—	—
2005	67177	1508	2.25	47698	1405	2.95	26963	1016	3.77	20735	389	1.88
2006	79145	1953	2.47	51788	1553	3.00	28125	1019	3.62	23663	534	2.26
2007	93572	2608	2.79	55737	1870	3.36	29046	1207	4.16	26691	663	2.48
2008	114830	4150	3.61	100935	3921	3.88	59432	2780	4.68	41503	1141	2.75
2009	132678	4986	3.76	95468	3657	3.83	52853	2355	4.46	42615	1302	3.06
2010	156998	6400	4.08	111770	4266	3.82	59464	2780	4.68	52306	1486	2.84
2011	183919	7990	4.34	125223	5274	4.21	66752	3582	5.37	58471	1692	2.89
2012	210307	8951	4.26	138865	5423	3.91	72944	3588	4.92	65921	1835	2.78

注：(1) 1999年以前和2004年的外资商业数据不可得；(2) 社会消费品零售总额中，外资部分为限额以上外资零售企业的主营业务收入，因为批发企业的零售业务和零售企业的批发业务数据不可得；(3) 批发零售企业均为限额以上企业。

资料来源：中经网统计数据库。

表4-13中的数据表明，外资商业在中国市场所占比重越来越大，尤其是批发行业，外资商业进入速度非常快。然而遗憾的是，有关中国批发业的数据来源非常少，没有办法进一步深入研究。外资商业进入显然会抢占本土商业的市场份额，尤其外资商业规模超大、实力超强，经过在中国市场近20年的磨合之后，经营本土化探索已经日趋成熟，在未来时期将继续保持扩张态势。

（2）外资商业进入的方式已经从合资合营开始转向兼并收购。并购是许多外资商业巨头开拓国际市场的惯常手段。在流通开放初期，政府对外资商业并购活动限制较严，因此许多外资商业采取了与中国本土商业合资或合营开展业务的进入方式。但进入21世纪以后，特别是流通业全面开放以后，外资商业并购速度加快，以下将介绍近些年来一些典型的外资商业并购案例。

案例1：特易购（Tesco）收购乐购。乐购本来是台湾顶新国际集团旗下的一个商业品牌，2004年在中国大陆已有25家连锁超市。2004年的7月，英国最大的零售商特易购耗资1.4亿英镑（约合人民币21亿元）收购乐购连锁超市50%的股权，开始进入中国市场；2006年12月，特易购再度出资1.8亿英镑（约人民币28亿元）从顶新集团手上买入乐购40%股权，将所持股份增加到90%；2009年年底，特易购从顶新国际集团收购了剩余的10%股份，实现对乐购中国业务的完全控股。截至2013年2月，特易购在中国48个城市拥有115家乐购大卖场、1家乐购天地超级大卖场、8家乐都汇购物中心以及14家试验阶段的便捷店，零售面积超过80万平方米，拥有26000多名员工，每周为440多万名顾客提供服务。根据《商店》杂志全球零售250强最新排行榜，特易购以2012年零售额79976百万美元排在第4位，同时在2012年《财富》全球500强中排名第63位。

案例2：乐天收购万客隆和时代零售。乐天购物（Lotte Shopping Co., Ltd.）是韩国乐天集团旗下的一个零售品牌，发展历史并不长，1998年才成立，但成长速度却非常快，2012年零售额达9369百万美元，在《商店》杂志全球零售250强排行榜中位居第43位。中国万客隆的全名是中贸联万客隆商业有限公司，是由荷兰SHV投资有限公司和中国粮油食品进出口总公司、中国土产畜产进出口总公司以及中国纺织品进出口总公司共同于1997年正式成立的合资公司。2008年6月乐天集团以12.8亿元的代价收购万客隆100%的股权,并将万客隆全部改名为乐天玛特(Lotte Mart)。江苏时代零售是一家经营业绩非常好的中国本土企业,1997年成立,2007年在中国香港交易所上市,北京物美集团一直存有收购时代零售的想法,但最终还是没有竞争过韩国乐天。2009年12月,乐天以公开收购股份的方式,以6.35亿美元收购江苏时代零售超市营业中的65家门店(53家大型超市和12家综合超市)、预计开业的16家门店及1个物流中心。乐天玛特借助这种并购式扩张的国际化模式,规模扩张速度非常快,尤其在越南、俄罗斯、印度、中国等国家的发展前景非常好。

案例3:沃尔玛收购好又多和1号店。对于沃尔玛这家企业,可谓享誉全球,1962年才成立,仅40年时间到2002年就荣登《财富》全球500强的首位。沃尔玛1996年进入中国,开始几年发展速度并不算太快,但在中国流通业全面开放之后,也开始寻求并购式扩张模式。好又多超市由台资企业宏仁集团与诚达集团发起成立,1997年进入中国大陆,被收购时在中国34个城市已有101家超市商场。2007年2月,沃尔玛斥资2.64亿美元收购了BCL公司(Bounteous Company Ltd.)——好又多超市的运营公司——35%的股权。通过本次收购,沃尔玛在中国的门店数大大增加,从2007年的73家增加至2008年的202家。根据沃尔玛最新年度报告,截至2013年1月31日,公司已经在中国21个省、自治区、4个直辖市的150多个城市开设了393家商店。中国电子商务网站1号店是近几年电子商务领域的一匹黑马,拥有非常强大的仓储物流系统,做得非常成功,在2010年5月平安集团以8000万元人民币的价格拿下了1号店80%的股权。但到了2012年,沃尔玛通过增资获得了1号店51%的股权,成为控股股东。中国电子商务网站1号店从此成为沃尔玛的旗下品牌,这也意味着沃尔玛开始加入中国本土电商战场。

案例4:百思买(Best Buy)收购江苏五星电器。2006年,美国最大也是全球最大的电器零售商百思买斥资1.8亿美元购得了江苏五星电器75%的股权,2009年实行全盘收购,获得了江苏五星电器100%的股权。江苏五星电器是中国第三大家电零售商,仅次于苏宁和国美,被收购之前在全国就有200多家门店。百思买收购江苏五星之后,在中国市场的影响力大大提升。根据《商店》杂志全球零售250强最新排行榜,百思买以2012年零售额45085百万美元排在第23位,同时在《财富》全球500强中排名第226位,旗下的江苏五星至今仍然位列中国零售百强第20位。

案例5：家乐福收购保龙仓。法国的家乐福（Carrefour）长期以来一直是紧随沃尔玛的全球第二大零售商，最近两年排名与 Tesco、Costco Wholesale 和 CVS Caremark 不相上下（依赖于排名是根据集团收入还是零售收入）。保龙仓全称是河北保龙仓商业连锁经营有限公司，2009年还是中国零售百强中排名第78位的大型零售商。2010年，家乐福和保龙仓通过股权合作形式，组建全新的合资公司——河北保龙仓家乐福商业有限公司，其中家乐福持股51%、保龙仓持股49%。尽管双方企业相关人员都力图澄清这不是兼并，而是合作，但家乐福的控股地位是不争的事实，真实意图昭然若揭。截止到2013年12月31日，家乐福在中国大陆地区拥有门店236家。

案例6：欧尚收购大润发。欧尚（Groupe Auchan）是法国仅次于家乐福的第二大零售商，2012年《财富》全球500强排名第152位，《商店》全球零售250强排名第14位，1999年开始进入中国大陆。大润发（RT-Mart）是台湾润泰集团于1996年创立的超市品牌，创立之后1997年就进入中国大陆市场，成立了上海大润发有限公司。早在2001年，润泰集团就将67%大润发股权出售给欧尚集团，二者联合起来在香港注册成立了香港太阳控股公司（sun-holding），该公司又将50%的股份分别投入到新组建的欧尚中国公司和上海大润发有限公司，分别持有两家公司35%的股份。同时，润泰集团也持有欧尚中国33%的股权，双方实现交叉持股。2011年，润泰和欧尚组成新的合资公司——吉鑫公司，①其中欧尚持股51%，润泰持股49%，由吉鑫发起成立高鑫零售有限公司在中国香港上市（代码：HK6808），吉鑫控股高鑫零售59.16%的股权，欧尚和润泰分别持有高鑫零售11.26%和18.91%的股份。至此，欧尚和大润发在中国大陆的门店100%地归于高鑫零售旗下，标志着欧尚与大润发正式"合体"。事实上，通过持股比例和控股情况我们可以发现，这一活动实际上是欧尚收购了大润发，比如，对于高鑫零售董事会的人选，欧尚拥有4名董事的提名权，而润泰只有2名董事的提名权，并且根据润泰与欧尚最初的协议，润泰有可能在2014年以后将所持吉鑫49%股权卖给欧尚。

通过回顾近10年来外资商业在中国市场上的并购案例，可以发现外资商业的攻势是非常凌厉的，尽管这些扩张活动采取的方式多种多样，除

---

① 至于它们原来合资成立的太阳控股公司最终发展如何，我们不得而知。

了直接收购，还包括控股、交叉控股、间接控股、合资、合营等，但仔细考察后便很明显，其实都属于并购式扩张。一些经营业绩非常好并具有相当经营规模的本土商业成为外资商业巨头的囊中之物，比如时代零售、江苏五星、中国电子商务网站1号店等在国内市场本来占有一席之地，甚至已成长为领军企业，现在都已成为外资商业的旗下品牌。

三 外资商业的竞争优势

现已进入中国市场的外资商业大都为西方发达国家的商业巨头，实力强大，实战经验丰富，经营模式成熟并具有可复制性，这显然会对中国本土商业形成直接的冲击。总结起来，外资商业的竞争优势主要在于以下几个方面：

1. 资本优势

资本是企业生存、发展和扩张的基础，缺乏资金再好的项目也只是空中楼阁。进入中国的外资商业大都是一些国际商业巨头，集团实力非常强大，而中国市场只是它们集团业务的一部分，就目前来看还未能成为主要部分，因此集团总部完全能够为公司在中国的业务发展提供充足的资金保障。以全球最大的零售商沃尔玛为例，在中国市场的业务扩张速度非常快，自1996年进入中国以来平均每年新增24家店铺，中国在公司全球新增分店总数中所占比重也非常高，近6年来每年新增店铺中有9%都来自中国市场。2013年公司年度报告显示，截至2013年1月31日公司在全球有10773家店铺，其中在中国有393家，尽管中国业务增长速度飞快，但仅占全球店铺总数的3.65%。因此，沃尔玛完全有实力利用美国本土或其他市场上的盈利来支持在中国市场的低成本进入策略，这也就是郎咸平在他的"财经郎闲评"节目中所说的"零售倾销"。据郎咸平介绍，沃尔玛在进入中国的最初10年根本就没有赚钱，也没有准备赚钱，进入初期的主要目的在于熟悉中国市场、渗透中国市场和把握中国市场。这里所体现的就是外资商业的资本优势，没有雄厚的资金实力，没有集团总部的鼎力支持，仅沃尔玛（中国）投资有限公司是不可能做到这一点的。

2. 技术优势

社会上有一种流行观点，认为流通业是一种典型的竞争性行业，进入壁垒较低，在技术方面的要求不高。实际不然，这种技术要求因规模而异，对于小商店，这一观点也许成立，但对于规模非常大的大型流通企业，情况就不同了。现代信息技术在流通领域的应用非常广，如条形码、

POS（销售时点系统）、EDI（电子数据交换）、EOS（电子订货系统）、RF（射频技术）、GSP（全球定位系统）、ERP（企业资源计划）、DSS（决策支持系统）等，在大型零售商经营管理活动中的应用已经普及。还以沃尔玛为例，公司在信息技术开发和应用方面投入非常大，1974 年便开始在分销中心和各家商店运用计算机进行库存控制，1983 年在所有连锁商店都采用条形码扫描系统，1984 年花 4 亿美元委托休斯公司发射了私人商用卫星，后来又投入 7 亿多美元，最终建成了全球性的计算机及卫星交互式通信系统。难怪有观察家说沃尔玛比美国航天航空管理局（NASA）在信息技术上的投资还要多。事实上，信息技术与流通企业规模是相辅相成的，前者为后者提供成本效率保障，后者为前者提供资金投入保障。许多外资商业正是利用现代信息技术确保了全球分店扩张的速度和控制效率，而一些规模较小、资金实力较弱的零售商是不可能做到这一点的。①

3. 经营管理优势

能够走上国际化道路、开拓国际市场的外资商业一般都是在本国经过多年的摸爬滚打，打造出了自身成熟的经营管理模式，并且更重要的是，这种模式是可复制的。这意味着外资商业的连锁扩张效率更高，就像电子文档的复制、粘贴一样，速度快、精准度高，而且能保持有效控制。具体来说，经营管理优势包括以下几个方面：（1）采购优势。跨国商业巨头通常具有国内外两个市场渠道，不仅能够凭借自身强大的讨价还价能力降低采购成本，而且能够通过其全球采购中心，在全球范围内配置采购渠道，搜寻最低成本的货源，在进货成本上先胜人一筹。（2）物流优势。外资商业巨头大都设有强大的物流配送中心，无论是集中配送还是分散配送，效率都非常高，尤其对于沃尔玛那样的集中配送模式，其配送效率会随着店铺密集度增加而快速提升。也就是说，连锁扩张的速度越快，其配送成本也降低得越快，即所谓的规模经济。（3）管理优势。大部分外资商业巨头都来自成熟的市场经济国家，经过多年磨炼已经打造了一套完整、高效的管理控制系统，他们注重市场调研，基于事实数据，利用现代信息处理软件进行科学分析，提高决策的合理性，并且善于观察、记录、

---

① 关于现代信息技术对流通企业连锁扩张的重要意义，参见李陈华《流通企业规模效率研究》，经济科学出版社 2010 年版。

总结、修正和调整，不断完善从前的方案和经营模式，积累经验，改进管理效率。

4. 品牌优势

与20世纪的情况相比，零售商品牌已经发生了根本性变化，从前市场上几乎是生产商品牌一统天下，但现在一些大型零售商的知名度大大提升，沃尔玛自2002年荣登《财富》全球500强老大宝座之后，连续多年把持这一位置，家乐福、麦德龙、特易购等企业品牌也享誉全球。这种强大的品牌优势，是零售商开拓市场的一件利器，无论是普通消费者还是地方政府管理部门，对这些国际零售巨头的认同度都较高。零售商凭借这种品牌优势，能够迅速打开国际市场，甚至能够得到地方政府的各种优惠政策，如更好的地段、更优惠的税收政策等，这种情况在中国尤其明显，许多外资零售商最初都从地方政府那里获得了各种各样的优惠。再者，大型零售商还可以利用自身强大的品牌实力和采购渠道，大力发展自有品牌（PB）。自有品牌又称为商店品牌，是指零售商从设计、原料、生产到经销全程控制的产品，由零售商指定的供应商生产，贴有零售商品牌，在自己的卖场销售。这种自产自销模式省去许多中间环节，减少了广告支出，而且批量生产、销售还可以取得规模效益，降低商品的销售成本。

第五章　中国流通产业安全理论

产业安全是发展中国家在开放条件下无法回避的讨论主题，但流通产业安全却是一个颇具争议的概念。在传统观点看来，生产高于流通，因此商品流通充其量也只是一个"不创造价值"的从属行业，因此很难提到产业安全这一层次上来。这种"生产决定流通"的传统观点正在改变，但当前又有许多学者认为流通业是一个典型的竞争性行业，自由竞争是最好的运行模式，因此也不至于提到产业安全的层次。事实不一定如此。本章将首先从严格意义上、宽泛意义上和一般意义上总结学术界现有的产业安全概念，然后基于数据来论述流通产业作为基础产业、先导产业和战略产业的地位，最后把前面两个方面结合起来提出我们对流通产业安全的概念理解。特别地，我们提出并阐明中国流通业所遵循的"逆向型"开放路径，这是理解中国流通产业安全概念的一个重要历史依据。

第一节　产业安全

国内学术界有关产业安全概念的理解已经形成了几种代表性观点，大致包括产业竞争力说、产业控制力说、产业发展说、产业权益说四大类。这种分类方法在后来的一些研究和综述中得到广泛认同。也有学者从这四类观点中剔除了产业发展说，把学术界有关产业安全概念的理解总结为产业竞争力说、产业控制力说、产业权益说三大类。[1] 这些分类是对从前研究的阶段性总结，促进了知识积累和学术发展，但也有不恰当之处，特别

---

[1] 还有学者提出了其他的分类方法，如阶段论、产业竞争力论、动静态论、可持续发展论（祝年贵，2003）。参见祝年贵《利用外资与中国产业安全》，《财经科学》2003年第5期，第111—115页。但这种分类在学术界的认同程度不高。另外，这里不再列出文献详细出处，可以参考前面"文献综述"部分。

是在产业竞争力说与产业控制力说之间很难区分，事实上，这两种产业安全定义在内涵上重叠较多，竞争力是控制力的前提，控制力是竞争力的结果。为了避免这种混淆，以下我们将根据学者们的产业安全概念宽泛程度，把相关定义划分为严格的产业安全概念、宽泛的产业安全概念和一般意义上的产业安全概念。

一 严格的产业安全

开放经济是我们这里讨论产业安全的一个前提条件，封闭经济是不存在产业安全问题的。因此，产业安全必然涉及外国产业、资本或商品等的进入对东道国权益的损害，现在关键是这种损害达到什么程度才可以称为产业安全问题。事实上，如果仅从权益角度来看，在一个高度开放的经济中，几乎所有的国际经济活动都会涉及产业安全问题。首先，外资进入（即外国直接投资）并在东道国生产、经营或销售、获取利润，直接影响东道国产业的权益，造成产业安全问题，这一点比较直接，也比较好理解；其次，外资以纯资本经营运作的方式进入东道国，也就是所谓的"热钱"，其目的在于从东道国资本市场上牟取短期暴利，比如炒股、炒房，从而争夺、损害东道国国民的权益，造成产业安全问题；再次，外国商品或服务进入东道国市场，冲击当地产业，从而损害东道国的企业权益，造成产业安全问题；最后，在开放经济条件下，即便外国产业、资本和商品都没有进入，但如果东道国产业、资本和商品走出国门，在外国或国际市场上遭遇竞争，也会损害本国企业和国民的权益，从而造成产业安全问题。

显然，根据以上针对产业安全的界定，只要是开放经济，就避免不了产业安全问题，因为国际竞争，不论在东道国国内市场，还是在国际市场，都是一种必然存在，不可消除、不可回避，而竞争必然伴随着利益的冲突，同样不可消除、不可回避。换句话说，只有封闭经济的产业才是安全的，只要一开放，产业就不安全。因此我们说对产业安全的这种界定是非常严格的。① 这种分析是基于当前学术界流行分类中所谓的"权益说"，其主张从权益的角度来定义产业安全，认为只要外资进入损害了东道国国民的权益，均可视为危害了该国的产业安全。赵世洪（1998）是这类观

---

① 特别要说明的是，如果是针对"产业不安全"、"产业安全问题"或"产业安全威胁"，那么表述上恰好相反，这种界定就应该说是非常宽泛，而不是非常严格。只要不引起误解，我们认为表述上的选择并不重要。后面相关表述与此类似，不再说明。

点的代表,为了突出"国民权益",他倾向于使用"国民产业安全"一词,认为国民产业安全是指一国国民既有的或潜在的产业权益免受危害的状态和能力,"……外国国民在东道国内取得的任何产业权益,都是对东道国国民权益至少在机会成本意义上的侵占……"。① 程恩富(1998)的定义与此有类似之处,但严格程度小了一些,他认为民族产业安全是发展中国家经济安全的核心,或称为国民产业安全,是指在国际交往和竞争中由该国国民所有和控制的产业,其地位和权益可能受到外国产业影响和危害的状态。权益说把"权益受损或受影响"作为判别标准,这将导致一些正常的外资活动被界定为"产业安全威胁",因此产业安全的标准是非常严格的。②

我们这里将权益说极端化,把所有的可能损害东道国国民权益的外国经济活动都界定为影响产业安全,而不论这种活动是发生在国内还是发生在国际。特别要说明的是,给出这一严格的概念并不意味着我们主张这种理解,而只不过是为了确定一个基准,以便把各种概念进行比较。事实上,这种严格的产业安全概念存在一个明显的问题就是,把国际交流、国际竞争、国际交换或外资进入看作一场"零和博弈",只有竞争,没有合作,参与方利益此消彼长。这显然不是事实。许多国家通过融入国际分工网络大大提高了本国的专业化水平和劳动生产率,通过开拓国际市场来充分发挥本国生产中的规模经济,通过引入外部竞争促使本国产业提高效率,通过国际交流推动本国经济中的各项改革进程,等等。其实,在经济全球化浪潮中,对某一个国家来说,无论是引进来还是走出去,只要能够有效参与国际分工、交换、竞争和合作,大都能实现"双赢"的局面。如此看来,以上阐释的严格的产业安全概念只能作为"基准",而不能成为分析现实问题的判断标准。

二 宽泛的产业安全

与以上严格的定义相对立,我们也可以从一个非常宽泛的角度来理解产业安全的概念。外资进入固然对东道国产业构成冲击和竞争,但事物可一分为二地看待,外资进入的正面影响也不可忽视。首先,外资进入直接弥补了东道国国内资金的缺口,成为一个重要的生产要素,特别是在一些

---

① 赵世洪:《国民产业安全概念初探》,《经济改革与发展》1998 年第 3 期,第 15—18 页。
② 程恩富:《外商直接投资与民族产业安全》,《财经研究》1998 年第 8 期,第 42—44 页。

发展中国家,经济基础相对较弱,资金相对缺乏,在这种情况下引进外资显然是发展经济的一条捷径;其次,外资进入往往以实体参与的形式,合资或合作创办企业,那么这时候进入的不仅仅是资金,还有管理和技术,而这两个恰恰是多数发展中国家急需的要素,因此外资进入可能有助于带动东道国企业在管理和技术方面的软实力的提升;最后,外资进入对东道国产业和企业构成竞争压力,而这种压力必然会部分地转化为一种追求进步、提高效率的动力,即便外资竞争可能导致部分企业经营困难,甚至倒闭,但从整个经济的全局来看,这种竞争可能有助于形成一个良性的优胜劣汰机制,长期来看其正效应会越来越大。

以上分析实际上要说的是,外资进入对东道国既有负面效应,也有正面效应;既有短期效应,也有长期效应。因此其整体效应需要综合考虑这四个方面,权衡折中。特别是针对长期效应,往往依赖于事后的或未来的实际情况,当前很难作出准确评价,只能根据过去的一些经验进行大致判断。比如说,外资进入后东道国经济增长并未受到影响,甚至发展更快,则说明外资的正效应可能更大;如果相反,则说明外资的负效应可能更大。但问题是导致经济增长的因素有很多,从中分离出外资进入的单独影响并不是一件容易的事。于是,我们的判断可能要基于东道国政府对外资政策的变化,如果对外资进入持续保持容忍或鼓励的态度,则说明外资进入带来的正效应更大(即便冲击了本土产业的生存和发展),反之则反是,因为政府政策体现了东道国经济顾问的集体分析和决策意图。这样看来,许多国家(无论是发展中国家还是发达国家)都积极融入世界经济体系,长期保持开放政策,说明外资进入在大多数情况下并没有影响到东道国的产业安全,而是促进当地经济发展的一个重要因素。

这种逻辑对应着一个宽泛的产业安全概念,即外资进入只要不影响到东道国长期内的产业发展,就不会造成安全问题,也就是说,大多数情况下产业是安全的。学术界有学者针对这种情况曾做出过讨论。杨国亮(2010)提出了一种比较宽泛的产业安全概念。[①] 在他看来,不安全的状态实际上是一个动态变化的序列,其极端情形就是实体被消灭。研究产业安全问题的一种创新方法就是反其道而行之,以这种极端情形作为衡量和

---

① 杨国亮:《新时期产业安全评价指标体系构建研究》,《马克思主义研究》2010年第6期,第63—71页。

判断的基准，考察一个实体如何首先恢复到生存，然后得以发展，最终回到安全状态。他将这种恢复到生存和发展的可能性称为"可重塑性"——在面临外部冲击时，如果一个实体具有可重塑性，那么这个实体就是安全的。并且他还进一步强调，这种可重塑性是从整体和长期的角度来看的，少数个体在短期内面临严重危险并不妨碍整体在长期内的安全性。杨国亮还提出，"在一个产业中，重要企业具有控制力和竞争力，则该产业就具有可重塑性，就能够有效抵御外来冲击，从而在整体上和从长期看是安全的。这样，一个产业的安全问题实际上就归结为本国资本对该产业中重要企业的控制力和竞争力问题"。根据"可重塑性"观点，某个产业只有在不可重塑的时候才会出现安全问题，所以一般情况下都是安全的。

以上阐述对应着杨国亮的"可重塑性"观点，只不过更加极端化了。从长期来看，很难说哪个产业在未来可重塑或不可重塑，因此难以判定当前哪个产业安全或不安全。更进一步，即便是基本的经济制度也是如此，比如Cottrell和Cockshott（1993）就认为社会主义中央计划制度崩溃既不意味着在理论上不可行，也不意味着在实际上不可行，人类社会经济的发展也许最终又会回到计划经济。[①] 这其实说的就是一种制度可重塑性。企业和产业也是这样，一些企业或部分行业在受到外资冲击之后出现了亏损、倒闭或衰退，但这并不意味着在未来没有复兴的机会和能力，如果从可重塑这个角度上来定义产业安全，那么这种情况下的产业也可能是安全的。正因为此，我们说这是一种宽泛的产业安全概念。

三 一般的产业安全

以上对产业安全概念的界定对应着两种极端的观点，在严格的概念中，实现和保持产业安全的要求非常高，以至于开放经济条件下几乎所有产业都不安全，在宽泛的概念中则恰好相反，即便东道国产业受到外资进

[①] Cottrell和Cockshott（1993）提出了一个著名论断：

50多年前，人们普遍认为，大萧条显示了资本主义的历史崩溃……如果这一判断在战后时期被彻底逆转，那么将来再次逆转就不是不可能的。……以前……物质条件（计算技术）还不容许对和平年代的复杂经济进行有效的社会主义计划……苏联经济……是企图"超前"运行中央计划系统的必然结果。这里的讽刺很明显：社会主义正是在它变成真正可能的时候遭到反对。

参见Cottrell, A., and W. Cockshott. "Calculation, Complexity and Planning", *Review of Political Economy*, Vol. 5, No. 1, 1993, pp. 73 – 112；或，李陈华译：《计算、复杂性与计划：再谈社会主义核算论战》，《当代世界社会主义问题》2007年第2期，第26—53页。

入的威胁、损害甚至控制，也不一定就不安全，因为这并不意味着东道国产业未来没有重塑和复兴的机会和能力。

在我们看来，针对产业安全的这两种极端表述只能作为一种参照，而不能作为实际研究、判别和制定政策的基础，因此需要为产业安全确定一个更加一般化的概念。从产业竞争力和产业控制力的角度来理解产业安全，是当前比较普遍的观点，可称为一般意义上的产业安全。根据这种观点，产业安全主要在于开放经济条件下本国资本是否有足够的竞争力，是否能够抵御潜在的外来威胁，是否能够控制某个产业的发展。我们不主张"产业发展力说"、"产业竞争力说"与"产业控制力说"的区分，因为这些观点实际上很难分开，产业有发展力就能够逐渐获得竞争力，有竞争力就能够逐渐获得控制力。事实上，在产业安全概念问题上，学者们对这三者的区分多有重叠交叉之处。为了便于比较，我们将这些定义总结为表5-1。

表5-1　　　　　一般意义上的产业安全概念：几种典型定义

文献	定义
王允贵 （1997a， 1997b）	产业安全是指本国资本对影响国计民生的国内重要经济部门掌握控制权，包括品牌控制、技术控制和市场控制等方面。
张奋勤（1999）	产业安全是指一国产业在国际竞争中抗击外来侵害的状态或能力，其实质是如何在开放的环境中更好地保护和发展本国的产业。
于新东 （1999a， 1999b，2000）	一国产业安全与否主要看该国对产业的创始、调整和发展是否拥有相应的自主权或称控制权，相应的创始权、调整权和发展权可作为衡量产业安全与否的标准。①
赵广林 （2000）	产业安全是指某国产业在全球化背景中所面临的国际国内制度环境的安全度，以及产业的创立能力、调整能力和国际竞争能力，强调外商（尤其是跨国公司直接投资）对中国国内企业的股权控制、技术控制、成本控制、品牌控制和一体化控制。

---

① 于新东把自己的观点命名为"三权"说，祝年贵（2003）将其命名为"阶段论"。参见于新东《中国加入WTO后产业保护和产业安全研究及对策》，《学习与探索》2000年第2期，第4—12页；祝年贵：《利用外资与中国产业安全》，《财经科学》2003年第5期，第111—115页。但在我看来，于新东的观点核心仍在于产业控制力。

续表

文献	定义
杨公朴等（2000）	产业安全是指一国对国内重要产业的控制能力及该产业抵御外部威胁的能力（主要体现为产业的国际竞争力），主张在研究中把产业保护与产业安全结合起来。
何维达（2001）	产业安全问题最主要是由外商直接利用其资本、技术、信息、管理、营销等方面的优势，通过合资、直接收购等方式控制国内企业，甚至控制某些重要产业，由此而产生对国家经济安全的威胁。
夏兴园、王瑛（2001）	国家产业安全主要体现于一国产业对来自国内外不利因素具有足够的抵御和抗衡能力，其实质在于产业的竞争能力。
张碧琼（2003）	国家产业安全问题最主要是由于外商直接投资产生的，指的是外商通过合资、直接收购等方式控制国内企业，甚至控制某些重要产业，由此对国家经济构成威胁。
景玉琴（2004）	产业安全可分为宏观和中观两个层次，前者可定义为"一国制度安排能够引致较合理的市场结构及市场行为，经济保持活力，在开放竞争中本国重要产业具有竞争力，多数产业能够生存并持续发展"，后者可定义为"本国国民所控制的企业达到生存规模，具有持续发展的能力及较大的产业影响力，在开放竞争中具有一定优势。"
孙瑞华、刘广生（2006）	产业安全是指一国对其重要产业拥有自主权、控制权和发展权，特别是这些产业在国际产业竞争中具有竞争力，能够应对各种生存与发展威胁，从而保证本国现有的或潜在的产业权益免受危害的状态和能力。
周勤、余晖（2006）	采用商务部产业损害调查局王琴华局长对产业安全的界定："在开放的经济体系中，一个国家或地区的特定产业如何在国际竞争中保持独立的产业地位和产业竞争优势。"
吕政（2006）	产业安全是指在对外开放和国际竞争的条件下，国家的重要产业能够保持相对优势，在资本、技术和市场等领域，不受跨国资本的左右，从而实现本国利益的最大化。
李冬梅（2007）	产业安全是指在市场开放的条件下，一国制度安排能够引致较合理的市场结构及市场行为，经济保持活力，产业在参与国际竞争中具有竞争力，从而形成对本国产业的控制力，并能够持续发展。
邵春光（2007）	产业安全是指一国的产业保持稳定、持续和健康发展，产业的国家利益处于不受损害或威胁的状态。

产业安全的概念还可以具体化到行业层面，不同行业各有其特殊性，因此其产业安全界定也各不相同，如张志君（2002）的电视文化产业安全

概念,① 刘伟、陶树人（2005）的煤炭产业安全概念。② 本书要重点讨论的也是一种行业层面上的产业安全问题，即中国流通产业安全。还有学者在产业安全的概念中引入生态、资源、环境、能源等方面的要素，强调产业安全的可持续性特征，如易明、杨树旺、宋德勇（2007）集中于产业发展力、竞争力和控制力的可持续性，对产业安全概念做了一个重要扩展。③

根据当前国内学术界的讨论，产业安全从概念上大致可总结为以下三种表述：（1）产业安全是国家经济安全的重要组成部分，是指一国国内产业在公平的经济贸易环境下平稳、全面、协调、健康、有序地发展，使东道国产业能够依靠自身的努力，在公平的市场环境中获得发展的空间，从而保证国民经济和社会全面、稳定、协调和可持续发展；（2）产业安全是指一国在对外开放的条件下，在国际竞争的发展进程中，具有保持民族产业持续生存和发展的能力，始终保持着本国资本对本国产业主体的控制；（3）产业安全是指在国家经济交流与竞争中，本国资本对关系国计民生的重要经济部门或产业的控制，本国各个层次的经济主体在经济活动中的利益分配，以及政府产业政策在国民经济各行业中的贯彻落实情况。

综合以上讨论，我们给出产业安全的定义：产业安全是指一国产业在开放条件下保持有序竞争、健康发展，在经济、贸易和投资等各领域的国际交流中不受外国资本实际和潜在控制威胁的状态。这里有几个方面需进一步强调：（1）产业安全首先是一个开放经济问题，因此是一个相对性的概念，与其发展的绝对水平无关，或者说，如果没有外资进入，东道国产业即便非常弱小也不会有安全问题；相反，即便东道国产业发达，如果外资进入非常快、竞争力非常强以至于对某些产业形成控制力，也可能出现安全问题；（2）东道国保障本国产业安全与维护市场竞争秩序是一个矛盾统一体，前者不意味着闭关锁国，后者不意味着放任自流，保障产业安全的同时不能损害市场竞争，而是要促进市场竞争更加有序；（3）产业安全问题不仅体现在外资对东道国产业的实际控制，而且大多数情况下是一种潜在威胁，事实上，一旦外资在某个产业或行业形成控制力，再谈

---

① 张志君：《中国全面"入世"与国家电视文化产业安全》，《中国人民大学学报》2002年第1期，第21—25页。

② 刘伟、陶树人：《浅谈煤炭产业安全》，《中国矿业》2005年第4期，第17—20页。

③ 易明、杨树旺、宋德勇：《资源环境约束与产业安全评价指标体系重构》，《工业技术经济》2007年第9期，第119—122页。

产业安全问题可能为时已晚，潜在威胁是我们讨论产业安全概念、理论和政策的一个重要考虑，也是我们在产业安全定义中特别强调的与其他学者定义的不同之处。

第二节 流通产业地位

根据上一部分对产业安全的概念分析，实际的产业安全问题最终要落到行业层面。也就是说，不同的产业具有不同的特性，因此面临的安全问题也有所不同。行业特殊性是产业安全分析必须考虑的一个重要因素。流通产业也不例外，但由于"重生产、轻流通"传统观念的影响，流通产业的行业特性长期以来没有得到社会各界的正确理解。许多学者和政界人士大都集中关注到流通产业的竞争性和服务性，认为只有国防、科技、重工、制造、金融等才是推动经济增长的主体行业，而流通产业只能是一种从属产业，从而否认流通产业安全问题的存在。如果真的如此，那么本书便没有开展的必要。因此，研究中国流通产业安全首先必须回答的是，除了竞争性之外，流通产业还有哪些行业特性，商品流通在国民经济中的地位和作用又是什么？

在流通经济学界，许多学者主张并阐释了流通产业在整个国民经济发展中的基础性、先导性和战略性地位，[1] 但这些研究并没有得到社会各界和政府相关部门的充分理解和高度重视，以下我们将从这几个方面做进一步的讨论。

一 基础产业

流通产业作为基础性产业的性质可以从以下几个方面加以理解。[2] 第

---

[1] 魏杰（2004）甚至把零售业上升为支柱产业："现代零售业的概念，不是指行业，而是一个支柱产业。零售业概念的产生与整个国民经济发展水平联系在一起，自主性、自控性很强，对生产和消费有导向作用。像液晶电视，已经出来了，但不能大量面市，因为普通电视换代还没完，利润空间必须利用到最大，先把这个市场饱和。这个市场的操纵者是谁？是零售商。"参见魏杰《外资突进中国零售业死地求生》，《经营者》2004年7期，第82页。我们认为，零售业作为支柱产业的观点不易反驳，但也不易论证，因此这里不做进一步讨论。

[2] 特别值得一提的是，黄国雄（2005）概括了衡量基础产业的五个标准，即社会化、关联度、贡献率、就业比、不可替代性，并以此论证了流通产业的基础产业地位。参见黄国雄《论流通产业是基础产业》，《财贸经济》2005年第4期，第61—65页。

一,流通产业与人民日常生活息息相关,在满足人民日常生活需要的作用越来越大。在现代经济社会,没有任何人可以离开市场和商业来获取所需的生活品,没有人可以离开超市、商场、购物中心、便利店、集贸市场、菜市场等各种流通产业形态,流通领域出现的任何问题都可能直接影响人民的正常生活甚至生存。分工越细,经济越发达,流通产业就越重要,因为人们越来越多地需要从市场上购买产品,而非自给自足。中国社会消费品零售总额从1978年的1559亿元增加到2011年的18万亿元,即便按可比价格计算也翻了近28倍,详细数据参见表5-2,更直观的增长趋势如图5-1所示。

表5-2　　中国社会消费品零售总额的历史变化:1978—2011年　单位:亿元

年份	名义值	商品零售价格指数	实际值	实际增长指数	年份	名义值	商品零售价格指数	实际值	实际增长指数
1978	1559	100.0	1559	1.0	1995	23614	356.1	6631	4.3
1979	1800	102.0	1765	1.1	1996	28360	377.8	7507	4.8
1980	2140	108.1	1980	1.3	1997	31253	380.8	8207	5.3
1981	2350	110.7	2123	1.4	1998	33378	370.9	8999	5.8
1982	2570	112.8	2278	1.5	1999	35648	359.8	9908	6.4
1983	2849	114.5	2489	1.6	2000	39106	354.4	11034	7.1
1984	3376	117.7	2869	1.8	2001	43055	351.6	12246	7.9
1985	4305	128.1	3361	2.2	2002	48136	347.0	13872	8.9
1986	4950	135.8	3645	2.3	2003	52516	346.7	15148	9.7
1987	5820	145.7	3995	2.6	2004	59501	356.4	16695	10.7
1988	7440	172.7	4308	2.8	2005	67177	359.3	18697	12.0
1989	8101	203.4	3983	2.6	2006	79145	362.9	21809	14.0
1990	8300	207.7	3996	2.6	2007	93572	376.7	24840	15.9
1991	9416	213.7	4406	2.8	2008	114830	398.9	28787	18.5
1992	10994	225.2	4882	3.1	2009	132678	394.1	33666	21.6
1993	14270	254.9	5598	3.6	2010	156998	406.3	38641	24.8
1994	18623	310.2	6004	3.9	2011	183919	426.2	43153	27.7

注:实际值用商品零售价格指数进行平减。

资料来源:中经网统计数据库,以及作者整理。

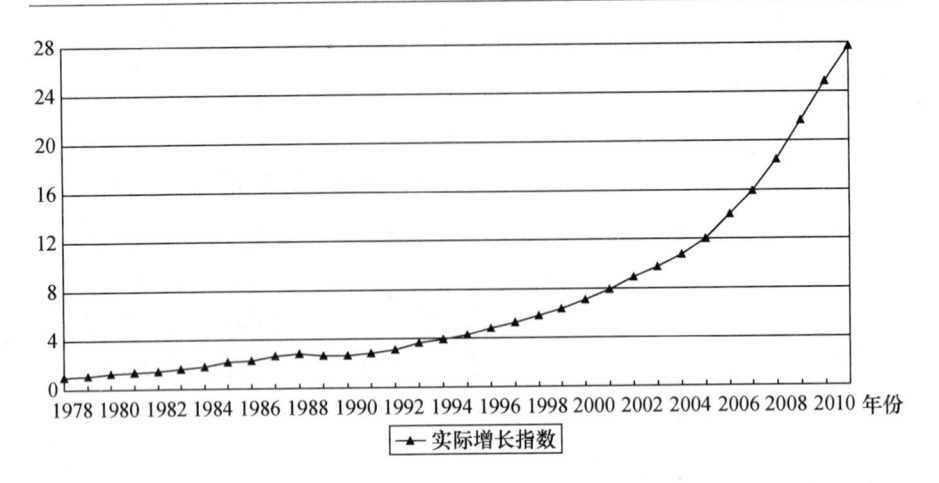

图 5-1　中国社会消费品零售总额实际增长指数：1978—2011 年

第二，流通产业对国民经济的重要性越来越高，成为创造 GDP 的一个重要部门。在改革开放之后很长一段时期，部分学者教条地理解马克思主义经典文献中的"非生产性流通活动不创造价值"观点，[①] 导致"重生产、轻流通"的观念长期盛行。流通经济学界持续多年的研究表明，流通产业为生产者提供了专业化的分销服务，为消费者提供了便利的购物地点，为社会提供了大量的就业岗位，这种"流通不创造价值"的传统观点显然是站不住脚的。以流通产业对 GDP 贡献率（即流通产业产值占 GDP 比重）为例，2011 年流通产值占 GDP 的比重达 9.18%，如果以 1978 年为基期，分别用 CPI 和 GDP 指数分别对名义流通产值和 GDP 进行折算[②]，那么这一比重将高达 36.59%，详细数据参见表 5-3。并且，在 1978—2011 年，中国流通产业的 GDP 贡献率保持上升趋势，成为推动 GDP 增长的一个重要部门，如图 5-2 所示。

[①] 马克思将流通费用分为生产性流通费用和纯粹流通费用，前者是指由商品的使用价值运动所引起的费用（如商品的保管费、运输费、包装费等），后者是指由单纯的价值形式变化所引起的各种费用，它属于非生产性费用，不创造价值和剩余价值（如买卖时间的费用、簿记的费用和货币的费用）。参见马克思《资本论》第 2 卷，人民出版社 1975 年版，第 146—170 页。

[②] 还有一种算法就是用两个指标在各个年度的名义值直接相比，但我们认为分开折算更能科学地反映这一比重的变化，毕竟两者构成以及平减指数是不同的。

表 5-3　中国流通产业对 GDP 的实际贡献：1978—2011 年

单位：亿元、%

年份	流通产值		GDP		实际贡献率	年份	流通产值		GDP		实际贡献率
	名义	实际	名义	实际			名义	实际	名义	实际	
1978	242	242	3645	3645	6.65	1995	4779	1204	60794	12104	9.95
1979	201	4063	197	3776	5.22	1996	5600	71177	1303	12881	10.11
1980	194	4546	177	3918	4.52	1997	6327	78973	1432	13077	10.95
1981	231	4892	206	4007	5.14	1998	6913	84402	1577	12960	12.17
1982	171	5323	150	3998	3.75	1999	7491	89677	1733	12795	13.55
1983	199	5963	170	4040	4.21	2000	8159	99215	1880	13055	14.40
1984	363	7208	303	4240	7.15	2001	9119	109655	2087	13323	15.66
1985	802	9016	612	4674	13.09	2002	9995	120333	2306	13403	17.20
1986	853	10275	611	4894	12.48	2003	11169	135823	2546	13750	18.52
1987	1060	12059	707	5147	13.74	2004	12454	159878	2732	14703	18.58
1988	1483	15043	834	5770	14.45	2005	13966	184937	3010	15279	19.70
1989	1536	16992	732	6263	11.68	2006	16531	216314	3510	15861	22.13
1990	1269	18668	586	6627	8.85	2007	20938	265810	4242	17072	24.85
1991	1835	21781	820	7082	11.58	2008	26182	314045	5009	18398	27.23
1992	2405	26923	1010	7662	13.18	2009	28984	340903	5585	18286	30.54
1993	2817	35334	1031	8824	11.69	2010	35746	401513	6668	19500	34.19
1994	3773	48198	1113	10644	10.46	2011	43445	472882	7689	21013	36.59

注：(1) 实际贡献率为流通产值占 GDP 的比重；(2) 流通产值即流通产业增加值；(3) 流通产业仅包括批发和零售两个典型行业；(4) 实际流通产值以 1978 年为基期用 CPI 进行平减，实际 GDP 根据 GDP 指数折算。

资料来源：中经网统计数据库，以及作者整理。

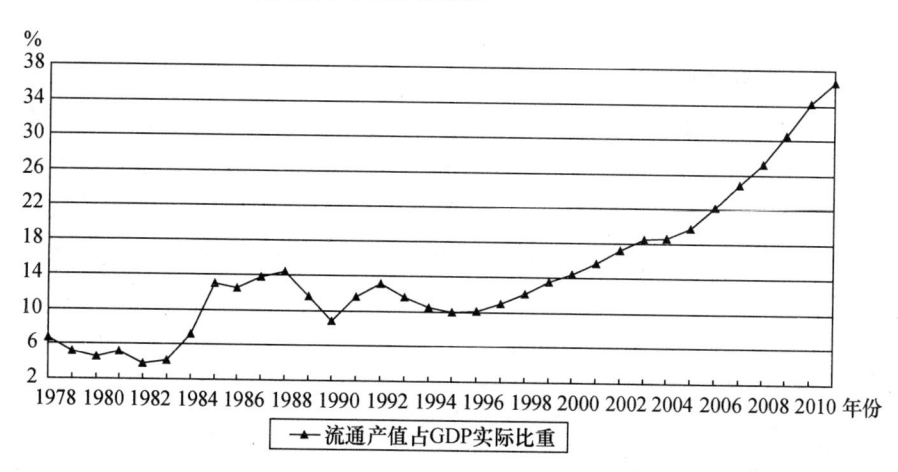

图 5-2　中国流通产业对 GDP 的实际贡献率：1978—2011 年

第三，流通产业还为社会创造了大量的就业岗位，大到一些商场、超市、购物中心，小到农贸市场、便利店、个体户小卖部，都是社会就业的重要形式。在小规模、多业态的私营企业和个体经济中，流通产业就业所占比重非常大，从2004年的38.22%增加到2011年的40.58%，其最低2007年也有37.43%，详细数据参见表5-4。表5-4还列出了流通产业创造就业的另一个方面指标，即大型流通企业在社会就业方面的作用越来越大，"限额以上批发零售贸易业从业人员数"占全国"年末从业人员数"从2004年的0.68%增加到2011年的1.18%，且呈逐年递增趋势，如图5-3所示。①

表5-4　　　　　中国流通产业的就业贡献：2004—2011年　　　单位：万人、%

年份	私营企业和个体年末从业人员数			年末从业人员数		
	全国总计	批发零售业	比重	全国总计	限额以上批发零售贸易业人员数	比重
2004	9604	3671	38.22	74264	508	0.68
2005	10725	4066	37.91	74647	520	0.70
2006	11746	4407	37.52	74978	544	0.73
2007	12749	4772	37.43	75321	605	0.80
2008	13680	5184	37.89	75564	737	0.98
2009	15192	5962	39.24	75828	749	0.99
2010	16425	6389	38.89	76105	852	1.12
2011	18299	7425	40.58	76420	901	1.18

资料来源：中经网统计数据库，以及作者整理、计算。

二　先导产业

刘国光（1999）较早地提出流通产业为先导产业的观点，认为买方市场流通产业在引导生产、促进消费、产业关联三个方面起着重要作用。② 李骏阳（2008）对中国30年流通改革所导致的流通产业先导性做了一个全面回顾。③ 在我们看来，先导产业就是那些能够引导其他相关产

---

① 我们这里只计算了典型的流通行业，即批发零售业，实际上，如果加上住宿和餐饮，流通产业的就业贡献将更加明显。
② 刘国光：《商品流通业应从末端行业升位为先导性行业》，《市场营销导刊》1999年第2期，卷首。
③ 李骏阳：《从"末端产业"到"先导产业"——我国流通改革三十年述评》，《市场营销导刊》2008年第5期，第3—10页。

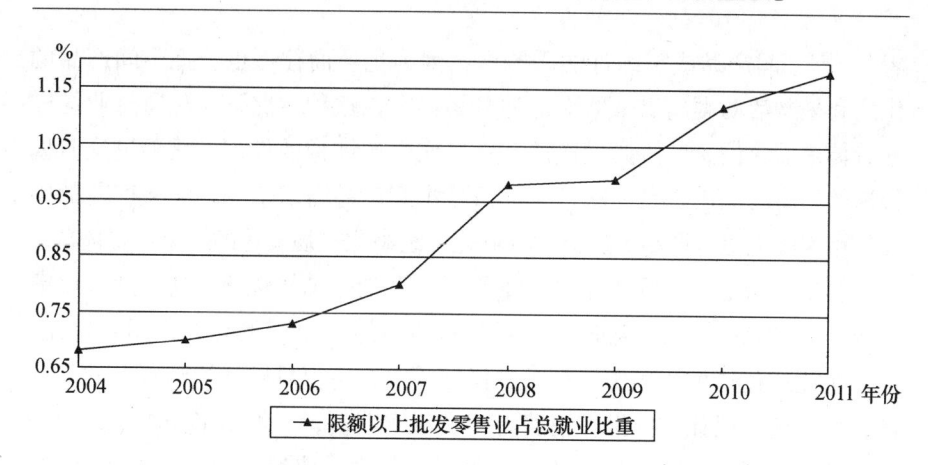

图 5-3 中国限额以上批发零售业的就业贡献：2004—2011 年

业结构调整、带动其他相关产业联动发展从而提升整个国民经济增长速度和质量的产业，这种主导性和带动性越强、范围越广，说明该产业的先导性越强。事实上，在现代高度分工的经济中，任何一个产业都不会独立存在和发展，而是与其他产业有着或紧或松的关联，只不过程度不一罢了。另外，许多产业关联还涉及一种因果逻辑关系，比如说造船行业的发展带动钢铁行业的发展，钢铁行业的发展带动铁矿石行业的发展。需要说明的是，这种传动链条是针对需求导向的经济，如果受到供给约束，那结论可能不一样。接着前面的例子，许多造船厂买不到钢铁，钢铁厂买不到铁矿石，这时的传动链条可能就正好相反了：铁矿石行业的发展带动钢铁行业的发展，钢铁行业的发展带动造船行业的发展。① 把流通产业界定为先导产业，正是基于以上对先导产业的内涵理解，具体包括以下几个方面。

第一，流通产业连接生产和消费，把消费终端的需求信息传递到生产领域，引导生产。在现代市场经济中，"以需定产"、需求决定供给已经成为一种基本的经济运行模式和企业经营模式，企业生产什么，生产多少，产品如何销售，都由市场需求决定。在这一过程中，流通产业起着关键作用，一方面把现实的和潜在的需求信息传递给生产商，从微观层面影响生产商的产品和产量决策，从宏观层面影响生产结构调整和产业发展的方向；另一方面把市场所需的产品在恰当时间、恰当地点以恰当的方式传递给终端消费者。这里的消费者还可以进一步理解为生产领域的"消费

---

① 严格地说，在供给约束下不能用"带动"，而应该用"满足"。

者"，即中间产品或零部件的采购商，因为生产商往往也会把中间产品的供应和采购活动剥离出来给专业的分销商。在这种情况下，流通企业同样起着传递需求信息、协调生产活动、优化生产结构的作用，只不过这时候传递的不是终端消费品需求信息，而是中间产品需求信息。流通产业的中介作用实际上也是商品流通活动专业化、组织化、规模化的一个重要体现。

第二，流通产业促进了消费水平提升和消费结构优化。在传递和反馈市场需求信息的同时，流通企业对消费本身也有重要的影响作用。首先，流通企业通过选址、宣传、打折、促销等方式不仅可以增加消费者的采购量，而且还可以让一些潜在消费者变成现实消费者，做出采购决策，两个方面都有助于提高整个社会的消费水平。其次，流通企业通过商品采购、品种选择货架设计、产品摆放等经营手段影响消费者的购买决策，尤其是在替代品选择决策中，流通企业的决策变得极为重要，比如上架某种品牌的牙膏、下架另一种品牌的牙膏，那么结果就会导致前者销量增加，后者销量减少。若将这一例子扩展到环保产品与非环保产品之间的替代选择，流通企业仅上架环保产品或将环保产品置于更好的货架位置，显然会增加消费者对环保产品的采购量，从而达到优化消费结构的目的。总而言之，流通企业对市场终端的消费者选择具有重要的影响作用，不仅可以提升消费水平，而且可以通过改变消费者产品选择而优化消费结构。更进一步地，优化消费结构的最终结果是优化生产领域的产业结构，促进整个社会的经济结构向更有利的方向调整。

从以上分析中不难看出，在分工经济的整个供应链中，流通产业承上启下，把下游的需求信息传递至上游，把上游的产品（最终产品或中间产品）传递至下游。在这种承上启下的作用过程中，流通企业能够有力掺入自己的经营决策和选择决策，既可以影响产品的传递，也可以影响信息的传递，从数量和结构上均起着调节生产、消费乃至整个宏观经济的作用。正是在这种意义上，我们称流通产业为整个国民经济的先导产业。

三 战略产业

理解了流通产业的基础产业和先导产业性质，便可以从整个国家战略高度来进一步讨论流通产业的地位。前面我们分别讨论流通产业在推动经济增长、促进就业、引导生产、拉动消费等方面的重要作用，现在要把这些方面综合起来分析。

第一，在现代市场经济条件下，流通竞争力已经成为国家竞争力的一个重要组成部分。国家竞争力是衡量一国投资环境和经济竞争力的主要指标。波特（Michael Porter，1990）提出了国家竞争优势的四个决定性因素，即要素条件、需求条件、相关的产业支持和企业的战略与竞争状况。① 按照波特的解释，国家竞争力的核心是产业竞争力，国与国之间的竞争总是在特定的产业范围内竞争，即国家竞争力具有产业特定性。流通产业作为联系生产与消费并引导生产和消费的中枢产业，对社会再生产的顺利进行具有不可替代的作用。如日本20世纪60年代和90年代的两次流通体系革命，美国零售业近百年来先后发生的百货店、连锁店和超市业态革命，均使本国流通竞争力大大提高，成为支撑经济复苏和刺激经济增长的重要因素。流通产业之所以对国家竞争力有重大影响，在于该产业具有很强的产业关联度，中国国家统计局1995年基于投入产出表测算了中国33个产业部门的感应度系数，② 结果显示商业的感应度系数为2.19，在全部产业中排名第二，说明流通业与其他产业的关联效应很大。

第二，随着现代经济的发展和演化，流通产业的作用必然越来越大，"流通决定生产"也越来越现实。因为生产力提高和经济增长与人类的社会分工有着密切联系，但分工必然依赖于交换的顺利进行，而交换实际上就是商品流通的核心。经济学开山鼻祖亚当·斯密（1776）的名著《国富论》开篇第一句话就是："劳动生产力上最大的增进，以及运用劳动时所表现的更大的熟练、技巧和判断力，似乎都是分工的结果。"斯密接下来用了整整三章的篇幅专门讨论分工问题：第一章"论分工"；第二章"论分工的原由"；第三章"论分工受市场范围的限制"。③ 这一思想在杨小凯（1998）、杨小凯和张永生（2000）等人那里得到了更清楚的阐释，他们把斯密的分工理论与科斯（R. Coase，1937）的交易成本理论结合起来，建立了一个所谓新兴古典分析框架，发展出许多非常具有解释力的观点。④

---

① 转引自冉净斐、文启湘《流通战略产业论》，《商业经济与管理》2004年第6期，第10—19页。
② 感应度系数是指国民经济各部门每增加一个单位最终使用时，某一部门由此而受到的需求感应程度，也就是需要该部门为其他部门生产而提供的产出量。系数大说明该部门对经济发展的需求感应程度强；反之，则表示对经济发展需求感应程度弱。
③ 亚当·斯密：《国民财富的性质和原因的研究》（上卷），郭大力、王亚南译，商务印书馆1972年版，第5—20页。
④ 杨小凯：《经济学原理》，中国社会科学出版社1998年版；杨小凯、张永生：《新兴古典经济学与超边际分析》（修订版），社会科学文献出版社2003年版；Coase, R. "The Nature of the Firm", *Economica*, Vol. 4, No. 16, 1937, pp. 386–405。

其中一个核心观点是，分工带来了专业化的好处，但由于人类固有的消费多样化偏好，分工的同时必须选择交换，从而招致交易成本，正是分工（专业化利益）与交换（交易成本）的两难冲突决定了人类社会的经济增长水平和经济组织结构的演化。更进一步地，专业化的演进最终会扩展到商品流通领域，即交易的专业化，这意味着专职商人和流通企业的出现，其职能就是专业化地降低交易成本、提高交换效率。杨小凯（1998）在其《经济学原理》一书中明确提出："这一结果意味着，生产中的分工不可能在没有交易活动的一定专业化时发生。……很多经济史书上（例如布罗代尔，1993）的记载也支持这种流通决定生产的观点。"[1] 所有这些表明，商品流通不仅自身创造财富，成为创造 GDP 的一个重要部门，而且最重要的是它为整个国民经济增长提供了动力和基础。

第三，流通产业是一个事关国家经济安全的产业。2004 年年底，中国流通产业全面对外开放，外资商业纷纷抢滩中国市场，这不仅直接冲击了中国本土流通企业，而且更重要的是外资商业有可能对中国国内的商品流通渠道形成控制局面，从而威胁到整个国民经济运行安全。从前面的基础理论分析可知，外资商业一旦在东道国形成垄断地位，便可以操纵东道国的工业，使东道国的制造业成为跨国垄断分销商的打工仔，威胁东道国的产业健康发展，影响东道国的产业结构升级和转换。所以，从这个意义上讲，流通产业又是一个关系国家安全的产业。许多拉美国家在分销领域放开后，被跨国垄断分销商控制了国家的经济命脉，造成了这些国家产业发展畸形，产业竞争力微弱，国民经济发展滞后的局面迄今难以扭转。代雨东先生早在其 2001 年所著《21 世纪中国商业主框架运行思想》一书卷首中就提出了"没有主权商业，就没有主权工业；没有主权工商业，就没有主权经济"的著名论断。[2] 法国前总理曾做出过如下评论：谁控制了法国的商业流通业，谁就控制了法国经济，谁就拥有了法国。[3] 北京物美投资集团前董事长张文中（2003）在担忧外资商业进入过快时也援引了类似的观点："……许多人并没有看到'谁掌握了流通渠道，谁就掌握了

---

[1] 杨小凯：《经济学原理》，中国社会科学出版社 1998 年版，第 262—263 页。

[2] 转引自紫石《中国商业安全忧患——访中国商业经济学会副会长代雨东》，《商业时代》2004 年第 9 期，第 19—21 页。

[3] 转引自丁建吾《要从维护国家经济安全的战略高度重视发展我国现代流通业》，http://www.sdpc.gov.cn/jjmy/ltyfz/t20050720_50655.htm。

工业命脉'这一深层次的道理。"① 事实上，流通产业安全正是本书的主题，后文中还要详细全面地讨论。

第三节 流通产业安全

以上两节分别讨论了产业安全的概念以及流通产业在整个国民经济中的地位，把这两者结合起来便可以进一步分析和确定流通产业安全的概念了。事实上，某个产业的安全与否不仅与该产业的行业特征、行业地位有关，而且还与一些社会观念、政府政策密切相关。特别地，我们要提出有关流通产业安全（也许可以扩展到一般意义上的产业安全）的趋势性观点，即产业安全往往是指一种潜在威胁，而不是一种现实状态，这是科学研究这一问题的一个重要前提。如果流通产业安全问题成为一种现实存在，外资商业已经对中国商品流通形成控制局面，这时候再来谈流通产业安全就为时已晚。许多学者对产业安全的研究已经深入到行业层面，开始从理论探讨逐步转向经验分析。然而，与其他产业不同的是，有关流通产业安全尚存在一些概念上的争论，最基本的就是流通产业是否存在安全性问题。一些学者基于流通业的竞争性、外资商业市场比重很小等方面的理由，认为中国流通产业并不存在安全问题，问题不存在，相关研究自然也就无从谈起。然而在我们看来，这种认识值得商榷。

一 行业性质与规模结构变化

从历史演化的角度看，生产是先于流通的，只有在生产行业（首先是农业、畜牧业，然后是手工业、制造业）的分工和交换发展到一定的程度，社会对交易的需求量达到一定规模的时候才会出现专职的商业和专业的流通企业，然后再进一步发展壮大，成为产业。事实上，马克思经典作家所谓"生产决定流通"的观点正是从这种意义上提出来的，生产内容决定流通内容，生产水平决定流通水平，生产结构决定流通结构。然而我们要看到的是，随着流通企业和流通产业的发展壮大，特别是整体或局部供求关系发生变化、买方市场逐步形成之后，流通对生产的反作用日益增强，甚至发展到一定阶段流通对生产开始起决定作用。并且，到了这一

---

① 张文中：《流通业：与狼难以共舞》，《IT经理世界》2003年第21期，第28页。

阶段，商品不仅决定着生产的水平、结构、效益，同时也能够通过其本身的各种营销手段影响消费者的选择，日益成为国民经济发展中的一个重要部门，对整个宏观经济健康发展起着战略性的作用。当前，人类社会的经济已经发展到了这一阶段。我们很难准确界定这一局势究竟是什么时候开始出现逆转，即从生产决定流通转变为流通决定生产，因为这一转换不可能在一夜之间完成，它必然有一个阶段性。尽管在20世纪初就出现了"营销"这个意味着买方市场的新名词和新的商业实践，但那并不意味着在整个宏观经济中发生了这种根本性转变。

　　新中国成立以后，宏观上的计划经济体制导致商业在很长一段时期是作为一个政府部门，负责生产资料、物资、农产品、工业品等的计划调配工作，因此不能算是真正意义上的商业。直到改革开放之后，商品流通领域才开始向私人部门放开，允许小商小贩的存在，也允许企业自主从事销售和商业活动，原来国营百货大楼和农村供销合作社开始转换机制，逐步向市场化方向迈进。所以，从整体上讲，中国流通产业仍然相对弱小，与石油、钢铁、汽车等行业无法媲美，这是由中国经济体制和经济发展历史决定的，但从根本上讲是由上面所讲的行业演化规律决定的，从"生产决定流通"到"流通决定生产"必然体现为一个历史时期，只有在生产发展到一定阶段，商品流通才会走向专业化、规模化、现代化。流通产业的这种滞后发展导致国内许多学者对流通产业的行业性质存在理解的偏差，他们认为流通产业是一个典型的竞争性行业，企业规模小、进入门槛低、固定投资不大、技术要求不高，等等。但是，我们应该看到，流通产业的变化速度非常快，尤其是在国民经济中的地位和作用，可以说是在飞快地转变，传统的"生产决定流通"的观点已经不适应，流通产业的竞争性值得重新思考。

　　一个典型的例子是美国《财富》杂志的500强排名。该杂志从1955年开始对美国公司进行排名，但最初40年一直只关注工业企业，而不考虑流通企业，直到1995年才开始考虑那些原来被认为不重要的零售公司。结果有点意外，在当年的前100强企业中就有18家流通企业，占前100强企业总营业额的16.5%，这其中还只包括批发零售业，而不包括像麦当劳之类的餐饮企业，沃尔玛排名第4位，仅次于通用汽车、福特汽车和埃克森石油；到2012年，美国前100强企业中流通企业增加到19家，占前100强企业总营业额比重上升至21.5%，详细情况参见表5-5。《财富》杂志对全球500强的排名也是如此,在1990年开始这一业务的时候也是不考虑流通企业的,同样也是直到1995年开始把排名扩展到一些零售公司,结果在当年的前100强企业中就有5家流通企业(仅限于批发零售业),沃尔玛、西尔斯罗巴克、凯玛特、大荣、伊藤洋华堂,分别排在第12、27、56、65、80位。

表5-5 美国前100家公司中的流通(批发零售)企业:1995年 VS 2012年

单位:百万美元

1995年			2012年		
排名	公司名称	营业额	排名	公司名称	营业额
4	Wal-Mart	83412	2	Wal-Mart	446950
9	Sears Roebuck	54559	14	McKesson	112084
15	Kmart Holding	34313	18	CVS Caremark	107750
25	Dayton Hudson	22959	21	Cardinal Health	102644
30	Target	21311	23	Kroger	90374
32	J. C. Penney	21082	24	Costco Wholesale	88915
39	American Stores	18355	29	AmerisourceBergen	80218
47	Price Costco	16481	32	Walgreen	72184
50	Supervalu	15937	35	Home Depot	70395
51	Fleming	15754	38	Target	69865
54	Safeway	15627	53	Best Buy	50272
77	Home Depot	12477	54	Lowe's	50208
78	McKesson	12428	63	Safeway	43630
82	May Dept. Stores	12223	65	Sears Holdings	41567
88	Albertson's	11895	69	Sysco	39324
93	Melville	11286	75	Supervalu	37534
98	Winn-Dixie	11082	78	CHS	36916
99	Sysco	10943	81	Ingram Micro	36329
			85	World Fuel Services	34623
占前100强总营业额比重:16.5%			占前100强总营业额比重:21.5%		

资料来源:《财富》美国企业排行榜,http://money.cnn.com/magazines/fortune/fortune500/。

为了更准确地阐明流通企业规模增大的趋势,我们以全球500强的数据为例。1996年全球500强企业平均营业规模为228亿美元,到2012年为590亿美元,而同期全球500强中流通企业平均营业规模从181亿美元增加到2012年的562亿美元。并且,流通企业规模不仅是在绝对意义上增大，而且在相对意义上也趋向于增大。把流通企业与500强总体的平均规模相比可以看出这一点，该比值1996年为0.79，2012年增加至0.95，为了避免样本重叠问题，我们在500强总体中剔除流通企业，仅保留非流通企业，结果的性质没有变化，仍然显示流通企业规模相对增大的趋势，详细数据参见表5-6，更直观的趋势如图5-4所示。

表5-6　全球500强企业中流通（批发与零售）企业规模增大：1996—2012年　　单位：家、亿美元

年份	流通企业数量	总营业额			平均企业营业额			平均企业营业额之比	
		流通	非流通	总体	流通	非流通	总体	流通/非流通	流通/总体
1996	54	9788	104087	113875	181	233	228	0.78	0.79
1997	55	10088	104262	114350	183	234	229	0.78	0.80
1998	58	11026	103509	114535	190	234	229	0.81	0.83
1999	63	12597	102038	114635	200	234	229	0.86	0.87
2000	63	14441	112519	126960	229	257	254	0.89	0.90
2001	62	15646	125004	140650	252	285	281	0.88	0.90
2002	61	16253	123847	140100	266	282	280	0.94	0.95
2003	60	17300	119990	137290	288	273	275	1.06	1.05
2004	58	18658	130167	148825	322	295	298	1.09	1.08
2005	58	20599	147381	167980	355	333	336	1.06	1.06
2006	56	21761	167534	189295	389	377	379	1.03	1.03
2007	53	23180	185825	209005	437	416	418	1.05	1.05
2008	50	24884	211301	236185	498	470	472	1.06	1.05
2009	52	26952	224803	251755	518	502	504	1.03	1.03
2010	56	27411	203439	230850	489	458	462	1.07	1.06
2011	55	28664	231766	260430	521	521	521	1.00	1.00
2012	57	32013	262872	294885	562	593	590	0.95	0.95

注：《财富》杂志在行业分类中自2009年开始增加了"网络服务及零售（Internet Services and Retailing）"，流通企业相应地增加了亚马逊（Amazon.Com）和谷歌（Google），2012年进一步增加了"批发：多元化（Wholesalers：Diversified）"，流通企业相应地增加了全球燃料服务公司（World Fuel Services）和中国航空油料集团公司（China National Aviation Fuel Group）。

资料来源：《财富》（英文）500强专栏（http：//money.cnn.com/magazines/fortune/global500/），《财富》（中文）500强专栏（http：//www.fortunechina.com/fortune500/），以及作者整理、计算。

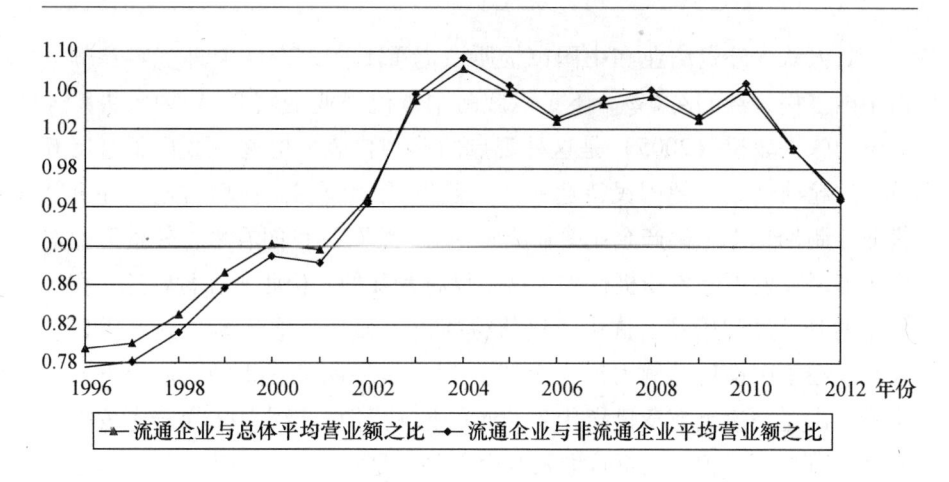

图例:
- ▲ 流通企业与总体平均营业额之比
- ● 流通企业与非流通企业平均营业额之比

图 5-4　全球 500 强企业中流通（批发与零售）企业规模相对增大：1996—2012 年

尽管以上这些数据并不足以证明流通产业已经不再是竞争性行业，但至少可以说明两点事实：（1）流通产业组织正在发生重要变化，流通企业再也不是传统观点所认为的那样"小商小贩做不大"，相对其他行业来说，其企业规模呈日益增大趋势；（2）流通产业内的企业规模差距越来越大，大的可以做到全球第一，小的包括经营面积仅几平方米的便利店。企业规模并不是行业竞争性的唯一判断标准，但如果某个行业出现了越来越多的巨型企业，而且大企业与小企业之间规模实力差别特别大，那么这意味着该行业的竞争可能是不完全的。在流通企业规模日益增大的趋势下，传统的流通产业属于竞争性行业的观点便值得怀疑。事实上，当前一些大型流通企业不仅在整个供应链中扮演着越来越重要的角色，而且还能够基于其规模实力利用选址、采购、定价、促销、通道费等各种手段有效地排挤弱小的竞争者。

二　自下而上"逆向型"开放路径

在现有的流通产业安全研究中，大多数学者关注的是外资商业在中国市场的进入、扩张以及对中国本土商业的竞争挑战等当前的实际情况，而很少关注这一过程的动态演化和历史发展趋势。然而在我们看来，历史发展趋势所暗含的潜在性是产业安全的核心概念，因为作为国家经济安全的主体内容之一，一旦产业安全成为一个现实问题，轻者损害国家经济利益，重者造成整个社会经济秩序陷入混乱，其严重性可想而知，这个时候再开始研究对策，已是亡羊补牢。

有人认为外资商业在中国市场所占比重不高，2004年外资零售额只占中国零售总额的4.6%，不足以威胁中国流通业的安全。① 内蒙古财经大学的张平教授（2005）是这种观点的典型代表，他逐一驳斥了过度开放论，超前开放、超国民待遇的"两超"论，国有商业垮台论，外资零售业控制论，中国生产企业面临威胁论。② 然而在我们看来，外资商业对中国流通业发展起着积极作用，这是毋庸置疑的，但张平在肯定这一积极作用的时候过于乐观，许多说法值得探讨。第一，他认为"外资零售企业目前在中国销售总额大约为3%"，但没有注明数据来源，从上下文中也看不出这一比重究竟代指什么。事实上，我们在后文中有关流通安全经验度量时将会谈到，指标选取及其含义并不是一目了然的事。第二，他在文中写道："至于说外资企业在中国实施的是亏损战略，那是企业行为，只要是合法经营，企业采取什么战略那是企业的事，是企业自主经营的体现。"这句话大有问题，如果真的如他所述，允许大企业通过超低定价打垮弱小的竞争对手之后垄断市场，那么《反垄断法》和国际贸易中反补贴、反倾销政策岂不是空穴来风？第三，针对外资商业抢占黄金地段的事实，他认为"零售企业门店地理位置优势可以是构成企业竞争能力的一个因素，但绝非是决定因素"。这种说法有悖常识，"选址、选址还是选址"对零售企业成功的决定性作用是业界公认的。第四，他认为"零售商只不过是零售市场的执行者，零售商对市场的影响力要取决于生产商和消费者对市场的影响力"。这显然忽视了现代零售商作为一种重要市场势力的兴起，事实上自1991年Greg Shaffer在《兰德经济学杂志》发表论文"通道补贴与转售价格维持"以来，③ 许多学者在"通道费"（slotting

---

① 参见龙永图《外资零售没有想象的那么可怕》，《当代经理人》2005年第3期，第43页。

② 张平：《不必夸大业态冲击——关于中国零售业对外开放争论的评析》，《中国外资》2005年第6期，第44—46页。

③ Shaffer, Greg, "Slotting Allowances and Resale Price Maintenance: a Comparison of Facilitating Practices", *RAND Journal of Economics*, Vol. 22, No. 1, 1991, pp. 120–135.

allowances）主题下对此做过有益探讨，[①] 美国联邦贸易委员（2001，2003）也对此进行过专项调查。[②] 国际学术界近 20 年来的理论研究以及相应的经验证据均表明，与以往时期相比，当前零售商的确在一定程度上拥有了相对市场势力，能够实际地影响生产商/供应商和消费者的决策。张平在其文章中多处强调零售商只起引导作用而非决定作用，而在我们看来，这种传统的生产决定流通逻辑自 20 世纪 80 年代已经开始转变，如果没有在理论上，至少是在实践上，如前文所述，流通业在整个宏观经济运行中的作用越来越重要，流通决定生产的格局正在形成。

从以上讨论中可以看出，否认中国流通产业存在安全问题的学者大都基于当前情况，而没有考虑到历史趋势，但我们认为在讨论产业安全问题时历史变化趋势更加重要。比如，外资商业在中国市场所占比重很多年以来一直保持基本不变或趋于下降，那么即便当前比重很高（比如说 10% 或更高），也不一定意味着一种安全威胁；如果情况相反，虽然这一比重在当前不高（比如说 5% 或更低），但从历史来看一直处上升趋势，甚至逐年加快，这便值得警惕和注意了。流通产业安全的潜伏性特征决定了历史趋势在分析该问题时的关键作用，就像金融安全一样，事先就必须有严格的防范措施，一旦潜在问题暴露，危机爆发，一些临时举措是难以奏效的。改革开放以来，中国经济能够在多次全球经济危机或金融危机中免遭重创，与中国政府在经济安全方面以预防为主、加强防范的方针政策有很大关系。

[①] 例如：Sudhir, K., and Vithala R. Rao, "Do Slotting Allowances Enhance Efficiency or Hinder Competition?" *Journal of Marketing Research*, Vol. 43, No. 2, 2006, pp. 137 – 155; Wang Hao, "Slotting allowances and retailer market power", *Journal of Economic Studies*, Vol. 33, No. 1, 2006, pp. 68 – 77; Foros, oystein, and Hans Jarle Kind, "Do Slotting Allowances Harm Retail Competition?" *Scandinavian Journal of Economics*, Vol. 110, No. 2, 2008, pp. 367 – 384; Marx, Leslie M., and Greg Shaffer, "Up – front Payments and Exclusion in Downstream Markets". *RAND Journal of Economics*, Vol. 38, No. 3, 2008, pp. 823 – 43; Marx, Leslie M., and Greg Shaffer, "Slotting Allowances and Scarce Shelf Space", *Journal of Economics & Management Strategy*, Vol. 19, No. 3, 2010, pp. 575 – 603; Innes, Robert, and Stephen F. Hamilton, "Vertical Restraints and Horizontal Control", *The RAND Journal of Economics*, Vol. 40, No. 11, 2009, pp. 120 – 143。

[②] FTC, *Report on the Federal Trade Commission Workshop on Slotting Allowances and Other Marketing Practices in the Grocery Industry*, Washington, D. C.：U. S. Government Printing Office, 2001; FTC, *Slotting Allowances in the Retail Grocery Industry：Selected Case Studies in the Product Categories*, November. Washington, D. C.：U. S. Government Printing Office, 2003.

为了显示外资商业在中国扩张的历史趋势，我们选择了签订利用外资协议项目数、吸收外商直接投资以及外商投资企业年底登记户数、年末投资总额、年末注册资本以及年末外方注册资本6项指标进行分析，并在每项指标上对批发零售业和全国总体进行了比较，发现在1996—2011年，批发零售业签订利用外资协议项目数所占比重从6.22%上升至26.19%，吸收外商直接投资从（1997年的）3.09%上升至7.24%，外商投资企业年底登记户数从5.94%上升至16.39%，年末投资总额从3.59%上升至4.33%，年末注册资本从3.96%上升至4.34%，年末外方注册资本从4.14%上升至4.71%，各项指标均有一定幅度的增长，详细数据参见表5-7、表5-8。

表5-7　　中国引进外资情况：总体与批发零售业：1996—2011年

单位：个、户、亿美元

年份	签订利用外资协议项目数		吸收外商直接投资		外商投资企业							
					年底登记户数		年末投资总额		年末注册资本		年末外方注册资本	
	总体	批发零售业	总体	批发零售业	总体	批发零售业	总体	批发零售业	总体	批发零售业	总体	批发零售业
1996	24673	1534	417	—	240447	14271	7153	257	4415	175	2898	120
1997	21138	1198	453	14	235681	14649	7535	271	4598	184	3030	125
1998	19850	1184	455	12	227807	14315	7742	259	4673	175	3137	123
1999	17022	825	403	10	212436	13064	7786	247	4635	164	3167	115
2000	22347	852	407	9	203208	12275	8247	253	4840	163	3372	117
2001	26140	1232	469	12	202306	12249	8750	246	5058	156	3597	113
2002	34171	1716	527	9	208056	12431	9819	263	5521	161	4020	117
2003	41081	2207	535	11	226373	13578	11174	286	6226	177	4658	132
2004	43664	1700	606	7	242284	10214	13112	233	7285	138	5580	106
2005	44001	2602	603	10	353030	12084	14640	285	8120	167	6319	131
2006	41473	4664	630	18	376711	15786	17076	378	9465	223	7406	181
2007	37871	6338	748	27	406442	19968	21088	524	11554	297	9211	245
2008	27514	5854	924	44	434937	50358	23241	740	13006	430	10389	363
2009	23435	5100	900	54	434248	56388	25000	837	14035	493	11369	426
2010	27406	6786	1057	66	445244	64291	27059	1032	15738	604	12590	525
2011	27712	7259	1160	84	446487	73163	29931	1295	17294	750	13810	650

资料来源：中经网统计数据库。

表 5-8　中国批发零售业引进外资占总体比重：1996—2011 年　　单位：%

年份	签订利用外资协议项目数	吸收外商直接投资	外商投资企业			
			年底登记户数	年末投资总额	年末注册资本	年末外方注册资本
1996	6.22	—	5.94	3.59	3.96	4.14
1997	5.67	3.09	6.22	3.60	4.00	4.12
1998	5.96	2.60	6.28	3.35	3.75	3.91
1999	4.85	2.39	6.15	3.18	3.53	3.63
2000	3.81	2.11	6.04	3.07	3.36	3.48
2001	4.71	2.49	6.05	2.81	3.08	3.14
2002	5.02	1.77	5.97	2.68	2.92	2.91
2003	5.37	2.09	6.00	2.56	2.84	2.82
2004	3.89	1.22	4.22	1.78	1.89	1.90
2005	5.91	1.72	3.42	1.95	2.06	2.07
2006	11.25	2.84	4.19	2.21	2.36	2.44
2007	16.74	3.58	4.91	2.48	2.57	2.66
2008	21.28	4.80	11.58	3.18	3.31	3.49
2009	21.76	5.99	12.99	3.35	3.51	3.75
2010	24.76	6.24	14.44	3.81	3.84	4.17
2011	26.19	7.24	16.39	4.33	4.34	4.71

资料来源：作者根据表 5-7 计算。

从以上数据可以看出，批发零售业引进外资不仅在绝对量上大幅增长，而且自 2004 年流通业全面开放之后，在全国引进外资总量中所占比重也呈明显增长趋势。我们认为，绝对量上的增长并不一定能说明问题，因为随着中国对外从局部开放到全面开放的推进，各个行业引进外资的数量必然都趋于增加，但相对量的增长更具有说明意义，因为占总体比重的增长足以说明流通业逐渐成为外资进入的主要领域。为了更直观地显示这种趋势，我们把 1996—2011 年间进入中国流通业的外资占总体比重的情况描述为图 5-5。

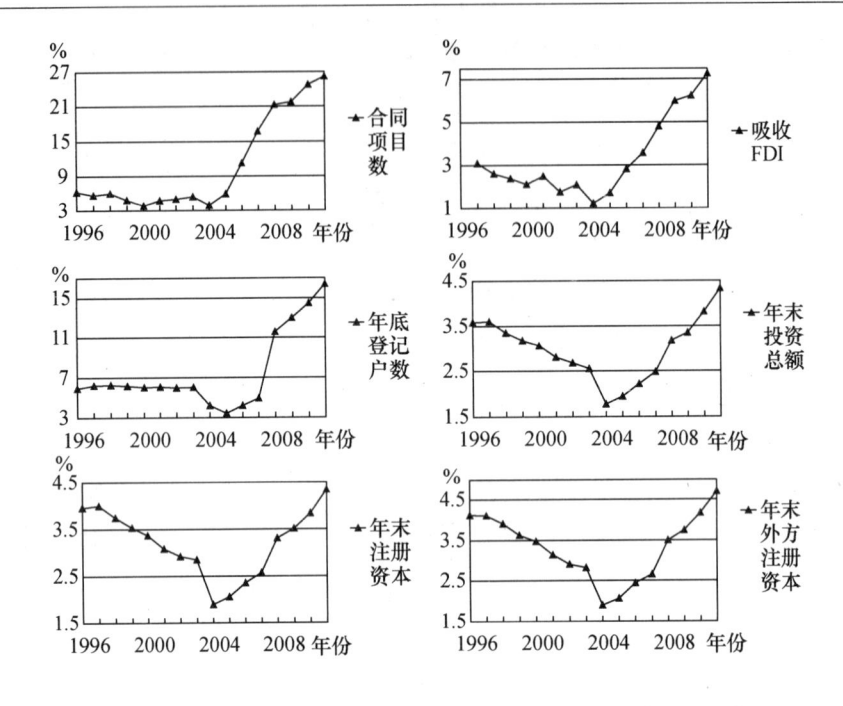

图 5-5　中国批发零售业引进外资占总体比重：1996—2011 年

从图 5-5 中可以发现一个有趣的现象，进入流通业的外资在 1996—2004 年受到极大抑制，从比重上看呈明显下降趋势，而到 2004 年之后持续攀升。这一方面说明 20 世纪 90 年代后期至 21 世纪初中央治理整顿地方政府违规审批外资商业项目的显著成效，这一点前面已详细分析，不再赘述；① 另一方面这也说明在流通业全面开放之后，外资进入速度加快，即便是相对量指标也很快就超过了 20 世纪 90 年代的水平，并呈持续上升趋势。这种趋势正是我们需要关注和警惕的，也是提出流通产业安全问题的一个重要背景。

我们还可以进一步就外资进入情况在流通业与其他行业之间进行横向对比，以外商直接投资为例来说明外资商业进入中国的行业选择变化。在 2004—2012 年，外商直接投资最多的是制造业和房地产业，但其他行业

---

① 不排除"上有政策，下有对策"的情况，部分违规审批的外资项目在中央清理整顿时期（2004 年以前）实际上仍在经营，地方只不过是在统计数据上做文章。但我们认为这只是少部分情况，从前一部分的政策文件追溯中可以看出，中央对违规外资商业项目的整顿还是卓有成效的，因此小部分统计造假不会影响整个趋势的真实性。

吸收 FDI 的情况变化较大，批发零售业最为典型，从 2004 年的第 10 位上升到 2012 年的第 3 位（实际上在 2011 年就排第 3 位了），详细排位参见表 5-9。这一排序变化意味着一种相对意义上的增长，即在全面开放之后，中国流通业相对其他行业来说对 FDI 的吸引力越来越大，这与图 5-5 中所描述的趋势是一样的。

表 5-9 　　　外商直接投资进入中国的行业选择：2004—2011 年

排序 年份	1	2	3	4	5	6	7	8	9	10
2004	制造	地产	租赁商务	交通仓储邮政	水电燃气	农林牧渔	信息软件	住宿餐饮	建筑	批发零售
2005	制造	地产	租赁商务	交通仓储邮政	水电燃气	批发零售	信息软件	农林牧渔	住宿餐饮	建筑
2006	制造	地产	金融	租赁商务	交通仓储邮政	批发零售	水电燃气	信息软件	住宿餐饮	建筑
2007	制造	地产	租赁商务	批发零售	交通仓储邮政	信息软件	水电燃气	住宿餐饮	农林牧渔	科技
2008	制造	地产	租赁商务	批发零售	交通仓储邮政	信息软件	水电燃气	科技	农林牧渔	建筑
2009	制造	地产	租赁商务	批发零售	交通仓储邮政	信息软件	水电燃气	科技	其他服务	农林牧渔
2010	制造	地产	租赁商务	批发零售	信息软件	交通仓储邮政	水电燃气	其他服务	科技	农林牧渔
2011	制造	地产	批发零售	租赁商务	交通仓储邮政	信息软件	科技	水电燃气	农林牧渔	金融
2012	制造	地产	批发零售	租赁商务	交通仓储邮政	信息软件	科技	金融	农林牧渔	水电燃气

注：（1）行业划分根据中经网统计数据库默认的标准，共有 19 个行业，表中只列出了外资进入的前 10 大行业；（2）表中排序根据各个行业"外商直接投资实际利用外资金额"；（3）由于页面宽度限制，我们缩写了行业名称。

资料来源：中经网统计数据库，以及作者整理。

正是由于这种历史趋势的变化，在分析流通产业安全时我们特别强调要超出正常时期，前瞻性地认识到非常时期可能出现的潜在威胁。正常情况下，只要整个市场结构不是垄断性的，不论外资商业还是民族商业，其内部充分竞争，个别企业无法利用市场势力有意操纵进销价格，那么外资商业比重大小不会对中国的生产者和消费者产生实际影响，因为企业目的在于盈利，没有激励偏离正常的理性行为路径。① 但如果是在非常时期（如冰灾、地震、瘟疫、战争或经济大萧条等），政府要全方位快速调配社会资源的时候，情况就完全不一样了。这需要得到流通企业的大力配合，特别是一些大型的零售商和批发商，各自拥有一整套高效率的配送系统，对政府非常时期的决策执行效果有着举足轻重的战略作用。此时外资商业的目的仍然是盈利，其决策中不会融入国家、民族、同胞等情感因素，它们可能借口请示总部、WTO规则、讨价还价、例行程序等来抵制政府的紧急调配行动，甚至还可能凭借其强大的市场势力故意操纵市场、扰乱秩序、乱中取利。② 因此，在分析流通产业安全问题时，我们不能只局限于外资商业在中国市场上的现状，而应该更多地关注其历史发展趋势，充分考虑非常时期可能发生的变化。

三　非均衡的地理布局

流通企业与生产企业在性质上有一个明显差异，前者主要从事专业化交易，后者主要从事专业化生产，这种差异导致了流通企业特殊的规模扩张模式——分店扩张③，这种规模扩张模式导致地理布局成为流通业有别于其他行业的又一个重要特性，从而导致流通产业安全相对于其他产业安全在概念理解上必须增加一项新的内容——地理分布上的非均衡特征。

流通产业作为保障人民日常生活补给的一线产业，其安全往往是地区性的，甚至针对某一个城市。整个国家的宏观数据显示外资商业所占比重不高，并不意味着外资商业没有构成产业威胁，因为外资商业在中国的地理布局上具有明显非均衡特征。大多数外资商业集中在北京、上海、广州、大连、深圳等沿海发达地区和大中型城市，中西部地区和中小城市外

---

① 在一些特殊的情况下，我们也不排除外资企业的行为可能带着其母国政府的政治意图，但这一点分析起来不是很方便。

② 当然，这只是一种"可能"。我们并不否定许多外资商业对中国各项社会事业的积极贡献，也不排除他们实际上或多或少地促进了中国市场的稳定和繁荣。因此，我们始终强调，流通产业安全问题更多的是指一种潜在的威胁，而不是指一种实际的状态。

③ 李陈华、文启湘：《流通企业的（规模）边界》，《财贸经济》2004年第2期，第43—48页；李陈华：《流通企业规模效率研究》，经济科学出版社2010年版；李陈华：《零售企业的连锁复制——来自沃尔玛1971—2008的经验证据》，《经济科学》2009年第4期，第118—128页。

资商业比重偏低大大拉低了总体比重。从全国来看，2011年限额以上批发零售业"主营业务收入"中外资商业（含港澳台商）所占比重为12.66%，但这只是一个总体比重，实际上许多地区的外资商业已经大大超过这一平均值，比如，最高上海达33.73%，其次北京22.33%、重庆14.25%、广东14.13%，最低山西只有0.31%，各地区外资商业比重详细数据参见表5-10。也许有人会认为，经济越发达的地区，外资商业所占比重自然倾向于越高，但实际上可能不是这样。为说明这一点，我们在表5-10中进一步给出各地区GDP排序和人均GDP排序，这两项指标可大致反映地区经济的相对发达程度，然后再分别将其与外资商业比重排序结合起来比较，结果显示：外资商业比重排序与GDP排序、人均GDP排序之间的相关系数分别为0.2976和0.4976。这大致说明外资商业布局与各地经济发达程度之间有一定的相关性，但相关程度很弱，也就是说，并非经济越发达外资商业所占比重就越高。

表5-10　各地限额以上批发零售业主营业务收入中外资所占比重：2011年

单位：亿元、%

地区	行业加总	外资	外资比重	GDP	GDP排序	人均GDP	人均GDP排序
全国	320929	40618	12.66	472882		35181	
上海	33175	11191	33.73	19196	11	82560	2
北京	38407	8575	22.33	16252	13	81658	3
重庆	6878	980	14.25	10011	23	34500	12
广东	35380	4999	14.13	53210	1	50807	7
江苏	29228	3532	12.08	49110	2	62290	4
福建	10103	1104	10.93	17560	12	47377	9
吉林	2522	258	10.23	10569	22	38460	11
天津	16234	1368	8.43	11307	20	85213	1
陕西	5030	415	8.25	12512	17	33464	15
青海	596	37	6.21	1670	30	29522	21
四川	7119	406	5.70	21027	8	26133	25
湖北	8849	392	4.43	19632	10	34197	13
海南	1434	60	4.18	2523	28	28898	22
云南	4881	172	3.52	8893	24	19265	30

续表

地区	行业加总	外资	外资比重	GDP	GDP排序	人均GDP	人均GDP排序
山东	19057	648	3.40	45362	3	47335	10
湖南	4740	132	2.78	19670	9	29880	20
江西	2256	58	2.57	11703	19	26150	24
辽宁	15755	403	2.56	22227	7	50760	8
河南	483444	12336	2.55	26931	5	28661	23
安徽	5801	135	2.33	15301	14	25659	26
贵州	1808	42	2.32	5702	26	16413	31
浙江	26914	584	2.17	32319	4	59249	5
广西	3020	64	2.12	11721	18	25326	27
黑龙江	4115	81	1.97	12582	16	32819	17
新疆	4681	59	1.26	6610	25	30087	19
河北	6971	56	0.80	24516	6	33969	14
内蒙古	3435	21	0.61	14360	15	57974	6
宁夏	700	4	0.57	2102	29	33043	16
甘肃	2576	11	0.43	5020	27	19595	29
西藏	104	0.36	0.35	606	31	20077	28
山西	7181	22	0.31	11238	21	31357	18

注：河南省数据为批发零售业从业人员中外资商业所占比重，外资包括港、澳、台和外商投资企业。限额以上批发和零售业统计单位是指批发业，年主营业务收入 2000 万元及以上；零售业，年主营业务收入 500 万元及以上。

资料来源：中经网统计数据库，全国及各省、自治区、直辖市统计年鉴。

更进一步地，即便在各个地区内部，外资商业地理布局也是不平衡的，比如发达地区的浙江省，批发零售业主营业务收入中外资商业所占比重不高，只有 2.17%，但进一步分析发现，外资商业主营业业务收入全省为 584 亿元，而杭州市就有 494 亿元。也就是说，浙江省外资商业约有 84.61% 都集中在杭州市，结果是杭州市的外资商业比重升至 4.49%，比全省平均水平高出一倍多。再比如西部地区的陕西省，全省限额以上批发零售企业销售额为 5030 亿元，外资商业 415 亿元，占 8.25%，但这些外资商业几乎全部集中在西安市（占全省的 98.79%），从而导致西安市的外资商业比重上升为 15.33%，远远高于陕西省的平均水平。

因此，在考察中国流通产业安全时，还必须结合地理布局方面的特征，外资商业对中国市场的控制力首先必然体现为对某个区域市场的控制力，在全国比重不高并不意味着在个别省份所占比重不高，在某个省比重不高并不意味着在个别城市（尤其是大型省会城市）所占比重不高。外资商业在中国的地区非均衡分布，是我们在分析中国流通产业安全问题时必须考虑的一个重要方面。

四 概念界定

综合以上分析，我们现在可以给出流通产业安全的概念界定。流通产业安全是指一国流通业在开放条件下保持有序竞争、健康发展，在总体和地域上均不受外国资本潜在控制威胁的状态。这里有三点需进一步说明：（1）流通安全是一个开放性问题，直接体现于本土商业与外资商业的竞争比较，因此是一个相对性的概念，与其发展的绝对水平无关，或者说，如果没有外资进入，本土流通业即便非常弱小也不会有安全问题；相反，即便本土流通业发达，如果外资商业进入非常快、实力非常强，也可能出现安全问题；（2）流通安全是一个政策性问题，与东道国政府的外资管理政策直接相关，闭关锁国不会出现安全问题，因此流通安全尽管从长期来看依赖于企业竞争力的比较，但在相对短的时期内是可以通过政策调控的；（3）流通安全是一个地域性问题，大国流通业很少出现整体上受外资控制的局面，即便出现这一局面，此前也必然体现为外资商业在局部地区的流通控制，这实际上反映了各地区在经济、社会、人口、环境、区位、交通、政策等多个方面的非均衡性导致外资商业空间布局的非均衡性，从而容易形成局部控制力；（4）流通安全是一个前瞻性问题，往往是指一种潜在威胁而不是现实状态，如果这种潜在威胁变成一种现实危害或实际障碍，那么整个国民经济和人民生活势必受到影响，因此从研究的角度一定要把流通安全看成一个前瞻性问题，从历史趋势上集中分析流通业面临的潜在威胁，这样才有可能最终确定科学实用的预警机制。

第六章　中国流通产业安全度测算

经验度量是讨论产业安全问题无法回避的环节，因为所有人感兴趣的最终都是什么情况下安全或不安全？当前安全或不安全？因此必须对产业安全状况进行评估。这种经验估计还有一个作用就是有助于从理论观点中得到实际的政策含义，用数据说话得出的结论更加具有说服力。本章将首先从方法论角度讨论经济分析中的经验方法，提出测算中国流通产业安全度的指标设计原则，然后设定指标体系，基于数据对各项指标进行测算，设定分值计算标准并赋权，汇总测算中国流通产业安全度，最后是简要地分析讨论。特别地，我们要在计算中对一些相关指标进行趋势调整和结构调整，以反映外资商业在中国市场的历史发展趋势和地理布局非均衡性对中国流通产业安全的影响。

第一节　经验方法

一　方法论中的经验方法

对于任何一个学科，方法论都是一个非常沉闷的话题，经济学也是如此，我们在这里冒险涉入，纯粹是为了分析上的完整而不得不做的一种尝试。在标准的新古典经济学中，经济学的研究核心在于资源配置，即如何利用稀缺资源最大限度地满足人类需要，或者说如何把稀缺资源合理配置到各种可供选择的用途，这就是根据罗宾斯（Lionel C. Robbins, 1932）的经济学定义[①]，在国际主流经济学界沿用至今。在马克思主义经济学中，经济学的研究对象是生产关系问题，即人们在物质资料生产过程中所

---

① 罗宾斯（Lionel C. Robbins）：《经济科学的性质和意义》，朱泱译，商务印书馆2000年版。

结成的社会关系。事实上，生产关系在根本上属于一种经济制度，而且是最重要的经济制度。在这种意义上，马克思应该是最早的，也是最伟大的制度经济学家了。在新制度经济学看来，资源配置并不是经济学研究的唯一核心问题，制度安排甚至更为重要。随着新制度经济学的发展及其对经济现象解释力的迅速提升，制度成为经济学的又一个重要研究对象。越来越多的经济学家接纳了这样的观点，即制度决定人的行为选择，制度决定了经济增长和社会发展，因此经济学不能不研究制度，这就是20世纪70年代以来以新制度经济学、企业理论、博弈论和信息经济学等为主体的所谓"经济学革命"所得出的主要结论。然而，我们还注意到，在20世纪80年代兴起了一个新的经济学流派，被称为新兴古典经济学，以罗森（S. Rosen）、贝克尔（G. Becker）、杨小凯、博兰（J. Borland）、黄有光等为主要代表。[①] 新兴古典经济学在新制度经济学基础上更进一步，从分析框架上对新古典经济学提出严肃批评，认为把稀缺资源的合理配置作为经济学研究的核心完全是误导，因为在资源配置之前还有更重要的事情，那就是降低资源的稀缺性。并且，人类社会一直就是这么做的，首先通过分工、专业化提高劳动生产率，然后再在给定分工结构和生产能力的基础上进行优化配置，相应的经济分析也分为两个步骤，首先是针对专业（职业）选择的超边际分析，然后才是针对资源配置的边际分析。新兴古典经济学分析框架、概念逻辑和理论主张均更加具有解释力，只不过发展时间相对较短，还没有被国际学术界普遍接受，但我们认为这一学派的发展潜力非常大，有最终取代新古典学派之势。

杨小凯（1998）在《经济学原理》以及杨小凯和张永生（2003）在《新兴古典经济学与超边际分析（修订版）》中均专门讨论了经济学的科学方法，他们认为经济分析有四个层次。[②] 第一层次是决策环境，第二层次是决策行为，第三层次是均衡分析，这三个层次均被称为实证分析（positive analysis），只回答"是什么"的问题。第四层次是规范分析（normative analysis），涉及价值判断，因此又称为福利分析（welfare analysis）。实证分析又可分为经验性实证分析（empirical analysis）和理论性实

[①] 参见杨小凯、张永生《新兴古典经济学与超边际分析》（修订版），社会科学文献出版社2003年版。

[②] 杨小凯：《经济学原理》，中国社会科学出版社1998年版；杨小凯、张永生：《新兴古典经济学与超边际分析》（修订版），社会科学文献出版社2003年版。

证分析（theoretical analysis），前者是指用经验观测检验假说的真伪，后者是指用思想实验制造假说。理论研究又进一步分为纯理论分析和应用理论分析，前者是指证明一些没有直接用处的定理，后者是指应用纯理论解释经济现象并形成假说。还有一类就是所谓的纯应用研究，即就政府、企业和社会等层面的问题展开针对性研究，提出解决方案，也就是我们所说的对策研究。根据以上研究方法的讨论，我们区分出经济研究的几种类型，如图6－1所示。

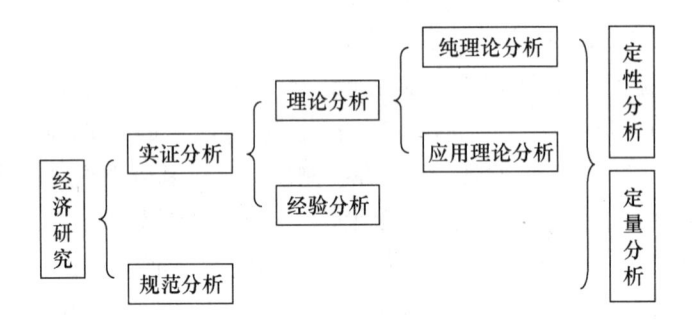

图6－1　经济分析的类型

在国内学术界，许多学者喜欢使用"实证分析"一词，而从其内容上来看似乎又不是这层意思。可能在许多人看来经济研究主要分为"实证"和"理论"两大类，前者涉及数学模型、计量检验和统计分析等方法，后者主要是指没有数理统计的纯文字推理。从以上讨论中可知，这种分类可能不妥，实际上这不是实证与理论的区分，而是定量与定性的区分。在中国期刊网全文数据库经济与管理学科中用"实证分析"或"实证研究"进行篇名检索，结果有52709条文献记录，其中CSSCI源刊上有20896篇，占39.64%；用"经验分析"或"经验研究"进行篇名检索，结果只有2932条文献记录，其中CSSCI源刊上有1250篇，占42.63%。其实，除非是专门的方法论文献，否则绝大多数情况下这些文献的英文标题中使用的都是"empirical"而不是"positive"或"positivism"，而这些论文内容基本上都是数理、计量、统计及政策方面的经验分析。也就是说，国内许多学者并没有在"实证"与"经验"之间进行严格区分，但就当前情况来看，这种用法并不一定就造成误解，在许多人看来，"实证"指的就是"经验"所指的那些内容。事实上，数理、计量和统计等方面的数学方法可以用于实证分析，也可以用于规范分析。因此，我们认为，除了在方法论意义上的讨论或不涉及任何价值判断的分析，最好不要使用"实证"，数学推导或计量统计并不是实证分析的标志。

在这一章，我们所进行的就是一项经验分析，要回答的问题主要是如何用数据来度量中国流通产业安全的情况，即中国流通产业安全度。由于产业安全本身不是一个纯理论性的研究主题，其主要涉及政策应用，因此这里所说的经验分析并不是针对某个纯理论问题加以验证，而是针对某种经济主张构建分析逻辑并加以评判，并用数据进行检验，得出政策含义，也就是所谓的用数据说话。

二 流通产业安全的经验问题

流通产业安全是一个开放经济中的问题，其实质在于中外商业的相对比较，而不在于某一方的绝对力量。即便本土商业非常弱小，如果没有外资商业的进入也就不会有所谓的流通安全之说，反过来，即便本土商业非常强大，如果外资商业更加强大，也有可能引发流通安全问题。显然，流通安全最终必然成为一个经验问题，所谓"用数据说话"。但数据本身显然是不会说话的，因此关键在于研究者对数据的使用方式以及对数据分析结论的判别：究竟在什么情况下，或者说什么样的经验分析结果才意味着中国流通产业安全或不安全。

如前文所述，学术界针对流通产业安全存在许多误解，甚至否认这一问题的存在，这类学者也使用了大量的经验数据，但他们在用数据说话时明显采用了不当的经验方法。比如，一些学者基于外资商业在中国所占市场比重不高（约5%），不足以引发产业安全问题。[①] 但在我们看来，市场比重是一个含混不清的指标，其度量标准很多，他们所谓的市场比重不高显然是基于社会消费品零售总额，但如果是基于限额以上零售企业销售总额，结果则完全不同。根据第一种方法计算，外资商业所占比重2006年为3.12%，2011年上升至5.23%；根据第二种方法计算，外资商业所占比重2006年为11.01%，2011年上升至13.39%。详细数据参见表6－1。

---

① 参见龙永图《外资零售没有想象的那么可怕》，《当代经理人》2005年第3期，第43页；张平：《不必夸大业态冲击——关于中国零售业对外开放争论的评析》，《中国外资》2005年第6期，第44—46页。

表6-1 两种不同的外资商业比重计算方法 单位：亿元、%

年份	(1) 社会消费品零售总额	(2) 限额以上零售企业销售总额	限额以上外资零售企业销售总额			外资商业比重	
			港澳台商	外商	(3)加总	100×(3)/(1)	100×(3)/(2)
2006	79145	22461	714	1759	2473	3.12	11.01
2007	93572	27121	1046	2202	3248	3.47	11.98
2008	114830	37970	1678	3356	5034	4.38	13.26
2009	132678	43332	2247	3609	5856	4.41	13.51
2010	156998	57515	2987	4544	7531	4.80	13.09
2011	183919	71825	4123	5497	9620	5.23	13.39

注：计算比重最恰当的指标是"零售额"而不是"销售额"，因为批发企业有少部分零售业务，零售企业也有少部分批发业务，但自2009年以来中国统计年鉴中并未加以详细区分，数据不可得。

资料来源：中经网统计数据库，中国统计年鉴。

表6-1中两种计算有着不同的含义，前一指标更适于说明外资商业对中国消费者福利的潜在影响，后一指标更适于说明外资商业对民族商业的冲击和竞争，因为社会消费品零售总额中很大部分来自限额以下单位（如个体户、小企业、集贸市场等），而它们不可能与外资商业同层次竞争。这只是一个例子，其实影响中国流通产业的因素还有很多，当前比较流行的方式是构建指标体系，测算出一个确切的安全度数值，并基于某个标准判别中国流通产业的安全状态。然而这种经验方法存在诸多值得商榷之处，特别是在指标归类、赋权和最终判别标准上存在主观臆断问题（后文将进一步讨论）。

我们认为，即便基于客观的数据来源，要判别中国流通产业究竟是安全还是不安全，并不是一件容易的事。现有文献测算出的实际上是一种"基数安全度"，而这一数值本身其实并不能对应着实际的经济含义。因此，本书主张用"序数安全度"的方法，即避开安全或不安全这一定性判断，而通过各个时期经验结果的比较来讨论中国流通产业安全状况的相对变化，从而避免了"基数安全度"方法中的主观性问题。这里类似于消费者行为理论中从"基数效用论"到"序数效用论"的演化，因为商品的效用无法度量，只能排序。接下来我们将详细提出"序数安全度"，包括指标选取原则、指标计算调整和汇总方法，这一新的经验方法不仅适用于当前主题，实际上对基于指标体系的其他经验研究也同样适用。

第二节 流通产业的"序数安全度"

一 现有的"基数安全度"测算

所谓"基数安全度",实际上就是根据数据和指标体系测算出一个具体的安全度数值,然后根据某个标准来判别产业安全的状况,这是现有文献普遍采用的方法,也就是所谓的指标体系度量方法。本书的这种划分类似于消费者行为理论中的"基数效用论"与"序数效用论"(效用不能度量,只能排序)。以下首先介绍现有文献针对中国流通产业安全的"基数安全度"测算,然后在后一部分提出我们的"序数安全度"方法。

王丽、王苏生、黄建宏(2008)从零售业的生存力和发展力两个层面构建了指标体系,生存力从金融环境、生产要素、市场需求和产业政策 4 个方面加以评价,发展力从国内发展力、国际发展力、对外依存度 3 个方面加以评价。[①] 宋则、王水平(2010)以及王水平(2010)在指标设计中突出了产业控制力的核心地位,认为外资对东道国产业安全施加影响主要是通过产业控制实现的,因此零售安全评价实际上是针对外资商业的控制力评价,包括外资市场控制力、外资股权控制力、外资来源国集中程度、外资对主流业态的控制程度 4 个方面。[②] 张丽淑、樊秀峰(2011)认为决定零售企业对外直接投资行为的因素包括两大类:内部张力与外部引力,内部张力包括交易设置知识体系及其特性、扩张支撑力与本土化适应力 3 个因素,外部引力包括店铺地址等关键性资源的可获得性、扩张支撑力转移使用的可能性两个因素。[③] 吴英娜、伍雪梅(2011)的指标体系包括产业的生存与发展环境、产业国际竞争力和产业控制力三个方面,生存与发展环境包括资产负债率、国内市场需求规模、税率指数、研发费用占产品销售收入的比重等指标,产业国际竞争力包括产业国内市场份额、产

[①] 王丽、王苏生、黄建宏:《我国零售业产业安全研究》,《中央财经大学学报》2008 年第 6 期,第 61—64 页、73 页。

[②] 宋则、王水平:《中国零售产业安全问题研究——框架、评测和预警》,《经济研究参考》2010 年第 56 期,第 2—24 页;王水平:《基于产业控制力视角的中国零售业安全评估》,《财贸研究》2010 年第 6 期,第 32—38 页。

[③] 张丽淑、樊秀峰:《跨国企业行为视角:我国零售产业安全评估》,《当代经济科学》2011 年第 1 期,第 69—77 页。

业市场集中度、贸易竞争指数、产业劳动生产率、产业链的竞争力等指标，产业控制力包括外资市场控制率、外资股权控制率、产业资本对外依存度等指标。① 以上学者对流通产业安全经验度量提供了有益的思路和分析基础，但他们在指标设计中没有充分考虑流通业或零售业的特殊性。另外，王丽等人没有充分重视"竞争"和"控制"在度量产业安全时的核心作用，张丽淑和樊秀峰的度量方法独树一帜，但仅从零售企业微观行为角度来考察整个行业的产业安全，难免有以偏概全之嫌。

姜红和曾锵（2009）和朱涛（2010）的指标体系相对完善，前者从发展安全、控制安全、结构安全、权益安全四个层次构建指标体系，后者对此做了一些改进，用竞争安全替代了发展安全。② 以朱涛的指标体系为例：（1）竞争安全包括竞争能力安全、竞争效率安全、竞争环境安全，竞争能力安全包括人力资本、资本规模、成本控制能力、国内零售业学习能力 4 项指标，竞争效率安全包括销售利润率、资金周转率两项指标，竞争环境安全包括土地政策环境、税收政策环境、融资环境 3 项指标；（2）控制安全包括政策控制安全、市场控制安全和资本控制安全，政策控制安全包括针对外资扩张的政策、政府规制执行效果两项指标，市场控制安全包括全国本土零售企业市场占有率、零售业市场集中度两项指标，资本控制安全包括国内百强企业外资总量和资本比例、全国外资资本总量和资本比例两项指标；（3）结构安全包括业态结构安全和布局结构安全，业态结构安全包括规定空间同业态外资零售企业数量比例、规定空间同业态外资零售企业市场占有率两项指标，布局结构安全包括规定空间外资零售企业数量比例、规定空间外资零售企业市场占有率两项指标；（4）权益安全包括本土供应商权益安全和消费者权益安全，本土供应商权益安全包括外资零售业经营外资品牌与本土品牌数量比、本土供应商与外资零售企业的关系两项指标，消费者权益安全包括外资零售企业顾客满意度指数 1 项指标。这种指标设计考虑到外资商业的业态结构和地理布局结构，体现了流通产业安全的特殊性，但如前文理论部分所述，产业安全更多的是

---

① 吴英娜、伍雪梅：《开放条件下中国零售流通产业安全评价分析》，《宏观经济研究》2011 年第 11 期，第 70—75 页。

② 姜红、曾锵：《零售业开放的经济安全评价预警指标体系构建》，《国际贸易问题》2009 年第 6 期，第 105—112 页；朱涛：《中国零售业的产业安全评价体系研究》，《商业经济与管理》2010 年第 9 期，第 12—18 页。

指一种潜在威胁而不是实际状态，因此在经验度量时必须考虑外资商业的历史发展趋势。我们把以上学者有关流通业和零售业的产业安全指标体系总结为表6-2。由于篇幅限制，每一项指标我们没有详细地进一步介绍，详细情况参见相关文献。

表6-2　　　　部分学者的流通（或零售）产业安全指标体系

文献	度量指标
王丽、王苏生、黄建宏（2008）	产业生存力：产业金融环境；产业生产要素；市场需求和需求增长率；产业政策
	产业发展力：国内发展力；国际发展力；对外依存度
姜红、曾锵（2009）	发展安全：发展环境安全；发展效率安全；发展空间安全
	控制安全：市场控制安全；资本控制安全；政策控制安全
	结构安全：业态结构安全；布局结构安全
	权益安全：本土供应商权益安全；消费者权益安全
朱涛（2010）	竞争安全：竞争能力安全；竞争效率安全；竞争环境安全
	控制安全：政策控制安全；市场控制安全；资本控制安全
	结构安全：业态结构安全；布局结构安全
	权益安全：本土供应商权益安全；消费者权益安全
张秀岩（2010b）	产业国内环境：政府规制环境；市场环境（要素环境、需求环境）
	产业竞争力：规模竞争力；结构竞争力；产业绩效；产业增长力；产业自主创新能力
	产业外资控制力：外资产业控制；外资国别集中度
宋则、王水平（2010）王水平（2010）	市场控制力：外资市场控制率
	股权控制力：外资股权控制率
	外资来源国分布的合理程度：外资来源国的数量及分布
	主流业态的控制程度：主流业态外资市场控制率
张丽淑、樊秀峰（2011）	扩张内驱力：外资门店数比重；外资营业面积比重；外资销售额比重；外资利润比重；外资资本存量比重
	扩张支撑力：外资营业利润率；外资资产利润率；外资销售平效；① 外资利润平效
	本土化适应力：外资门店增长率；外资营业面积增长率；外资销售额增长率；外资利润增长率；外资资本增长率
	外部吸引力：市场集中度；进入壁垒

---

① "平效"指终端卖场1平方米的效率，即"销售业绩÷店铺面积"，是评估卖场实力的一个重要标准。

续表

文献	度量指标
吴英娜、伍雪梅（2011）	产业生存与发展环境：资产负债率；国内市场需求规模；税率指数；研发费用占产品销售收入的比重
	产业国际竞争力：产业国内市场份额；产业市场集中度；贸易竞争指数；产业劳动生产率；产业链的竞争力
	产业控制力：外资市场控制率；外资股权控制率；产业资本对外依存度

针对流通产业安全的现有经验分析大都遵循以下程序：首先设定一级指标，并逐个分解到可测算的二级指标或三级指标，根据数据计算指标值，然后通过赋权反向推算上一级指标值，直至计算出中国流通产业的"安全度"，最后基于某种判别标准得出"很安全"、"安全"、"基本安全"、"不安全"或"很不安全"的定性结论。这种流行的度量方法在以下几个方面值得商榷：（1）指标归类问题，把某个具体指标归于控制力、竞争力或发展力等一级指标缺乏科学依据，事实上这些范畴很难相互区分开，有发展力就能获得竞争力，有竞争力就能获得控制力，有控制力就能获得进一步的发展力；（2）指标赋权问题，赋权其实就是根据重要性程度对指标赋予某个权重，以便把没有可加性的指标计算结果汇总为一个确定的值，但即便"专家意见法"也难免有主观臆断之嫌，而且指标层次越多，需要赋权的次数也就越多；（3）最终判别标准问题，这一点与赋权类似，也是主观性的。然而，测算结果对以上三个方面都非常敏感，基于不同的指标分类、不同的赋权或不同的判别标准，相同数据会得出不同的结论。[①]

二 "序数安全度"：一种新的经验方法

由于产业安全度本身是一个实践问题，只有实践才能证明某个产业是安全还是不安全，因此要给出一个精确的产业安全度数值（"基数安全度"）并赋予实际含义是非常困难的。但我们认为，根据前一部分所述的经验方法，可以测算出产业安全度的相对变化，即根据各个时期的排序得出中国流通产业的"序数安全度"。为了避免以上三个方面的问题，测算

[①] 这三个方面问题不仅是针对流通产业安全度量，在基于指标体系的其他经验分析中也同样存在。

出一个能反映实际情况的"序数安全度",我们提出以下三项指标选取原则和两种指标计算调整方法。

(1) 相对性与可加性。流通产业安全的核心在于中外商业的控制力和竞争力比较,是一个相对意义上的概念,因此全部选择相对数指标。并且,这些指标必须具有可加性,要么全部为比率指标(与中外商业实力相比),要么全部为百分比指标(外资商业所占比重),只有这样最终的指标值加总才有实际意义,更重要的是这避免了现有经验分析中的主观性问题。

(2) 科学性与权威性。指标选取既要科学,能恰当反映中国流通产业安全的实际状况,同时又要考虑数据的可得性限制,确保数据来源的权威性。一些指标非常适于反映中外商业竞争力或控制力的比较,但没有权威数据来源(如无法准确度量的外资商业政策),或者有权威数据来源,但不符合流通产业安全的内在逻辑(如宽泛的外贸依存度),二者均不可取。只有既科学又权威的指标数据才能确保测算结果的客观和准确。

(3) 连续性与可持续性。外资商业的历史发展趋势对中国流通产业安全具有重要意义,中外商业在中国市场上的实力对比时刻都在变化,流通产业安全本来就是一个动态的概念,过去安全并不意味着现在安全,现在安全并不意味着未来安全,而经验评价的最终目的在于对中国流通产业安全进行动态监测。所以,指标数据不仅要在各个历史年度具有连续性,而且在未来时期仍然持续可得。一些指标有权威数据来源,但不连续,只有一个年度或部分年度的数据,或者历史上连续,但现在由于统计口径调整而不再可得,均不可取。只有连续且可持续的指标测算,才能确保中国流通产业安全的动态可监测性。

(4) 结构调整法。结构调整法主要是针对外资商业在中国地理布局的非均衡性。总体比重只是一个平均意义上的概念,而流通产业作为保障人民日常生活补给的一线产业,其安全问题往往是地区性的,整个国家的宏观数据显示外资商业比重不高,并不意味着个别地区比重不高。实际情况也是如此,大多数外资商业集中在北京、上海、广州、大连、深圳等沿海发达地区和大中型城市,中西部地区和中小城市外资商业比重偏低大大拉低了总体比重。从全国来看,2011年限额以上批发零售业销售收入中外资商业(含港澳台商)所占比重为12.66%,但这只是一个总体比重,实际上许多地区的外资商业比重大大偏离了平均值,比如,最高上海达

33.73%，最低山西只有 0.31%。① 更进一步，即便在各个地区内部，外资商业地理布局也是不平衡的，比如 2011 年陕西全省限额以上批发零售企业销售额中外资商业占 5.81%，但它们全部集中在西安市（占全省的 100%），从而导致西安市的外资商业比重上升为 12.63%，远高于基于全省的所谓平均水平。

因此，在实际经验分析中有必要对一些指标的初始计算结果进行结构调整，以避免总体情况掩盖地理分布不均可能导致的潜在安全问题。各地区指标值的标准差（σ）可以大致反映这种不均衡程度，给定外资商业总体比重不变，σ 越大说明分布越不均匀，σ 越小说明分布越均匀，σ 为零意味着均匀分布（现实中几乎不可能出现这种极端情况）。我们的调整方法是，在原有指标值基础上再加上标准差。比如全国外资商业总体指标值为 α，共有 m 个地区，各地区指标值为（α_1，α_2，…，α_m），标准差为 σ，那么实际有意义的比重应该调整为 $\alpha + \sigma$。② 一般情况下，外资商业在中国地理布局都是非均衡的，即 $\sigma > 0$，所以调整后的指标值显然会高于初始值。我们认为这种调整是必要的。为了说明这一点，假想一种极端情况，2011 年外资商业比重全国仍为 12.66%，但其中有一半都集中在上海，那么上海的外资商业比重将上升至 52.88%，这是一个非常高的比重，意味着外资商业已经实际地控制了上海流通业。所以，未经调整的初始计算可能会低估外资商业的区域控制力，高估中国流通产业的安全度。以上分析也说明，许多学者基于总体比重来判断外资商业在中国的控制力以及中国流通产业安全状况，实际上是不科学的。

（5）趋势调整法。趋势调整法主要是针对外资商业发展的历史趋势。流通产业安全是一个动态问题，通常所说的产业安全问题往往是指一种潜在威胁而非实际状态（纪宝成、李陈华，2012a，2012b），因此必须关注外资商业在中国市场上的发展轨迹，根据历史发展分析当前情况、预测未来趋势。为了说明历史趋势的重要性，假想三种不同的情形，2006—2011 年外资商业在中国市场所占比重：（A）保持不变，各年均为 10%；（B）

---

① 数据来自全国及各省、自治区、直辖市统计年鉴，经作者整理、计算。后文中数据如无特殊说明，与此相同。

② 事实上，外资商业不仅在各省分布不均，而且在各省内部各市之间、各市内部各县之间分布也不均，这意味着结构调整可以层层递进，但这种递进在实际测算过程中往往会受到数据可得性限制。

逐年上升,依次为 5%、6%、7%、8%、9%、10%;(C)逐年下降,依次为 15%、14%、13%、12%、11%、10%。从当前情况来看,三种情形没有差异,外资商业比重都是 10%,但实际上这三者有着完全不同的含义:对于情形(B),即便比重不高也值得注意,因为外资商业所占比重逐年上升,也许在不远的将来就会升得更高;对于情形(C),即便比重更高也不一定意味着产业安全威胁,因为其总体趋势是下降的,也许很快就会降得更低;对于情形(A),属于平稳发展,只要比重不是非常高,一般不会有问题。(在后文测算中将会看到,情形 B 就是中国当前的实际情况)显然,基于当前指标值来判断外资商业控制力和中国流通产业安全度也是不科学的,这些指标值必须加以调整,以反映该指标的历史发展趋势,我们的方法如下:

假定有 n 个年度的数据,分别为 $(x_1, x_2, \cdots, x_{i-1}, x_i, \cdots x_n)$,这里 x_n 实际上就是当前年度数据,那么经趋势调整后的指标值可表示为:

$$x_n + \frac{n-1}{n}(x_n - x_{n-1}) + \frac{n-2}{n}(x_{n-1} - x_{n-2}) + \cdots + \frac{2}{n}(x_3 - x_2) + \frac{1}{n}(x_2 - x_1)$$

这种调整算法的逻辑是:离当前越近的时期对未来趋势影响越大,因此权重越高,依次递减,离当前越远的时期权重越小。考虑前面所假定的三种情形:(A)各年比重不变,经趋势调整后的指标值仍然保持不变,仍为 10%,因为每一项 $(x_i - x_{i-1}) = 0$;(B)比重逐年增加,经趋势调整后的指标值上升至 12.5%,因为每一项 $(x_i - x_{i-1}) > 0$;(C)比重逐年减少,经趋势调整后的指标值下降至 7.5%,因为每一项 $(x_i - x_{i-1}) < 0$。在实际测算中,特定指标值不一定持续增加、减小或不变,但上述方法同样适用,某个历史年度增加意味着对当前指标值的向上调整,减小则意味着对当前指标值的向下调整。比如,某一个指标有近 8 年的数据,从前至今依次为 8%、6%、9%、10%、14%、12%、16%、20%,根据以上定义,当前指标值 $x_n = 20\%$,但经趋势调整后变为:

$$20\% + \frac{7}{8}(20\% - 16\%) + \frac{6}{8}(16\% - 12\%) + \frac{5}{8}(12\% - 14\%)$$
$$+ \frac{4}{8}(14\% - 10\%) + \frac{3}{8}(10\% - 9\%)$$
$$+ \frac{2}{8}(9\% - 6\%) + \frac{1}{8}(6\% - 8\%)$$
$$= 28.125\%$$

三 指标体系

借鉴现有文献对流通产业安全指标体系的设计方法，充分考虑流通产业安全的行业特殊性，根据前文的理论分析和三项原则、两种方法，我们提出了一个新的流通产业"序数安全度"度量指标体系。为了全面反映外资商业在中国市场的控制力和竞争力，以及外资商业的整体实力，我们选择了的10个相对数指标（a_1—a_{10}），都是百分比，具有可加性。如前文所述，由于流通产业安全是一个动态问题，必须考虑各项指标的历史变化，因此这10项指标在计算中都必须进行趋势调整。但只有涉及地理布局问题的指标（a_1—a_5）才需要在计算中进行结构调整。指标后面括号中的"σ"表示该指标需要进行结构调整，同时有"σ"和"t"表示该指标需要先进行结构调整，再进行趋势调整，比如$a_i(t)$表示第i个指标经趋势调整后的值，$a_k(\sigma, t)$表示第k个指标经结构及趋势调整后的值。下面分别说明各项指标的含义（在后文分析测算结果时还将进一步解释）：

$a_1(\sigma, t)$，外资商业的市场比重，用全国社会消费品零售总额中外资商业所占比重来表示，主要反映外资商业对整个中国市场的控制力；

$a_2(\sigma, t)$，外资商业的行业比重，用限额以上批发零售企业销售收入中外资商业所占比重来表示，主要反映外资商业对流通业的行业控制力；

$a_3(\sigma, t)$，外资商业的资产比重，用限额以上批发零售企业资产总资产中外资商业所占比重来表示，主要反映外资商业总体上的资产及经营实力；

$a_4(\sigma, t)$，外资商业的数量比重，用限额以上批发零售企业数量中外资商业所占比重来表示，主要反映外资商业总体数量上的相对变化；

$a_5(\sigma, t)$，外资进入流通行业的比重，用全国实际利用外商直接投资总额中批发零售业所占比重来表示，主要反映外资进入中国的行业选择倾向性；①

---

① 需要特别说明的是，在计算该指标的地区间标准差时，考虑到各地区外资进入会有时间上的先后，因此我们首先算出各地区2006—2011年6个年度的平均值，然后再根据各地区平均值计算出一个整体的"地区间标准差"，避免外资进入时序导致的扭曲。关于这一点，可以举例说明，假设两个地区A和B，2006年A地区流通业占FDI总量的10%，B地区没有，2007年恰好相反，B地区流通业占FDI总量的10%，A地区没有，如果采用原来的方法根据每个年度比重计算标准差，数字会很大，但实际上很明显，这两个地区流通业对外资的吸引力没有什么差别。

$a_6(t)$，外资商业的利润比重，用限额以上批发零售企业总利润中外资商业所占比重来表示，主要反映外资商业总体上的获利能力，由于不涉及地理布局问题，因此只需趋势调整；

$a_7(t)$，中国连锁百强总营业额中外资商业所占比重，主要反映外资连锁商业与本土连锁商业在中国市场上的竞争力比较，只需趋势调整；

$a_8(t)$，中国零售百强营业额中外资商业所占比重，主要反映外资零售商业与本土零售商业在中国市场上的竞争力比较，只需趋势调整；

$a_9(t)$，全球零售250强总营业额中在中国大陆有业务的外资公司所占比重，主要反映中国市场上大型外资商业的整体实力，只需趋势调整；

$a_{10}(t)$，全球零售250强中在中国大陆有业务的外资公司的数量比重，主要反映中国市场上大型外资商业的数量变化，只需趋势调整。

值得进一步说明的是，以上指标可能存在部分重叠，比如 a_7 与 a_8，都是用于反映外资商业整体上的相对竞争力，但二者含义和数据来源不同，连锁商业包括餐饮住宿，零售商业包括非连锁的百货店。更重要的是，我们测算的不是"基数安全度"，而是"序数安全度"，因此这种重叠不仅不会影响最终结论，而且有助于更加全面地反映真实情况。

由于在经验方法中设定了指标选取的可加性原则，因此这10项指标计算结果可以直接加总，然后用10减去加总值来表示最终的产业安全度。这样处理主要是为了阐述方便，因为这10项指标都是百分比（即 $a_i \in [0, 1]$），加总值最大为10，而且都是针对外资商业，所以用10减去加总值能够更直观地体现产业安全度，结果越大说明中国流通产业越安全；反之则越不安全。① 于是，可以把中国流通产业的"序数安全度"计算方法表示如下：

$$S = 10 - \sum_{i=1}^{10} a_i; \quad S' = 10 - [\sum_{i=1}^{5} a_i(\sigma, t) + \sum_{i=6}^{10} a_i(t)]; \quad \Delta S = S' - S_\circ$$

这里 S 表示未经计算调整的中国流通产业"序数安全度"，S' 表示经计算调整后的中国流通产业"序数安全度"，ΔS 表示中国流通产业安全

---

① 注意，对于经计算调整后的加总值，只能说一般会在0—10，极端情况下会超出这一范围：大于10说明民族商业相对外资商业的竞争和控制能力持续快速上升；小于0说明民族商业相对外资商业的竞争和控制能力持续快速下降。这里"持续快速"在程度上必然非常之大，尤其前者，并不意味着就是好事，因为其原因也许不是由于民族商业竞争和控制能力本身的增长，而是由于外资商业全面退出，这就值得关注了。

度变化的速度趋势。S（及 S'）越大说明外资商业相对控制及竞争能力越弱和/或地理分布越均匀，因此中国流通产业就越安全，反之则反是；ΔS 增大说明是加速发展趋势，不变说明是平稳发展趋势，减小说明是减速发展趋势。

第三节　数据来源、测算结果与分析讨论

一　数据来源

以上 10 项指标的数据来源包括中经网统计数据库，中国资讯行，中国统计年鉴，各个省、直辖市、自治区统计年鉴，中国贸易外经统计年鉴，中国连锁经营协会发布的"中国连锁百强"，中国商业联合会与中华全国商业信息中心联合发布的"中国零售百强"，《商店》杂志与德勤国际人力资本咨询公司联合发布的"全球零售 250 强"。在不同的数据来源中存在个别数据的不一致或遗漏，我们进行了仔细的甄别、补充和估算；一些指标的数据则可以追溯到 2000 年，但另一些指标则由于部分年度关键数据缺失、统计口径变化或重大政策调整（如 2004 年年底流通业全面开放）等原因，我们不得不放弃更早的历史时期，统一使用 2006—2011 年的数据。

值得特别说明的是，在连锁百强和零售百强中识别外资企业并不是一件容易的事。一些企业由于港澳台注册背景而在许多资料中被列为外资企业（比如华润万家），或者为了利用外资优惠政策而绕道注册为外资企业（如深圳百佳华），但实际上它们都属于本土企业。另一些企业由于股份变化、并购等因素而导致性质变化，如江苏五星电器 2006 年被百思买收购，因此从 2007 年开始我们将其列为外资商业。对于类型不太明确的企业，我们的区分标准是，若使用了外国品牌名称则算作外资企业，比如深圳岁宝百货，因为"岁宝百货"是来自英属维尔京群岛的零售品牌。另外，在全球零售 250 强排行榜中，一些企业的业务所在国家或地区为"全球"（global），如戴尔，我们也将其视为在中国大陆有业务的外资商业。

二　测算结果

根据以上所述的计算方法和数据来源对各项指标进行实际测算，结果如表 6 - 3 至表 6 - 7 所示。

表6-3　　　　外资商业的市场及行业比重：2006—2011年　　单位：亿元、%

年份	市场					行业					
	社零额	外资	a_1	σ	$a_1(\sigma)$	$a_1(\sigma,t)$	批零额	外资	a_2	σ	$a_2(\sigma)$	$a_2(\sigma,t)$
2006	79145	2473	3.12	2.78	5.90	5.90	96395	7614	7.90	4.78	12.68	12.68
2007	93572	3248	3.47	2.94	6.41	6.66	118392	10700	9.04	5.61	14.65	15.63
2008	114830	5034	4.38	4.12	8.50	10.07	187657	20366	10.85	5.25	16.10	17.73
2009	132678	5856	4.41	4.11	8.52	9.71	181554	19895	10.96	6.59	17.55	19.85
2010	156998	7531	4.80	4.33	9.13	10.56	248874	29048	11.67	6.61	18.28	20.71
2011	183919	9620	5.23	5.29	10.52	12.88	320929	40618	12.66	6.58	19.24	22.06

注："社零额"指社会消费品零售总额；"批零额"指限额以上批发零售企业销售收入；详细数据参见附表1至附表4。

资料来源：中经网统计数据库，中国资讯行，全国及各地统计年鉴，中国贸易外经统计年鉴，以及作者整理、计算。

表6-4　　　　外资商业的资产及数量比重：2006—2011年

单位：亿元、个、%

年份	资产						企业数量					
	总资产	外资	a_3	σ	$a_3(\sigma)$	$a_3(\sigma,t)$	总数量	外资	a_4	σ	$a_4(\sigma)$	$a_4(\sigma,t)$
2006	41489	3472	8.37	5.37	13.74	13.74	51788	1553	3.00	2.74	5.74	5.74
2007	50507	4963	9.83	6.14	15.97	17.08	55737	1870	3.36	3.13	6.49	6.86
2008	75118	8778	11.69	5.44	17.13	18.64	100935	3921	3.88	3.20	7.08	7.73
2009	85339	10249	12.01	6.75	18.76	21.12	95468	3657	3.83	3.45	7.28	7.91
2010	108556	13471	12.41	6.76	19.17	21.39	111770	4266	3.82	3.79	7.61	8.37
2011	138288	18963	13.71	6.99	20.70	23.83	125223	5274	4.21	4.37	8.58	10.03

注："总资产"指限额以上批发零售企业资产加总值；"总数量"指限额以上批发零售法人企业总数；详细数据参见附表5至附表8。

资料来源：中经网统计数据库，中国资讯行，全国及各地统计年鉴，中国贸易外经统计年鉴，以及作者整理、计算。

表6-5 批发零售业占FDI比重与外资商业利润比重：2006—2011年

单位：万美元、亿元、%

年份	实际利用FDI						批零业利润			
	全国	批零业	a_5	σ	a_5 (σ)	a_5 (σ, t)	加总	外资	a_6	a_6 (t)
2006	6302100	179000	2.84	3.73	6.57	6.57	6729	1026	15.25	15.25
2007	7476800	267652	3.58	3.73	7.31	7.68	8502	1574	18.51	20.15
2008	9239500	443297	4.80	3.73	8.53	9.59	15328	2764	18.03	18.80
2009	9003300	538980	5.99	3.73	9.72	11.40	14858	2823	19.00	20.30
2010	10573500	659566	6.24	3.73	9.97	11.52	18203	3790	20.82	23.32
2011	11601100	842455	7.26	3.73	10.99	13.14	22852	5017	21.95	24.98

注："批零业利润"指限额以上批发零售企业销售利润加总；实际利用FDI的详细数据参见附表9和附表10。

资料来源：中经网统计数据库，中国资讯行，全国及各地统计年鉴，中国贸易外经统计年鉴，以及作者整理、计算。

表6-6 中国连锁百强和零售百强中的外资商业比重：2006—2011年

单位：万元、%

年份	连锁百强营业额				零售百强营业额			
	加总	外资	a_7	a_7 (t)	加总	外资	a_8	a_8 (t)
2006	85519397	18288614	21.39	21.39	86153734	16425297	19.07	19.07
2007	100223692	21390766	21.34	21.32	103700268	19754544	19.05	19.04
2008	119986917	28931101	24.11	25.94	120567881	25400037	21.07	22.41
2009	135787144	31162183	22.95	23.45	136683282	28064692	20.53	21.14
2010	166252247	37982791	22.85	23.17	166412000	33946575	20.40	20.78
2011	165073982	40704273	24.66	26.43	201216555	36066447	17.92	16.18

注：中国连锁经营协会2011年调整了统计口径，导致总营业额有所下降，参见连锁经营协会网站（http://www.ccfa.org.cn/index.jsp）；详细数据参见附表11至附表16。

资料来源：中国连锁经营协会，中国商业联合会、中华全国商业信息中心，以及作者整理、计算。

表 6-7　全球零售 250 强中在华有业务外资商业的营业额及
数量比重：2006—2011 年

单位：百万美元、个、%

年份	250 强营业额				250 强企业数量			
	加总	在华外资	a_9	$a_9(t)$	加总	在华外资	a_{10}	$a_{10}(t)$
2006	3246257	1093346	33.68	33.68	250	37	14.80	14.80
2007	3619257	1240394	34.27	34.57	250	44	17.60	19.00
2008	3818834	1336847	35.01	35.69	250	41	16.40	16.53
2009	3760199	1343890	35.74	36.81	250	44	17.60	18.60
2010	3940748	1458548	37.01	38.88	250	47	18.80	20.56
2011	4271176	1586608	37.15	38.82	250	52	20.80	23.93

注："在华外资"指全球 250 零售强中在中国有业务的外资企业，包括港澳台企业以及公司业务所在国家/地区被列为"全球"（global）的企业（如戴尔），但不包括上榜的中国大陆企业；许多国家的公司财务年度没有统一日期，250 强中企业财务年度截至次年 6 月，如 2011 年，一些公司财务年度可能是 2010.6—2011.5，另一些公司财务年度 2010.2—2011.1；250 强营业额为零售营业额，而不是集团总收入；详细数据参见附表 17 至附表 19。

资料来源：《商店》杂志（http://www.stores.org/），德勤国际人力资本咨询公司（http://www.deloitte.com/），以及作者整理、计算。

根据表 6-3 至表 6-7 的计算结果，以及前文设定的汇总计算公式，可以测算出中国流通产业的"序数安全度"，如表 6-8 所示。

表 6-8　中国流通产业的"序数安全度"：2006—2011 年

年份	2006	2007	2008	2009	2010	2011
S	8.7058	8.5995	8.4978	8.4698	8.4118	8.3445
S'	8.5118	8.3201	8.1687	8.0971	8.0074	7.8772
ΔS	-0.194	-0.2794	-0.3291	-0.3727	-0.4044	-0.4673

三　分析讨论

从表 6-8 中数据可以看出，无论是 S、S' 或 ΔS，在 2006—2011 年都持续下降，说明中国流通产业安全度自 2006 年以来一直朝着不利的方向发展，而且呈加速态势，更直观的趋势如图 6-2 所示。

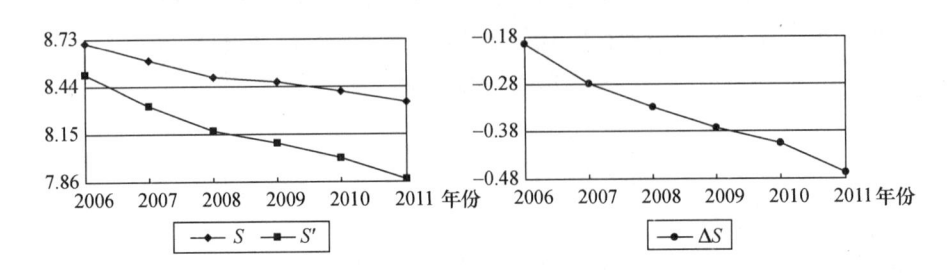

图6-2 中国流通产业安全度的相对变化（左）及速度趋势（右）：2006—2011年

图6-2显示，2006年以来S与S'之间的距离越来越大，呈"喇叭口"形状，结果导致ΔS逐渐下降，说明中国流通产业安全状况不仅持续变坏，而且还是加速变坏。另外，未经计算调整的安全度S始终位于经过计算调整的安全度S'的上方，这说明计算调整起着拉低作用，或者说初始计算结果高估了中国流通产业安全状况。换句话说，如果有其他研究证明中国流通产业当前存在安全问题，那么我们的研究结论则表明这种安全问题可能早在几年前就已经存在。可以设想，如果图6-2中S与S'之间的距离越来越小，呈"逆向喇叭口"形状，ΔS向右上倾斜，则意味着S'（甚至S）在不远的将来可能触底反弹，转为上升，中国流通产业安全状况逐渐好转。但是，根据我们对2006—2011年的数据测算结果，目前还没有出现这种好转迹象。结合前文的测算过程，现在可以进一步详细讨论中国流通产业安全在2006—2011年呈以上变化趋势的原因，我们总结为以下几个方面。

（1）外资商业的相对控制力持续增强。在2006—2011年，外资商业市场比重（a_1）从3.12%增加到5.23%，行业比重（a_2）从7.90%增加到12.66%，资产比重（a_3）从8.37%增加到13.71%，企业数量比重（a_4）从3.00%增加到4.21%，均呈逐年上升趋势，在计算的趋势调整过程中累积性地抬高了最终结果［参见表6-3和表6-4中的$a_1(\sigma, t)$至$a_4(\sigma, t)$］。这意味着外资商业市场控制力、行业控制力和资本控制力越来越强，同时也说明忽视历史趋势而基于当前比重来判断中国流通产业安全状况是不恰当的。

（2）外资商业在中国的地理分布越来越不均匀。如前文所述，外资商业地理分布是流通产业安全相对其他行业来说必须考虑的一个特殊因素，分布越均匀对流通产业安全越有利，反之则越不利，这是我们提出结构调整法的基础。在2006—2011年，外资商业地理分布不均匀的程度（σ）越来越严重。无论从 a_1 至 a_4 哪个指标上看，σ 都持续增加，在结构调整过程中抬高了各项指标值［参见表6-3和表6-4中的 a_1 (σ) 至 a_4 (σ)］，并且与趋势调整结合在一起，这种作用也是累积性的。当然，适度不均匀是正常的，但这种递增趋势却值得注意，是导致中国流通产业状况相对恶化的一个重要因素。

（3）外资进入流通业的倾向性明显增强。在2006—2011年，全国所有行业实际利用FDI中流通业所占比重（a_5）从2.84%增加到7.26%，呈逐年递增趋势，从而也起着累积性的拉高作用［参见表6-5中的 a_5 (σ, t)］。另外，根据各个行业实际利用FDI金额进行排序，批发零售业从2004年的第10位上升至2011年的第3位，仅次于始终排名前两位的制造业和房地产业。[①] 这一方面说明中国流通业对外资的吸引力越来越大，另一方面也意味着外资对中国流通业的一种入侵。这里关键是要适度。从本书讨论的主题来看，外资进入的这种行业选择倾向性显然是不利于中国流通产业安全的。

（4）外资商业总体盈利能力越来越强。对于盈利能力，更恰当的指标是外资商业与民族商业的资产收益率之比，但不符合可加性原则，结果无法汇总计算，因此换成现在的总体利润比重指标。在2006—2011年，中国限额以上批发零售企业总利润中外资商业所占比重（a_6）从15.25%增加至21.95%，这可能是由于单个外资批发零售企业的盈利性上升，也可能是由于企业数量和规模上的增长。不管怎样，这些数据都说明外资商业总体上的盈利能力明显增强，而且基本上呈逐年上升趋势，从而在计算调整中进一步拉高了比重［参见表6-5中的 a_6 (t)］。利润是竞争的结果，同时也是竞争力进一步提升的基础，外资商业总体利润比重增加显然也是不利于中国流通产业安全的。

（5）外资商业的整体实力越来越强。这里说的整体实力是指全球视角下的实力，而不是仅限于外资商业在中国市场的实力。选择这一指标主要是为了避免中国连锁或零售百强排名可能造成的错觉，让人误以为苏宁、国美、百联、大商等民族商业非常强大，实际上绝非如此，与中国流通企业竞争的不是沃尔玛（中国）、家乐福（中国），而是整个沃尔玛、

---

① 数据来源：中经网统计数据库，以及作者整理、计算。

家乐福，中国零售老大苏宁的营业规模还不到沃尔玛的1/30。在2006—2011年，全球零售250强总营业额中在中国有业务的外资企业所占比重从33.68%增加至37.15%，企业数量从14.80%（37家）增加至20.80%（52家），两项指标基本上都呈逐年上升趋势（参见表6-7）。进入中国的外资商业不论是本身实力增长，还是企业数量增加，对中国流通企业来说都意味着竞争加剧，从而不利于中国流通产业安全。

（6）中国民族商业的本土竞争实力开始增强。这里使用了中国连锁百强和零售百强的排名数据，因为排行榜上的民族商业与外资商业具有同层次平台上的直接竞争关系，其相互比较具有典型的说明意义。在2006—2011年，中国连锁百强总营业额中外资商业所占比重从21.39%上升至24.66%，零售百强总营业额中外资商业比重从19.07%下降至17.92%，初看起来这里并没有显示出某种一致性的趋势。但如果把时期缩短至最近4年，外资商业比重呈明显下降趋势（尤其是零售百强），说明中国民族商业的本土竞争实力近些年来开始增强（参见表6-6）。① 这显然是有利因素，并且从长期来看，中国本土商业的崛起将成为中国流通产业安全形势好转的根本动力。

（7）全球金融危机对外资商业影响更大。在以上10项指标中，许多指标值（如a_1、a_4、a_6、a_7、a_8、a_{10}）在2008—2010年都有不同程度的下降或减缓，表明在此期间的全球金融危机对外资商业的冲击相对更大，而对中国民族商业的冲击相对较小，或者说民族商业在中国市场上应对全球经济形势变化的能力相对更强。这一点在中国零售百强排名中表现得最为典型，外资商业占总营业额的比重在2008年达到最高21.07%之后持续下降，随后各年度分别为20.53%、20.40%、17.92%（参见表6-6）。最新的"中国零售百强"数据显示，2012年这一比重继续下降至17.48%。② 这也证实了国内学术界经常提到的"危机与机遇共存"观点，在2008年全球金融危机期间，中国流通企业在本土市场打了一场漂亮的反攻战。

以上就是2006—2011年影响中国流通产业安全变化的主要因素，其

---

① 中国连锁百强总营业额中外资商业所占比重在2008年之后连续下降，2011年突然上升至24.66%，2012年又开始下降至24.32%。这可能与中国连锁经营协会2011年统计口径变化有关，其真实趋势应该与零售百强类似。

② 数据来源：http://www.wumii.com/item/19rCYEcHO。作者整理、计算。

中前5个是不利因素，后两个是有利因素。从目前的汇总结果来看，不利因素仍然占主导地位，从而导致中国流通产业安全在考察期内加速恶化，但如果中国民族商业能够以2008年全球金融危机为契机，反败为胜，继续保持这种相对增长优势，它们将成为扭转中国流通产业安全当前不利局势的中坚力量。

第七章　中国流通产业安全的影响因素

产业安全是国家经济安全的主要内容，就其本身来说是一个中观层面上的问题，具体到某个特定产业的安全度，影响因素非常多。既有历史方面的，也有现实方面的；既有宏观政策层面的，也有企业微观经营层面的；既有经济运行本身的，也有政治、法律和社会方面的。这一章将从宏观和微观两个层面展开讨论，但其中可能涉及上述的各个方面，在讨论企业经营层面的因素时，我们将以沃尔玛作为一个比较基准，在中国零售企业与沃尔玛的比较中揭示中国本土流通企业在发展过程存在的一些主要问题。

第一节　历史因素

中国经历了几千年的封建社会，自然经济一直占据主导地位，没有市场经济传统。长时期的封建经济结构根深蒂固，形成了中国特有的政治、经济、社会及文化特征，这种结构性特征不是一时半刻可以改变的。特别是帝权思想、家长文化、等级观念等意识形态特征，至今仍然从各个层面、各个角度对中国经济结构产生深远影响。再者，中国也没有对外开放的历史经验，即便新中国成立以前，甚至在封建王朝的某一阶段也曾有过对外交流合作，但规模和范围都很小，与当前全球化浪潮下的国际开放完全是两码事。另外，中国民族资本有史以来就没有得到过长足发展，封建时期属于自然经济，农业一直占主导地位，清朝末年、民国时期工业开始起步的时候又遭遇外敌入侵，民族资本在夹缝中生存，非常弱小。新中国成立以后民族工业取得巨大成就，但由于体制因素，它们大都具有官僚资本的性质，而不是真正的市场经济条件下独立自主的企业。这些历史因素深刻地影响着中国当前市场经济结构的演化，而流通产业作为市场交换的自然载体，必然也会受到影响。鉴于此，以下将从历史角度讨论中国流通产业安全的影响，主要从市场传统、开放经验和民族资本发展三个角度逐一展开。

一 没有市场经济传统

即便今天,在许多西方人眼里,中国仍然是一个东方帝国。这里的帝国包括两层含义:一层含义是大国,幅员辽阔;另一层是帝权制度,皇权至高无上。就当前来看,这种帝国形象并不十分有利,很容易让国际社会误以为中国还是一个封建帝国,看不到中国近三十多年来市场经济改革导致整个国家政治、经济、社会和文化结构的剧烈变化。正因为此,改革开放以来,尤其进入21世纪以来,中国国家领导人出国访问时经常提醒国际社会要重新认识中国,实际地了解中国。中国已经打造并正在逐步完善社会主义市场经济体制,但很明显的一点是,从历史上看中国是没有市场经济传统的。

所谓市场经济,其实质在于市场机制在资源配置中起基础性作用。在西方世界,市场社会出现相对较早,这一过程大概发生于公元10世纪到17世纪的数百年时间内。根据 L. L. 海尔布罗纳和 W. 米尔博格(2012)的考察,西方市场社会始于意大利和荷兰的中世纪城市,推动这一漫长演化历程的力量来源很多,包括行商兴起、城市化、十字军东征、国家权力增长、海外探险、宗教思潮变化、加尔文主义、新教伦理、庄园制度崩溃以及现金经济兴起等。欧洲中世纪发生的这些事件产生了重要的影响,它们的力量非常强大,不仅改变人们日常生活方式,而且直接冲击了传统的政治结构和社会结构,最终推动皇权向法制演变。我们说起来很简单,其实这一过程历时非常长,所谓漫长而又黑暗的中世纪。后来发生的事情众所周知,工业革命,资本主义兴起,垄断资本主义国际扩张,直至20世纪后半叶开始的全球化浪潮。在西方世界这个漫长的过程中,市场机制得到了反复锤炼,逐步趋于完善。实质上,所谓全球化浪潮的核心在于主导资本主义运行的市场机制在全球范围内扩散、扎根和发展。

然而在中国经济史上,尽管一直也存在市场,甚至有些时期市场还比较活跃,但在新中国改革开放以前,市场从未成为配置资源的基础性机制。从市场经济发展进度上比较,中国落后于西方世界主要是由于经历了太长的封建社会,在西方国家资本主义萌芽、发展和扩张时期,中国的封建帝制仍然大行其道。在这一时期,地主经济形态是中国经济的主导形式。政府严格控制市场的发展,直到宋代,政府仍然禁止当街开设店铺,后来由于屡禁不止才被迫认可,坊市制转变为散市制。直到明代中叶以后才大量出现市镇(天天有集市),市场开始在全国范围内相互联系,朝着统一的方向发展。根据赵德馨（2010）的研究，直到清代中叶，中国经济才踏进了市场经济的门槛。①在晚清时期，中国已经开始机器工业和规模化生产，市场范围进一步扩张，但同时也是在西方列强的枪炮中被迫开放国内市场。在西方列强入侵以前，中国的市场原本就受到地主、官僚和政府等非市场力量的严重影响，在西方列强入侵以后，又添加了一些新的扭曲因素，包括外国商业的强买强卖，中国的买办资本主义、官商勾结等，共同导致市场经济在中国的发展举步维艰，更何况在1840—1949年持续不断发生着军事战争破坏。在这样的背景下，中国不可能形成自己的市场经济传统。

新中国成立初期实行公私兼顾、劳资两利、城乡互助、内外交流的方针，堪称中国有史以来首次推行的市场经济政策。但这一时期很短，只有两三年，1952年年底便开始了社会主义改造，几年之后便在全国范围内建立了计划经济系统，将市场排斥在外。如果结合当时国内条件和国际环境，我们认为当时选择计划经济体制是正确的，毕竟面临着国内物资匮乏和国际经济封锁，市场配置必然失灵；但如果仅从市场经济发展来看，这一选择显然会延迟整个进程。因此，从这种意义上看，在新中国成立至改革开放以前，中国市场经济的发展实际上倒退了，还不如从前的民国时期，因为在计划经济时期，从前的资本家（企业家）、自由交换、私有产权等市场经济要素都已不复存在。

总之，在封建时期，中国经济受到地主、官僚和政府严重介入，发展不了市场经济；在近代，中国经济不仅受到国内官僚资本的控制，而且还饱受外国资本的掠夺以及战争的干扰，也发展不了市场经济；在新中国成立以后至改革开放以前，计划经济一统天下，市场经济无从谈起。正是在这种意义上，我们说中国一直以来就没有市场经济传统，导致整个社会对市场经济缺乏深刻认识，或者说没有根深蒂固的市场观念。在开放经济中，面对外资竞争，没有市场经济传统导致许多民族产业缺乏一种观念上的软实力，影响企业竞争力，从而影响中国流通产业安全。

二 缺乏对外开放经验

如上所述，中国具有几千年的封建历史，在那个封建年代，整个社会基本上是封闭的，对外开放和交流的深度和广度都非常有限，历史上从未

---

① 赵德馨：《中国市场经济的由来——市场关系发展的三个阶段》，《中南财经政法大学学报》2010年第2期，第77—82、116页。

运行过开放经济体系，严格意义上的对外开放是1978年以后的事。这不等于说中国历史上没有对外贸易往来。

早在盛唐时期，中国就开辟了唐朝京都长安通往当时称为西域地区的"丝绸之路"，把中国产的丝绸布匹和瓷器等货物运到南亚、西亚、中欧、西非等各国，同时又把外国的产品带到中国。最近几十年有些学者开始研究所谓的"南方丝绸之路"（以下简称"南丝路"），即以巴蜀为起点，经云南出缅甸、印度、巴基斯坦至中亚、西亚的中西交通古道，比西北丝绸之路还要早，在西汉时期就已经存在了。但是值得注意的是，这些对外贸易的范围都非常小，内容也相对简单，尤其具有明显的政府主导特征。比如汉代的张骞、班超都是作为政府使臣出使西域，带着政治和军事使命（联合周边国家对抗匈奴），而贸易交往只不过是这些活动的副产品，对外贸易活动也时断时续。

到了明朝永乐年间，中国开始发展航海技术，以郑和下西洋为代表。郑和是明成祖朱棣的亲信，在皇家巨资的资助下七次出海，远至东南亚、印度、阿拉伯半岛、非洲。根据前英国皇家海军潜水艇指挥官加文·孟席斯2002年出版的畅销书《1421：中国发现世界》，郑和在1421年就发现了美洲，早于哥伦布70年。[①] 郑和下西洋极大地促进了明代中国与世界其他地区的交流和往来，许多国家派出使臣来中国朝贺。但是，郑和下西洋的主要目的是代表朝廷向世界彰显大国实力，政治意图远高于经济利益，所谓"耀兵异域，以示中国富强"。如果从经济上考虑，这些行动可谓得不偿失，皇家"支动天下一十三省的钱粮"出巨资打造船队，对来朝贺的外国使臣，朝廷按"赏赐厚宜"的原则予以赏赐，赏赐物品与贡品的差价一般在1—20倍。比如，胡椒在苏门答腊市场每百斤值1两，但作为"贡品"，明朝政府给予每百斤20两。[②] 最终结果可想而知，政府不堪重负，在明成祖朱棣去世以后便停止了这种"亏本的"海洋贸易。这也是这种贸易无法向民间复制和扩散的主要原因。

到了近代，中国的对外开放程度大大增加，但在很大程度上是被动开放的，或者说是被西方列强的大炮轰开了国门。鸦片战争以后至新中国成立以前，中国与外国的贸易处于一种极端不平等状态，西方通过政治、经

---

① 加文·孟席斯：《1421：中国发现世界》，师研群译，京华出版社2005年版。
② 资料来源：http://baike.baidu.com/subview/24124/6943310.htm?fr=aladdin。

济、军事、文化等各种途径渗透到中国，强制性地掠夺中国的原材料和廉价初级产品，剥削中国劳工，打压中国民族资本。在此期间，中国饱受外国欺凌，多次反抗，但屡战屡败，同时国内形势也急转直下，清朝灭亡，民国成立，军阀混战，等等。在这样的国内国际环境下，中国不可能发展真正平等有序的对外开放。

总之，在1978年以前，中国的对外开放要么是政府主导下，带有强烈的政治目的，要么是在外国胁迫下的，完全处于被动状态，而从未有过真正平等有序的、民间全方位的对外经济开放。正是在这种意义上，我们说中国历史上缺乏对外开放的经验，这也是影响新时期开放条件下中国流通产业安全的重要因素。

三 民族资本从未得到长足发展

在中国几千年的封建社会，自然经济始终占主导地位。自然经济简单地讲就是自给自足的经济，没有商品交换。当然，这是一种纯粹的自然经济，实际上的自然经济中多少会有一些交换活动，只不过商品交换的范围很小，社会分工不发达。自然经济的典型特征是为消费而生产，其基础是小农经济与家庭手工业。在这种自然经济体系中，资本积累的速度非常慢，因为没有必要，也没有动力。在封建年代，如果说有民族资本，那也是带官僚性质的民族资本，或者叫官僚资本，而与现代市场经济相对应的产业资本是非常弱小的。

中国现代意义上的民族资本产生于两次鸦片战争后的19世纪60年代，在19世纪末和20世纪初得到了进一步发展，在第一次世界大战期间有过短暂繁荣，但在国民政府统治时期又日益萎缩。在这段时期，民族资本的发展呈波浪起伏态势，主要原因在于国内外形势的变幻不定，一方面外国资本主义、洋务运动和第一次世界大战西方列强放松对华侵略促进了中国民族资本的发展，另一方面西方列强的经济掠夺、军事侵略和中国国内军阀混战阻碍了中国民族资本的发展。中国民族资本可谓"夹缝中生存"，也正因为如此，它们在产生和发展过程中都或多或少地与官僚资本结合在一起，许多民族资本本身就带着某种官方背景。至于那些没有官方背景的民族资本，在发展中普遍受到外国资本和官僚资本的双重压迫和排挤，成长速度极其缓慢。这就是社会上所说的中国民族资本的先天不足和后天畸形。先天不足包括三个方面：（1）资金准备不足，缺乏原始积累；（2）技术和人才准备不足，从手工劳动直接进入机器大生产，存在技和人才上的空白；(3) 思想准备不足，中国传统的重农轻商、重义轻利等观念的消极影响。后天畸形也包括三个方面：(1) 面临外国资本主义破坏、封建主义阻碍、自然经济阻碍、官僚资本主义压榨；(2) 非均衡的区域发展格局，东部沿海开放程度高，发展较快，中西部广大地区发展落后；(3) 不合理的产业结构，主要发展在轻工业，重工业发展不足。

新中国成立以后，中国在重工业领域恶补了一课，强制推行重工业优先发展战略。在新中国成立到1978年的近30年时间里，中国建成了本国独立的工业体系。这段时期由于计划经济体制和忽视人民生活而一直饱受批评，实际上情况并非完全如此，其中最重要的贡献是建立和发展了自身的工业体系，这为中国改革开放以后经济腾飞奠定了扎实的基础。正如Michel Aglietta 和 Guo Bai (2012) 所述："尽管人们经常把毛泽东时代与1978年之后的改革进行对比，但前者实际上为后来辉煌的经济绩效打下了关键的基础。"[①]

然而，计划经济时代并没有真正意义上的民族资本，因为在那个年代"资本"一词完全是反动的，连提都不能提。从实际上看，这些工业体系也完全是在政府的掌控之下，没有自主经营，没有市场竞争，因此也就没有真正的民族产业。中国民族资本和民族产业无论在近代还是新中国成立以后的计划经济时期，从来就没有得到过长足的发展，改革开放以后才开始步入发展轨道。这是影响中国流通产业安全的又一历史因素。

第二节 现实因素

中国经历了几千年的封建社会、近百年的帝国主义欺凌，新中国成立以后至改革开放以前又运行了几十年的计划经济体制，可谓饱经沧桑。在改革开放初期，中国尽管有了非常强大的工业基础，但整个运行体制的效率极低，人民生活水平亟待提高。在这样的背景下，以邓小平为核心的中国共产党领导层做出了改革开放的重大举措。然而此时的国内国际环境已与从前大不相同，和平与发展成为新时代的主题，国际分工和交换快速发

---

① Michel Aglietta, Guo Bai, *China's Development: Capitalism and Empire*, Routledge, 2012, p. 56. 该书对这段时期的经济结构进行了详细梳理，特别肯定了该时期在工业基础上的巨大贡献。

展,全球化暗流涌动。再者,中国的经济体制改革与开放同步进行,这意味着在中国国内新的经济体制尚未成形的时候外资已经开始进入了。在对外开放的过程中,特别是以中国加入WTO为标志,中国的流通业成为开放的前沿领域。以下三个方面都是影响新时期中国流通产业安全的现实因素。

一 经济全球化不可逆转

经济全球化是人类社会分工与交换发展的必然结果。国内分工和交换发展到一定的程度必然导致国际贸易,推动国际分工和交换的发展,而全球化是国际分工和交换的深度和广度进一步增强的必然结果。"分工受市场范围的限制"是亚当·斯密1776年在《国富论》一书中提出的著名命题,杨小凯(1998)在《经济学原理》及其他一系列有关新兴古典经济学与超边际分析的著述中对此有过详尽阐释:一方面分工受市场范围的限制,另一方面交易效率的提高有助于扩大市场范围,从而推动分工细化,人类社会正是在分工(专业化效率)与交换(交易成本)的两难冲突中演进的。[①] 国内贸易向国际贸易的演进机理也是如此,很大程度上在于交易效率提高(如运输、航海等技术的发展)为国内分工提供了更大的市场容量,从而演变为国际分工。马克思在《资本论》中阐述垄断资本主义国际扩张的必然性,背后的逻辑其实也在于分工和交换的发展。

从实际情况看也是如此,全球各个国家或地区相互间的贸易活动越来越多,特别是在第二次世界大战以后形成的国际经济秩序中,以关税及贸易总协定(General Agreement on Tariffs and Trade,GATT)为主要载体的国际经济合作大大增加,其成员国从最初的23个发展到现在的159个,并在1994年的乌拉圭回合部长会议上决定更名为世界贸易组织(World Trade Organization,WTO)。该组织最主要的职能就是减少障碍,促进国际分工和贸易的发展,GATT先后举行了8个回合的多边贸易谈判,WTO至今已举行了9次部长级会议。当前世界主要国家都已经加入WTO(中国于2001年加入),作为成员国,必须遵守WTO协定的游戏规则,包括互惠原则、透明度原则、市场准入原则、促进公平竞争原则、经济发展原则、非歧视性原则等。从前的GATT和现在的WTO在推动国际经济交流与合作方面起了至关重要的作用,是经济全球化的核心推动力。

---

① 杨小凯:《经济学原理》,中国社会科学出版社1998年版。

世界贸易在20世纪前半叶发展相对较慢，1900—1950年全球商品出口总额从101亿美元增加至609亿美元，年均增长3.66%。①但第二次世界大战以后随着新的国际经济秩序逐步建立、发展和完善，世界贸易增长速度明显加快，1950—2000年间全球商品出口总额从618亿美元增加至64526亿美元，年均增长9.74%。进入21世纪以后，这种增长势头有所减缓，但与20世纪前半叶相比仍然非常快，2000—2013年全球商品出口总额从64526亿美元增加至187851亿美元，年均增长8.57%。自20世纪80年代以来，国际贸易中的服务贸易开始兴起，1982—2013年全球服务贸易出口总额从3254亿美元增加至44043亿美元，年均增长8.77%。跨国投资增加速度更快，1970—2012年全球FDI流入总量从133亿美元增加至13509亿美元，年均增长11.34%。详细数据参见表7-1。

从表7-1中不难发现，无论是全球商品贸易、服务贸易还是对外直接投资，在第二次世界大战之后一直保持快速增长，说明国际分工和交换以及各种跨国经营活动已经发展为常态。尽管在某些时期、某些地区曾经出现过各种动荡和冲突，甚至今天国际环境也不能说非常安定和平，一些宗教冲突、意识形态摩擦以及军事斗争也时有发生，但全球各国的经济已经融合为一个普遍的网络，没有哪一个取得发展成就或试图取得这种成就的国家能够离开国际相互依赖，经济全球化趋势已经不可逆转。为了更直观地显示这种历史趋势，我们将表7-1中的商品、服务和FDI指标值取对数后再描绘成图，如图7-1所示。

二　探索性改革与开放同步进行

中国经济属于典型的转型经济，1978年开始启动市场导向的经济体制改革，推进速度飞快，近30多年来在各个领域都发生了翻天覆地的变化。新中国成立以后很长一段时期运行计划经济体制（又称指令型经济），在这种体制下，生产活动、资源配置甚至商品流通和消费都由政府事先进行计划。计划经济体制最大的优点在于所有人都有工作、自然资源浪费较少、贫富差距不大、资源调动和宏观调控能力极强等，正因为如此，中国在计划经济时代集中资源发展重工业，建立了强大的工业体系，为改

---

① 数据来自联合国统计司网站（http://unstats.un.org/unsd/trade/imts/historical_data.htm），该数据与我们后面使用的联合国贸发组织数据略有出入，但差距不大。

表7-1　全球商品、服务贸易与FDI流入的历史增长：1950—2013年

单位：亿美元

年份	商品出口	年份	商品出口	服务出口	FDI流入	年份	商品出口	服务出口	FDI流入
1950	618	1970	3180		133	1992	37868	9558	1660
1951	828	1971	3546		143	1993	37839	9582	2234
1952	797	1972	4197		149	1994	43226	9990	2560
1953	807	1973	5818		206	1995	51762	11626	3435
1954	851	1974	8423		241	1996	54108	12895	3914
1955	939	1975	8769		266	1997	55995	13636	4882
1956	1041	1976	9934		220	1998	55096	13474	7059
1957	1131	1977	11306		271	1999	57233	14026	10915
1958	1091	1978	13103		344	2000	64526	14873	14132
1959	1177	1979	16636		423	2001	61948	14867	8360
1960	1301	1980	20494	3260	541	2002	64995	15175	6261
1961	1360	1981	20268	3442	695	2003	75896	17620	6012
1962	1432	1982	18968	3254	580	2004	92232	21405	7341
1963	1566	1983	18569	3114	502	2005	105017	24209	9896
1964	1750	1984	19672	3269	568	2006	121269	27475	14806
1965	1896	1985	19648	3428	558	2007	140199	33130	20027
1966	2069	1986	21407	3950	864	2008	161478	36911	18164
1967	2186	1987	25200	4919	1366	2009	125547	33674	12165
1968	2428	1988	28745	5641	1641	2010	153003	36664	14085
1969	2771	1989	31019	6149	1976	2011	183277	40895	16515
		1990	34957	7648	2074	2012	184053	42401	13509
		1991	35167	8696	1538	2013	187851	44043	14600

注：2013年FDI流入数据来自联合国贸发组织的估计值。

资料来源：联合国贸发组织网站（http://unctadstat.unctad.org/ReportFolders/reportFolders.aspx）。

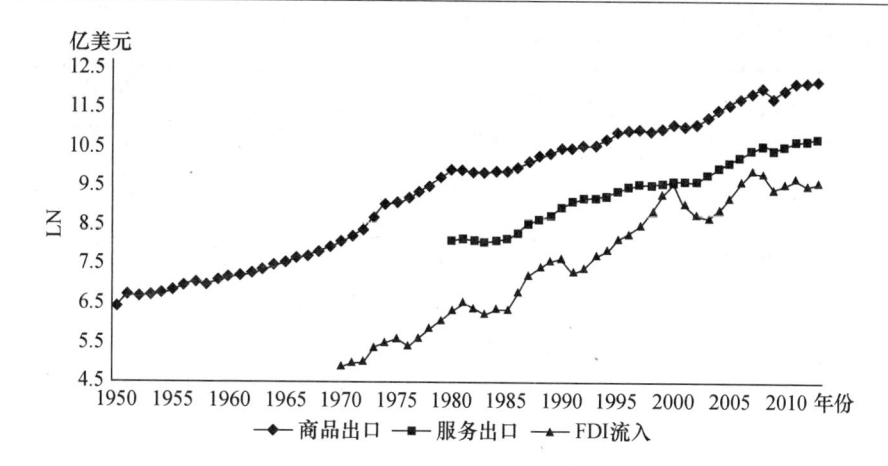

图 7-1 经济全球化：全球商品、服务贸易与 FDI 的历史增长

革开放之后的经济起飞奠定了扎实的基础。但是，计划经济体制存在许多致命的缺陷，如对不能在计划生产与复杂多变的社会需求之间实行有效调节，经济激励弱化造成效率低下，人民生活水平的改善缺乏物质基础，滋生特权与既得利益结构，等等。这些缺陷直接导致了传统计划经济体制的崩溃。然而，如前文所述，中国经济改革最初并没有事先的顶层设计，而是在自下而上、上下交互作用中逐步成形，一切都是探索性的，所谓"摸着石头过河"。

市场化改革的探索性意味着中国经济在许多方面都非常不成熟，市场竞争、行业结构、资源配置、企业经营、管理体制、政府职能等都面临转型，堪称经济系统大换血。事实上，严格地说，中国确定市场经济体制目标是1992年邓小平南方谈话之后的事情，此前在20世纪80年代只是尝试实行有计划的商品经济体制。在商品流通领域，1978年以后从统购统销到自主经营再到现代企业制度，中国流通业的变化可谓翻天覆地，甚至企业的名称也一直在变化。中国流通企业大都成立于20世纪80年代末和90年代，主要企业的成立年份参见表7-2。

表 7-2　　　　中国主要流通企业的成立时间

企业名称	成立年份	2013年中国零售百强排名	企业名称	成立年份	2013年中国零售百强排名
苏宁	1990	1	北京京客隆	1995	50
天猫（淘宝）	2003	2	辽宁兴隆大家庭	1993	51

续表

企业名称	成立年份	2013年中国零售百强排名	企业名称	成立年份	2013年中国零售百强排名
大连大商	1995	3	武汉中商	1985	52
百联	2003	4	北京菜市口百货	1994	54
国美	1987	5	江苏华地国际控股	1994	57
华润万家	1984	6	万达百货	2007	58
京东商城	2004	7	北京迪信通	1993	61
重庆商社	1996	10	南京中央商场	1992	62
山东省商业集团（银座）	1992	11	湖南友谊阿波罗	2004	63
合肥百货大楼	1993	13	江苏无锡商业大厦	1997	64
农工商超市	1993	14	唐山百货大楼	2002	65
永辉超市	2001	15	当当网	1999	69
武商集团（鄂武商）	1986	16	成都红旗连锁	2000	70
宏图三胞	2001	17	天津一商友谊	1985	72
中百控股	1989	18	济南华联商厦	1995	74
石家庄北国人百	2000	19	杭州大厦购物城	1988	75
长春欧亚	1992	21	三江购物俱乐部	1995	76
海航商业控股（西安民生）	1992	22	上海永乐	1996	77
上海豫园旅游商城	1987	23	北京翠微大厦	1997	78
广州百货	2002	24	唯品会	2008	79
王府井百货	1993	25	邯郸市阳光百货	1993	81
利群集团	1988	26	广东嘉荣超市	1992	82
天虹商场	1984	27	广州友谊	1992	83
文峰大世界	1996	30	阜阳华联	1996	84
烟台市振华百货	1994	31	新疆友好	1993	85
腾讯B2C	1998	32	山东全福元	1981	86
山东家家悦集团	1995	33	凡客诚品	2007	88
新一佳	1995	34	北京市顺义国泰	1993	89
步步高	1995	35	山西美特好	1998	90
北京物美商业	1994	37	湖南佳惠百货	1999	91
徽商集团	1995	38	青岛维客	1992	92
金鹰国际商贸	1992	39	信誉楼百货	1984	93

续表

企业名称	成立年份	2013年中国零售百强排名	企业名称	成立年份	2013年中国零售百强排名
人人乐	1996	44	广东大参林	1993	94
北京华联综合超市	1996	45	浙江人本超市	1997	95
首商集团（西单商场）	1993	46	北京超市发	1999	97
山东潍坊百货	1993	47	老百姓大药房	2001	98
茂业国际控股（成商集团）	1993	48	长沙通程控股	1996	99
新华都购物广场	1999	49	中兴—沈阳商业大厦	1987	100

资料来源：各公司的网站介绍，中国商业联合会和中华全国商业信息中心2013年联合发布的"中国零售百强排行榜"，排名依据是2012财务年度的销售额。

值得注意的是，正是由于中国商业改革的动态性，表7-2中列出的企业成立年份并不十分准确，一些企业的前身可以追溯到解放前或计划经济时代，如南京中央商场最初源于1936年开业的中央商场，1947年的新南公司，1964年变成国有企业，1966年改名南京市人民商场，1980年开始经营自主权试点，1987年实行承包经营责任制，1992年改组为股份有限公司，1997年开始集团化运作，成立南京中央（集团）有限责任公司。很显然，要确定南京中央商城确切的成立时间并不是一件容易的事。其他许多企业也是如此，总体上看，中国流通企业大致经历了以下几个阶段：解放前的战乱阶段，新中国成立以后的统购统销阶段，改革开放初期的承包经营阶段，20世纪90年代以后的股份制改造阶段和集团化运作阶段。

然而正是在这种旧的计划经济体制已经开始瓦解、新的市场经济体制尚未建立的情况下，中国同时实行了对外开放政策，开始引进外资、扩大国际经济交流与合作，特别是进入20世纪90年代以来和2001年加入WTO之后，开放步伐明显加快。1950年中国商品出口6亿美元，到1977年增加至76亿美元，年均增长9.86%，但到2013年增加至22096亿美元，年均增长17.07%；1982—2013年中国服务贸易出口从25亿美元增加至2105亿美元，年均增长15.37%；1983—2013年中国FDI流入从9亿美元增加至1176亿美元，年均增长17.64%。详细数据参见表7-3。

表7-3 中国对外贸易（包括商品和服务）与FDI流入：1950—2013年

单位：亿美元

年份	商品出口	年份	商品出口	服务出口	FDI流入	年份	商品出口	服务出口	FDI流入
1950	6	1970	23			1992	849	91	110
1951	8	1971	26			1993	917	110	275
1952	8	1972	34			1994	1210	164	338
1953	10	1973	58			1995	1488	184	375
1954	12	1974	70			1996	1510	206	417
1955	14	1975	73			1997	1828	245	453
1956	17	1976	69			1998	1837	239	455
1957	16	1977	76			1999	1949	262	403
1958	20	1978	98			2000	2492	301	407
1959	23	1979	137			2001	2661	329	469
1960	19	1980	181			2002	3256	394	527
1961	15	1981	220			2003	4382	464	535
1962	15	1982	223	25		2004	5933	621	606
1963	17	1983	222	25	9	2005	7620	739	603
1964	19	1984	261	28	14	2006	9690	914	630
1965	22	1985	274	29	20	2007	12205	1217	748
1966	24	1986	309	36	22	2008	14307	1464	924
1967	21	1987	394	42	23	2009	12016	1286	900
1968	21	1988	475	47	32	2010	15778	1702	1057
1969	22	1989	525	45	34	2011	18984	1821	1160
		1990	621	57	35	2012	20487	1904	1117
		1991	719	69	44	2013	22096	2105	1176

注：2013年FDI流入数据来自中国商务部的估计值。

资料来源：国家统计局网站（http://data.stats.gov.cn/workspace/index?m=hgnd），中国商务部统计数据（http://www.mofcom.gov.cn/article/tongjiziliao/?1265212605=3357678634），以及中国服务贸易指南网（http://tradeinservices.mofcom.gov.cn/a/2014-04-17/235884.shtml）。

从表7-3中可以看出，无论是商品贸易、服务贸易还是吸引外国直接投资，中国在改革开放以后都取得了辉煌的成绩，充分说明中国的对外开放步伐越来越快，已经融入全球经济体系。为了更直观地显示这种历史趋势，我们将表7-3中1983—2013年的商品出口、服务出口和FDI指标值取对数后再描绘成图，如图7-2所示。

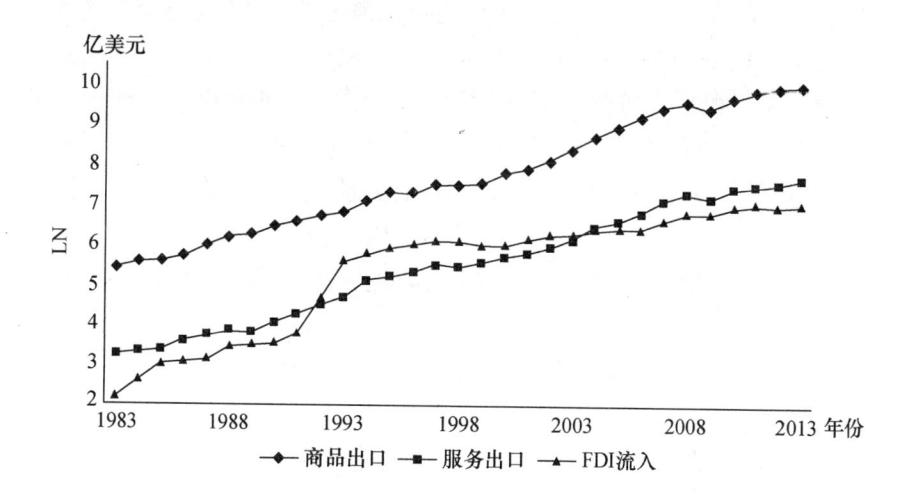

图7-2 中国对外开放：商品出口、服务出口与FDI流入的历史增长：1983—2013年

这种探索性改革与开放同步进行的发展模式给中国民族产业造成了巨大冲击，这种冲击一方面来自转型期新旧体制转换中的磨合与调整，许多企业（尤其国有企业）在短时期内尚不适应市场经济游戏规则；另一方面来自外资企业进入的竞争挑战，因为能够实行国际扩张的公司一般都实力雄厚、经营模式成熟、竞争力非常强。这种局面导致中国本土产业在近30多年来发展得非常艰难。当然，这种艰难无法避免，并且从更长期来看也十分必要，新的体制和新的国际环境要求中国企业逐步适应和调整，最终发展壮大走出国门，以更积极的态度应对国际竞争。但是从短期来看，这种局面显然会损害中国民族产业的利益，因此我们说探索性改革与开放同步进行也是影响中国流通产业安全的重要现实因素。

三　流通业成为开放前沿领域

如上所述，中国改革与开放是同步进行的，但这种开放并非一下子全面铺开，而是分层次、分领域地逐步开放。考虑到流通业在国民经济及人民日常生活中的基础性地位和作用，在对外开放初期，中国并没有对外资开放流通业。直到1992年以后中国才开始尝试开放流通业，但对进入流通领域的外资在股权比重、经营范围、地区等方面均设定了一些相对严格的限制条件。① 这里我们猜测中央政府还有另外一个考虑，那就是中国国内流通体系在20世纪80年代正处于青黄不接的时期：旧的国营商业、供销社系统正在快速瓦解，商业改革尚处于探索阶段，民营流通企业才开始萌芽，谈不上成长和发展。中国最大家电连锁企业之一国美电器成立于1987年，其他民营流通企业大都成立于20世纪90年代以后（详细情况参见表7-2）。在这样的背景下，中国政府在流通业对外资开放的问题上是比较谨慎的，1992年才开始尝试。然后如前文所述，由于地方政府对外资商业的极大热情，导致这种尝试最终演化为外资商业的大规模抢滩登陆，这是中央政府始料未及的。在中央与地方多次博弈之后，2001年迎来了中国加入WTO这一历史性事件，根据"入世"协议，中国承诺2004年对外资全面开放商品分销领域，意味着流通业开始成为中国对外开放的前沿领域。

通过历史数据考察也可以看出中国流通业走向全面开放的过程。以批发零售业为例，1999年外资企业只有293家，到2012年增加至5423家，占批发零售业总体比重从1.08%增加至3.91%；1999年外资企业资产只有383亿元，到2012年增加至21567亿元，占批发零售业总体比重从2.09%增加至13.05%；1999年外资企业销售收入只有455亿元，到2012年增加至44894亿元，占批发零售业总体比重从1.89%增加至12.30%。无论从哪个指标看，外资商业进入中国流通业的规模越来越大，在中国国内同行业所占比重也越来越高。有人可能认为这是中国对外开放的大势所趋，是整个经济对外开放程度增加的结果。整个经济外向度增加固然带动了流通业的外资进入，但情况不仅如此。从中国实际利用FDI的行业分布变化可见一斑，1997年批发零售业实际利用FDI只有14亿美元，占全国比重为3.09%，到2012年该数字变成95亿美元，占全国比重上升至8.50%（详细数据参见表7-4）。事实上，批发零售业当前已经成为外资进入最多的行业之一，仅次于制造业和房地产业，而在2004年批发零售业实际利用FDI在所有行业中排在第10位。中国各行业实际利用FDI详细的排位变化，参见表5-9。

---

① 如前文所述，事实上1983年《中华人民共和国中外合资经营企业法实施条例》就开始允许合营企业在中国国内销售本公司产品，雅芳就属于这一类型。另外也有少部分地区在1992年以前就违规引入了外资商业，如日本的八佰伴1991年就进入深圳。

表 7-4　　　　　　　中国批发零售业的外资进入情况

年份	批零业企业（个）			批零业资产（亿元）			销售收入（亿元）			实际利用 FDI（亿美元）		
	总体	外资	比重	总体	外资	比重	总体	外资	比重	全国	批零业	比重
1997	—	—	—	—	—	—	—	—	—	453	14	3.09
1998	—	—	—	18272	—	—	23261	—	—	455	12	2.64
1999	27115	293	1.08	18285	383	2.09	24042	455	1.89	403	10	2.48
2000	25567	304	1.19	19092	565	2.96	28592	813	2.84	407	9	2.21
2001	25543	410	1.61	19220	616	3.20	30303	1252	4.13	469	12	2.56
2002	26605	695	2.61	20993	964	4.59	35127	2156	6.14	527	9	1.71
2003	27340	785	2.87	23381	1195	5.11	41889	2806	6.70	535	11	2.06
2004	52448	—	—	35590	—	—	78060	—	—	606	7	1.16
2005	47698	1405	2.95	36532	3001	8.21	82892	6993	8.44	603	10	1.66
2006	51788	1553	3.00	41489	3472	8.37	96395	7614	7.90	630	18	2.86
2007	55737	1870	3.36	50507	4963	9.83	118392	10700	9.04	748	27	3.61
2008	100935	3921	3.88	75118	8778	11.69	187657	20366	10.85	924	44	4.76
2009	95468	3657	3.83	85339	10249	12.01	181554	19895	10.96	900	54	6.00
2010	111770	4266	3.82	108556	13471	12.41	248874	29048	11.67	1057	66	6.24
2011	125223	5274	4.21	138288	18963	13.71	320929	40618	12.66	1160	84	7.24
2012	138865	5423	3.91	165231	21567	13.05	364902	44894	12.30	1117	95	8.50

资料来源：中经网统计数据库。

从表 7-4 中的数据可以看出，外资商业进入中国的步伐，特别是 2004 年年底中国全面开放分销领域以后，外资商业在中国市场的布局已不再受地域、股权、经营形式等方面的限制。有关中国流通业开放的历史过程，可参见前文第四章的详细讨论。2014 年 11 月 4 日，中国国家发改委在其网站上公布最新的《外商投资产业指导目录》（征求意见稿），将"限制外商投资产业目录"从 2007 年的 86 条缩减为 2011 年的 79 条，2014 年进一步缩减为 35 条。最近一次缩减幅度非常大，批发零售业限制外商投资产业目录从上一版的 6 条减少为现在的 3 条，直销、邮购、网上销售，除粮食、棉花以外的农业产品及物资，除电影外的音像制品分销等领域都进一步放开，不再列入"限制类"。总之，就当前形势来看，流通业已成为中国对外开放的前沿领域，大量外资商业巨头的进入必然对中国本土商业造成冲击，这是影响中国流通产业安全的又一现实因素。

第三节 政策层面

产业安全与国家产业政策有密切联系,包括整个国家的宏观开放政策,针对特定行业的外资进入和管理政策,以及本国产业的改革、发展和规制政策。对于流通业而言,中国政府在政策层面上可谓"摸着石头过河",原因如前所述,中国商业改革与开放是同步进行的,流通体制在不断变革,旧体制的瓦解和新体制的建立需要一个长期的过程,新的流通现象在不断地产生,国内和国际流通环境在不断变化,等等,导致一些具体的流通规制政策刚出台不久很快就变得不合时宜,跟不上复杂多变的流通实践,从而影响中国流通产业安全。

一 流通规制滞后于流通发展

中国流通产业规制政策由来已久,最初只是针对国内流通管理体制,到改革开放以后才开始逐步考虑外资商业进入和管理问题。新中国成立初期,中国整个宏观经济孱弱无力,资源极度匮乏,又面临西方资本主义国家在国际上的全面封锁,因此只能选择自力更生的发展道路。在这种形势下,市场经济显然是行不通的,确立全民所有制领导地位,全面实行社会主义计划经济体制是当时必然的选择。这种选择的推行首先从流通领域开始,中央人民政府政务院于1950年3月10日发布了《关于统一全国国营贸易实施办法的决定》,开始全面改造原有的商业系统。为了稳定物价,政府通过征收公粮和收购余粮,打击粮食市场上的投机行为,逐步控制中小商业资本的市场操纵,为私营工商业的社会主义改造奠定了基础。后来又经过国家资本主义的低级形式和高级形式,逐步推行国有化,建立了全国统一的计划经济商业管理体制,主要包括商业、供销、粮食、物资、外贸五大系统:日用品流通属于商业部系统,设百货、五交化、副食品等八大公司;农副产品流通属于供销社系统,设土产、生资、果品等五大公司;粮食流通属于粮食系统,设粮油专业公司和粮站;生产资料流通属于物资系统;进出口属于外贸系统。[①] 1955年成立的全国第一家大型百货商

[①] 黄新生、李宏彪:《计划经济时期商业的回顾与启迪》,《商场现代化》2006年第12期,第53—54页。

店——北京市百货大楼，号称计划经济时代的零售"第一店"，正是这种背景体制变革的产物，也是当前流通百强王府井百货的前身。

然而，这种统购统销的流通体制很快就暴露出问题，跟不上流通实践的发展。在票证制度实行不久，黑市交易开始抬头，凭票供给并不能完全确保商品分配的公平。更严重的是，由于国家定价，企业生产计划完全由政府决定，企业生产经营完全不能自主，劳动者积极性受到损害，产量下滑，供需矛盾进一步恶化。即便基本的生活保障也难以实现，人民群众吃饭难、修理难、理发难、洗澡难问题突出，更不用说其他日常生活用品的供给了。计划经济体制的效率问题是导致1978年改革发起的直接诱因。为了调动劳动者积极性，中央十一届三中全会决定开始改革经济系统，先后出台了一系列鼓励商业发展的政策。事实上，市场一放开之后，许多商业个体户便开始活跃起来，最典型的就是卖瓜子的年广九，他在1979年就注册了"傻子瓜子"商标，发展速度非常快，经营规模数百万，这在当时不是一个小数目。而相比之下，国营商业的发展仍然处于探索阶段，根据1982年商业部、财政部、国家劳动总局、国家物价总局联合颁发的《国营工业品零售企业管理条例》，政府对流通企业的机构设置、经营范围、组织领导、权限和责任、进销管理、财务管理等方面提出了具体规定，但与从前相比有了一个重要进步，那就是让企业拥有一定的经营自主权，实行经营责任制，不搞平均主义。总体上看，在20世纪80年代个体工商业快速萌芽、发展的时期，国营商业和供销社却陷入困境，主要原因在于体制方面。随着改革方向的逐渐明朗，为了解除商业企业经营的政策束缚，搞活商业，1986年国务院宣布废除一批旧的商业法规，参见表7-5。

表7-5　　　　　1986年国务院宣布废除的商业法规目录

颁发日期	名　称
1950.3.10	政务院关于统一全国国营贸易实施办法的决定
1950.4.20	政务院财经委员会关于严禁机关部队从事商业经营的指示
1950.11.9	政务院财经委员会关于《对于目前棉纱管理的办法》的通知
1951.1.4	政务院财经委员会关于统购棉纱的决定
1952.10.14	政务院财经委员会关于国营工业与国营贸易在同一市场出售同一商品价格必须一致的通知

续表

颁发日期	名 称
1952.11.15	政务院财经委员会批转中央商业部复华东贸易部调整批零差价与批发起点的信的通知
1952.12.15	政务院财经委员会转发商业部关于调整地区差价的报告的通知
1953.8.24	政务院财经委员会关于国营商业对部队的优待问题的批复
1953.11.29	政务院财经委员会转发中央粮食部关于粮价会议的报告并给各地的指示
1954.5.18	政务院财经委员会关于执行一九五四年新麦统购价格的通知
1954.9.9	政务院关于实行棉花计划收购的命令
1954.9.14	中央人民政府政务院关于实行棉布计划收购和计划供应的命令
1954.9.17	政务院财经委员会批转粮食部关于一九五四年中央掌握八十四个市场新秋粮统购价格方案和粮价座谈会议中存在的几个问题的意见的通知
1955.2.16	国务院关于军人供应社的几项规定
1955.3.16	国务院关于一九五五年预购棉花的指示
1955.4.21	国务院批转商业部一九五四年物价情况和一九五五年物价方针的请示报告的通知
1955.4.29	国务院批转粮食部一九五五年小麦价格方案的通知
1955.8.9	国务院批转粮食部对调整农村（集镇）及县城粮食购销价格差率的意见的通知
1955.8.24	国务院批转商业部关于第一届全国商业组织工作会议的报告和全国供销合作总社关于全国供销合作社供应采购业务会议的报告的通知
1955.10.11	国务院关于做好粮食三定业务工作的指示
1955.10.28	国务院批转粮食部关于薯类经营问题报告的通知
1955.12.17	国务院关于修订棉花收购任务继续加强棉花收购的指示
1955.12.22	国务院关于一九五六年预购棉花的指示
1956.1.11	国务院关于请速建立农产品采购机构，以便开展采购业务的通知
1956.1.28	国务院批转农产品采购部关于农产品采购厅、局长座谈会中几个主要问题的报告的通知
1956.1.31	国务院关于对农产品采购部《关于调高茶叶购销价格意见的报告》的批复
1956.2.21	国务院关于建立县商业局和扩大各省、自治区、直辖市商业厅（局）编制的通知
1956.3.1	国务院关于改进原棉供应及纺织用棉降级使用的贴补等问题的讨论纪要的通知
1956.3.3	国务院批转全国供销合作总社关于耕畜市场情况的报告的通知
1956.3.5	国务院关于国营商业工业品经营机构下伸的决定
1956.3.17	国务院关于适应目前农村存棉零星的特点推行流动收棉方法的通知

续表

颁发日期	名称
1956.3.26	国务院转发商业部、农业部全国供销合作总社关于第一次全国大中城市、工矿区蔬菜工作会议总结（摘要）的通知
1956.7.28	国务院关于对私营工商业、手工业、私营运输业的社会主义改造中若干问题的指示
1956.7.29	国务院关于私营工商业、手工业、私营运输业的社会主义改造中若干问题的补充指示
1956.10.6	国务院关于农业生产合作社粮食统购统销的规定
1956.10.24	国务院关于放宽农村市场管理问题的指示
1956.11.1	国务院关于棉花统购工作的指示
1956.11.14	国务院关于各地不得自动提高国家统购和统一收购的农副产品的收购价格的指示
1956.12.25	国务院关于调整若干商业部门经营分工和组织机构的规定
1957.1.4	国务院关于提高芝麻的收购价格的指示
1957.1.6	国务院关于工商之间的业务关系仍按现行办法执行的通知
1957.1.8	国务院关于提高桐油、茶油、木油、柏油收购价格的指示
1957.1.14	国务院关于工商之间的业务关系仍按现行办法执行的补充通知
1957.2.5	国务院第五办公室批转粮食部关于目前油料统购油脂供应工作存在问题和意见的报告的通知
1957.2.28	中共中央、国务院关于发展养猪生产的决定
1957.3.11	国务院对各省市设立城市服务机构的意见
1957.3.19	国务院批准商业部关于改进商业部系统组织设置和领导关系的报告的通知
1957.3.22	国务院关于提高菜油、芝麻油、茶油、桐油、木油、柏油和东北、内蒙豆油销售价格的指示
1957.3.27	国务院关于目前油脂工作安排的指示
1957.6.1	国务院第五办公室批转城市服务部《关于生猪经营实行统一领导分级负责制的报告》的通知
1957.6.11	国务院关于提高贫瘠山区和边远地区粮食价格的通知
1957.7.2	国务院关于调整菜牛和牛皮收购价格问题的通知
1957.7.15	国务院批转全国供销合作总社关于发展短绒棉生产的报告的通知
1957.8.17	国务院关于由国家计划收购（统购）和统一收购的农产品和其他物资不准进入自由市场的规定
1957.9.16	国务院第五办公室转发粮食部关于提出降低豆饼、棉籽饼销价报告的通知

续表

颁发日期	名　称
1957.10.14	国务院关于对防护用品的发放和管理进行整顿的通知
1957.10.25	国务院关于改进城市、工矿区猪肉供应的规定
1957.10.25	国务院关于各级脑力劳动者食用植物油补助供应的规定
1957.10.26	国务院关于将核桃列入统一收购物资的通知
1957.11.1	国务院第五办公室转发城市服务部关于城市服务业管理工作的报告的通知
1957.11.18	国务院关于改进商业管理体制的规定
1957.12.3	国务院第五办公室关于调整部分地区小杂粮价格的通知
1957.12.23	国务院关于实行棉籽短绒计划收购和统一分配的通知
1957.12.27	国务院关于做好今冬明春蔬菜供应工作的指示
1958.3.10	国务院批转第二商业部关于加强牲畜经营的报告的通知
1958.4.11	国务院关于改进粮食管理体制的几项规定
1958.4.16	国务院转发农业部、粮食部、轻工业部关于促进油料油脂增产问题的联合报告的通知
1958.11.19	国务院关于农副产品、食品、畜产品、丝绸等商品分级管理办法的规定
1958.12.29	中共中央、国务院关于进一步加强蔬菜生产供应工作的指示
1959.2.12	国务院批转商业部关于商品分级管理办法的报告的通知
1959.5.26	国务院关于将商业部系统二级批发站立即收归省商业厅领导的通知
1959.10.11	国务院转发国家计委关于解决目前棉花加工设备不足问题的报告的通知
1959.11.4	国务院财贸办公室关于调整十二个省、区芝麻统购价格的通知
1960.2.26	国务院批转商业部关于改进农村人民公社商业管理体制意见的报告和附件《关于农村人民公社对基层国营商业实行利润提成的规定》的通知
1960.3.23	国务院关于目前几项物价问题的通知
1960.9.6	国务院批转科学技术委员会、轻工业部、商业部关于全国野生植物综合利用黄山现场会议的报告的通知
1961.1.21	国务院财贸办公室关于抓紧棉籽短绒生产、实行剥绒奖励的通知
1961.4.4	国务院关于提高粮食统购价格的通知
1961.4.4	国务院关于提高油脂油料统购和统销价格的通知
1961.10.13	国务院财贸办公室关于收购油脂奖售棉布的通知
1962.4.26	中共中央、国务院关于国营商业和供销合作社分工的决定
1962.4.28	国务院财贸办公室关于在大城市开始出售高价针织品和高价手表的通知

续表

颁发日期	名称
1962.5.5	国务院关于商业部系统恢复和建立各级专业公司的决定
1962.5.23	中共中央、国务院批转财贸办公室关于调整北京市某些主销农村小商品价格的报告的通知
1962.5.31	国务院关于收购农副产品奖售办法的几项通知
1962.11.9	国务院财贸办公室批转全国供销合作总社关于一九六二年棉短绒生产计划安排意见的报告的通知
1962.12.26	中共中央、国务院关于一九六三年发展棉花生产的决定
1963.1.22	中共中央、国务院批转商业部、对外贸易部、民委党组关于第五次民族贸易工作会议情况的报告的通知
1963.8.3	国务院批转全国物价委员会和粮食部关于粮价会议的报告的通知
1963.8.6	国务院关于加强猪鬃收购工作注意提高猪鬃质量的指示
1963.8.15	国务院关于收购籽棉和皮棉若干问题的规定
1963.8.22	国务院关于加强酒类专卖管理工作的通知
1963.9.4	国务院财贸办公室关于橡子奖布问题的通知
1963.11.12	国务院关于以工业品换购粮食的暂行办法
1964.3.12	国务院批转粮食部关于进一步发动群众利用零星土地增产蓖麻籽的报告的通知
1964.4.7	国务院关于调整城镇居民食油供应定量的通知
1964.5.14	国务院批转粮食部、总后勤部制定的《战备粮、油、马草管理暂行办法》的通知
1964.5.23	国务院批转粮食部关于改进粮食部门工业企业劳动管理体制的报告的通知
1964.6.26	国务院批转商业部、全国手工业合作总社关于改进三类日用工业品经营方针和流通形式的意见的通知
1964.11.3	国务院关于提高非农业人口食油供应定量标准的通知
1964.12.8	国务院关于取消对高级脑力劳动者的食用植物油补助和十七级以上干部大豆补助的通知
1965.1.6	国务院批转全国供销合作总社关于五棉短绒生产情况和意见的报告的通知
1965.5.3	国务院批转农业部、全国供销合作总社麻类生产座谈会纪要的通知
1965.6.1	国务院批转粮食部、总后勤部修订的《军用战备粮、油、马草管理暂行办法》的通知
1965.9.21	中共中央、国务院批转全国供销合作总社党组关于废旧物资工作情况的报告的通知
1965.10.28	国务院批转粮食部关于开展农村集体储备粮工作座谈会的报告的通知

续表

颁发日期	名称
1965.12.17	国务院批转全国供销合作总社关于改革供销合作社财务管理体制的报告的通知
1966.1.13	国务院批转全国供销合作总社、林业部关于迅速恢复和发展毛竹生产的报告的通知
1966.3.30	国务院关于调整侨汇粮食供应标准的通知
1966.5.9	国务院批转粮食部关于生产队集体储粮存在问题的报告的通知
1968.1.27	国务院关于稳定农民粮食负担一定三年政策在一九六八年继续延用一年的通知
1969.11.16	国务院关于抓紧粮棉油收购工作的通知
1970.3.31	国务院转发全国供销合作总社军代表关于改革化肥、农药分配体制问题的报告的通知
1971.3.23	国务院转发农林部、卫生部、商业部关于安全使用农药问题的报告的通知
1972.5.23	国务院批转商业部关于少数民族特需商品生产和供应情况的报告的通知
1973.6.13	国务院批转商业部关于废旧物资回收利用情况和意见的报告的通知
1973.10.8	国务院批转商业部关于认真执行棉纱棉布及主要针棉织品统购统销政策的意见的通知
1973.12.2	国务院关于进一步做好当前农副产品收购工作的通知
1974.1.21	国务院关于进一步做好粮食购销工作的通知
1975.1.26	国务院关于继续抓紧粮食工作的通知
1977.10.5	国务院关于抓紧当前粮食工作的通知
1978.4.4	国务院关于棉花生产几项政策规定的通知
1978.6.7	国务院批转全国桐油会议纪要的通知
1978.7.5	国务院关于坚决纠正各地自行增加收购农副产品奖售粮的通知
1978.9.9	国务院批转商业部关于北方秋菜收运供应工作会议的汇报提纲的通知
1978.12.25	国务院批转商业部、国家物价总局关于友谊商店供应外宾粮油、副食品实行优质优价原则的报告的通知
1979.10.17	国务院批转商业部关于当前商业工作几点意见的报告的通知
1980.6.16	国务院关于茶叶精制加工问题的通知
1980.6.30	国务院关于认真贯彻棉纱、棉布及主要针棉织品统购统销政策的通知

续表

颁发日期	名　称
1981.4.24	国务院批转粮食部等部门关于调减主要稻谷集中产区五十亿斤粮食征购基数的报告的通知
1981.4.24	国务院关于加强茶叶工作的通知
1981.7.28	国务院批转全国供销合作总社关于当前农副产品收购几个问题的报告的通知
1981.8.21	国务院办公厅转发供销合作总社关于全国棉花收购、加工工作会议情况的报告的通知
1981.9.18	国务院办公厅关于无定购基数的单位和个人交售的棉花奖售粮食的通知
1982.7.28	国务院关于改进油菜籽收购办法致江苏、四川等十三省市人民政府的电报
1983.6.25	国务院批转商业部关于多购夏粮和减少进口粮的报告的通知
1983.10.29	国务院批转商业部关于调整农副产品购销政策组织多渠道经营的报告的通知
1984.4.5	国务院关于稳定和发展生猪生产的指示
1984.5.23	国务院关于做好夏季粮油征购和销售工作的通知

资料来源：《国务院宣布废止的商业法规目录》，1986年7月25日国发〔1986〕82号。

表7-5中商业法规的出台都有一定的历史背景，符合当时稳定和发展国内商品流通系统的需要，但改革开放以后，这些法规逐渐不合时宜，在最初几年对商业领域进行常识性放开之后，1986年国务院正式宣布废除计划经济时期颁布的这一大批法规，标志着中国商业体制改革开始全面铺开。当时废除的法规甚至包括1984年的文件，也就是说，这些文件施行只有两年就宣布废止了，足以说明20世纪80年代初中国商品流通体制和流通环境变化得非常快。但是，从另一方面看，也说明中央的流通政策滞后于现实中的流通实践，新中国成立初期的旧法规直到1986年才废止，意味着此前很长一段时期内这些法规仍然对流通活动起着规制作用。

进入21世纪以后，一些新的业态风起云涌，尤其是电子商务，对传统流通业态、流通方式、流通技术、流通组织、流通环节等各个方面都造成了前所未有的挑战，即所谓的"电商革命"。2013年中国百强第一名首次被电商占据，天猫以3470.4亿元的销售规模超过苏宁成为中国零售老大。另一家知名电商京东的发展势头也非常迅猛，排名从前一年度的第7位上升至第5位。电商首次超过实体店并不仅仅代表着单个企业的发展，而是说明零售业态和零售组织开始发生重要变化。但在这些新兴业态产生和发展的过程中，也难免出现一些这样那样的问题，如支付安全、私人信息、假冒伪劣、交易纠纷、税收征缴等，但对应这些新现象和新问题的法律规制基本上没有。这也是流通规制滞后于流通发展的一个重要方面。

二 统一政策不适于差异化的地区特征

中国是一个大国，而且是一个地区不平衡、城乡不平衡、行业不平衡的大国。尤其是地区不平衡问题，导致东中西部省份的流通产业发展差距非常大，东部地区流通业相对发达，中西部地区流通业发展相对落后。东部地区人口只占全国的40%左右，而批发零售企业的数量和主营业务收入占全国比重超过了60%。1999—2012年，东部地区批发零售企业数量和主营业务收入占全国比重分别从58.00%和68.64%增加至64.72%个和73.07%，分别提高了6.72个和4.43个百分点，同时，东部地区人口占全国比重也提高了4.09个百分点，从37.35%增加至41.44%，详细数据参见表7-6。结果，近十多年来，中国流通业本来就不平衡的发展格局变得更加严重，地区间发展差距越来越大。

表7-6　　　　中国东中西部地区流通业的非均衡发展

单位：万人、个、亿元、%

地区	省、市、自治区	人口		限额以上批发零售企业			
				数量		主营收入	
		1999年	2012年	1999年	2012年	1999年	2012年
东部地区	北京	1257	2069	2545	8110	2003	44178
	天津	959	1413	840	4534	568	20089
	河北	6614	7288	1013	3215	722	8327
	辽宁	4171	4389	1105	6276	1161	13455
	上海	1474	2380	944	6662	2233	42188
	江苏	7213	7920	1756	13611	2227	30453
	浙江	4475	5477	2264	12917	2339	29084
	福建	3316	3748	1167	6254	888	11790
	山东	8883	9685	1874	13661	1529	23362
	广东	7270	10594	2126	14147	2776	42113
	海南	762	887	92	485	56	1605

续表

地区	省、市、自治区	人口		限额以上批发零售企业			
				数量		主营收入	
		1999年	2012年	1999年	2012年	1999年	2012年
中部地区	山西	3204	3611	629	2919	285	9119
	吉林	2658	2750	445	1346	243	2998
	黑龙江	3792	3834	673	1939	419	4595
	安徽	6237	5988	687	4036	541	6531
	江西	4231	4504	525	1498	267	2650
	河南	9387	9406	1694	6368	782	7739
	湖北	5938	5779	1100	5167	660	10601
	湖南	6532	6639	849	3515	556	5363
西部地区	内蒙古	2362	2490	359	1667	175	3654
	广西	4713	4682	701	2185	435	3700
	重庆	3075	2945	472	3668	289	7506
	四川	8550	8076	781	5252	667	8605
	贵州	3710	3484	206	1285	212	2464
	云南	4192	4659	926	2616	948	6190
	西藏	256	308	19	81	10	133
	陕西	3618	3753	353	2325	334	6072
	甘肃	2543	2578	306	1092	203	2903
	青海	510	573	100	214	36	1029
	宁夏	543	647	121	432	46	903
	新疆	1774	2233	443	1388	430	5507
加总		124219	134789	27115	138865	24040	364906
东部地区		46394	55850	15726	89872	16502	266644
东部地区占比		37.35	41.44	58.00	64.72	68.64	73.07
中部地区		41979	42511	6602	26788	3753	49596
中部地区占比		33.79	31.54	24.35	19.29	15.61	13.59
西部地区		35846	36428	4787	22205	3785	48666
西部地区占比		28.86	27.03	17.65	15.99	15.74	13.34

资料来源：中经网统计数据库，以及作者整理、计算。

而在流通政策方面，中央只是根据全国商业改革和商业开放的步伐，实行统一的规定，导致落后地区和发达地区的流通业发展都受到限制。尤其在引进外资方面，中央政策往往是"一刀切"，没有考虑东中西部地区之间以及各个省市之间流通发展实践上的差距。比如发改委和商务部自1995年开始发布《外商投资产业指导目录》，每隔几年便修订一次，但其中无论是"鼓励外商投资产业目录"还是"限制外商投资产业目录"，都是全国统一的，没有考虑地区差别。这种政策可能会导致流通发达的东部地区愈加发达，流通落后的中西部地区愈加落后，流通发展的地区差距进一步扩大。根据我们前面所述的流通产业安全概念及度量方法，这种非均衡发展必将影响中国作为一个整体上的流通产业安全。

三 地方政策与中央方针不一致

在流通开放的政策实践方面，各省市考虑到本省的实际情况，也出台了一些自己的规定，或者没有正式的政策文件，而只是表现为政府默许。这些有关引进外资商业的地方政策，或者说地方政府行为，或者说地方政府默许的行为，在很多时候与中央方针是不一致的。特别是在具体的实际事务上，地方政府有很大的操作空间。关于这一点，我们前面在分析中国流通业开放历程和"逆向型"开放特征时已有论述。以下将从发改委和商务部的《外商投资产业指导目录》的内容变化中再进一步梳理地方政府政策与中央方针政策的不一致性。

国家发改委和商务部自1995年开始出台《外商投资产业指导目录》，每隔几年便修订一次，至今已经修订了5次，目前正在进行第6次修订，2014年11月国家发改委公布了第6次修订稿的征求意见稿。从历次《外商投资产业指导目录》的内容调整和变化中可以找到中央对外商投资的一些指导性意见。

从表7-7中可以看出中央对流通业开放基本方针的分阶段调整情况。从《外商投资产业指导目录》的历次调整情况来看，自1995年以来中央除了在2014年最新发布的征求意见稿中将"烟叶、卷烟、复烤烟叶及其他烟草制品的批发、零售"列入"禁止类"，以前从未禁止外商投资流通业，因此我们对这一目录各个版本的内容比较主要集中于鼓励类和限制类。在1995年和1998年的《外商投资产业指导目录》中，中央对外商投资流通业采取的方针是不鼓励、不禁止、要限制；2002年、2004年和2007年中央开始鼓励外资进入一般商品的批发、零售和物流配送，但对于具体的业态和产品行业有着具体的限制性规定，如直销、网上销售、特许

表7-7 历次《外商投资产业指导目录》中有关流通业内容的变化

年份	鼓励类	限制类	禁止类
1995	无	商业零售、批发（不允许外商独资经营）；物资供销（不允许外商独资经营）；金银、珠宝、首饰批发和销售	无
1998	无	国内商业（不允许外商独资且由中方控股或占主导地位）；金银、珠宝、首饰批发和销售	无
2002	一般商品的批发、零售、物流配送	商品交易、直销、邮购、网上销售、特许经营、委托经营、销售代理、商业管理等各类商业公司，以及粮、棉、植物油、食糖、药品、烟草、汽车、原油、农业生产资料的批发、零售、物流配送	无
2004	一般商品的批发、零售、物流配送	商品交易、直销、邮购、网上销售、特许经营、委托经营、销售代理、商业管理等各类商业公司，以及粮、棉、植物油、食糖、药品、烟草、汽车、原油、农业生产资料的批发、零售、物流配送；图书、报纸、期刊的批发、零售业务；音像制品（除电影外）的分销；商品拍卖；货物租赁公司；成品油批发及加油站建设、经营	无
2007	一般商品的配送；现代物流	直销、邮购、网上销售、特许经营、委托经营、商业管理等商业公司；粮、棉、植物油、食糖、药品、烟草、汽车、原油、农药、农膜、化肥的批发、零售、配送（设立超过30家分店、销售来自多个供应商的不同种类和品牌商品的连锁店由中方控股）；音像制品（除电影外）的分销（限于合作、中方控股）；商品拍卖；成品油批发及加油站（同一外国投资者设立超过30家分店、销售来自多个供应商的不同种类和品牌成品油的连锁加油站，由中方控股）	无
2011	一般商品的共同配送、鲜活农产品低温配送等现代物流及相关技术服务；农村连锁配送；托盘及集装单元共用系统建设、经营	直销、邮购、网上销售；粮食收购，粮、棉、植物油、食糖、烟草、原油、农药、农膜、化肥的批发、零售、配送（设立超过30家分店、销售来自多个供应商的不同种类和品牌商品的连锁店由中方控股）；大型农产品批发市场；音像制品（除电影外）的分销（限于合作）；成品油批发及加油站（同一外国投资者设立超过30家分店、销售来自多个供应商的不同种类和品牌成品油的连锁加油站，由中方控股）	无

续表

年份	鼓励类	限制类	禁止类
2014	一般商品的共同配送、鲜活农产品和特殊药品低温配送等物流及相关技术服务；农村连锁配送；托盘及集装单元共用系统建设、经营	粮食收购；粮棉批发；大型农产品批发市场；加油站（同一外国投资者设立超过30家分店、销售来自多个供应商的不同种类和品牌成品油的连锁加油站，由中方控股）	烟草批发零售

注：2014年的最新版本尚处于征求意见稿。

经营、粮棉油糖药、农资、音像等；在2011年《外商投资产业指导目录》修订版中，中央进一步放开流通业，"特许经营、委托经营、商业管理等商业公司"和"商品拍卖"已不属于限制类，鼓励类的目录也进一步细化了，尤其鼓励外资商业进入农村商品流通领域；到了2014年最新版本的征求意见稿中，流通业被列入限制类的目录就更少了，只剩下粮食收购、粮棉批发、大型农产品批发市场和加油站，电子商务、音像制品、农业物资等领域已不再是限制类，但首次明确禁止外资商业进入烟草的批发和零售（从前属于限制类），并且鼓励类的流通领域进一步扩宽至特殊药品低温配送。从以上《外商投资产业指导目录》内容变化中可以看出，中央对外资商业的态度和政策是渐进的，逐步开放。

然而在实践层面上并非如此，各地方政府远远走在前面。一些地方在事先了解和预测中央政策未来走向的时候就开始先行一步，向外资商业提前开放即将开放的领域。另一些地方则对中央政策几乎完全不管不顾，只根据地方经济发展和GDP增长目标的需要，为刺激商业地产扩张而大举引入外资商业，至于中央所规定的外资股权比重限制、行业限制、业态限制，有时候明目张胆，有时候打擦边球，有时候暗度陈仓。总之，地方政府的做法与中央步调很大程度上不一致，超前开放了流通业，这一点在前文有关"逆向型"开放的章节已有论述，这里不再详细展开讨论。地方政策与中央方针的不一致，是影响中国流通产业安全的又一重要因素。

四 行业协会的规制作用缺失

对于产业运行的管理和调节，除了政府之外，还有一个重要的规制力量，那就是行业协会。行业协会尽管不是政府组织，但对行业内企业（协会成员）的市场行为具有一定的约束作用，它们在为企业提供公共信息交流平台等帮助的同时，也能对企业成员的不当行为采取建议、限制甚至惩罚措施。在中国，流通领域的行业协会主要有1994年成立的中国商业联合会，1997年成立的中国连锁经营协会，2001年成立的中国物流与采购联合会，[①] 2002年成立的中国农产品市场协会，2009年成立的中国快递协会，等等。这些行业协会一般都在各省、市、自治区设有分支机构，长期以来对流通产业的发展、流通企业的业务交流以及流通竞争的行为规范等方面都起着重要推动作用。但这只是行业协会作用的一个方面，另外还有一个方面是强化行业自律。

就目前情况来看，中国流通领域的行业协会在强化行业自律方面的作用非常有限。尽管每个协会在组织章程中都明确了"加强行业自律"或"强化竞争规范"的条款，但由于行业协会不属于政府机构，因此便没有强制性的惩罚措施。众所周知，没有附加惩罚条款的规定是难以得到严格遵守的。尤其在外资商业快速进入和竞争形势转向国内竞争国际化的情况下，行业协会的这种规制作用缺失会造成很大的问题，实际中的恶性竞争现象屡见不鲜。国内一些民族商业在商业用地、价格、采购、选址、品类选择等各个方面不惜代价相互排挤、相互打压，最后好处和利益都拱手让给了外资，可谓渔翁得利。在WTO规则下，针对流通业这些微观领域的企业行为，政府主管部门是不便参与和介入的。因此，流通行业协会规制作用的缺失导致民族商业内部竞争加剧，也是影响中国流通产业安全的一个因素。

第四节 企业层面：基于比较视角

任何一个国家产业竞争力的提升和产业安全的保障最终依赖于本土企业经营能力增强，流通产业国际竞争也是如此。中国流通产业和企业由于长期以来的宏观经济转型和商业体制改革，经营业绩和竞争力均大大落后于国际零售企业，但最近两年这种落后势头开始有所逆转。这一部分将基

[①] 中国物流与采购联合会由1980年成立的中国物资经济学会、1984年成立的中国物流研究会、1995年成立的中国物资流通协会，经多次演变而来，2001年4月更为现名。

于中国零售企业的经营数据对中外流通企业之间的差距进行详细讨论，并以沃尔玛为基准进行比较分析，最终揭示中国流通企业竞争力相对落后的可能原因。

一 规模实力比较

企业竞争力主要表现在两个方面：一是企业规模，代表着企业经营实力和市场影响力；二是企业盈利性，代表着企业发展的可持续性，利润是企业长期增长唯一可靠的基础。由于中国零售企业盈利性数据不可得，以下主要从规模实力角度进行总体比较，后文再以上市公司为例进行盈利性比较。

我们采用中国零售百强排行榜和全球零售250强排行榜的数据。首先在中国零售百强中剔除外资商业，在全球零售250强中剔除中国大陆的零售企业，然后分别在两个排行榜中取排名前70位的企业，并将其营业额加总，求出二者比值，结果如表7-8所示。需要说明的是，由于全球零售250强企业经营数据以美元为单位，为了可比性，我们根据历年人民币兑美元汇率统一将其折算为人民币单位（详细汇率参见本书第四章的表4-2）。

表7-8　　　　中外大型零售企业规模比较：2000—2012年

年份	①中国（不含外资）零售前70强营业额加总（亿元）	②全球（不含中国大陆）零售前70强营业额加总（亿元）	②：①
2000	1390	135097	97.19
2001	2027	140332	69.23
2002	2537	149029	58.74
2003	3397	164364	48.39
2004	4582	193437	42.22
2005	6043	187728	31.07
2006	6771	197938	29.23
2007	8157	207014	25.38
2008	9300	204403	21.98
2009	10683	195535	18.30
2010	12926	199181	15.41
2011	16199	212881	13.14
2012	19301	211757	10.97

资料来源：中国商业联合会和中华全国商业信息中心联合发布的"中国零售百强排行榜"历年数据，全球零售250强数据来自《商店》杂志（http://www.stores.org/)，德勤国际人力资本咨询公司（http://www.deloitte.com/)，以及作者整理、计算。

从表 7-8 中可以看出，中国零售企业从规模上比全球零售巨头相差很多，二者之比超过 10，在 21 世纪初二者之间近 100，这里有两个方面的含义：一方面中国零售企业的规模竞争力与全球零售巨头相比相去甚远；另一方面这种差距呈相对缩小的趋势。尽管这种比较是在中国与全球各国之间，并且能够进入 250 强排行榜的企业都是其他国家最强大的零售企业，但我们认为这种比较仍然有意义，因为这些外资商业当中有很多已经进入中国内地市场，还有一些正在准备进入，它们是中国零售企业现实的或潜在的竞争对手。中国零售企业的规模竞争力相对较弱是影响中国流通产业安全的一个因素。

二 盈利性比较

如前所述，企业竞争力不仅要看规模，还要看盈利性，特别是从长期来看，盈利性是根本，长期不盈利的企业是无法生存的。限于数据可得性，这一部分我们不再采用中国零售百强的数据，而采用中国零售上市公司的数据作为分析基础。为了与全球零售 250 强具有可比性，对于中国零售上市公司，我们只考虑百货、超市连锁和电器连锁三种业态，共选出 58 家公司。

表 7-9　中国零售上市公司盈利性：2010—2012 年（三年平均）

单位：亿元、%

序号	公司名称	股票代码	营业额	纯利润	纯利润率
1	民生控股	000416	6.27	0.52	8.29
2	合肥百货	000417	82.40	4.70	5.70
3	通程控股	000419	36.53	1.58	4.33
4	鄂武商A	000501	127.24	4.48	3.52
5	开元投资	000516	31.02	1.30	4.19
6	昆百大A	000560	19.01	0.93	4.89
7	西安民生	000564	28.53	0.63	2.21
8	大连友谊	000679	33.99	2.75	8.09
9	中兴商业	000715	31.11	0.97	3.12
10	中百集团	000759	138.14	2.39	1.73
11	武汉中商	000785	40.02	0.83	2.07
12	华联股份	000882	6.85	0.57	8.32
13	广州友谊	000987	41.68	3.59	8.61

续表

序号	公司名称	股票代码	营业额	纯利润	纯利润率
14	苏宁云商	002024	892.50	38.32	4.29
15	广百股份	002187	67.86	1.94	2.86
16	步步高	002251	84.05	2.58	3.07
17	新华都	002264	55.71	1.18	2.12
18	友阿股份	002277	47.11	2.99	6.35
19	人人乐	002336	116.82	1.06	0.91
20	海宁皮城	002344	17.13	5.13	29.95
21	爱施德	002416	144.48	3.11	2.15
22	天虹商场	002419	125.29	5.48	4.37
23	中央商场	600280	58.48	0.53	0.91
24	商业城	600306	15.02	-0.41	-2.73
25	大东方	600327	69.80	2.23	3.19
26	华联综超	600361	113.71	0.54	0.47
27	小商品城	600415	33.93	7.21	21.25
28	海岛建设	600515	5.43	0.40	7.37
29	新世界	600628	32.67	2.23	6.83
30	豫园商城	600655	163.24	8.73	5.35
31	南京新百	600682	20.76	1.15	5.54
32	东百集团	600693	20.32	1.52	7.48
33	大商股份	600694	288.69	4.80	1.66
34	欧亚集团	600697	69.26	2.09	3.02
35	南宁百货	600712	22.66	0.73	3.24
36	首商股份	600723	89.69	3.93	4.38
37	重庆百货	600729	247.80	6.13	2.47
38	兰州民百	600738	11.43	0.48	4.20
39	汉商集团	600774	8.41	0.10	1.19
40	友好集团	600778	48.95	3.10	6.33
41	新华百货	600785	50.92	2.56	5.03
42	轻纺城	600790	3.75	1.24	33.07
43	杭州解百	600814	21.13	0.73	3.45

续表

序号	公司名称	股票代码	营业额	纯利润	纯利润率
44	津劝业	600821	7.45	0.08	1.07
45	益民集团	600824	22.19	1.37	6.17
46	百联股份	600827	424.43	14.37	3.39
47	成商集团	600828	19.66	1.61	8.19
48	上海九百	600838	1.61	0.54	33.54
49	长百集团	600856	3.65	-0.12	-3.29
50	工大首创	600857	11.14	0.42	3.77
51	银座股份	600858	110.79	1.90	1.71
52	王府井	600859	163.24	5.77	3.53
53	北京城乡	600861	20.30	0.87	4.29
54	百大集团	600865	12.34	0.78	6.32
55	秋林集团	600891	4.09	0.74	18.09
56	三联商社	600898	8.51	0.39	4.58
57	三江购物	601116	50.21	1.54	3.07
58	永辉超市	601933	182.44	4.25	2.33
	平均值				5.89

资料来源：各公司年度财务报告。

从表 7-9 中可以看出，中国零售上市公司的盈利性应该不算很差，近三年来平均纯利润率达 5.89%，而全球零售 250 强企业的平均纯利润率在 2010—2012 年分别只有 3.87%、3.98%、3.62%[①]，因此从这方面看，中国零售企业的盈利性与其他国家的同行对手相比并没有呈现明显劣势，甚至占有较大优势。但是更深一步考察，这种盈利性优势也许值得商榷，因为中国零售企业在成长和规模扩张过程中显示出非常大的波动性，也就是说发展道路非常不平稳。李陈华（2009）曾以沃尔玛为基准对中国零售上市公司的成长性和盈利性做了详细比较，在总结沃尔玛成功要素的时候也得出了中国零售企业存在的问题：第一，沃尔玛始终忠于主业，走专业化经营道路，而中国零售企业主业分散，追求短期利润和热门投资。从 1970—2007 的 38 年期间，沃尔玛的商品销售业务收入占其总收入

---

① 根据全球零售 250 强排行榜数据整理、计算。

的比重平均为99.07%,最低为1973年的98.77%,最高为1986年和1988年的99.35%。而在中国,许多零售公司主营业务涉及房地产业、酒店业、旅游业、广告业、餐饮业,甚至制药、供暖、路桥收费等与零售毫不相关的产业。第二,沃尔玛增长步伐稳定,没有大起大落,而中国零售企业则恰好相反,大多数公司的业绩非常不稳定。沃尔玛在1970—2007年平均纯利润率为3.48%,最低为1975年的2.66%,最高为1985年的4.20%,并且其中只有4个年度低于3%,4个年度高于4%,其他30个年度均处于3%—4%的水平。而中国零售企业很少有哪家企业显示出如此稳定的发展步伐和盈利能力。[①]

[①] 参见李陈华《中国零售上市公司的成长性与盈利性——以沃尔玛为基准的一个比较》,《财贸经济》2009年第5期,第130—135页。

第八章 中国流通产业安全的政策保障

2004年年底中国流通业全面开放之后，为吸引沃尔玛等外资商业巨头，一些地方政府不仅拱手让出最好的商业地段，而且还承诺基础设施配套、开业初期免租金等极其优惠的条件，因为政府和开发商都深信国际流通巨头的进入能够带来经济繁荣，至少会抬高周边的地价、房价，形成新的主力商圈。事实上，这种现象在美国也存在，在一些州基于反托拉斯法或劳工法起诉沃尔玛破坏当地商业环境的时候，另一些州却暗地里向沃尔玛抛出了橄榄枝，甚至各州在立法上都存在这种竞争，希望利用较为宽松的反垄断制裁来吸引大公司总部搬迁的方向。然而，从国家产业安全角度看，国内各地区之间的竞争与国际竞争完全是两码事。中国地方政府引资竞争的"囚徒困境"助长了外资商业的"超国民待遇"，抑制了民族商业的发展，对中国流通产业安全问题起着推波助澜的作用。

如前文所述，流通业，尤其是中国转型经济中刚刚起步就面临激烈国际竞争的流通业，并不像一些人所说的那样是一个可以完全放任自由的竞争性行业。中国流通产业在改革开放之后有了巨大进步，正在实现跨越式发展，但与整个国民经济总体发展水平相比还相对滞后：在中国的城市，本土流通企业面临着越来越严峻的外资商业挑战，无论是连锁百强还是零售百强，外资商业所占比重逐年增加；在中国的农村，许多地方连基本的商品流通体系尚未建立健全，更不用说现代化和信息化了。在这样的背景下，政府必须有所作为，必须对中国流通产业的发展有所规划、有所规制，对相对弱小的民族商业采取扶持政策。事实上，即便在西方发达的市场经济中，政府也一直对流通产业有着各种各样的法律和政策规制。这一章将结合流通产业发展政策方面的国际经验，讨论促进中国流通产业健康发展、保障中国流通产业安全的对策建议。

第一节　国际经验

在许多倡导自由竞争的西方发达国家，表面上看，流通产业以自由竞争为基调，但实际上在法律、行政或行业协会等各个层面上都对流通产业设定了各种限制措施，如日本的《大店立地法》，法国的《罗瓦耶法》，丹麦的《规划法》和《商店营业时间法》，奥地利、挪威、意大利和德国的营业时间管制，美国、加拿大、比利时的商业网点规划，等等。乍看起来，讨论各个国家的流通产业政策似乎偏离了我们的流通产业安全主题，实际上并非如此。在主张国际自由贸易和自由竞争的 WTO 框架下，产业安全是一个很难上台面的词，因为产业安全潜在地意味着产业保护，即在产业安全受到威胁时需要政府出面加以保护，而这恰恰违背了 WTO 的基本原则。这也可能是当前国际学术界很少使用产业安全一词的一个重要原因。事实上，各个国家都在基于各种法律、政策和规章制度或多或少地维护本国产业的利益和安全，许多政策措施没有产业安全之名，在实际操作中却行着产业保护之实。以下我们将进一步讨论主要国家流通产业立法及政策规制的详细情况。

一　日本

日本政府一直非常重视流通产业的政策规制，其发展大致经历了以下六个阶段：第一阶段（1945—1959 年），重在保护中小商业；第二阶段（1960—1965 年），重在推动中小商业现代化；第三阶段（1966—1969），重在促进流通组织合理化；第四阶段（1970—1972 年），重在推进流通系统化；第五阶段（1973—1999 年），重在规制流通竞争秩序；第六阶段（2000—2010 年），全球化时代（参见图 8-1）。日本对流通产业安全的维护主要体现了交易惯例、政府规制和行业协会三个方面的结合。交易惯例是指日本的返品、强卖、派遣店员、搭配销售、互惠交易、倾销、回扣制、流通系列化等，但这些做法被许多人指责为"非效率的"、"非合理的"。政府规制主要采取行政指导的方式，即在某一个部门的管辖范围内，政府根据相关法律对企业或管辖对象颁布指示、要求、通知和建议。行业协会主要包括日本零售业协会、日本百货店协会、日本连锁经营协会等，它们和政府部门有着各种各样的关系，政府则借助行业协会来联系企业，制定行业规则，要求行业自律，收集市场信息，并传达政府的意图及政策方向。① 日本政府一方面基于法律来规制流通产业竞争秩序，另一方面基于一些长期规划来扶持和推动流通产业发展，并且更重要的是日本政府还设立了一套完备的流通产业政策研究机构。

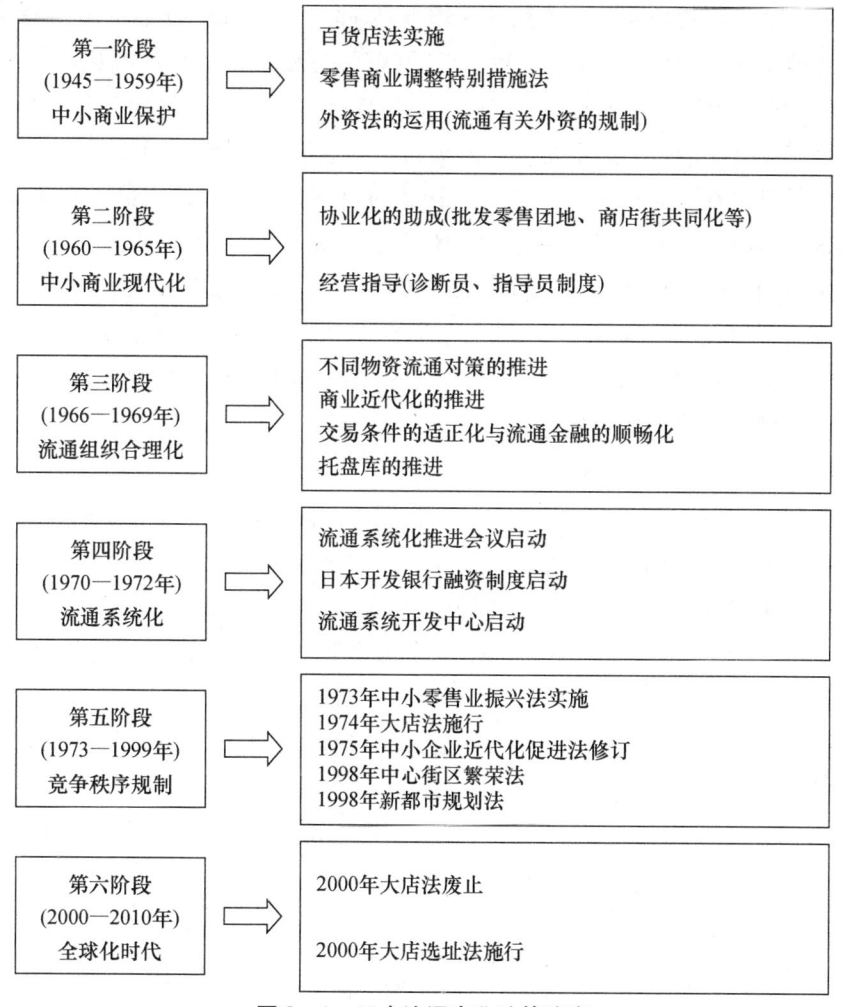

阶段	主要内容
第一阶段（1945—1959年）中小商业保护	百货店法实施 零售商业调整特别措施法 外资法的运用（流通有关外资的规制）
第二阶段（1960—1965年）中小商业现代化	协业化的助成（批发零售团地、商店街共同化等） 经营指导（诊断员、指导员制度）
第三阶段（1966—1969年）流通组织合理化	不同物资流通对策的推进 商业近代化的推进 交易条件的适正化与流通金融的顺畅化 托盘库的推进
第四阶段（1970—1972年）流通系统化	流通系统化推进会议启动 日本开发银行融资制度启动 流通系统开发中心启动
第五阶段（1973—1999年）竞争秩序规制	1973年中小零售业振兴法实施 1974年大店法施行 1975年中小企业近代化促进法修订 1998年中心街区繁荣法 1998年新都市规划法
第六阶段（2000—2010年）全球化时代	2000年大店法废止 2000年大店选址法施行

图 8-1 日本流通产业政策演变

（1）流通产业立法规制。日本政府的流通立法主要是《百货店法》（1937年颁布，1956年修订）、《大店法》（1974年颁布，1979年、1992

---

① 参见孙前进《日本现代流通政策体系的形成及演变》，《中国流通经济》2012年第10期，第13—18页。

年、1994年三次修订)和《大店立地法》(2001年颁布),三部法律前后相继、一脉相承。《百货店法》首次颁布于1937年,对百货店的营业、分店的设立、面积的增加等采取许可制,用法律形式规定百货店营业时间和休业日。但该法由于战争,未能真正起到实际作用,1947年便废止了。战后,随着百货店与中小商店的矛盾日趋显现,日本政府为保护和扶植中小企业,避免过度竞争,于1956年经修订后重新颁布《百货店法》,又被称为第二部《百货店法》,重点限制百货店增开新店,百货店开店及经营仍采用许可制。① 《大店法》(全称为《大规模零售店法》)颁布于1974年,是日本在流通市场与零售行业管制中最具代表性、影响最大的法规。其最初目的,是从保护消费者利益出发,保障中小零售业的事业活动机会,对大规模零售业活动进行限制与调整,确保大中小商业共同发展。该法在实施过程中数次修订,规制范围越来越广,规制力度越来越严,导致大型店铺增长速度明显放慢,而超市和连锁等新型业态开始快速扩张,与各地的商业街之间的矛盾越来越大。

到了2000年,实施了26年的《大店法》终于废止,取而代之的是《大店立地法》(又被译为《大店选址法》),意味着日本政府流通产业政策的全面转变,标志着从原来的保护中小商业开始转向鼓励竞争、提高产业综合竞争力、注重产业发展与环境保护。该法要求在开设面积超过1000平方米的大型商店时,必须优先考虑噪声、尾气排放、交通堵塞、垃圾处理等环保问题,与1998年颁布的《中心街区繁荣法》和《新都市规划法》一道被称为"城市建设三法",当前日本的城市商业发展主要基于这三部法律。②

(2)流通产业政策扶持。日本政府在立法规制流通秩序的同时,也

---

① 关于《百货店法》的起源、发展及作用,参见吕有晨《〈百货店法〉及其作用》,《现代日本经济》1986年第5期,第42—44页。

② 事实上,日本还有其他许多专门规制商品流通活动、促进流通产业发展的法律和制度,如《大型零售商店调整法》、《商业街振兴组合法》、《中小零售商店振兴法》、《零售商店调整特别措施法》、《上门销售法》、《酒类专卖法》、《物价统制令》、《批发市场法》、《商品交易所法》、《流通现代化贷款制度》、《零售商业现代化资金贷款制度》、《流通设施现代化资金贷款制度》等,吕有晨:《〈百货店法〉及其作用》,《现代日本经济》1986年第5期,第42—44页;赵尔烈、于淑华:《战后日本流通政策体系及其对我们的启示》,《商业经济与管理》(杭州商学院学报)1994年第1期,第66—70页;肖怡:《日本流通产业的管理政策对我国的启示》,《中国市场》2006年第43期,第27—32页;夏春玉、任博华:《中国流通政策的构建——基于美日流通政策的比较研究》,《经济与管理研究》2006年第8期,第48—54页。

通过各种措施扶持流通产业的发展，以推动流通产业的现代化、系统化和信息化建设。首先是基于《大店法》和《中小零售商店振兴法》实施"推进中小零售商业高度化事业计划"，包括调整完善商店街计划、店铺共同化计划、连锁化事业计划，以及中小商业企业诊断和人才培育、金融支持、税收优惠、批发团地建设和批发街振兴等政策措施，促进中小商业集团化、协业化、现代化和连锁化。其次是根据1971年通产省产业结构审议会提出了《流通系统化》报告，对商品流通组织和流通活动进行系统化再造，主要解决三个领域的问题：一是内部系统领域，解决生产活动与经营活动相融合的有关问题；二是外部系统领域，解决厂家与批发商、零售商相协调的有关问题；三是社会系统领域，解决厂家、批发商、零售商组成企业集团的社会意义的有关问题。通过对整个商品流通渠道的这种系统化再造，最终建立一个厂家满意、批发商和零售商满意、社会满意的流通系统。最后是专门针对流通信息化的一些政策措施。由于大型商业企业有实力自身发展流通信息事业，所以日本流通信息化政策的重点仍在于推进和扶持中小商业企业，旨在通过信息化实现企业经营的合理化、效率化。如通产省于1985年发布了《信息武装型批发业设想》和《中小批发企业信息化报告》，并据此制订了流通信息化计划，包括中小企业信息共同化事业、信息化的支持事业等。

（3）专门的流通研究机构。日本无论在政府层面还是在学术界都非常重视商品流通研究，1962年专门成立了通产大臣咨询机构——经济审议会流通部会，针对流通问题进行调查、研究并提出对策建议。该机构先后提出了一系列的研究报告，对日本国内商品流通政策走向起着非常重要的作用，如1971年发布了《70年代的流通——流通政策的方向》，提出美国大型连锁店进入日本可能影响日本流通业安全，并提出了流通现代化的课题；1983年发布了《80年代的流通展望》，提出商业政策与都市政策相结合，保持流通政策的延续性；1989年发布的《90年代的流通展望》，着重强调流通效率和流通合理化改造；1995年发布了《面向21世纪的流通展望》，提出能使广大中小商业参与其中的"流通构造改革"，强调流通产业在国际化中的先导作用；2007年发布了《新流通展望——向地方城镇团体与全球化竞争的两立》，提出全球化背景下的流通产业发展问题。另外，产业构造审议会流通部会在1964—1977年，还完成了一系列的中间研究报告，如《流通机构的现状与问题》、《流通政策的基本方向》、《关于零售业连锁化》、《关于综合批发中心》、《关于改善物流》、《关于改善流通金融》、《流通现代化展望与课题》、《关于流通活动的系统化》、《流通现代化的地区规划》、《关于 70 年代的流通》、《流通革新形势下的流通业——百货店法修改方向》、《多层次直销销售方法、网上销售、上门销售等限制方向——特殊销售方法的合理化》与《批发活动的现状与展望》。① 这些研究报告全面分析了日本流通产业在各个阶段所面临的问题，提出了日本流通产业政策的基本方向，为日本流通产业快速发展、应对国际流通竞争、保障本国流通产业安全起了重要作用。

二 美国

美国是一个典型的发达市场经济国家，其表面上鼓吹自由竞争和自由贸易，但实际上为了保障本国产业安全而对外资进入和外资企业经营有着严格的管理措施。为了保护国内产业，美国制定了《美国贸易法》、《反倾销法》、《反补贴法》、《综合贸易和竞争法案》。并且，美国还有专门针对外资的管理机构，1975 年成立外国投资委员会和外国投资办公室，负责分析外资发展的现状和趋势，考察外资流入对能源、自然资源、环境、就业、国际收支等方面的影响，判断是否符合美国的国家利益，并向国会提交有关外资管理的立法和管理方案。为了限制和管理外资，美国于 1990 年颁布了《外国直接投资和国际金融统计改进法》，要求在美国投资的外国企业必须经常披露有关经济活动。美国原则上提倡资本自由流动，但对外国在其关键行业和部门的投资都采取一定的限制措施。美国政府极力保护其钢铁、汽车、建筑、电子、新材料等产业的自主性，绝对禁止外资进入其国防工业和军事相关产业，基本禁止外资进入通信、广播电视、交通运输、自然资源开发、水力发电、原子能开发等产业，限制外资进入其金融保险、法律咨询、会计服务、建筑服务、工程服务产业等。另外，美国政府一方面限制外资进入，另一方面对已进入外资实施严格监管，规定外国人收购或处置美国企业 10% 以上股权就必须向商务部报告，所有业务合作都必须向美国联邦贸易委员会和

---

① 参见孙前进《日本现代流通政策体系的形成及演变》，《中国流通经济》2012 年第 10 期，第 13—18 页。

美国司法部反托拉斯局呈送报告。①

美国的流通业非常发达,也很少遭遇外国零售商在产业安全层面上的竞争,因此并没有专门的流通政策和流通立法。在美国政府看来,流通业属于竞争性的第三产业,政策的核心和基本目标就是维护和促进市场竞争,确保流通企业享受充分的自由经营权和公平竞争权等。美国政府采取的手段主要包括三种,第一种是法律手段,第二种是经济手段,第三种是行政手段。法律手段在美国最为常用,政府通过反垄断、反不公平竞争的法律,保护劳动者的法律,限制营业时间的法律,消费者权益保护的法律等,规范流通业的竞争秩序。经济手段主要是指联邦政府通过财政援助诱导州政府行为,如补贴关系国计民生且市场风险较大的极少数重要商品,最典型的是农产品补贴,以保持市场供求的稳定。地方政府则通过税制来调节流通企业的地理布局,影响流通企业分店选址和总部搬迁方向,同时在融资和信用担保方面向中小流通企业提供资金资助和经营援助。行政手段主要包括政府的发展规划和规定。政府制定土地利用和城市发展规划,影响流通产业的地理布局和具体的商品流通活动,联邦法中有城市规划法,各州也根据当地情况设立商业用地用途限制和开发基准。另外,政府对流通企业经营活动中产生的负外部性进行直接管制,在城市发展规划中考虑交通、噪声、景观破坏、汽车废气等,以免流通业在地理布局上过度集中。地方政府还针对设立工会的要求(比如职员超过多少人就必须设立工会)进行调整。众所周知,沃尔玛一贯以来就拒绝工会,于是一些州为了吸引沃尔玛进入便倾向于调高这种工会设立门槛人数。总结美国代表性的流通政策主要包括以下几个方面:②

(1)反垄断。美国的反垄断政策与其他国家相比是比较完善的,具体体现在它的反垄断法律体系上,其中影响力比较大的有1890年出台的《谢尔曼法》、1914年出台的《克莱顿法》、1936年出台的《罗宾逊—帕特曼法》和1937年出台的《米勒—泰丁斯法》。这些法律涉及流通领域

---

① 张铭:《美国保护产业安全的做法及对我国的启示》,《经济管理》1997年第2期,第28—29页;景玉琴、宋梅秋:《美国维护产业安全的政策及其借鉴意义》,《当代经济研究》2006年第5期,第36—39、43页;顾海兵、曹帆、沈继楼:《美国经济安全法律体系的分析与借鉴》,《学术研究》2009年第11期,第70—76页。

② 这一部分主要参考了夏春玉和任博华(2006)。参见夏春玉、任博华《中国流通政策的构建——基于美日流通政策的比较研究》,《经济与管理研究》2006年第8期,第48—54页。

的规定主要包括以下方面：《谢尔曼法》禁止竞争者之间达成价格协议及分配市场区域或顾客违反自然竞争。《克莱顿法》禁止搭配销售，成立连锁董事会，价格歧视（包括供应商对不同零售商的价格歧视），排他性销售等。《罗宾逊—帕特曼法》和《米勒—泰丁斯法》与流通业的关系最紧密，前者又称"反连锁商店法"，限制大零售商采取不公平价格并要求供应商给予特别价格折扣。涉及该法最多的流通问题便是通道费争论，许多学者针对流通业中普遍流行的"通道费是否违反《罗宾逊—帕特曼法》"展开过热烈探讨，联邦贸易委员会也对此进行过多次专门调查，但最终都没有定论。① 《米勒—泰丁斯法》还规定即使最小的零售商也可以强迫最大的企业放弃价格折扣行为。②

（2）消费者权益保护。美国在保护消费者权益的相关法律政策中也涉及流通企业行为规制，其先后出台了《联邦食品和药品法》（1906）、《联邦香烟标签和广告法》（1967）、《消费产品安全法》（1972）等二十余部有关保护消费者利益的法律，构成了美国保护消费者利益政策的核心。这些法律由联邦贸易委员会、消费者保护司、食品和药物管理署、消费者产品安全委员会以及联邦委员会附属其他机构负责贯彻和执行。联邦贸易委员会成立于1914年，主要负责制定规章制度，有权阻止不正当竞争手段和欺骗行为，对违反者有权向司法机关起诉，并向当事人施以最高10万美元的罚款。比如针对通道费问题，在新世纪初联邦贸易委员会曾组织过两次大规模调查，对零售商收取通道费的合法性进行了广泛征求意见，但结果不了了之，因为没有充分的证据证明其合法，也没有充分证据证明其不合法，在具体的法律诉讼中，有些州判定为违法，有些州则没有这样判定。消费者保护司是 FTC 的分支机构，主要是充当消费者的辩护人，向公众提供有关消费者保护、贸易规制等方面的信息。食品和药物管

---

① 参见 Cannon, Joseph P., and Paul N. Bloom, "Are Slotting Allowances Legal under Antitrust Laws?" *Journal of Public Policy & Marketing*, Vol. 10, No. 1, 1991, pp. 167 – 186; LaRose, Edward C., and Patrick J. Poff, "Slotting Allowances and the Emerging Antitrust Enforcement Debate", *Florida Bar Journal*, Vol. 74, No. 10, 2000, p. 42; FTC, *Report on the Federal Trade Commission Workshop on Slotting Allowances and Other Marketing Practices in the Grocery Industry*, Washington, D. C.: U. S. Government Printing Office, 2001; FTC, *Slotting Allowances in the Retail Grocery Industry: Selected Case Studies in the Product Categories*, November. Washington, D. C.: U. S. Government Printing Office, 2003.

② 参见王俊《跨国零售企业在华投资区位变化与政府产业管制》，《探索》2008年第1期，第89—92页。

理署主要负责执行食品、药品和化妆品法,商品包装法,放射性物质安全法和公众健康服务法四个消费者法令。另外还有一个消费者产品安全委员会,主要是针对一些有毒产品及危险性玩具在生产和销售过程中的规制问题。

(3)大商店规制。与日本相比,美国对大商店规制的范围与程度都不是很严格,没有日本那样的《大店法》或《大店立地法》,但是从各州政府层面上看,对大型店铺的开设仍保持了不同程度的规制政策,即所谓的"地区制"。美国各州政府往往将所辖土地划分成若干区域,针对不同区域制订不同的开发计划,大型商店选址开业必须服从这些开发计划,因此限制了大型店铺的自由选址。与日本的《大店立地法》不同,美国的大商店规制目的不在于店铺本身,而主要是考虑土地利用方面的效率和合理规划。另外,美国联邦政府和州政府对连锁店过度扩张也有限制,比如征收连锁店税、禁止连锁店的不公正交易等。

(4)中小流通企业扶持。在发达资本主义国家,政府大都对中小企业(包括中小流通企业)出台一些扶持政策和法律规定,美国也不例外,先后出台了《小企业法案》(1953)、《小企业法》(1958)、《小企业经济政策法》(1980)、《小企业技术创新开发法》(1982)、《小企业二级市场改善法》(1984)等,并且美国还设有小企业管理局,专门负责扶持和管理小企业。这些法律和行政管理部门在维护中小企业利益方面起着非常有实效的作用,使小企业在资金、技术、管理等方面能够得到援助与支持,在业务经营和融资渠道等方面获得均等机会。

三 挪威

挪威的流通产业比较发达,且非常具有特色,周新健(2005)的调研报告对挪威流通业的发展作了非常出色的总结:[①](1)批发零售业向城市集中,但销售网点分布仍较均衡,全国四大食品日杂零售集团(Norges Group、Coop Norge、The Hakon Group 和 Reitan Narvesen)的连锁店2002年共有4409个,其中首都奥斯陆有379个,东部地区883个,南部地区803个,西部地区932个,中部地区744个,在人口稀少的北部地区也有668个;(2)行业兼并速度加快,食品日杂零售连锁经营尤为突出,1999

---

① 周新健:《挪威的流通产业和管理体制》,http://no.mofcom.gov.cn/aarticle/ztdy/200502/20050200343555.html。

年挪威有批发商（机动车销售除外）19895 家、零售商（机动车销售除外）36735 家，2000 年一年就分别减少了 474 家和 143 家，从 1999 年到 2000 年，食品日杂零售店有 100 多家被合并，2001 年四大零售集团的食品日杂零售连锁店又有 80 家被合并，四大连锁集团占市场份额高达 99%；(3) 积极吸纳外资，但对国内外投资者一律实行国民待遇，外资商业的涌入在 20 世纪 90 年代达到高潮，如瑞典的家具超市集团 IKEA、服装连锁集团 H&M、妇女儿童服装连锁集团 Lindex，芬兰的 Tamro 集团，丹麦的 Ahold 集团，德国的 Lidl 集团，等等；(4) 本土流通企业积极向海外拓展，一些大型零售集团纷纷走出国门，开始在邻国、中东欧和波罗的海地区开展业务，如 Reitan 集团的 REMA1000 连锁店已扩展到波兰、丹麦、爱沙尼亚、匈牙利和瑞典，服装零售集团 CUBUS 已扩展到德国、波兰和拉脱维亚，食品日杂零售集团 COOP 已扩展到丹麦、瑞典和芬兰；(5) 互联网普及快、电子商务迅速发展，1998 年使用互联网开展业务的批发业企业只占全体批发商的 46%，零售企业只有 19%，而到 2002 年该比重分别上升为 94% 和 67%，并且，越是地理位置较偏僻的企业互联网普及越快，1999 年首都奥斯陆地区企业互联网普及率为 74%，最北部的芬马克郡普及率是 61%，而到 2002 年该比率在奥斯陆发展到 88%，在芬马克郡达到了 98%；(6) 零售集团朝批发零售兼营方向发展，如最大的食品日杂连锁零售集团 The Norges Group 占全国食品日杂零售市场的 34%，下属的 JOH - System、AKSO 和 Storcash 三家批发公司为集团的零售系统提供按时保质的批发服务的同时，还经营其他批发业务，这三家批发公司的批发营业额占集团总营业额的 75%，超过集团的零售主业；(7) 活跃的生产销售企业形式——合作制，全国有近 1/4 的人口是合作社的成员，全国性合作社主要有 Coop Norway 集团、渔业合作社组织和农业合作社组织，它们在自己的领域有庞大的生产及销售系统，如农业合作社有自己的加工、销售企业，部分门类的品牌如 TINE（奶制品类）、Gilde（牛肉类）和 Prior（鸡蛋和猪肉）已成为市场的主导品牌，另外 Coop Norway 还与瑞典的合作社 KF、丹麦的 FDB 联合组建了北欧地区最大、仍属合作性质的食品日杂销售公司——Coop Norden，该公司在北欧三国共有 3000 个连锁店、64000 名员工和 500 万名会员，占北欧食品日杂市场 29% 的份额。

挪威流通产业的法律规章也比较完善，企业的经营与发展都是在相应的法律、法规框架下进行，政府的管理一般仅限于制定法律法规、制定政策支持、提供咨询服务、信息享用等宏观的和间接的手段。挪威把流通业归属于服务业，由贸易工业部负责管理。挪威政府对流通业的规制主要在法律规制和行业协会规制两个方面。法律规制是指政府通过立法来保障流通市场的公平竞争和有序发展，行业协会规制是指行业协会通过组织和协调企业间的竞争与合作关系，最大限度地实现行业自律。

挪威的流通产业立法较完善，如《竞争法》（1994，2004，2005）、《营业时间法》（1985，1999）、《销售管理法》（1972）。《竞争法》1994年颁布，在2004年和2005年先后两次修订，主要目的是促进竞争，更加有效地利用社会资源，由国王、政府管理与改革部（原现代化部）和竞争署（NCA）三家共同负责发布、完善和实施。根据最新的《竞争法》，限制竞争行为主要包括以下两类：一是企业之间限制竞争的协议，主要包括影响、阻止、限制或歪曲竞争的企业间的协议、企业集团的决定以及在实际业务中达成一致的行为，如直接或间接确定购销价格或贸易条款，限制或控制生产、市场、技术开发或投资，瓜分市场或供应渠道，对与其他贸易合作伙伴相同的交易提供不同的条件从而将其置于不利竞争地位，等等；二是滥用垄断优势地位的行为，如直接或间接确定不公正的购销价格或其他不公正的贸易条件，限制生产、营销或技术开发从而损害消费者利益，等等。《营业时间法》规定，对于营业面积大于100平方米的商店，周一至周五的营业时间只能在每天早晨6点到晚上9点，且星期六和节假日前一天必须在下午6点前关门。《销售管理法》主要是规范企业（包括流通企业）的经营行为，保护消费者远离非公平的、不平衡的、具有误导性质的销售方式，例如，为保护消费者，该法禁止企业对产品和服务附加任何与产品和服务无实质关联的东西，不准企业对产品提供不能兑现的承诺等。政府还可以从生态环境和可持续发展角度对流通业实行更加直接的行政规制，如1999年环境部颁布了一项禁令，5年内禁止在城市或城镇中心以外建造面积超过3000平方米的购物中心，以免城市过度扩张；另外，地方政府依照国家的环境保护、土地使用等法律，可以以行政命令的形式批准或否决某个地区设立流通企业。

挪威流通产业政策的另一个重要方面就是充分发挥协会的作用，"商业和服务业企业联合会"（HSH）是挪威最大的贸易及服务业雇主协会，有会员企业9300家，会员企业雇佣者人数达65万人，其中零售商会员

2892 个，大型批发商会员 293 个。HSH 具体的作用包括三个方面：一是代表雇主就工资和福利等条款与工会进行谈判；二是代表雇主向政府反映行业大部分企业的政策理解和诉求；三是为雇主提供法律咨询、教育和培训服务。HSH 完全依据私营公司法运作，经费来源主要是会员缴费和业务服务费，其执行委员会由企业代表组成，选出总经理管理 HSH 业务，对执行委员会负责，而执行委员会又对 HSH 国家级理事会负责。同时，HSH 还是欧洲商会（Euro Commercial）、欧洲商业零售及纺织品国际组织协会（AEDT）、欧洲鞋业零售商联合会（CEDDEC）、欧洲家具零售商协会（FENA）等许多欧洲商业组织的成员，代表挪威行业和会员企业积极参与国际交流。[①]

四 法国

法国流通业在第二次世界大战以后有了较为显著的发展，整个国家的经济结构开始从以农业为中心转向以工业为中心，交换、市场和流通随之快速发展，整个商业环境开始改变。首先，零售商业结构的集中化。在 20 世纪上半叶，法国零售业是相对分散的，大型零售店非常少，除一部分非食品商店和百货店以外，几乎没有超过 100 平方米的商店。而到了 20 世纪 50 年代以后，在生产领域和消费领域都发生了重要的结构性变化，流通过程缩短、销售方式改变和店铺形式多样化，以及流通业内的合并和收购，企业规模明显增大。其次，为了在竞争中求生存，一些中小传统的零售商店组合成为零售合作店、连锁商店和商店街。这些都导致了流通企业规模增大，流通业内的市场结构发生了重大变化，造成大城市中商业设施过密的状况，竞争越来越激烈，大商店与小商店之间的矛盾也越来越突出。在这样的背景下，法国一些相关的流通产业政策应运而生。

1959 年法国出台了第一部有关流通业规制措施的法律，即《优先城市化地区法》，该法案把"优先城市化地区"界定为在国家和金融资本承认的前提下，由地方公共团体和民间共同开发建设的地区。为了促进集体性住宅建设的发展，《优先城市化地区法》规定有 500 户以上的住房才能优先建设，但必须同时建设足够的附属设施，如商店、学校等。1961 年法国政府在发布的《流通通告》中又做了补充规定，明确提出了"优先

---

① 周新健：《挪威的流通产业和管理体制》，http://no.mofcom.gov.cn/aarticle/ztdy/200502/20050200343555.html；王彬：《挪威〈竞争法〉执法情况及对我借鉴》，http://www.mofcom.gov.cn/aarticle/i/dxfw/jlyd/200704/20070404606822.html。

城市化地区"建立商业设施的原则：(1) 每一地区必须设立包括经营所有品种的店铺的第一类商业街；(2) 在半径 1000 英尺以内，必须设立供应基本生活用品的第二类商业街；(3) 必须设立公共市场。并且，《流通通告》还明确规定城市建设中要首先解决与商业设施有关的土地问题以及相应的审批权限。

法国政府的以上法律和政策规定本来是为了让流通领域的大中小企业数量保持大致平衡，但结果并没有往这个方向发展。由于大型店铺能给政府带来巨额税收利益，而且后来的《罗瓦耶法》对 1000 平方米以下的商场也没有具体限制，共同导致大型店铺发展飞快，形成一些规模庞大的商场群。于是，法国政府于 1993 年 3 月对《罗瓦耶法》进行修正，并颁布了旨在阻止大型商场发展的《萨班法》(LOISAPIN)。同时，时任总理巴拉杜尔发布政令：在 1994 年年底前冻结商业网点的发展。1996 年对《罗瓦耶法》进一步修订并颁布实施，把政府审批的起点营业面积从 1000 平方米下调至 300 平方米，限制大型商场的进一步扩张。

法国政府在"1966—1969 年第五次社会经济发展计划"对当时法国的商业结构做了分析，并批评了城市建设中对于商业设施安排不足的问题。当时由于受到美国的商业街模式的影响，在通告中也强调了商业设施中应当包括宽敞的汽车停车场等，从而促进了法国超级市场的发展。政府发布的《1969 年通告》从维护消费者利益出发，主张各种商业形式的共存，提倡有效的竞争，以便维持廉价商店、高价商店和传统中小零售商店之间的竞争，保持城市和郊区商店的平衡发展。1974 年政府以法律形式（《罗瓦耶法》）明确提出了要保护老年商店主的利益，特别是针对中小商业的发展利益提出了具体规定，如规定大商店必须向小商店提供特别援助[①]。法国是欧洲第一个对大型商场特别立法的国家，1974 年的《罗瓦耶法》规定在城区开发营业面积超过 1500 平方米，或在人口超过 4 万的其他地区开设营业面积超过 1000 平方米的商场，必须由政府专门委员会批准，而且审批手续比较复杂，首先是经营者提出申请，其次再由审查委员会（由 20 人组成，其中主管负责人 9 名、消费者 2 名、有关专家 9 名）提出审查意见，然后由国家商务部主管委员会（由 20 人组成，包括城

---

① 参见陶琲《法国零售商业的发展和政策》，《杭州商学院学报》1982 年第 4 期，第 54—57 页。

建、交通、治安、卫生、环境、能源等相关方面的专家或负责人）审定，最后由商务部长决定。1993年修订之后，须政府审批的范围进一步扩大，起点营业面积下调至300平方米，但审批手续有所简化，主管委员会取代商务部长做出最终决定，委员会也由20人降到7人（4个评委、2个消费者、1位商会主席）。

五　韩国

韩国流通产业发展轨迹与其他国家明显不同，1996年以前韩国流通产业主要局限于国内市场范围，外资商业进入面临诸多限制，1996年全面开放国内流通市场之后，政府发布了"三阶段流通市场开放计划"，废除了外商投资综合零售业必须"限制营业面积与商店数量"的有关规定。随着流通产业对外开放和新型业态的出现，国际流通企业相继进入韩国市场，折扣店、便利店、无店铺销售点数量急剧增加，百货店和小规模零售业店铺数量逐渐减少。① 政府为实现流通产业现代化，通过各种政策法规对流通产业进行规范，使之与国际接轨，为新业态的引进与发展扫除障碍。

事实上，韩国的流通产业立法由来已久，1961年就颁布了《市场法》，以促进商业的现代化，规定地方自治团体和公益法人均可申请开设市场，但须经首尔特别市市长或道知事（相当于中国的省长）的许可，对于那些不需要经费的农渔村定期市场，只有地方自治团体才有资格开设。该法在1981年进行过一次修订，但在1986年就废止了，之后取而代之的是《批发零售业振兴法》。《批发零售业振兴法》加强了审批规定，开设一定规模以上的市场或店铺须得到市长或道知事的许可②，并增加了分期付款、财务保证分期付款、上门推销、邮购等方面新的规定。这部法律的实施时期不长，在1997年也废止了，取而代之的是《流通产业发展法》。另外，韩国于1980年颁布了《流通产业现代化促进法》，旨在把与流通有关的10多部法律结合起来，形成相互综合与协调的制度体系，推动流通现代化。该法也于1997年由于《流通产业发展法》的制定废止。《流通产业发展法》在韩国流通产业发展中起着至关重要的作用，主要包括流通产业发展计划、振兴流通产业的具体政策、流通产业竞争力强化、

---

① 参见王京刚《韩国流通业与物流发展现状》，《市场周刊》2008年第2期，第40页。
② 韩国的"道"相当于中国的"省"，道知事相当于省长。

流通产业发展基础的构建、流通效率的提高、商业交易秩序的确立、处罚规定等内容。根据《流通产业发展法》，知识经济部长官（相当于中国的商务部部长）必须制定五年发展规划和年度发展规划，开设市场、大型店铺和批发中心的审批程序有所变化，由原来的许可制改成登记制。

《流通产业发展法》自1997年制定至今，除当中涉及其他法律的修改外，已经有了7次修订，张丽娜（2011）对此进行了详细介绍。① 1999年第一次修订中减少了一些规制条款，以便减少流通企业负担，同时也补充了一些鼓励大店铺的规定。2003年第二次修订中界定了"无店铺销售业"业态，使制定和实施增强无店铺销售竞争力政策成为可能。2005年第三次修订主要是针对物流产业的发展、扶持和规制措施。2006年第四次修订主要是针对中小商业发展的扶持政策制定、实施问题，但大型店铺和传统市场的矛盾并未得到缓解，相反还越来越尖锐。为了保存和保护地方性中小商业，在2010年《流通产业发展法》最新修订案中出台了一些更具体的中小商业保护规定，限制大型店铺的发展区域。大店铺开设的审批程序也更为严格，须向市长、郡守、区厅长等各级行政长官登记。从《流通产业发展法》的制定到其修正案，可以看出韩国流通产业发展及其政策规制的轨迹：首先是为了促进流通产业现代化而放宽大型店铺限制，同时为了提高流通业效率而将实现中小零售业现代化的政策也列入法律中，促进大型店铺和地方性中小型零售业均衡发展；后来由于大型店铺数量增加过快，地方性中小商业普遍受到排挤，而在流通业对外开放之后外资商业大举进入，给传统业态造成巨大冲击，于是又开始从法律层面上限制大规模店铺的扩张，向传统的中小流通企业倾斜。

《流通产业发展法》对韩国流通产业发展和政策规制的主要贡献可总结为以下几个方面：（1）流通产业的定义，将"流通产业"界定为农、林、畜、水产品（包括加工品和配料）、工业品的批发、零售和为了经营以上业务而进行的保管、配送、包装，还有以提供与此相关的信息、服务为目的的产业；（2）流通产业发展计划体系，首先是知识经济部长官必须每五年经与有关中央行政机关的长官协商，制订流通产业发展基本计划，其次是知识经济部长官根据基本计划，每年与中央行政机关长官协商

---

① 张丽娜：《韩国流通产业发展法及其对中国的启示》，《中国流通经济》2011年第5期，第26—32页。

后制订流通产业发展实施计划，最后是市、道知事应根据基本计划和实施计划听取市长、郡守、区厅长的意见，制定各地区的实施计划并实施；(3) 大规模店铺的规制，单列了"大规模店铺"一章，明确界定了大规模店铺的标准，各级行政机关设立流通纠纷调解委员会，调整大规模店铺和邻近地区批发、零售企业之间的纠纷和大规模店铺与邻近地区居民之间有关生活环境的纠纷；(4) 流通产业发展基础的建设，包括流通信息化、流通标准电子文书及流通信息的安全、流通专业人才培养、流通管理师管理、流通产业国际化促进等。

六 小结

西方国家市场经济大都比较发达，流通产业发展历史相对较长，市场结构也比较成熟，因此加倍推崇自由竞争。但这只是事物的一个方面，实际上这些国家对流通产业的发展有着各种各样的法律和政策规制，不仅有比较完善的流通立法，而且许多国家对流通产业采取扶持政策，尤其是扶持中小商业的发展。根据前文所述，我们详细介绍了日本、美国、挪威、法国和韩国的流通产业政策规制情况。在这些国家中，日本的流通产业政策规制主要采取法律规制、行政管理和行业协会"三管齐下"的运行模式，特别是日本的流通产业法律体系在所有国家中是最完善、最具针对性的；美国的流通产业非常发达，市场经济体制非常成熟，其流通产业政策规制主要采取法律规制形式，不过专门针对商品流通活动的立法并不多；挪威的流通产业政策主要采取法律规制和行业协会"双管齐下"的运行模式，特别是挪威的合作社商业非常发达；法国和韩国的流通产业政策主要采取法律规制和行政管理"双管齐下"的运行模式，法国的特色在于对大型店铺的行政审批，韩国的特色在于对流通产业的扶持和发展计划（参见表 8-1）。

事实上，其他一些国家也有各自的流通产业政策。德国 1977 年颁布的《建筑物使用条例》规定，只能在政府规划中确定的特别区域中开设 1500 平方米以上的大型商场，1986 年又将这一底线下调至 1200 平方米，20 世纪 90 年代中期又下调至 800 平方米，逐步加强对大卖场规模扩张的限制。西班牙 1993 年颁布的《零售法》规定，任何商店开业都必须向政府提出申请，获得营业许可证，露天集市需要每隔一段时间更换许可证，而且这些申请和审批速度较慢、费用较高；该法在 2009 年修订之后这些条款被放松了许多，中央政府彻底放开对商店开业的限制，任何符合条件

表8-1　　　　　　　　部分国家流通产业政策规制

国家＼项目	流通立法	流通产业运行模式	主要特点
日本	《大店立地法》	法律规制、行政管理和行业协会相结合	法律体系
美国	《罗宾逊—帕特曼法》	法律规制	自由竞争
挪威	《营业时间法》	法律规制和行业协会相结合	合作商业
法国	《罗瓦耶法》	法律规制和行政管理相结合	行政审批
韩国	《流通产业发展法》	法律规制和行政管理相结合	发展计划

的西班牙人或外国人不用申请营业许可证就可以开店，露天集市上摆摊的营业许可证永久有效，但各个自治区对于商店开业的限制仍然有效，一些特殊的情况下（如可能破坏自然环境、社会环境、名胜古迹时）对开店仍然有限制。丹麦1992年颁布了《规划法》，1997年专门针对零售业修订，对城镇中心和市区中心进行了区分，限制商场的最大规模，规定用于零售业的新土地必须位于城镇中心，普通商场的建筑面积不能超过3000平方米，专卖店不能超过1500平方米；丹麦2002年颁布的《商店营业时间法》规定，零售店周一至周五最晚营业到20：00，周六最晚营业到17：00，在每年52个周日中只能选择其中8个周日营业（2005年修改为20个周日），但营业额不超过2410万克朗的商店可以在周日营业，以改善小商店的生存空间。荷兰从1990年开始把商业用地划分为A、B、C三大类：A类地处公共交通枢纽地区；B类地区是公共交通和私人交通工具均可通达的地区；C类地区只有私人轿车才能通达，主要在城市间的高速公路沿线。商业企业只能在A类地区和B类地区设立店铺，以限制在高速公路沿线开设零售网点。菲律宾在2000年也颁布了《零售法》，对外资商业管制比较严格，允许外资在该法生效10年后成立注册资本不低于250万美元的零售企业，但持股不得超过30%，从事奢侈品销售的零售企业外资持股不得超过10%，并且外国投资者须满足互惠要求，即只有该国允许菲律宾公民或法人在其国内经营零售业务时，其公民或法人才能在菲律宾经营零售业。

第二节 政策保障

中国 2001 年正式加入 WTO，并根据承诺于 2004 年年底全面开放了流通业，在这样的背景下，针对中国流通产业安全问题提出对策建议并不是一件容易的事情。一方面要保障中国民族商业的利益，促进民族商业竞争力提升，确保中国流通产业安全不受威胁；另一方面又不能违反 WTO 公平竞争原则。鉴于此，以下首先提出一些基本原则，然而基于这些原则提出具体的政策保障措施。

一 基本原则

（1）不违背世界贸易组织（WTO）自由贸易和平等竞争的基本规则。中国于 2001 年 12 月 11 日正式加入 WTO，作为成员国必须遵守在 WTO 协议上的承诺。WTO 的基本原则具体包括互惠原则、透明度原则、市场准入原则、促进公平竞争原则、经济发展原则和非歧视性原则等，其中许多都涉及外资竞争问题，特别是促进公平竞争原则和非歧视性原则。因此，我们不能由于外资商业在中国市场的经营效率很高、扩张速度很快就加以取缔，不能在行政管理中实行歧视，袒护民族商业，也不能直接补贴民族商业。WTO 是我们在讨论中国流通产业安全的保障政策时必须考虑的第一条基本原则。

（2）借鉴其他国家流通产业立法和政策规制的经验，紧密结合中国特色社会主义市场经济实践。中国社会主义市场经济首先必然是一种市场经济，因此必然要遵循市场经济发展的基本规律。西方国家市场经济运行时间久、运行模式也比较成熟，尤其是在开放条件下的运行经验值得借鉴。如前文所述，许多国家尽管主张自由竞争、对外开放和经济全球化，但对流通产业有着各种各样的政策规制，它们在立法、宏观调控、行政管理和行业自律等各个方面的举措都值得我们借鉴。但这种借鉴并不是照搬，而要充分考虑中国流通产业发展的实际情况，把国外经验与中国特色结合起来。

（3）根据中国流通产业以及其他行业和国民经济整体发展情况，保持各项政策措施的灵活性和阶段性。从各国经济发展的历史来看，产业政策在某种程度上是一个阶段性的历史范畴，在经济发展初期，产业政策更加重要,这一点对于转型中的发展中国家更是如此。中国流通产业政策也应该体现历史阶段性,在不同的发展阶段应该实施不同政策措施,政策应该动态调整,甚至法律在保持其稳定性的同时也应该与时俱进,进行阶段性修订和调整。最典型的例子就是日本的《百货店法》、《大店法》和《大店立地法》以及韩国在不同时期的流通产业发展规划,前后一脉相承,充分体现了流通产业在各个阶段发展的需要。我们不能认为市场经济内核在于自由竞争就放弃政府规制,不能因为流通产业的竞争性就放弃流通产业政策,而应该结合实际情况对政策实行阶段性调整。

(4) 充分考虑流通产业安全问题的潜在性,确保相应政策措施具有前瞻性和可操作性。如前文所述,流通产业安全(还有其他行业的产业安全)往往是指一种潜在威胁,而非一种实际状态,因为一旦这种安全问题成为实际状态,后果将非常严重。这一点是我们研究流通安全和讨论流通安全保障措施的重要前提和价值所在。另外,流通安全的保障政策不仅要考虑威胁的潜在性,体现一定的前瞻性,而且还必须遵循可操作的原则,主要就是能够动态监控,密切关注中外商业竞争的相对实力变化,为政府层面的决策提供及时的、有价值的、可操作的信息和对策建议。

(5) 有助于培育和提升民族商业自身的竞争力。从产业安全层面上提出中国流通产业政策,一定要明确政策的最终目的,产业保护只是一个阶段性的举措,产业结构优化、产业竞争力提升和满足人民生活需要才是最终目的。一谈到流通产业安全保障,许多人就认为是要保护民族商业,排挤外资商业。事实并非如此,国外产业发展实践表明,产业保护目的在于为本国弱小产业创造一个更好的发展环境,以便提升本国企业的竞争力,更何况产业保护只是适度的,必须遵循 WTO 的平等竞争原则。任何一个开放经济的国家,都绝无可能对其产业实施长时期的保护,最终依靠的还是本土企业的竞争力提升。中国流通产业政策也必须如此,所有政策措施都必须立足于提升民族商业的竞争力,长期来看,强大的民族商业才是确保流通安全的根本出路。

二 政策措施

(1) 强化执行《反垄断法》,尽快出台相关实施细则。垄断的原意是独占,即一个市场上只有一个经营者,《反垄断法》就是要反对垄断和保护竞争,是市场经济赖以运行的基本法律制度,号称"经济宪法"。美国 1890 年的《谢尔曼法》是世界上最早的反垄断法,日本 1947 年颁布了

《禁止私人垄断和确保公正交易法》，德国 1957 年颁布了《反对限制竞争法》，其他发达市场经济国家也先后颁布了各自的反垄断法，其中意大利最晚于 1990 年才颁布。发展中国家反垄断立法的步伐比较缓慢，20 世纪 80 年代后期有反垄断法的国家还只有十余个，但随后的发展速度有所加快，中欧和东欧地区的绝大多数国家都颁布了反垄断法，目前颁布了反垄断法的国家大约有 84 个。中国于 1993 年和 2008 年先后出台了《反不正当竞争法》和《反垄断法》。但值得注意的是，立法与执法是两个不同层次的问题，尤其在中国这样的"大政府、小社会"转型经济国家，行政权力干预司法的现象时有发生，① 执法可能是比立法更难的一项长期任务。因此，为了维护良好的市场秩序和竞争秩序，必须强化执行《反垄断法》，违法必究，执法必严。更进一步地，一般法律出台之后都会有个相应的实施细则，但《反垄断法》在 2008 年开始实施之后，其实施细则迟迟没有出台。根据国务院制定的方案，国家发改委、商务部和工商总局联合负责执法，其中商务部门负责对"经营者集中"的执法，工商行政管理部门负责对"垄断协议"、"滥用市场支配地位"和"滥用行政权力排除、限制竞争"的执法，发改委负责对"价格垄断"行为的执法，但在实际执法工作中各部门职责划分不清的问题比较突出。因此，《反垄断法》要真正起到维护市场秩序和公平竞争的作用，还必须出台一份实施细则，明确和规范各家负责机构的执法范围和职责。②

（2）加快流通领域的立法，突出法律规制的针对性。如前文所述，许多国家都有专门的流通立法，如日本的《大店立地法》、丹麦和挪威的《营业时间法》、韩国的《流通产业发展法》、西班牙和菲律宾的《零售法》，这些法律专门针对商品流通领域的某一个方面做出具体规定，规范流通竞争，促进流通产业健康发展。国务院颁布了一些相关的管理条例，如 2005 年的《直销管理条例》、2007 年的《商业特许经营管理条例》等，这些法规条例对流通产业的健康发展起着重要的规制作用，但数量少、涵

---

① 《反垄断法》有专门针对行政性垄断的条款，在第八条中明确规定"行政机关和法律、法规授权的具有管理公共事务职能的组织不得滥用行政权力，排除、限制竞争"。这一点非常值得称赞，但众所周知，行政性垄断与行政干预司法还不是同一个问题，行政干预司法可能造成"严格立法、选择执法、普遍违法"的不良后果。

② 2012 年 5 月 8 日，最高人民法院出台了《关于审理因垄断行为引发的民事纠纷案件应用法律若干问题的规定》，该规定自 2012 年 6 月 1 日起实行。但这一规定主要适于司法部门，而不是针对行政部门执法的实施细则。

盖范围窄,远不能满足外资商业进入和中国流通产业发展的新形势的要求,更何况这些还不是正式法律。中国目前尚没有专门针对商品流通的立法,这一点亟待弥补和完善。有关部门和专家学者提出了一份《中华人民共和国商法通则》(草案建议稿),很有价值,但目前还没有进一步消息。值得借鉴的是,菲律宾作为WTO成员国,2000年颁布了《零售法》,严格管理外资商业的进入、持股和经营(参见前文所述),我们中国这样大的一个国家,而且民族商业实力相对弱小,发展也不成熟,更应该有专门的商品流通法律。

(3) 做好城市商业网点规划,建立大商店选址听证制度。法律的出台是一件非常严肃的事情,而且需要经过一套严格的立法程序,因此耗时较长,这时便需要政府主管部门出台一些带有过渡性质的管理条例,以弥补现实经济发展需要中出现的制度空缺。1991年原商业部针对商业网点建设出台了《城市商业网点建设管理暂行规定》,1995年原国内贸易部出台了《城市商业网点建设管理规定》,但随着流通业的快速发展,新型业态如雨后春笋般涌现,这些规定日渐过时。商务部2004年开始起草《城市商业网点规划管理条例》,国务院法制办等部门也曾召集有关部门、企业和专家征求意见,但直到现在也是"久闻楼梯响、不见人下楼"。根据商务部、建设部等部委规定,各个城市都制定了商业网点规划,但许多规划最终没有得到落实,没有出台《城市商业网点规划管理条例》只是其中原因之一,还有就是各地规划方案本身的科学性、可行性以及规划执行力度。因此,既要充分考虑微观经济主体的选择及其与政府决策的互动性,提高规划设计的科学性和可行性,又要加大规划实施力度,强化落实。特别地,对于大商店选址,可以借鉴西方国家的听证审查制度,由商务部门牵头组织官员、专家和社区居民等组成听证委员会,结合城市规划、环境保护和交通设施以及中小商业竞争状况,针对大型流通企业的选址开店进行公开听证和讨论,将其结论作为政府审批项目的重要依据。几年前,重庆、广州、西安、太原和海口等城市试行了《大型商业网点听证办法》,但在实施中遇到了不少问题,如商业机密泄露、听证代表选择标准等,因此还需进一步加强研究、设计和执行力度。在WTO规则下,商业网点规划和大商店选址听证不一定明确扶持民族商业,但作为政府规制流通业发展的有力手段,在操作层面上可以起到保障流通产业安全的潜在作用。

(4) 对商品实施分类管理，特殊商品特殊政策。一谈到流通产业规制，许多人就联想到牙膏、牙刷、毛巾等日用品的价格和流通管制，误认为是退回到传统的计划经济。实际上并非如此。在商品层面上，流通产业规制主要是指对一些特殊商品的分类管理，一般而言，特殊商品主要包括以下几类：一是需求弹性小或无弹性的商品，如粮食、食盐等；二是需求弹性大，财政贡献也大的商品，如酒类与烟草等；三是供给弹性小或无弹性且单位价值较高的商品，如文物、珠宝、黄金等；四是对人身及社会安全有直接威胁的商品，如药品、武器、易燃易爆及其他含有害物质的商品；五是直接影响国民经济正常运行甚至影响国家经济安全的商品，如石油及其制品、煤炭等。这些特殊商品的流通安全是我们讨论流通产业安全问题、制定流通产业政策的重中之重。像粮食、食盐这样的商品，从实际地位来看，不能将其归类于普通的私人商品，而应该看作一种准公共产品，因为尽管其占有、使用是排他性的，但从整体上看却是保障人民日常生活、维护正常经济秩序和社会秩序的基本要素。即便西方发达国家，对这些特殊商品的生产与流通都有不同程度的限制，制定了相应的特殊商品流通政策。中国也应该根据特殊商品的生产与流通特点，制定一系列的特殊商品流通政策，如烟酒专卖政策、粮食及农产品流通政策、石油及其制品流通政策、药品与出版物流通政策等。① 对商品实施分类管理是保障中国流通产业安全的一个重要方面，政府对一些重要物资的流通必须保持控制。近些年来所谓"大豆危机"是一个非常好的反面例子，当前四大粮商（即美国 ADM、邦吉、嘉吉和法国的路易达孚）已经基本上控制了中国大豆的产供销渠道和终端市场定价权。这一事件值得我们认真反思。

(5) 对流通产业实施分区规制，不同地区不同政策。改革开放以来中国经济取得辉煌的成就，创造了所谓的"中国奇迹"，但同时也呈现出典型的非均衡特征，中西部地区的发展相对滞后。与宏观经济类似，流通业的发展和外资商业进入的地理布局也是非均衡的，东部地区外资商业比重较高、流通业发展速度较快，中西部地区外资商业比重较低、流通业发

---

① 事实上，中国在计划经济时期就有过商品分类管理的做法。1961 年《中共中央关于改进商业工作的若干规定》把农产品分为三类：第一类是粮食和棉花，第二类是重要经济作物、重要畜产品和重要出口物资，第三类是可以在集市上或者集市外自由购销的物资。文件中还详细规定了各类物资的购销管理方式，尽管这些具体的管理措施已经不适于当前情况，但这种分类管理思想毫无疑问是值得传承和借鉴的。

展速度较慢。如前文所述，这种非均衡发展格局是影响流通安全的一个重要方面，也是我们制定流通产业政策需要考虑的一个重要方面，不同的地区应该有不同的流通产业政策。对于流通业相对发达、外资商业比重较高的地区，对外资进入应该保持警惕，至少各地区不应该相互竞争，再不能像从前一样给予外资商业"超国民待遇"。对于流通业相对落后、外资商业比重较低的地区，仍然可以保持招商引资的力度，把外资商业从发达地区逐步吸引到欠发达地区，一方面缓解外资商业非均衡地理布局带来的潜在流通安全问题，另一方面也充分利用外资商业为地方经济增长服务。

（6）设定科学的指标体系，建立流通产业安全预警系统。如前文所述，流通安全往往是指一种潜在的受威胁的状态，而不是实际存在，如果这种潜在威胁变成了实际存在，再来研究对策就为时已晚了。因此，保障中国流通产业安全不受威胁就必须建立科学的预警机制，对外资商业在中国发展以及中外商业实力比较进行动态监控。这种监控必然依赖于科学的指标体系。在流通产业安全的度量指标设计中，不仅要考虑外资商业对整个市场的总体控制力和影响力，而且还要考虑其地理布局非均衡性和区域市场控制力，以及外资商业对各个品类的渠道控制力，外资商业的母国来源、背后的控股结构和集团力量，等等。特别地，在度量和监控流通安全的时候要充分考虑外资商业的发展趋势，以2006—2011年外资商业占中国市场比重为例，我们对照三种假想的情形：（A）每年比重均在6%左右；（B）各年比重依次为0.4%、0.7%、1.3%、2.6%、4.3%、6%；（C）各年比重依次为11%、10%、9%、8%、7%、6%。从当前情况来看，三种情形没有差异，外资商业所占比重均为6%，但实际上这三种情形完全不同，有着完全不同的含义，情形B值得警惕，因为外资商业所占比重逐年上升，也许在不远的将来就会变成10%或更高。另外，对于地区非均衡布局问题也存在类似的比较，比如外资商业比重全国平均为6%，但每个地区均为6%与部分地区为20%—30%、部分地区只有1%甚至更低，这两种情形显然也对应着完全不同的含义。针对这种情况，我们在前文的经验度量中分别使用了趋势调整法和结构调整法，提高指标体系的监控和预警作用。在实际操作中，可由商务部负责组织、设计和出台规范，汇总和分析地方商务部门及大型流通企业上报的数据资料，实时监控全国流通业的发展动态，地方商务部门则必须如实上报相关数据，并根据指标和规范实时监控本地区流通业的发展情况，最终建立一个分层次、分区域、全方位的流通产业安全预警系统。

（7）充分发挥国有商业稳定市场的作用，为保障流通产业安全储备组织力量。不论在发达国家还是在发展中国家，也不论是在资本主义国家还是在社会主义国家，商业都承担着两大职能：活跃市场和稳定市场。[①] 改革开放以来，非国有商业大大促进了市场的发展、活跃和繁荣，为中国流通业的成长和整个宏观经济结构转型提供了重要的原动力，但就目前情况来看，这种完全市场化的商业改革似乎有点走过头了，非正常的市场波动问题越来越严重。然而不幸的是，一些学者仍然在极力主张"国有经济退出竞争性领域"，部分不恰当的建议被政府部门采纳，从而导致国有商业逐渐衰落、瓦解。面对某些市场近些年来的非正常波动（如"蒜你狠"、"姜你军"、"豆你玩"等现象），政府感觉到需要调控市场的时候，却发现没有足够的组织力量，因为国有商业部门已经无力承担稳定商业的职能了。在外资商业竞争日益加剧的情况下，国有商业不仅不能退出流通领域，而且其稳定市场的作用还要进一步扩展，成为保障流通产业安全的重要组织力量。值得说明的是，发挥国有商业稳定市场的作用，并不是要扭转市场化改革的方向，也不是要遏制私营商业的发展，而是要保持一定比重，对一些重要商品（或者说"准公共产品"）的流通保持控制，避免这类市场的异常波动，维护人民生活稳定和社会和谐。

（8）大力恢复和发展农村供销社，防止外资商业对农村商品流通形成区域性垄断。供销合作社曾经是中国农村的主干商业力量，在农村商品流通中一直占有举足轻重的地位，现在仍然在商品流通领域起着重要作用。2010 年整个供销社系统实现销售额 15637 亿元，约合 2360 亿美元，即便只算供销社全资企业和控股企业也有 1320 亿美元，超过同年家乐福的 1203 亿美元，堪称全球第二大流通企业了。但现在的问题是，供销社基层组织消耗殆尽，旗下企业也都是各自为政，缺乏集团整合力和凝聚力，无法像一家真正的企业那样运行。结果，沃尔玛、家乐福、麦德龙等外资商业巨头乘虚而入，搞起了"农超对接"等新鲜的商业模式。这种直接采购的做法本身没有什么不妥，而且还有可能提高采购价、降低销售价，有利于菜农、果农和消费者，但问题是这也意味着外资商业开始从源

[①] 纪宝成：《论发挥国营商业的主导作用》，《商业经济研究》1984 年第 2 期，第 15—19 页；纪宝成：《发挥国有商业主导作用之我见》，《商业经济研究》1988 年第 4 期，第 11—14 页。

头上控制中国市场,不能排除它们在时机成熟之后便开始向两端挤压:向农户索要通道费,向消费者索要更高的价格。外资商业还没有全面进入中国广大的农村,但这并不意味着将来不会全面进入,如果外资商业控制了城乡市场的联结纽带,将对中国流通产业安全构成巨大的潜在威胁,削弱政府在非常时期对商品物资(尤其农产品)的调配能力。而供销社原本就是中国城乡商品市场最稳固、覆盖范围最广的经济主体,曾经长期担负着现在所谓"农超对接"的任务,正是出于这种考虑,我们建议以改革的精神重组和发展供销社,借助其从前的网点优势,整合力量,改进经营模式,努力打造为稳定农村商品流通的基础性商业力量。供销合作社不是计划经济特有的产物,并不是离开计划经济就无法生存,其业务发展也并不一定局限于农村和农产品,实际上完全可以扩展城市市场,整合为一家真正的连锁企业。①

---

① 供销合作社并不是注定做不好,而是没有找到合适的战略措施,纪宝成早在20世纪80年代初就供销社发展问题提出了一条较好的思路。参见纪宝成《把农村基层供销社办成具有中国特色的农村合作商业组织》,《经济学周报》1983年3月21日第5版。从实践上看,西方发达国家已经探索了一些成功经验。挪威的合作社商业是一个非常好的正面例证。挪威近1/4的人口是合作社成员,最大的合作社 Coop Norway 集团成立于1906年,目前发展成为有222个合作社、1300家商店、93万名会员的合作制集团,下属零售连锁集团 Coop Norge 占挪威食品日杂零售市场25%的份额。10年前 Coop Norway 开始国际化经营,与瑞典的合作社 KF、丹麦的 FDB 联合组建了北欧地区最大、仍属合作性质的食品日杂销售公司 Coop Norden,该公司在北欧三国共有3000个连锁店、64000名员工和500万名会员,占北欧食品日杂市场29%的份额。参见周新健《挪威的流通产业和管理体制》,http://no.mofcom.gov.cn/aarticle/ztdy/200502/20050200343555.html。

第九章 结束语

尽管产业安全问题直接源于对外开放，但产业安全与对外开放并非互不相容，适度的国际竞争也许还有助于促进民族产业的成长。提出中国流通产业安全问题并非反对开放政策，也并非反对利用外资，而是希望社会各界摆正心态、认清形势，不要把利用外资这一手段变成了目的，为引进外资而引进外资，否则就本末倒置了。商务部已在石油化工、机械机床、汽车船舶、轻工、纺织、电子信息、物流七大行业建立了产业安全预警系统，但同样关系到国计民生的流通产业安全问题没有得到足够的重视。许多学者基于流通产业在经济增长、产业协调、内需启动、民生保障等方面的重要作用，建议把该产业定位于基础性产业、先导性产业和战略性产业。本书基于流通业的这种重要地位，讨论了中国流通产业安全问题的现实背景、概念辨析、经验度量和政策保障等若干方面，其中有些观点是启发性的，未来还有许多工作要做。

本书可能的贡献在于以下两个方面：（1）把流通产业安全界定为一种潜在威胁而非实际状态，进一步凸显理论研究和对策探讨的实际意义，为流通产业安全的概念争论注入新的内容，特别地提出中国流通业开放走的是一种自下而上"逆向型"开放路径（即地方政府率先开放，在与中央的讨价还价中以既成事实推动中国流通业的全面开放），这一认识为社会上"流通业开放过早、过快"的言论提供了一个很好的另类注解；（2）以"序数安全度"取代"基数安全度"，即基于可加性指标测算中国流通产业安全的相对变化，而不限于一个具体的安全度数值，避免了经验度量中指标赋权和判别标准上的主观臆断问题，并且，在指标计算过程中，针对外资商业地理布局非均衡性使用结构调整法，针对历史发展趋势使用趋势调整法，更加客观地反映外资商业控制力和中国流通产业安全的真实情况；（3）测算结果显示，中国流通产业安全在2006—2011年呈加速恶化的态势，法律和政策规制不完善以及外资商业总体实力增强、进入速度过快、地理布局不均衡等,都有助于促成这种不利的趋势,但2008年全球金融危机之后中国民族商业实力相对增强,是未来可能扭转这一趋势的积极因素;(4) 根据研究的理论逻辑和经验结果,借鉴国际经验,结合中国国情,针对中国流通产业安全提出具体的政策保障措施。

由于研究能力和时间精力的限制,还有许多工作有待进一步拓展,这里要指出未来研究的几个方向。本书基于"序数安全度"测算出了中国流通产业安全的相对变化,而没有给出具体的安全度数值,但是在条件成熟的情况下,组织权威专家进行综合评估,并赋予具体的判别标准,可以把"序数安全度"转换为"基数安全度",对中国流通产业安全作出更精确的判断。另外,本书选取了10个代表性指标反映外资商业控制力、竞争力和整体实力的相对变化,事实上这一指标体系还可以进一步扩展,并且基于"序数安全度"的测算方法,只要满足可加性原则,指标数量增加不会改变分析结构。最后,由于没有针对中国流通产业安全的专门数据库,个别指标数据需要在不同的来源中反复甄别,特别是地方统计层面上的数据,可能还存在统计口径上的差异,所以这项工作的完善还需中央层面上的协调和帮助。以上就是本书在未来可能的拓展方向,希望得到学术界同仁的继续关注。

附录一　政策文件

文件1:《国务院关于商业零售领域利用外资问题的批复》（国函〔1992〕82号）

发布单位：国务院办公厅

发布日期：1992年7月14日

国家计委、国家体改委、商业部、经贸部、国务院特区办：

经贸部、商业部、国家体改委、国务院特区办《关于商业零售领域利用外资问题的请示》（〔1992〕外经贸资发第252号）和国家计委《关于利用外资兴办商业零售企业试点工作的请示》（计外资〔1992〕805号）收悉。现批复如下：

一、同意先在北京、上海、天津、广州、大连、青岛和五个经济特区各试办一个至两个中外合资或合作经营的商业零售企业（以下称外商投资商业企业）。目前暂不举办外商独资经营的商业零售企业。为使这项工作积极稳妥地进行，防止一哄而起，试办期间，外商投资商业企业项目由地方政府报国务院审批。

二、外商投资商业企业的经营范围是百货零售业务、进出口商品业务，不得经营商业批发业务和代理进出口业务。主要经营商品为国产名优商品，也可经营一定数量的进口商品。

三、经批准试办的外商投资商业企业享有进出口经营权。进出口商品总的原则是出大于进，外汇自行平衡。进口商品仅限于在本企业零售的百货类商品，年度进口总量不超过本企业当年零售总额的30%，由经贸部负责核定各外商投资商业企业的进口额度，海关负责监督执行。进口家电产品、烟、酒、饮料、化妆品要按国家有关规定办理进口审批手续。出口不得经营一类商品，经营二、三类商品中的计划列名商品和配额、许可证商品需按年度报经贸部审批。今后国家对出口商品分类如有调整，按新规定执行。出口商品应尽量利用外方合营者的国际销售网点销售。商品出口收汇按外商投资企业的有关规定执行。

四、对外商投资商业企业的中外合营者由商业部进行资格审查。中外方合营者应是具有较强经营能力、有良好信誉和丰富管理经验的企业。

五、外商投资商业企业税收按国家对其所在地外商投资企业税收政策执行。外商投资商业企业对其经营的商品采购、营销价格,除国家、地方物价部门另有规定外,可以自主定价、自主经营。经国家外汇局批准,销售进口商品允许收取外汇人民币。

文件 2:《指导外商投资方向暂行规定》和《外商投资产业指导目录》

颁布单位:国家计划委员会、国家经济贸易委员会、对外贸易经济合作部

颁布日期:1995 年 6 月 20 日

实施日期:1995 年 6 月 20 日

指导外商投资方向暂行规定

第一条 为了指导外商投资方向,使外商投资方向与我国国民经济和社会发展规划相适应,并有利于保护投资者的合法权益,根据国家有关外商投资的法律的规定和产业政策的要求,制定本规定。

第二条 本规定适用于在中国境内投资举办中外合资经营企业、中外合作经营企业和外资企业的项目以及其他形式的外商投资项目(以下简称外商投资项目)。

第三条 国家计划委员会会同国务院有关部门根据本规定和国家经济技术发展情况,定期编制和适时修订《外商投资产业指导目录》,经国务院批准后公布。

《外商投资产业指导目录》是指导审批外商投资项目的依据。

第四条 外商投资项目分为鼓励、允许、限制和禁止四类。

鼓励类、限制类和禁止类的外商投资项目,列入《外商投资产业指导目录》。不属于鼓励类、限制类和禁止类的外商投资项目,为允许类外商投资项目。允许类外商投资项目不列入《外商投资产业指导目录》。

《外商投资产业指导目录》可以列明不允许外商独资经营以及应当由国有资产占控股地位或者主导地位的外商投资项目。

第五条　属于下列情形之一的外商投资项目，列为鼓励类外商投资项目：

（一）属于农业新技术、农业综合开发和能源、交通、重要原材料工业建设的；

（二）属于高新技术、先进技术，能够改进产品性能、节约能源和原材料、提高企业技术经济效益或者生产适应市场需求而国内生产能力不足的新设备、新材料的；

（三）属于适应国际市场需求，能够提高产品档次，开拓新市场，扩大产品外销，增加出口的；

（四）属于综合利用资源和再生资源以及防治环境污染的新技术、新设备的；

（五）属于能够发挥中西部地区的人力和资源优势，并符合国家产业政策的；

（六）属于国家法律、行政法规规定鼓励的其他项目。

第六条　属于下列情形之一的外商投资项目，列为限制类外商投资项目：

（一）属于国内已开发或者已引进技术，生产能力已能满足国内市场需求的；

（二）属于国家吸收外商投资试点或者实行专卖的产业的；

（三）属于从事稀有、贵重矿产资源勘探、开采的；

（四）属于需要国家统筹规划的产业的；

（五）属于国家法律、行政法规规定限制的其他项目。

限制类外商投资项目，根据国家产业政策和宏观经济调控的需要，分别列入限制类（甲）或者限制类（乙）。

第七条　属于下列情形之一的外商投资项目，列为禁止类外商投资项目：

（一）属于危害国家安全或者损害社会公共利益的；

（二）属于对环境造成污染损害，破坏自然资源或者损害人体健康的；

（三）属于占用大量耕地，不利于保护、开发土地资源，或者危害军事设施安全和使用效能的；

（四）属于运用我国特有工艺或者技术生产产品的；

（五）属于国家法律、行政法规规定禁止的其他项目。

前款规定的外商投资项目，任何公司、企业、其他经济组织或者个人均不得举办。

第八条 鼓励类外商投资项目，除依照国家有关法律、行政法规的规定享受优惠待遇外，从事投资额大、回收期长的能源、交通基础设施（煤炭、电力、地方铁路、公路、港口）建设并经营的，经批准可以扩大与其相关的经营范围。

第九条 限制类外商投资项目，必须遵守国家有关法律、行政法规和下列规定：

（一）限制类的中外合资经营项目，必须约定企业经营期限；

（二）限制类（甲）外商投资项目，中方投资中的固定资产部分必须使用中方投资者自有资金或者属于中方投资者所有的资产。

第十条 鼓励类、允许类外商投资项目，按照现行规定的程序和办法审批、备案。

限制类（甲）外商投资项目，按照现行规定的程序和办法审批、备案。其中，属于国务院规定的审批限额以下的限制类（甲）外商投资项目，按照项目建设性质，分别由省、自治区、直辖市以及计划单列市的计划部门或者主管企业技术改造的部门审批。此类项目的审批权不得下放。

限制类（乙）外商投资项目，属于国务院规定的审批限额以下的，项目建议书由国务院行业归口管理部门审批；项目可行性研究报告按照项目建设性质，分别由省、自治区、直辖市以及计划单列市的计划部门或者主管企业技术改造的部门审批，并报国家计划委员会或者国家经济贸易委员会备案。此类项目的审批权不得下放。属于国务院规定的审批限额以上的，按照现行规定的程序和办法审批。

涉及配额、许可证的外商投资项目，须先向对外贸易经济合作主管部门申请配额、许可证。

法律、行政法规对外商投资项目的审批程序和办法另有规定的，从其规定。

第十一条 属于本规定第六条第一项规定范围的限制类（甲）外商投资项目，产品出口销售额占其产品总销售额70%以上的，经批准可以视为允许类外商投资项目，不受本规定第九条的限制；对于确能发挥中西部地区资源优势且符合国家产业政策的上述外商投资项目，亦可以适当放宽限制。

第十二条 对违反本规定审批的外商投资项目，上级审批机关应当自收到该项目的备案文件之日起 30 天内予以撤销，其合同、章程无效，企业登记机关不予注册登记或者注销登记，海关不予办理进出口手续。

第十三条 外商投资项目当事人以欺骗等不正当手段，骗取项目建议书的批准的，根据情节轻重，依法追究法律责任；审批机关应当撤销对该项目的批准，并由有关主管机关依法作出相应的处理。

第十四条 审批机关工作人员滥用职权、徇私舞弊、玩忽职守、越权审批的，给予行政处分；情节严重，构成犯罪的，依法追究刑事责任。

第十五条 华侨和香港、澳门、台湾地区的投资者举办的投资项目，参照本规定执行。

第十六条 本规定由国家计划委员会会同国家经济贸易委员会、对外贸易经济合作部组织实施。

第十七条 本规定自发布之日起施行。

外商投资产业指导目录

鼓励外商投资产业目录

（一）农、林、牧、渔业及相关工业

1. 荒地、荒山、滩涂开垦、开发（含有军事设施的除外），中低产田、低产林改造

2. 粮、棉、油料、糖料、果树、蔬菜、花卉、牧草等农作物优质高产新品种开发

3. 蔬菜、花卉无土栽培系列化生产

4. 林木营造及林木良种引进

5. 优良种畜种禽、水产苗种繁育（不含我国特有的珍贵优良品种）

6. 名特优水产品养殖及远洋渔业

7. 高效、安全的农药原药新品种（杀虫率、杀菌率达 80%，对人畜、作物等安全）

8. 高浓度化肥（尿素、合成氨、磷铵）

9. 农膜生产新技术及新产品开发（纤维膜、光解膜、多功能膜等及原料）

10. 兽用抗生素（动物专用抗生素、动物用躯体内外寄生虫抗生素、动物用抗生素新剂型）、兽用驱虫药

11. 全价配合饲料、添加剂及饲料蛋白资源开发

12. 蔬菜、水果、肉食品、水产品贮藏、保鲜、加工新技术、新设备

13. 林业化学产品及林区"次、小、薪"材的综合利用新技术、新产品

14. 综合利用水利枢纽的建设、经营（日供水能力30万吨以上或装机容量25万千瓦以上由国有资产占控股或主导地位）

15. 节水灌溉设备制造

16. 农业机械设备、农具及相关零配件

（二）轻工业

1. 非金属制品模具设计、加工、制造

2. 商品纸浆

3. 皮革后整饰加工

4. 无汞碱锰电池、锂离子电池、氢镍电池

5. 高技术含量的特种工业缝纫机

6. 聚酰亚胺保鲜薄膜

7. 酶制剂、合成洗涤剂原料（直链烷基苯）

8. 合成香料、单离香料

9. 替代氟利昂应用技术研究及推广

（三）纺织业

1. 复合超细、异收缩、抗静电、阻燃等改性、高仿真化学纤维及芳纶、氨纶、碳纤维等特种化学纤维

2. 织物印染及后整理加工

3. 高仿真化纤面料

4. 纺织用油剂

5. 工业用特种纺织品

（四）交通运输、邮电通信业

1. 铁路运输技术设备：机车车辆及主要部件设计制造、线路设备设计制造、高速铁路有关技术与设备制造、通信信号和运输安全监测设备制

造、电气化铁路设备和器材制造

2. 地方铁路及其桥梁、隧道、轮渡设施的建设、经营（不允许外商独资经营）

3. 公路、港口机械设备及其设计、制造技术

4. 城市地铁及轻轨建设、经营（由国有资产占控股或主导地位）

5. 公路、独立桥梁和隧道、港口设施的建设、经营（公用码头由国有资产占控股或主导地位）

6. 民用机场的建设和经营（由国有资产占控股或主导地位）

7. 900 兆赫数字蜂窝移动通信设备制造

8. 五次群以上同步光纤、微波通信系统、计量设备制造

9. 异步转移模式（ATM）交换机设备制造

（五）煤炭工业

1. 煤炭采掘运设备设计制造

2. 煤气化成套设备设计制造

3. 高浓度水煤浆设备和添加剂制造

4. 低热值燃料及伴生资源综合开发利用

5. 煤炭综合开发利用

（六）电力工业

1. 火电站的建设、经营（包括常规火电站和煤的洁净燃烧技术电站）

2. 水电站的建设、经营（装机容量25万千瓦以上由国有资产占控股或主导地位）

3. 核电站的建设、经营（由国有资产占控股或主导地位）

4. 新能源电站的建设、经营（包括太阳能、风能、磁能、地热能、潮汐能等）

（七）黑色冶金工业

1. 海绵铁（以煤为还原剂工艺）

2. 粉末冶金（铁粉）

3. 20 万吨以上短流程和 50 万吨以上钢铁联合生产线

4. 冷轧硅钢片、镀锌板、镀锡板、不锈钢板

5. 热轧薄板、冷轧薄板

6. 轴承钢管、石油钢管、不锈钢管、高压锅炉钢管

7. 机车、车辆的车轮、车箍

8. 超高功率电极、针状焦

9. 高铝矾土、硬质黏土矿及熟料

10. 铁矿采选

11. 捣固焦和煤焦油深加工

12. 高纯镁砂（不允许外商独资经营）

13. 连铸、钢包、复合吹炼专用优质耐火材料和专用保护渣

（八）有色金属工业

1. 单晶硅（直径 5 英寸以上）、多晶硅

2. 硬质合金、锡化合物、锑化合物

3. 有色金属复合材料、新型合金材料

4. 铜、铅、锌矿开采（不允许外商独资经营）

5. 铝矿开采（不允许外商独资经营）及氧化铝（30 万吨以上）

6. 稀土应用

（九）石油、石油化工及化学工业

1. 离子膜烧碱及新的有机氯系列产品

2. 烧碱用离子膜的制造

3. 乙烯（年产 30 万吨以上）、丙烯及 C4—C9 产品的综合利用

4. 工程塑料制品及塑料合金

5. 合成橡胶（溶液丁苯橡胶、丁基橡胶、异戊橡胶、乙丙橡胶、丁二烯法氯丁橡胶、聚氨酯橡胶、丙烯酸橡胶、氯醇橡胶）

6. 精细化工：染料、中间体、催化剂、助剂及颜料新产品、新技术，染（颜）料商品化加工技术，电子、造纸用高科技化学品，食品添加剂、饲料添加剂，皮革化学品、油田助剂，表面活性剂，水处理剂，胶粘剂，无机纤维，无机粉体填料及设备

7. 氯化法钛白粉

8. 以煤为原料的化工产品

9. 合成材料的配套原料（双酚 A、丁苯吡胶乳、吡啶、44'二苯基甲烷二异氰酸酯）

10. 基本有机化工原料：苯、甲苯、二甲苯（对、邻、间）衍生物产品的综合利用

11. 废气、废液、废渣综合利用

12. 输油、输气管道及其油库、石油专用码头建设、经营（由国有资

产占控股或主导地位）

（十）机械工业

1. 焊接机器人和高效焊装生产线设备制造

2. 耐高温绝缘材料（绝缘等级为 F、H 级）及绝缘成型件

3. 薄板连铸连轧机，大型冷、热连轧设备，城市煤气化和工业用无污染煤气发生炉制造

4. 井下无轨采、装、运设备，100 吨及以上机械传动矿用自卸车，移动式破碎机，双进双出磨煤机，3000 立方米/小时及以上斗轮挖掘机，5 立方米及以上矿用装载机，全断面巷道掘进机制造

5. 集装箱装卸桥、管式输送机制造

6. 3 万立方米及以上大型空气分离成套设备制造

7. 多色胶印机制造

8. 4500 米及以上沙漠、海上石油钻采设备，70 兆帕及以上油、气井防喷器，105 兆帕及以上压裂设备，50 吨及以上修井机制造

9. 年产 30 万吨及以上合成氨、48 万吨及以上尿素、30 万吨及以上乙烯成套设备中的透平压缩机、甲铵泵及混合造粒机制造（由国有资产占控股或主导地位）

10. 电子、新型纺机、新型造纸（含纸浆）等成套设备制造

11. 大型精密科学测量仪器制造

12. 安全检测仪器设备（振动、噪声、有毒物质、粉尘浓度检测，瓦斯突出、冲击地压预测）

13. 新型仪表元器件和材料（主要指智能型仪用传感器、仪用接插件、柔性线路板、光电开关、接近开关等新型仪用开关、仪用功能材料等）

14. 精密、高效、大型数控机床及功能部件制造

15. 液压元件、气动元件、密封件

16. 精冲模、精密型腔模、模具标准件

17. 25 万吨/日城市污水处理设备，工业废水膜处理设备，上流式厌氧流化床设备和其他生物处理废水设备，粉煤灰砌块生产设备（5 万—10 万吨/年），废塑料再生处理设备，工业锅炉脱硫脱硝设备，大型耐高温、耐酸袋式除尘器制造

18. 大型路面施工机械制造

19. 大型（外径200—430毫米）、精密及专用轴承制造

20. 汽车关键零部件制造：制动器总成、驱动桥总成、变速器、转向机、柴油机燃油泵、活塞（含活塞环）、气门、液压挺杆、轴瓦、增压器、滤清器（三滤）、铝散热器、膜片离合器、等速万向节、减震器、车用空调系统、安全气囊、座椅调角器、车锁、后视镜、玻璃升降器、组合仪表、电机、灯具及灯泡、专用高强度紧固件、专用轴承

21. 汽车模具（含冲模、注塑模、模压模等）、夹具（焊装夹具、检验夹具等）制造

22. 汽车用铸锻毛坯件

23. 汽车技术研究中心、设计开发机构

24. 石油工业专用沙漠车和机场专用车等特种用途高难度专用车

（十一）电子工业

1. 大规模集成电路生产

2. 新型电子元器件（含片式元器件）及电力电子元器件

3. 光电器件、敏感元器件及传感器制造

4. 大中型电子计算机制造

5. 32位以上（不含32位）高档微型计算机制造

6. 图文传真机关键件（热感打印头、图像传感器等）制造

7. 可兼容数字电视、高清晰度电视（HDTV）数字磁带录放机、激光影碟机

8. 半导体、光电子专用材料

9. 新型显示器件（彩色液晶器件、平板显示器）

10. 计算机辅助设计（CAD）、辅助测试（CAT）、辅助制造（CAM）、辅助工程（CAE）系统及其他计算机应用系统

11. 电子专用设备、仪器、工模具制造

12. 水文数据采集仪器及设备制造

13. 卫星通信稀路由地面站（TES）、数据站（PES）及关键件制造

14. SDH光通信系统、交叉连接设备、网络管理设备制造

15. 软件开发、生产（包括计算机、通信软件等）

16. 空中交通管制系统设备制造

17. 大容量光、磁盘存储器及其部件的开发、制造

18. 新型打印装置（激光打印机等）的开发、制造

（十二）建筑材料设备及其他非金属矿制品业

1. 日熔化 500 吨级及以上浮法玻璃生产线
2. 年产 50 万件高档卫生瓷生产线
3. 新型建筑材料
4. 特种水泥
5. 水泥外加剂
6. 散装水泥仓储运设施
7. 城市卫生特殊设备制造
8. 隧道挖掘机、城市地铁暗挖设备制造
9. 树木移栽机械制造
10. 路面铣平、翻修机械制造
11. 玻璃纤维及玻璃钢制品
12. 无机非金属材料及制品
13. 非金属矿及深加工产品

（十三）医药工业

1. 专利期内及受我国行政保护的化学原料药、需要进口的医药专用中间体
2. 消炎解热类：国内尚未生产的疗效好的新品种
3. 维生素类：维生素 D3、右旋泛酸钙、烟酸
4. 新型抗癌药物及心脑血管药物
5. 药品制剂：缓释剂、控释剂、靶向剂、透皮吸收等新剂型、新产品及相关辅料
6. 氨基酸类：丝氨酸、色氨酸、组氨酸等
7. 新型药品包装材料、容器及先进的制药设备
8. 国内尚未生产的新型、高效、经济的避孕药具
9. 提高中成药质量、改变剂型包装的新技术、新设备
10. 中药有效成分分析的新技术、提取的新工艺
11. 采用生物工程技术生产的新型药物

（十四）医疗器械

1. 800 毫安以上 X 光机
2. 数字减影装置
3. 生化分析仪器

4. 电子内窥镜

5. 医用监护仪器

6. 多功能麻醉机

7. 医用导管

(十五) 航天航空工业

1. 民用飞机制造

2. 航空发动机

3. 航空机载设备

4. 轻型燃气轮机

5. 民用卫星制造

6. 卫星有效载荷制造

7. 卫星应用（由国有资产占控股或主导地位）

(十六) 船舶工业

1. 特种船、高性能船及3.5万吨以上船舶修造

2. 船舶配套产品制造

(十七) 新兴产业

1. 微电子技术

2. 新材料

3. 生物工程技术

4. 信息、通信系统网络技术

5. 同位素辐射及激光技术

6. 海洋开发及海洋能开发技术

7. 节约能源开发技术

8. 资源再生及综合利用技术

9. 环境污染治理工程及治理技术

(十八) 服务业

1. 国际经济、科技信息咨询

2. 精密仪器设备维修、售后服务

限制外商投资产业目录

（甲）

（一）轻工业

1. 机械、电子表机芯和成品表组装、自行车、家用缝纫机

2. 家用电器：洗衣机、电冰箱、冰柜

3. 易拉罐

（二）纺织业

年产 5000 吨以下的涤纶长丝

（三）煤炭工业

土法炼焦

（四）黑色冶金工业

1. 硅铁、普通碳素电极

2. 30 吨以下普通电炉炼钢、30 吨以下转炉炼钢、300 立方米及以下高炉及其配套的烧结、焦化

3. 100 毫米及以下焊管和 76 毫米以下的无缝管轧机、普钢初轧机、开坯机

（五）有色金属工业

铝型材、铝门窗

（六）石油化工、化学工业

1. 钡盐、萘法苯酐

2. 250 万吨以下炼油厂

3. 斜交轮胎、旧轮胎（子午胎除外）翻新及低性能工业橡胶配件

4. 海带提碘

（七）机械工业

1. 一般涤纶长丝、短纤维设备

2. 普通客货船制造及船用柴油机和柴油发电机组

3. 碳化硅原料加工

4. 电钻、电动砂轮机

5. 普通碳钢焊条

6. 普通级标准紧固件、小型和中小型普通轴承

7. 普通铅酸蓄电池

8. 集装箱

9. 电梯

（八）电子工业

1. 收录机、收音机

2. 黑白电视机及黑白显像管

3. 16位以下（含16位）微型计算机

4. 450兆赫以下无线电话设备

5. 广播电视发射系统

（九）建筑材料设备及其他非金属矿制品业

1. 年产30万吨以下水泥生产线

2. 日熔化量200吨级以下的普通建筑用平板玻璃生产线

（十）医药工业

1. 抗生素类：氯霉素、洁霉素、庆大霉素、双氢链霉素

2. 化学合成药类：安乃近、维生素B1、维生素B6

3. 中药饮片（传统炮制工艺技术除外）

4. 中成药产品及半成品

（十一）医疗器械

1. 非自毁式一次性注射器

2. 中低档B型超声显像仪

3. 心电图机

（十二）服务业

1. 出租汽车（限于国内购车）

2. 加油站（限于与相关项目配套建设、经营）

（乙）

（一）农、林、牧、渔业及相关工业

1. 珍贵树种原木加工、出口（不允许外商独资经营）

2. 近海及内陆水域水产捕捞业（不允许外商独资经营）

（二）轻工业

1. 食盐、工业用盐

2. 外国牌号无酒精饮料（含固体饮料）

3. 名牌白酒

4. 烟用二醋酸纤维素及丝束

5. 卷烟、过滤嘴棒等烟草加工业

6. 猪、牛、羊蓝湿皮加工及生产

7. 天然香料

（三）纺织业

1. 毛纺织、棉纺织

2. 生丝、坯绸

3. 化纤及化纤原料（聚酯、丙烯腈、己内酰氨、尼龙66盐等）

（四）煤炭工业

炼焦煤开采（不允许外商独资经营）

（五）有色金属工业（不允许外商独资经营）

1. 铜加工

2. 贵金属（金、银、铂族）矿产采、选、冶炼、加工

3. 钨、锡、锑矿等有色金属开采

4. 稀土开采、冶炼

（六）石油化工、化学工业

1. 黑白、彩色胶卷

2. 硼镁铁矿开采及加工

3. 锶盐

4. 联苯胺

（七）机械工业

1. 轿车整车（由国有资产占控股或主导地位）

2. 摩托车整车（由国有资产占控股或主导地位）

3. 轻型车（轻型客车、厢式车）整车（由国有资产占控股或主导地位）

4. 汽车、摩托车发动机（由国有资产占控股或主导地位）

5. 汽车用空调压缩机、电子控制燃油喷射系统

6. 旧汽车、摩托车翻新、拆解（改装）

7. 空调、冰箱用轴功率2千瓦以下压缩机（车用空调压缩机除外）

8. 分散型控制系统（含可编程序控制器）

9. 台式静电复印机

10. 火电设备：10万千瓦及以上机组（发电机、汽轮机、锅炉、辅机和控制装置）、燃气轮机联合循环发电设备、循环流化床锅炉、煤气化联合循环技术及装备（IGCC）、增压流化床（PFBC）、脱硫及脱硝设备制造（不允许外商独资经营）

11. 水电设备：转轮直径5米及以上水电机组（含水电辅机和控制装置）、5万千瓦以上大型抽水蓄能机组、1万千瓦以上大型贯流式机组制造（不允许外商独资经营）

12. 核电机组：60 万千瓦及以上机组制造（不允许外商独资经营）

13. 输变电设备：220 千伏及以上大型变压器、高压开关、互感器、电缆设备制造（不允许外商独资经营）

（八）电子工业

1. 彩色电视机及调谐器、遥控器、回扫变压器

2. 彩色显像管及玻壳

3. 摄像机（含摄录一体机）、录像机

4. 录像机磁头、磁鼓、机芯

5. 模拟制移动通信系统（蜂房、集群、无线寻呼、无线电话）

6. 传真机

7. 卫星电视接收机及关键件

8. 四次群以下微波接力通信设备

（九）建筑材料设备及其他非金属矿制品业

金刚石及其他天然宝石等贵重非金属矿的勘探、开采及加工（不允许外商独资经营）

（十）医药工业

1. 实行出口许可证管理的中药材

2. 毒品前体：麻黄碱、伪麻黄碱、麦角新碱、麦角胺、麦角酸

3. 青霉素 G、青蒿素类抗疟药

4. 成瘾性麻醉药品及精神药品

5. 维生素 C

6. 血液制品

（十一）交通运输、邮电通信业

1. 干线铁路建设经营（由国有资产占控股或主导地位）

2. 水上运输（不允许外商独资经营）

3. 出入境汽车运输（不允许外商独资经营）

4. 航空运输（由国有资产占控股或主导地位）

5. 通用航空（工业航空由国有资产占控股或主导地位，农、林业航空不允许外商独资经营）

6. 数字程控局用和用户交换机设备制造

（十二）内外贸、旅游、房地产及服务业（不允许外商独资经营）

1. 商业零售、批发

2. 物资供销

3. 对外贸易

4. 国家级旅游区建设、经营

5. 高档宾馆、别墅、高级写字楼

6. 高尔夫球场

7. 旅行社

8. 会计、审计、法律咨询服务，经纪人公司

9. 代理业务（船舶、货运、期货、销售、广告等）

10. 教育、翻译服务

（十三）金融及相关行业

1. 银行、财务公司、信托投资公司

2. 保险公司、保险经纪人及代理人公司

3. 证券公司、投资银行、商人银行、基金管理公司

4. 金融租赁

5. 外汇经纪

6. 金融、保险、外汇咨询

7. 金银、珠宝、首饰生产、加工、批发和销售

（十四）其他

1. 印刷业、出版发行业务（不允许外商独资经营）

2. 进出口商品检验、鉴定业务（不允许外商独资经营）

3. 音像制品制作、出版、发行

（十五）其他国家和我国缔结或者参加的国际条约规定限制的其他产业

禁止外商投资产业目录

（一）农、林、牧、渔业及相关工业

1. 国家保护的野生动植物资源

2. 我国稀有的珍贵优良品种（包括种植业、畜牧业、水产业中的优良基因）

3. 动植物的自然保护区建设

4. 绿茶及特种茶（名茶、黑茶等）加工

（二）轻工业

1. 象牙雕刻、虎骨加工

2. 手工地毯

3. 脱胎漆器

4. 琅玡制品

5. 青花玲珑瓷

6. 宣纸、墨锭

（三）电力工业及城市公用事业

1. 电网的建设、经营

2. 城市供排水、煤气、热力管网的建设、经营

（四）矿业采选及加工

放射性矿产的采、选、冶炼加工

（五）石油化工、化学工业

1. 硼镁石开采及加工

2. 天青石开采

（六）医药工业

1. 列入国家保护资源的中药材（麝香、甘草、杜仲、厚朴）

2. 传统的中药饮片炮制技术及中成药秘方产品

（七）邮政、电信、交通运输业

1. 邮政、电信业务的经营管理

2. 空中交通管制

（八）贸易业

期货贸易

（九）广播影视业

1. 各级广播电台（站）、电视台［含有线电视网络及发射台、转播台（站）］

2. 广播电视节目制作、出版、发行

3. 电影制片、发行、放映

4. 录像放映

（十）新闻业

（十一）军用武器生产业

（十二）其他

1. 危害军事设施安全和使用效能的项目

2. 致癌、致畸、致突变原料及加工

3. 跑马场、赌博

4. 色情服务

(十三) 其他国家和我国缔结或者参加的国际条约规定禁止的其他产业

文件 3：《国务院办公厅关于立即停止地方自行审批外商投资商业企业的紧急通知》（国办发明电〔1997〕15 号）

发布单位：国务院办公厅

发布日期：1997 年 5 月 4 日

各省、自治区、直辖市人民政府，国务院各部委、各直属机构：

1992 年 7 月，国务院决定试办中外合资、合作商业零售企业以来，试点工作进展顺利，对我国商业企业的改革和发展起到了积极的作用。但当前有一些地方政府违背国务院的规定，擅自越权批准和自行举办了一批外商投资商业企业，造成商业利用外资项目审批管理无序、盲目发展，合作方式不符合国家政策等问题，给商业领域利用外资试点工作带来了混乱，对外也造成了不良影响。为了维护政策的统一性和严肃性，保证我国商业领域利用外资试点工作的进一步健康有序发展，经国务院同意，特作如下紧急通知：

一、商业领域利用外资工作尚属试点阶段，试点范围、数量和试点项目的审批管理，仍按《国务院关于商业零售领域利用外资问题的批复》（国函〔1992〕82 号）的规定执行。国务院重申，举办外商投资商业企业的审批权限在国务院。

二、从本通知下发之日起，地方各级政府必须立即停止自行洽谈和审批外商投资商业企业，正在审批的要立即停止办理一切手续，正在与外商谈判的要立即终止谈判。未经国务院批准，各级工商行政管理机关不得办理外商投资商业企业的登记注册手续。

三、国务院决定，近期对地方自行批准的外商投资商业企业和地方通过各种方式自行开办的外商投资商业企业，进行全面的清理整顿，具体办法另行下达。

四、地方各级政府要加强对商业领域利用外资工作的领导和管理，本通知下达后，如发现新的未经国务院批准的外商投资商业企业，除一律予以关闭外，还要追究有关负责人的责任。

文件 4：《国务院办公厅关于清理整顿非试点外商投资商业企业有关问题的通知》（国办发〔1997〕26 号）

发布单位：国务院办公厅

发布日期：1997 年 8 月 5 日

为维护我国商业领域吸收外商投资试点政策的统一性和严肃性，保证试点工作健康有序地进行，国务院决定从即日起对地方、部门擅自越权批准设立的非试点外商投资商业企业进行清理整顿。现将有关事项通知如下：

一、凡在《国务院办公厅关于立即停止地方自行审批外商投资商业企业的紧急通知》下发前，由地方、部门自行批准设立的外商投资商业企业，包括采取中外合资、中外合作、外商独资方式，或者采取委托管理、租赁、承包以及其他变通方式经营百货店、连锁店、仓储店、物流中心、邮购业务等各类外商投资商业企业，以及未经国务院批准擅自设立分店的试点外商投资商业企业，一律进行清理整顿。经国务院批准设立和经营的试点外商投资商业企业不在清理整顿之列。

二、各省、自治区、直辖市及计划单列市人民政府和国务院有关部门清理整顿非试点外商投资商业企业，要按照《国务院关于商业零售领域利用外资问题的批复》（国函〔1992〕82 号）等有关规定，重点对自行批准设立的外商投资商业企业的股东情况、合同条款、经营范围、经营方式、技术转让与技术提成费情况、经营现状与年检情况等进行认真调查和审核，在此基础上写出清理整顿报告，并认真填写清理整顿登记表。

三、各省、自治区、直辖市及计划单列市人民政府和国务院有关部门要在 1997 年 9 月 10 日前将被清理整顿项目的可行性研究报告、合同和章程及其批准文件、批准证书、工商执照副本、清理整顿报告和登记表等一式四份分别报国家计委、内贸部、外经贸部和国家工商局，由国家计委会同内贸部、外经贸部、国家工商局提出处理意见后报国务院。

四、各省、自治区、直辖市及计划单列市人民政府和国务院有关部门要加强对该项工作的领导，成立有计划、内贸、外经贸、工商等部门或相关单位参加的清理整顿小组，根据本通知要求，实事求是，认真开展工作，按时按质完成任务。对弄虚作假、隐瞒或遗漏的非试点外商投资商业企业，除一律予以关闭外，还要追究有关责任人及其领导的责任。

文件 5:《国务院办公厅关于清理整顿非试点外商投资商业企业情况的通知》(国办发〔1998〕98 号)

发布单位：国务院办公厅

发布日期：1998 年 7 月 1 日

各省、自治区、直辖市人民政府，国务院各部委、各直属机构：

为维护我国商业领域吸收外商投资试点政策的统一性和严肃性，保证试点工作健康有序地进行，根据《国务院办公厅关于清理整顿非试点外商投资商业企业有关问题的通知》(国办发〔1997〕26 号)精神，原国家计划委员会、原国内贸易部、对外贸易经济合作部及国家工商行政管理局组成了清理整顿小组，从 1997 年 8 月起，对各地擅自越权批准设立的外商投资商业企业进行了清理整顿。经国务院批准，现将清理整顿情况通知如下：

一、根据国家商业领域吸收外商投资的有关政策，通过对外商出资比例、资金到位情况、合营年限经营范围、经营状况等方面进行审核，允许在合营期限内继续经营的外商投资商业企业 42 家。

二、经过清理需要进行整改的外商投资商业企业 199 家。整改的具体要求是：外商投资商业企业中方出资或分利比例必须达到 50% 以上（中西部地区 40% 以上），连锁店、仓储式商场必须由中方控股，合营年限不得超过 30 年（中西部地区不得超过 40 年），不得经营批发业务；外商独资商业企业应按上述标准改造为中外合资或中外合作商业企业。各地成立的清理整顿小组应在 1998 年年底前按照要求完成对上述企业的整改工作，并报国家发展计划委员会、对外贸易经济合作部、国家工商行政管理局和国家国内贸易局审核。

三、上述通过清理整顿允许继续经营的企业和经审核符合要求的整改企业，不享有进出口经营权，不得经营批发业务，不得再扩大经营范围和建设规模，不得开设分店和延长合营年限，不得享受进口自用设备和原材料的减免税政策。

四、对在《国务院办公厅关于立即停止地方自行审批外商投资商业企业的紧急通知》(国办发明电〔1997〕15 号，以下简称《紧急通知》)下发后审批、不按规定时间入资、未通过年检或未参加年检的 36 家外商投资商业企业，以及属于清理整顿范围而未上报的外商投资商业企业，由省级外经贸部门、工商行政管理部门撤销原批准证书，办理注销登记或吊销营业执照手续。

五、上述保留、整改和注销（吊销）的非试点外商投资商业企业的具体名单，由国家发展计划委员会、对外贸易经济合作部、国家工商行政管理局和国家国内贸易局联合发文通知各地，并负责督促执行。

六、对违背国家商业领域吸收外商投资试点政策，擅自越权审批外商投资商业企业的地方人民政府，特别是在《紧急通知》下发后，仍自行批准设立非试点外商投资商业企业的重庆、成都、西安、南昌市人民政府，予以通报批评。各地要引以为诫，并按本通知要求做好整改和注销（吊销）非试点外商投资商业企业的善后处理工作。

根据党的十五大精神，我国将继续执行积极合理有效利用外资的方针，在总结试点经验的基础上，有步骤地扩大商业领域对外开放。各地人民政府要根据国家政策和国务院的统一部署开展工作，不得各行其是，做到令行禁止，共同维护国家政策的严肃性，保证商业领域吸收外商投资工作健康有序地进行。

文件6：《外商投资商业企业试点办法》（外经贸部〔1999〕第12号）

颁布单位：国家经济贸易委员会、对外贸易经济合作部

颁布日期：1999年6月25日

第一条 为进一步扩大对外开放，促进商业企业的改革和发展，推动国内市场建设扩大商业领域利用外商投资试点健康有序地进行，根据《中华人民共和国中外合资经营企业法》等有关法律、法规，制定本办法。

第二条 本办法适用于外国公司、企业同中国公司、企业在中国境内设立中外合资或合作商业企业（以下简称合营商业企业）。暂不允许外商独资设立商业企业。

第三条 设立的合营商业企业必须符合所在城市的商业发展规划，能够引进国际上先进的营销技术和管理经验，促进国内商业现代化，带动国内产品出口，产生良好的经济效益和社会效益。

第四条 设立合营商业企业的地区由国务院规定，目前暂限于省会城市、自治区首府、直辖市、计划单列市和经济特区（以下简称试点地

区）。

第五条 合营商业企业的投资者应具备以下条件：

（一）外国合营者或外国合营者中的主要合营者（以下简称外国合营者）应为具有较强的经济实力、先进的商业经营管理经验和营销技术、广泛的国际销售网络、良好的信誉和经营业绩的企业，且能够通过拟设立的合营商业企业带动中国产品出口。申请设立从事零售业务的合营商业企业的外国合营者，申请前3年年均商品销售额应在20亿美元以上，申请前1年资产额应在3亿美元以上。申请设立从事批发业务的合营商业企业的外国合营者，申请前3年年均商品批发额应在25亿美元上，申请前1年资产额应在3亿美元以上。

（二）中国合营者或中国合营者中的主要合营者（以下简称中国合营者）应为具有较强经济实力和经营能力的流通企业，申请前1年的资产额应在5000万元（中西部地区3000万元）人民币以上。其中，中国合营者为商业企业的，申请前3年年均销售额应在3年年均自营进出口额应在5000万美元以上（其中出口额不低于3000万美元）。

第六条 合营商业企业应符合以下条件：

（一）符合中国有关法律、法规及有关规定；

（二）符合所在城市商业发展规划；

（三）从事零售业务的合营商业企业的注册资本不低于5000万人民币，中西部地区不低于3000万元人民币；从事批发业务的合营商业企业的注册资本不低于8000万元人民币，中西部地区不低于6000万元人民币；

（四）采取3家以上分店连锁方工经营的合营商业企业（便民店、专业店和专卖店除外），中国合营者出资比例应达到百分之五十一以上。其中对合营商业企业本身经营情况较好，外国合营者已从国内大量采购产品，并能借助外国合营者的国际营业员销网络，进一步扩大国内产品出口的合营连锁商业企业，经国务院批准后，可允许外国合营者控股；开设3家以下分店（包括3家）的合营商业企业和连锁方式经营的便民店、专业店、专卖店，中国合营者出资比例应不低于百分之三十五；从事批发经营（包括零售企业兼营批发业务）的合营商业企业，中国合营者出资比例应达到百分之五十一以上；

（五）合营商业企业的分店只限于中外双方直接投资、直接经营的直营连锁形式，暂不允许发展自由连锁、特许连锁等其他连锁形式；

（六）经营年限不超过30年，中西部地区不超过40年。

第七条 外国合营者与合营商业企业签订商标、商号使用许可合同、技术转让合同的，外国合营者提取的相关费用总计不得超过合营商业企业当年销售额（不包括增值税）的百分之零点三，提取年限不超过10年。

第八条 设立合营商业企业按照以下程序办理：中国合营者向所在试点地区经济贸易委员会（经济委员会、计划与经济委员会，下同）报送可行性研究报告（代项目建议书）及有关文件，试点地区经济贸易委员会会同内贸主管部门按规定程序报国家经济贸易委员会。国家经济贸易委员会征求对外贸易经济合作部意见后审批。可行性研究报告（代项目建议书）经批准后，由试点地区外经贸部门按规定程序向对外贸易经济合作部上报合同、章程，对外贸易经济合作部对合同、章程予以审批。获得批准设立的合营商业企业，应自收到批准证书之日起1个月之内，凭对外贸易经济合作部颁发的《外商投资企业批准证书》，到国家工商行政管理部门办理注册登记手续。

第九条 申请设立合营商业企业，应报送下列文件：

（一）可行性研究申报文件

1. 合营各方共同编制的可行性研究报告（代项目建议书）；

2. 合营各方的银行资信证明、登记注册证明（复印件）、法定代表人证明（复印件）；

3. 合营各方经会计师事务所审计的最近3年的年度资产管理部门对中方拟投入国有资产的评估报告确认文件；

4. （如果中国合营者以国有资产投资）国有资产管理部门对中方拟投入国有资产的评估报告确认文件；

5. 拟设立合营商业企业经营的商品种类；

6. 其他有关文件。

（二）合同、章程申报文件

1. 可行性研究申报文件及其批准文件；

2. 由合营各方授权代表签署的拟设立合营商业企业的合同、章程；

3. 进出口商品目录；

4. 拟设立合营商业企业董事会成员名单及合营各方董事委派书；

5. 国家工商行政管理局出具的企业名称预先核准通知书；

6. 其他有关文件。

第十条 国有流通企业投资设立合营商业企业的，须按《国有资产评估管理办法》的规定，由国有资产管理部门确认的评估机构，对国有流通企业投入的有形和无须资产进行科学、公正的评估。评估结果经省组以上国有资产管理部门确认后，作为投入国有资产作价的依据。

第十一条 已设立合营商业企业申请兼营批发业务、开设分店、更改合营方，对外贸易经济合作部征得国家经济贸易委员会同意后予以审批；已设立合营商业企业的其他变更，按现行外商投资企业的有关规定，报原审批机关审批。报批时合营商业企业需提交以下文件：

（一）申请报告；

（二）企业经营状况报告；

（三）企业验资报告；

（四）企业出口情况报告及证明文件；

（五）董事会有关决议；

（六）合同、章程修改协议；

（七）其他有关文件。企业应自修改后的合同、章程批准之日起1个月内向国家工商行政管理部门办理登记变更等手续。

第十二条 合营商业企业的经营范围：

（一）从事零售业务的合营商业企业的经营范围

1. 商业零售（包括代销、寄售）经营；

2. 组织国内产品出口业务；

3. 自营商品的进出口业务；

4. 经营相关的配套服务。

（二）经营批发业务的合营商业企业的经营范围。国内商品和自营进口商品的国内批发，组织国内产品出口。

第十三条 从事零售精力的合营商业企业经批准可兼营批发业务。

第十四条 合营商业企业不得从事商品进出口代理业务。

第十五条 合营商业企业经营国家有特殊规定的商品以及涉及配额、许可证管理的进出口商品，应按国家有关规定办理审批手续。合营商业企业年度商品进口总额不得超过本企业当年商品销售额的百分之三十。

第十六条 合营商业企业应遵守中华人民共和国法律、法规，受中国法律、法规管辖，其正当经营活动及合法权益爱中国法律、法规的保护。

合营商业企业如有违反中国法律、法规的行为,按中国有关法律、法规处理。

第十七条 各地要严格按本办法规定设立合营商业企业。违反本办法规定的,由国家经济贸易委员会、对外贸易经济合作部会同国家工商行政局进行查处。各地经济贸易委员会、外经贸部门要会同有关部门及时跟踪试点情况,认真总结试点经验,妥善解决试点中出现的问题。

第十八条 国家经济贸易委员会、对外贸易经济合作部、国家工商行政管理局或其授权机构依法对外商投资商业企业进行监督和管理。

第十九条 香港特别行政区、澳门、台湾地区的投资者在祖国大陆投资设立合营商业企业,参照本办法执行。

第二十条 本办法由国家经济贸易委员会、对外贸易经济合作部负责解释。

第二十一条 本办法自发布之日起施行。

文件7:《关于立即停止越权审批和变相设立外商投资商业企业的通知》(国经贸外经〔2000〕1072号)

发布单位:国家经济贸易委员会、对外贸易经济合作部、国家工商行政管理总局

颁布时间:2000年12月1日

各省、自治区、直辖市及计划单列市经贸委(经委、商委)、外经贸委(厅、局、外资委)、工商行政管理局,新疆生产建设兵团经贸委、外经贸委:

为了保证商业领域利用外资试点工作健康有序地进行,国务院办公厅曾于1998年下发了《关于清理整顿非试点外商投资商业企业情况的通知》(国办发〔1998〕98号,以下简称《通知》),对各地擅自越权批准设立的外商投资商业企业作出了处理,并明确要求各地人民政府要根据国家政策和国务院的统一部署开展工作,不得各行其是。但是,《通知》发布之后,仍有一些地方越权批准和变相设立外商投资商业企业,对商业利用外资工作产生了不利影响。

为维护国家法规和政策的严肃性,现将有关事项通知如下:

一、在《通知》下发后少数地方又越权批准外商投资商业企业和外商投资商业企业分店的做法是错误的,必须立即停止。本通知下发前尚未

开业的，有关部门应撤销项目批准文件和批准证书，工商行政管理部门办理注销登记或吊销营业执照；已开业的，处理办法另行通知。各地要对这些项目进行清理，并把清理情况在11月30日前报国家经贸委、外经贸部、国家工商局。今后新设外商投资商业企业，应当按照《外商投资商业企业试点办法》（以下简称《试点办法》）规定的权限和程序，报国家经贸委和外经贸部批准，并一律由国家工商行政管理局或国家工商行政管理局授权的地方工商行政管理局登记注册。

二、国务院有关部门正制定管理办法，加强对外商以外商投资管理公司、管理咨询公司、特许经营以及外商投资企业再投资等方式参与国内商业经营活动的管理。在办法颁布前，各地要暂停批准这类项目。待办法颁布后，按办法规定执行。

三、对本通知下发后继续顶风违规批准外商投资商业企业、外商投资商业企业分店和外商以变相方式参与国内商业经营项目的，要追究有关负责人的责任，有关部门应撤销项目批准文件和批准证书，工商行政管理部门办理注销登记或吊销营业执照。

四、各级经贸（商业）、外经贸、工商行政管理部门要互相支持、紧密配合，坚决制止擅自批准外商投资商业企业和外商以其他方式参与国内商业经营项目的做法，保证扩大商业领域利用外资试点工作健康有序地进行。

五、我国将继续有步骤地扩大商业领域对外开放。近期将召开全国商业利用外资工作会议，总结试点经验，并根据我国即将加入世界贸易组织的新形势，研究、部署清理整顿后续工作和今后商业利用外资工作。

文件8：《关于进一步做好清理整顿非试点外商投资商业企业工作的通知》（国经贸外经〔2001〕787号）

发布单位：国家经济贸易委员会、对外贸易经济合作部、国家工商行政管理总局

发布日期：2001年8月6日

各省、自治区、直辖市、计划单列市经贸委（经委）、外经贸委（厅、局、外资委）、工商行政管理局，有关地方商委（行业办）：

国务院办公厅曾于1998年7月1日发出《关于清理整顿非试点外商投资商业企业情况的通知》（国办发〔1998〕98号，以下简称98号文

件)，对地方擅自越权批准设立的非试点外商投资商业企业分别作出了通过、整改、注（吊）销的处理决定。但是，98号文件精神在部分地区至今没有得到认真贯彻落实，仍有一些地方继续擅自审批设立外商投资商业企业及其分店。截至目前，各地擅自越权批准设立了316家非试点外商投资商业企业，其中65家已转为内资、不再经营商业或已注（吊）销，还有251家正在经营。为维护我国商业利用外资试点政策的统一性和严肃性，保证商业领域利用外资工作健康有序地进行，经国务院批准，现就进一步做好清理整顿后续工作有关事项通知如下：

一、98号文件列入整改类但尚未完成整改的企业和98号文件下发后地方又擅自越权批准设立的企业共216家，对其要严格按照《外商投资商业企业试点办法》（以下简称《试点办法》）规定进行整改。各地要在2001年年底前完成整改工作，并将整改结果报国家经贸委、外经贸部、国家工商总局审核。对逾期未完成整改和经审核不符合整改要求的企业，责令其停业整顿。经停业整顿仍不能达到整改要求的，限期办理注销登记直至吊销营业执照。

二、对98号文件列入注（吊）销类但未注（吊）销的重庆江田国际商业广场有限公司，要按规定予以注（吊）销。对在2000年11月13日国家经贸委、外经贸部、原国家工商局发布《关于立即停止越权审批和变相设立外商投资商业企业的通知》（国经贸外经〔2000〕1072号）后又擅自批准设立的成都家乐福连锁超市有限公司和上海龙华乐购生活购物有限公司，外方要转让股权、退出经营。各地应在2001年年底前落实上述处理措施，并将处理结果报国家经贸委、外经贸部、国家工商总局备案。

三、对已转为内资、不再经营商业或已注销的65家企业，各地要进一步检查落实，并在2001年年底前将检查落实情况报国家经贸委、外经贸部、国家工商总局备案。

四、对98号文件列入通过类的32家企业和按本通知第一条经审核符合整改要求的企业，逐步纳入试点范围。其中，设在试点城市、营销技术比较先进，外方采购中国产品业绩较好的企业，按照《试点办法》规定报经批准后可转为试点企业。设在非试点城市的企业在无新规定以前暂不能转为试点企业，仍按98号文件"不享有进出口经营权，不得经营批发业务，不得再扩大经营范围和建设规模，不得开设分店和延长合作年限，不得享受进口自用设备和原材料的减免税政策"（以下简称"五不得"）的规定加强监管。如果这些企业到西部试点城市开设分店，可按《试点办法》规定报经批准转为试点企业。

五、对由法国家乐福公司投资设立的企业，按国家经贸委、外经贸部、原国家工商局《关于法国家乐福公司在我国违规从事商业经营活动处理意见的通知》（国经贸外经〔2001〕354号）进行处理。

六、对至今还未上报的非试点外商投资商业企业，各地应在本通知下发后一个月内补报。逾期不报的，一经发现，由登记机关注销或吊销其营业执照。

七、鉴于河南郑州丹尼斯百货有限公司违反《试点办法》擅自开设分店，暂停其试点企业资格。河南省经贸委、外经贸厅、工商局要对该企业进行整顿，并尽快将整顿结果报国家经贸委、外经贸部、国家工商总局审核。在整顿合格之前，按98号文件"五不得"规定进行监管。

八、今后，设立外商投资商业企业及外商投资商业企业分店，须按《试点办法》规定报国家经贸委和外经贸部批准，并由国家工商总局或国家工商总局授权地方工商局登记注册。同时，各地不得以各种变相方式设立外商投资商业企业。一经发现，即严肃处理，并追究有关负责人的行政责任。

各地要将清理整顿非试点外商投资商业企业作为整顿市场秩序的重要工作，根据我国即将加入世界贸易组织的新情况，抓紧贯彻落实。要吸取教训，严格执行国家商业利用外资的政策法规，规范外商投资商业行为，做到令行禁止，保证商业领域利用外资工作健康有序地进行。

附件：一、需要整改的216家非试点外商投资商业企业名单

二、已转为内资、不经营商业或已注销的65家非试点外商投资商业企业名单

三、98号文件列入通过类的32家非试点外商投资商业企业名单

（附件略）

附录二 附表数据

附表1 中国各地区社会消费品零售总额：2006年、2007年、2008年

单位：万元、%

地区	2006年			2007年			2008年		
	社零额	外资	比重	社零额	外资	比重	社零额	外资	比重
北京	32752000	2767532	8.45	38002000	3781051	9.95	46455000	4494920	9.68
天津	13568000	517470	3.81	16037000	877154	5.47	20787000	1590845	7.65
河北	33974000	37336	0.11	39862000	55630	0.14	49911000	158654	0.32
山西	16134000	74318	0.46	19141000	113306	0.59	24211000	60273	0.25
内蒙古	15953000	4510	0.03	19041000	20455	0.11	24630000	7845	0.03
辽宁	34346000	995696	2.90	40301000	1427194	3.54	50324000	1907564	3.79
吉林	16758000	267402	1.60	19992000	260181	1.30	25492000	272301	1.07
黑龙江	19977000	191879	0.96	23311000	256853	1.10	29283000	346543	1.18
上海	33604000	4535200	13.50	38478000	5064000	13.16	45772000	9193200	20.08
江苏	66232000	2787600	4.21	78381000	3555000	4.54	99051000	5154400	5.20
浙江	53253000	1253900	2.35	62140000	855100	1.38	75333000	2716800	3.61
安徽	20294000	74818	0.37	24037000	292897	1.22	30452000	537926	1.77
福建	27042000	574236	2.12	31879000	524364	1.64	38667000	2990437	7.73
江西	14280000	159737	1.12	16831000	85317	0.51	21420000	—	0.7
山东	71225000	726176	1.02	84388000	962689	1.14	106588000	1063125	1.00
湖北	34120000	321000	0.94	40285000	691000	1.72	51097000	882000	1.73
湖南	28342000	369202	1.30	33565000	478593	1.43	42226000	—	1.46
广东	91181000	4372471	4.80	105981000	5857863	5.53	129866000	—	5.87
广西	16008000	139814	0.87	18979000	238671	1.26	23958000	446919	1.87
海南	3083000	31530	1.02	3620000	63899	1.77	4632000	—	2.44
重庆	14036000	278414	1.98	16612000	442575	2.66	21471000	1460180	6.80

续表

地区	2006 年			2007 年			2008 年		
	社零额	外资	比重	社零额	外资	比重	社零额	外资	比重
四川	34216000	721035	2.11	40156000	891464	2.22	49448000	1612623	3.26
贵州	6898000	119205	1.73	8218000	127010	1.55	10752000	111430	1.04
云南	11889000	282760	2.38	13946000	481135	3.45	17647000	678150	3.84
西藏	897000	0	0.00	1120000	0	0.00	1300000	3806	0.29
陕西	15220000	134400	0.88	18009000	175300	0.97	23171000	—	2.28
甘肃	7175000	6918	0.10	8333000	9212	0.11	10236000	2405	0.02
青海	1801000	25200	1.40	2083000	18704	0.90	2597000	25040	0.96
宁夏	1990000	30	0.00	2333000	2176	0.09	2954000	0	0.00
新疆	7276000	59567	0.82	8477000	62491	0.74	10415000	97505	0.94
标准差			2.78			2.94			4.12

注:"社零额"指社会消费品零售总额;批发企业有少量零售业务,零售企业也有少量批发业务,但自2009年之后中国统计年鉴中不再详细区分,数据不可得,因此在计算市场比重时用"限额以上外资零售企业销售额"数据。零售企业批发额和批发企业零售额相抵,误差不会太大;"批零额"用"限额以上批发零售企业销售收入"数据;河南数据不可得;2008年度江西、湖南、广东、海南、陕西相关数据缺失,表中比重根据前后年份平均值估算。

资料来源:中经网统计数据库,中国资讯行,各地区统计年鉴,中国贸易外经统计年鉴,以及作者整理、计算。

附表2　中国各地区社会消费品零售总额:2009年、2010年、2011年

单位:万元、%

地区	2009 年			2010 年			2011 年		
	社零额	外资	比重	社零额	外资	比重	社零额	外资	比重
北京	53099000	6750283	12.71	62292989	9580688	15.38	69003243	11199845	16.23
天津	24308000	1529874	6.29	28602000	1751733	6.12	33950561	2588571	7.62
河北	57649000	129777	0.23	68217916	218824	0.32	80355009	308028	0.38
山西	28090000	49900	0.18	33181548	72962	0.22	39034114	98062	0.25
内蒙古	28553000	2897	0.01	33840040	40696	0.12	39917090	190126	0.48
辽宁	58126000	1964159	3.38	68876434	2501853	3.63	80953216	2762872	3.41
吉林	29573000	331994	1.12	35049161	495692	1.41	41198174	505782	1.23

续表

地区	2009年			2010年			2011年		
	社零额	外资	比重	社零额	外资	比重	社零额	外资	比重
黑龙江	34018000	689822	2.03	40392185	791514	1.96	47501330	747013	1.57
上海	51732000	9863700	19.07	60704910	11597300	19.10	68148106	15986800	23.46
江苏	114841000	7721300	6.72	136068431	8926700	6.56	159883843	12438700	7.78
浙江	86223000	3175600	3.68	102454076	4349300	4.25	120280043	5837500	4.85
安徽	35278000	699860	1.98	41976958	887205	2.11	49551396	1235388	2.49
福建	44810000	3061591	6.83	53100270	3967019	7.47	62761676	7806241	12.44
江西	24844000	221275	0.89	29562473	268554	0.91	34850588	323114	0.93
山东	123630000	1392767	1.13	146203436	2056700	1.41	171554947	2489248	1.45
湖北	59284000	1048000	1.77	70138517	1176621	1.68	82751613	978193	1.18
湖南	49137000	731729	1.49	58394998	908612	1.56	68847291	1228300	1.78
广东	148918000	9239077	6.20	174584440	12522270	7.17	202975152	15043555	7.41
广西	27907000	335260	1.20	33119968	376132	1.14	39082299	537994	1.38
海南	5375000	166800	3.10	6392863	298968	4.68	7595347	256873	3.38
重庆	24790000	1728440	6.97	29385769	728759	2.48	34877960	2615034	7.50
四川	57587000	1660762	2.88	68100715	2280774	3.35	80445836	2948308	3.66
贵州	12473000	231085	1.85	14826803	330826	2.23	17516261	464770	2.65
云南	20511000	791676	3.86	25424000	1267727	4.99	30000812	1689200	5.63
西藏	1566000	4726	0.30	1852502	4171	0.23	2189946	4218	0.19
陕西	26997000	968417	3.59	31956725	1492492	4.67	37899852	2464180	6.50
甘肃	11830000	18095	0.15	13945354	13152	0.09	16480067	92389	0.56
青海	3005000	24851	0.83	3508263	24000	0.68	4104504	1059	0.03
宁夏	3393000	0	0.00	4036125	3235	0.08	4775815	4094	0.09
新疆	11775000	292469	2.48	13751346	493945	3.59	16162925	399257	2.47
标准差			4.11			4.33			5.29

注：同附表1。

资料来源：中经网统计数据库，中国资讯行，各地区统计年鉴，中国贸易外经统计年鉴，以及作者整理、计算。

附表 3　中国各地区批发零售企业销售收入：2006 年、2007 年、2008 年

单位：万元、%

地区	2006 年			2007 年			2008 年		
	批零额	外资	比重	批零额	外资	比重	批零额	外资	比重
北京	120939000	22683212	18.76	157676693	29549723	18.74	224569100	47697086	21.24
天津	44985000	3070215	6.82	54352472	4124834	7.59	86520239	5715957	6.61
河北	16213000	34386	0.21	19459460	54723	0.28	35612419	394005	1.11
山西	14508000	43953	0.30	20280937	61814	0.30	36358597	166925	0.46
内蒙古	9993000	142811	1.43	12489113	30835	0.25	20516170	36711	0.18
辽宁	48704000	1597136	3.28	55441653	2519850	4.55	80958662	3159202	3.90
吉林	8916000	180548	2.02	10584198	178163	1.68	29244627	—	2.19
黑龙江	12122000	250199	2.06	14075542	290254	2.06	21074577	485286	2.30
上海	130660000	27326600	20.91	146542680	39785000	27.15	270046008	55041900	20.38
江苏	68053000	3460263	5.08	84240504	6022000	7.15	182997164	14283500	7.81
浙江	92660000	820400	0.89	114198575	1593000	1.39	162505890	3732600	2.30
安徽	16890000	173427	1.03	20417663	544154	2.67	31303480	1793591	5.73
福建	32516000	996819	3.07	38413748	2310917	6.02	52384665	6443452	12.30
江西	7999000	120638	1.51	8888368	125547	1.41	12200868	—	2.28
山东	46380000	1053571	2.27	61322414	1468347	2.39	110826961	2976650	2.69
河南	24536000	316238	1.29	28929717	411359	1.42	40536997	541978	1.34
湖北	26649000	656000	2.46	33295826	1284000	3.86	53471289	1848000	3.46
湖南	13282000	369227	2.78	15598811	494268	3.17	24864741	—	3.23
广东	123646000	9992325	8.08	151912743	12861693	8.47	202728008	—	10.53
广西	10079000	82866	0.82	11146978	229004	2.05	17925238	—	2.27
海南	3767000	84352	2.24	4533621	189248	4.17	7003410	—	5.74
重庆	12013000	260308	2.17	15767270	382412	2.43	26754508	1448458	5.41
四川	18007000	906551	5.03	23834896	845512	3.55	36934376	2458024	6.66
贵州	4473000	124119	2.77	5399511	134425	2.49	10017087	168150	1.68
云南	19946000	321273	1.61	21586034	480687	2.23	28348771	730794	2.58
西藏	328000	0	0.00	316200	0	0.00	612578	0	0.00
陕西	12135000	251616	2.07	18364877	370086	2.02	22387451	—	4.70
甘肃	9504000	25777	0.27	13298531	15044	0.11	15075438	19284	0.13

续表

地区	2006 年			2007 年			2008 年		
	批零额	外资	比重	批零额	外资	比重	批零额	外资	比重
青海	1482000	32725	2.21	1543083	52884	3.43	2660718	196154	7.37
宁夏	1604000	5397	0.34	1966847	5073	0.26	4393212	25526	0.58
新疆	10961000	79352	0.72	18041913	232993	1.29	25734477	265370	1.03
标准差			4.78			5.61			5.25

注:"批零额"指限额以上批发零售企业销售收入;2006 年度河南"外资批零额"根据外资企业投资总额估计而得;2008 年度吉林、江西、湖南、广东、广西、海南、陕西外资比重根据前后年度平均值估计。

资料来源:中经网统计数据库,中国资讯行,各地区统计年鉴,中国贸易外经统计年鉴,以及作者整理、计算。

附表 4　中国各地区批发零售企业销售收入:2009 年、2010 年、2011 年

单位:万元、%

地区	2009 年			2010 年			2011 年		
	批零额	外资	比重	批零额	外资	比重	批零额	外资	比重
北京	231723203	49166992	21.22	319338000	70567273	22.10	384073000	87261957	22.72
天津	85400355	6221560	7.29	118646000	9597037	8.09	163686000	13675578	8.35
河北	33666102	322392	0.96	49793000	441422	0.89	72649000	580830.1	0.80
山西	34327105	179067	0.52	53121000	166096	0.31	71815000	217864	0.30
内蒙古	21890309	32460	0.15	29378000	85178	0.29	34350000	205982	0.60
辽宁	71855713	2913605	4.05	92940000	3753779	4.04	132793000	4031205	3.04
吉林	14792736	398507	2.69	21299000	2853137	13.40	25222000	2577570	10.22
黑龙江	24883024	996093	4.00	27419000	1086942	3.96	41149000	814836	1.98
上海	211690381	67536900	31.90	288230000	87648700	30.41	401783000	111912600	27.85
江苏	172075752	15424292	8.96	240344000	26291200	10.94	292277000	35317300	12.08
浙江	151717544	4329300	2.85	209271000	6454900	3.08	269138000	10691400	3.97
安徽	33352625	2085303	6.25	44388000	2474491	5.57	58013000	2810519	4.84
福建	53923210	6071957	11.26	75482000	7668910	10.16	101034000	11038957	10.93
江西	13408137	421735	3.15	18469000	545115	2.95	22558000	579546.2	2.57
山东	113605519	3693301	3.25	156348000	6793191	4.34	190568000	6477339	3.40
河南	43189261	595192	1.38	57249000	1188995	2.08	70363000	1509113	2.14

续表

地区	2009年			2010年			2011年		
	批零额	外资	比重	批零额	外资	比重	批零额	外资	比重
湖北	50034311	1580000	3.16	69822000	2711000	3.88	88256000	3919200	4.44
湖南	28053147	919211	3.28	35375000	1175328	3.32	47658000	1321991	2.77
广东	211007380	26536964	12.58	286955000	37269841	12.99	353801000	49993467	14.13
广西	18306307	455155	2.49	23035000	485947	2.11	30197000	644273	2.13
海南	6902867	503924	7.30	12554000	980771	7.81	14344000	599292.7	4.18
重庆	35482972	1858898	5.24	50799000	3630614	7.15	68779000	9803664	14.25
四川	38165112	2212537	5.80	51133000	3098831	6.06	71015000	4063481	5.72
贵州	10947936	239521	2.19	14111000	302323	2.14	18080000	424463	2.35
云南	29833432	931313	3.12	39391000	1528688	3.88	48810000	1716700	3.52
西藏	766686	4039	0.53	888000	3565	0.40	1038000	3605	0.35
陕西	27598012	2038025	7.38	39273000	2649827	6.75	50304000	4149441	8.25
甘肃	14443178	31753	0.22	19920000	52173	0.26	25761000	110200.1	0.43
青海	2335138	68822	2.95	3530000	97070	2.75	5959000	368873.4	6.19
宁夏	4292134	31662	0.74	5314000	36147	0.68	7003000	41784	0.60
新疆	25870576	396169	1.53	34929000	654481	1.87	46808000	589159	1.26
标准差			6.59			6.61			6.58

注：同附表3；2009年度西藏外资商业数据根据零售额和主营业务收入综合估算。

资料来源：中经网统计数据库，中国资讯行，各地区统计年鉴，中国贸易外经统计年鉴，以及作者整理、计算。

附表5　中国各地区批发零售企业资产：2006年、2007年、2008年

单位：万元、%

地区	2006年			2007年			2008年		
	资产加总	外资	比重	资产加总	外资	比重	资产加总	外资	比重
北京	77541000	11494242	14.82	102158000	17260758	16.90	149919000	25912351	17.28
天津	13569000	1305040	9.62	17128000	2065096	12.06	26118000	2757469	10.56
河北	7160000	21350	0.30	8140000	34736	0.43	13063000	147468	1.13
山西	8762000	28477	0.33	9881000	42833	0.43	13240000	83434	0.63
内蒙古	4607000	79984	1.74	5389000	22960	0.43	6492000	16977	0.26
辽宁	15743000	712047	4.52	18110000	968142	5.35	24566000	1571169	6.40

续表

地区	2006年			2007年			2008年		
	资产加总	外资	比重	资产加总	外资	比重	资产加总	外资	比重
吉林	3835000	119061	3.10	4132000	120977	2.93	7370000	—	4.73
黑龙江	5619000	80472	1.43	6385000	84141	1.32	9159000	158511	1.73
上海	43170000	11574900	26.81	49868000	15336800	30.75	87664000	21591700	24.63
江苏	26303000	1578000	6.00	32835000	2717800	8.28	60469000	5557700	9.19
浙江	35564000	402500	1.13	45464000	949400	2.09	66094000	1856400	2.81
安徽	7293000	72840	1.00	9624000	315232	3.28	12826000	674782	5.26
福建	13563000	493536	3.64	18097000	1252633	6.92	24139000	2509176	10.39
江西	3375000	63614	1.88	3792000	37604	0.99	4883000	—	1.96
山东	22556000	595658	2.64	29500000	738744	2.50	44234000	1715103	3.88
河南	11505000	248302	2.16	12944000	322988	2.50	16665000	320042	1.92
湖北	10219000	188000	1.84	11520000	447000	3.88	16909000	905000	5.35
湖南	6740000	188379	2.79	6651000	236669	3.56	11064000	—	3.36
广东	47687000	4327269	9.07	55310000	5338000	9.65	74743000	—	12.44
广西	4325000	34991	0.81	4894000	107372	2.19	6888000	—	2.7
海南	1507000	38448	2.55	1615000	92937	5.75	2828000	—	7.91
重庆	5703000	142063	2.49	6331063	193941	3.06	9603000	747234	7.78
四川	7245000	384404	5.31	9161000	471172	5.14	14761000	957823	6.49
贵州	5565909	223397	4.01	6617755	252538	3.82	10763236	188619	1.75
云南	10848000	146605	1.35	13840000	231698	1.67	16994000	331073	1.95
西藏	255000	0	0.00	223000	0	0.00	384000	0	0.00
陕西	4585000	60245	1.31	5359000	53131	0.99	7396000	15646	0.21
甘肃	3103000	4706	0.15	3887000	4246	0.11	4834000	—	0.34
青海	642000	43793	6.82	764000	46193	6.05	2191887	54162	2.47
宁夏	1053000	6000	0.57	1234000	5557	0.45	1794000	55742	3.11
新疆	8542000	45888	0.54	8001225	154836	1.94	10489412	560012	5.34
标准差			5.37			6.14			5.44

注："资产"指限额以上批发零售企业年末资产，贵州为销售额数据，但对比影响不会太大；2008年度吉林、江西、湖南、广东、广西、海南、陕西、甘肃外资商业比重根据前后年度平均值估计。

资料来源：中经网统计数据库，中国资讯行，各地区统计年鉴，中国贸易外经统计年鉴，以及作者整理、计算。

附表6　中国各地区批发零售企业资产：2009年、2010年、2011年

单位：万元、%

地区	2009年			2010年			2011年		
	资产加总	外资	比重	资产加总	外资	比重	资产加总	外资	比重
北京	171815000	32240971	18.76	208565000	41499896	19.90	250823000	49129743	19.59
天津	29481000	2974411	10.09	39447000	4407803	11.17	57655000	6693420	11.61
河北	15705000	242515	1.54	23155000	233222	1.01	30274000	277946	0.92
山西	16779000	76283	0.45	24522000	117149	0.48	30927000	156473	0.51
内蒙古	7446000	5924	0.08	9610000	11878	0.12	15186000	38908	0.26
辽宁	28274000	2055206	7.27	34274000	2700452	7.88	42451000	3490507	8.22
吉林	6028000	392870	6.52	7921000	696339	8.79	9802000	698377	7.12
黑龙江	10000000	315709	3.16	13356000	481589	3.61	16571000	405696	2.45
上海	82533000	28066800	34.01	103000000	33526500	32.55	138801000	41800600	30.12
江苏	69426000	7347500	10.58	91917000	10113600	11.00	115563000	13769100	11.91
浙江	76615000	2240600	2.92	96781000	3007000	3.11	124171000	4852700	3.91
安徽	16251000	727057	4.47	20985000	1054452	5.02	27504000	1331210	4.84
福建	28761000	2808400	9.76	40600000	3652097	9.00	53562000	5418747	10.12
江西	5463000	159435	2.92	7106000	173761	2.45	8994000	243180	2.70
山东	50518000	1749374	3.46	61086000	2217611	3.63	70668000	2683713	3.80
河南	17940000	476127	2.65	21612000	789306	3.65	26963000	59579	0.22
湖北	19756000	1356000	6.86	26191000	1116000	4.26	32136000	2291800	7.13
湖南	12247000	385433	3.15	14827000	531969	3.59	19383000	888483	4.58
广东	93074000	14164734	15.22	117164000	18700019	15.96	149267000	28642146	19.19
广西	8173000	262207	3.21	10165000	321598	3.16	13684000	262140	1.92
海南	3118000	313925	10.07	4102000	536768	13.09	4528000	480996	10.62
重庆	11822000	771399	6.53	17158000	767656	4.47	24960000	4196570	16.81
四川	15971000	902682	5.65	22202000	1587172	7.15	32166000	2079502	6.46
贵州	11837582	274296	2.32	15827188	359292	2.27	20004766	490204	2.45
云南	19357000	470519	2.43	23780000	706733	2.97	29947000	929000	3.10
西藏	379000	679	0.18	415000	530	0.13	460000	698	0.15
陕西	10128000	1042481	10.29	13465000	1343087	9.97	17173000	2126541	12.38
甘肃	6390000	36229	0.57	6547000	50722	0.77	7840000	48413	0.62

续表

地区	2009年			2010年			2011年		
	资产加总	外资	比重	资产加总	外资	比重	资产加总	外资	比重
青海	1215000	71341	5.87	1571000	86212	5.49	1874000	174268	9.30
宁夏	2008000	54980	2.74	2502000	62120	2.48	3048000	59710	1.96
新疆	10713000	573835	5.36	14102000	805334	5.71	16642000	616541	3.70
标准差			6.75			6.76			6.99

注：同附表5。

资料来源：中经网统计数据库，中国资讯行，各地区统计年鉴，中国贸易外经统计年鉴，以及作者整理、计算。

附表7　中国各地区批发零售企业数量：2006年、2007年、2008年

单位：万元、%

地区	2006年			2007年			2008年		
	企业总数	外资	比重	企业总数	外资	比重	企业总数	外资	比重
北京	5348	126	2.36	6088	188	3.09	8513	378	4.44
天津	1693	165	9.75	1811	209	11.54	3394	278	8.19
河北	1055	5	0.47	1062	7	0.66	1983	12	0.61
山西	998	4	0.40	1115	5	0.45	1497	14	0.94
内蒙古	664	7	1.05	674	6	0.89	1137	6	0.53
辽宁	2070	69	3.33	2184	92	4.21	4813	163	3.39
吉林	570	10	1.75	585	9	1.54	832	15	1.80
黑龙江	775	11	1.42	772	8	1.04	1283	14	1.09
上海	3823	537	14.05	3544	553	15.60	8586	1522	17.73
江苏	3720	73	1.96	3985	92	2.31	12362	230	1.86
浙江	4249	27	0.64	4716	48	1.02	9320	126	1.35
安徽	871	13	1.49	998	19	1.90	1725	37	2.14
福建	2436	71	2.91	2500	72	2.88	3519	131	3.72
江西	565	13	2.30	582	13	2.23	815	18	2.21
山东	3824	44	1.15	5165	72	1.39	9939	113	1.14
河南	4186	15	0.36	4610	17	0.37	5992	35	0.58
湖北	1249	25	2.00	1263	36	2.85	1915	49	2.56

续表

地区	2006 年			2007 年			2008 年		
	企业总数	外资	比重	企业总数	外资	比重	企业总数	外资	比重
湖南	1027	15	1.46	1063	21	1.98	2306	38	1.65
广东	6076	213	3.51	6317	271	4.29	9498	517	5.44
广西	925	5	0.54	917	11	1.20	1382	16	1.16
海南	297	8	2.69	284	11	3.87	516	18	3.49
重庆	858	19	2.21	920	21	2.28	1829	38	2.08
四川	887	24	2.71	951	34	3.58	2172	67	3.08
贵州	241	9	3.73	251	9	3.59	652	16	2.45
云南	1145	17	1.48	1070	19	1.78	1518	28	1.84
西藏	29	0	0.00	29	0	0.00	61	2	3.28
陕西	527	9	1.71	597	10	1.68	1031	24	2.33
甘肃	440	7	1.59	431	4	0.93	515	4	0.78
青海	136	2	1.47	127	2	1.57	203	1	0.49
宁夏	281	2	0.71	288	2	0.69	364	2	0.55
新疆	823	8	0.97	838	9	1.07	1263	9	0.71
标准差			2.74			3.13			3.20

注："企业总数"指限额以上批发零售企业法人企业总数。

资料来源：中经网统计数据库，中国资讯行，各地区统计年鉴，中国贸易外经统计年鉴，以及作者整理、计算。

附表 8 中国各地区批发零售企业数量：2009 年、2010 年、2011 年

单位：万元、%

地区	2009 年			2010 年			2011 年		
	企业总数	外资	比重	企业总数	外资	比重	企业总数	外资	比重
北京	9049	430	4.75	8935	472	5.28	8681	514	5.92
天津	3319	332	10.00	3802	434	11.42	4220	394	9.34
河北	1815	11	0.61	2548	16	0.63	2943	17	0.58
山西	1513	11	0.73	2214	13	0.59	2444	16	0.65
内蒙古	1168	4	0.34	1353	4	0.30	1596	6	0.38
辽宁	3957	131	3.31	4785	156	3.26	5522	179	3.24
吉林	845	14	1.66	1124	23	2.05	1235	18	1.46

续表

地区	2009年			2010年			2011年		
	企业总数	外资	比重	企业总数	外资	比重	企业总数	外资	比重
黑龙江	1276	11	0.86	1547	16	1.03	1653	20	1.21
上海	5463	1015	18.58	5530	1118	20.22	7150	1761	24.63
江苏	10967	242	2.21	12374	290	2.34	12264	316	2.58
浙江	8990	147	1.64	10053	187	1.86	11994	218	1.82
安徽	1854	45	2.43	2451	57	2.33	3297	79	2.40
福建	3347	121	3.62	3924	149	3.80	5038	184	3.65
江西	772	20	2.59	1187	24	2.02	1359	29	2.13
山东	10026	124	1.24	11792	175	1.48	12079	191	1.58
河南	5882	38	0.65	6305	41	0.65	6226	43	0.69
湖北	2123	58	2.73	3479	68	1.95	3949	77	1.95
湖南	2156	38	1.76	2625	44	1.68	2854	51	1.79
广东	9576	621	6.48	11343	689	6.07	12826	838	6.53
广西	1323	18	1.36	1465	20	1.37	1859	26	1.40
海南	498	23	4.62	626	29	4.63	585	21	3.59
重庆	2084	46	2.21	2585	43	1.66	3430	58	1.69
四川	1879	52	2.77	3001	75	2.50	4420	86	1.95
贵州	654	15	2.29	800	16	2.00	894	18	2.01
云南	1512	32	2.12	1842	39	2.12	2098	39	1.86
西藏	60	1	1.67	60	1	1.67	59	1	1.69
陕西	1227	28	2.28	1569	35	2.23	1878	48	2.56
甘肃	519	5	0.96	705	6	0.85	816	6	0.74
青海	160	2	1.25	179	2	1.12	182	3	1.65
宁夏	372	3	0.81	392	3	0.77	412	3	0.73
新疆	1082	19	1.76	1175	21	1.79	1260	14	1.11
标准差			3.45			3.79			4.37

资料来源：中经网统计数据库，中国资讯行，各地区统计年鉴，中国贸易外经统计年鉴，以及作者整理、计算。

附表9　中国各地区实际利用外商直接投资：2006年、2007年、2008年

单位：万美元、%

地区	2006年			2007年			2008年		
	总额	批零业	比重	总额	批零业	比重	总额	批零业	比重
北京	455191	24378	5.36	506572	33318	6.58	608172	34677	5.70
天津	413077	35730	8.65	527776	39120	7.41	741978	47097	6.35
河北	201434	774	0.38	241621	3862	1.60	341868	7956	2.33
山西	47199	449	0.95	134283	4860	3.62	102282	6054	5.92
内蒙古	174066	47	0.03	214889	237	0.11	265074	9581	3.61
辽宁	598554	19912	3.33	909673	9364	1.03	1201925	19339	1.61
黑龙江	170801	2242	1.31	208508	110	0.05	254742	3320	1.30
上海	792000	91137	11.51	1004000	130663	13.01	1054000	129400	12.28
江苏	1743140	39659	2.28	2189206	27097	1.24	2512001	96770	3.85
浙江	888935	13239	1.49	1036576	18147	1.75	1007294	20979	2.08
安徽	139354	299	0.21	299892	1734	0.58	348988	11108	3.18
福建	322047	2386	0.74	406058	6264	1.54	567171	10094	1.78
江西	280657	1924	0.69	310358	1166	0.38	360368	3044	0.84
山东	1000069	7865	0.79	1101159	20283	1.84	820246	35713	4.35
河南	184526	3692	2.00	306162	1052	0.34	403266	4624	1.15
湖北	244853	742	0.30	276622	599	0.22	324481	8190	2.52
广东	1451065	33658	2.32	1712603	67574	3.95	1916703	113171	5.90
广西	44740	1415	3.16	68396	7325	10.71	97119	14575	15.01
重庆	69595	1664	2.39	108534	2646	2.44	272913	5922	2.17
贵州	9384	86	0.92	12651	400	3.16	14904	1275	8.55
云南	30234	699	2.31	39453	3152	7.51	77688	5835	12.43
陕西	92489	3850	4.16	119516	3801	3.18	136954	10032	7.33
甘肃	2954	112	3.79	11802	1	0.01	12842	173	1.35
宁夏	3718	0	0.00	5047	0	0.00	6238	0	0.00
新疆	10366	350	3.38	12484	2534	20.30	18984	159	0.84

注：天津根据合同利用外资推算。

资料来源：中经网统计数据库，中国资讯行，各地区统计年鉴，中国贸易外经统计年鉴，以及作者整理、计算。

附表 10　中国各地区实际利用外商直接投资：2009 年、2010 年、2011 年

单位：万美元、%

地区	2009 年			2010 年			2011 年			2006—2011 年 平均比重
	总额	批零业	比重	总额	批零业	比重	总额	批零业	比重	
北京	612094	55411	9.05	636358	66032	10.38	705447	115437	16.36	8.91
天津	901985	48954	5.43	1084872	55083	5.08	1305602	64611	4.95	6.31
河北	359824	3240	0.90	383074	11846	3.09	468095	14784	3.16	1.91
山西	49315	1774	3.60	71421	1064	1.49	207278	4319	2.08	2.94
内蒙古	298385	16964	5.69	338456	8832	2.61	383827	2192	0.57	2.10
辽宁	1544390	28767	1.86	2075010	35741	1.72	2426739	103071	4.25	2.30
黑龙江	236200	3792	1.61	266151	2341	0.88	324804	14467	4.45	1.60
上海	1112000	159000	14.30	1260100	211200	16.76	1518500	288551	19.00	14.48
江苏	2532298	80685	3.19	2849777	131287	4.61	3213173	129989	4.05	3.20
浙江	993974	51672	5.20	1100175	37177	3.38	1166601	86541	7.42	3.55
安徽	388416	9519	2.45	501446	12844	2.56	662887	18279	2.76	1.96
福建	573747	12326	2.15	580279	15369	2.65	620111	19156	3.09	1.99
江西	402354	10949	2.72	510084	7550	1.48	605881	10645	1.76	1.31
山东	801007	20263	2.53	916833	34608	3.77	1116022	60427	5.41	3.12
河南	479858	5839	1.22	624669	18729	3.00	1008209	54887	5.44	2.19
湖北	365766	6532	1.79	405015	3119	0.77	465503	6819	1.46	1.18
广东	1953460	194527	9.96	2026098	198940	9.82	2179836	210378	9.65	6.93
广西	103533	9720	9.39	91200	13905	15.25	101381	8057	7.95	10.25
重庆	401643	14698	3.66	634397	8109	1.28	1052948	116004	11.02	3.83
贵州	13364	472	3.53	29546	368	1.25	51541	1172	2.27	3.28
云南	91010	9564	7.99	132902	16523	10.51	173800	21432	12.33	8.85
陕西	151053	17086	11.31	182006	3318	1.82	235483	29562	12.55	6.73
甘肃	13383	339	2.53	13521	1222	9.04	7024	643	9.15	4.31
宁夏	6987	0	0.00	8090	0	0.00	20199	29	0.14	0.02
新疆	21570	7502	34.78	23742	2714	11.43	33485	360	1.08	11.97
标准差										3.73

注：天津根据合同利用外资推算；平均比重用简单平均法计算。

资料来源：中经网统计数据库，中国资讯行，各地区统计年鉴，中国贸易外经统计年鉴，以及作者整理、计算。

附表 11　　　　　中国连锁百强：2006 年、2007 年　　　　　单位：万元

排序	2006 年			2007 年		
	企业名称	类型	销售额	企业名称	类型	销售额
1	国美电器集团		8693000	国美电器集团		10235000
2	百联集团有限公司		7709457	百联集团有限公司		8713915
3	苏宁电器集团		6095237	苏宁电器集团		8547546
4	华润万家有限公司		3785344	华润万家有限公司		5029979
5	大连大商集团有限公司		3613590	大连大商集团有限公司		5022000
6	家乐福（中国）管理咨询服务有限公司	外资	2480000	家乐福（中国）管理咨询服务有限公司	外资	2960000
7	物美控股集团有限公司		2311869	物美控股集团有限公司		2794052
8	北京华联集团投资控股有限公司		2120000	康诚投资（中国）有限公司（大润发）	外资	2567489
9	农工商超市（集团）有限公司		1962600	重庆商社（集团）有限公司		2216700
10	上海大润发有限公司	外资	1958720	农工商超市（集团）有限公司		2209569
11	重庆商社（集团）有限公司		1808855	百胜餐饮集团中国事业部	外资	2150000
12	江苏五星电器有限公司	外资	1780131	江苏五星电器有限公司	外资	2156159
13	百胜餐饮集团中国事业部	外资	1690000	沃尔玛（中国）投资有限公司	外资	2131500
14	沃尔玛（中国）投资有限公司	外资	1503181	新一佳超市有限公司		1675390
15	新一佳超市有限公司		1425490	合肥百货大楼集团股份有限公司		1567300
16	好又多商业发展集团公司	外资	1400000	宏图三胞高科技股份有限公司		1511040
17	易初莲花（中国）连锁超市有限公司	外资	1350000	好又多商业发展集团公司	外资	1400000
18	合肥百货大楼集团股份有限公司		1225000	百盛商业集团有限公司	外资	1400000

续表

排序	2006 年			2007 年		
	企业名称	类型	销售额	企业名称	类型	销售额
19	江苏文峰大世界连锁发展有限公司		1200470	山东省商业集团总公司（银座集团）		1389000
20	宏图三胞高科技股份有限公司		1030000	文峰大世界连锁发展有限公司		1350321
21	利群集团股份有限公司		1014296	乐购 TESCO	外资	1250000
22	武汉中百集团股份有限公司		948011	利群集团股份有限公司		1223624
23	锦江麦德龙现购自运有限公司	外资	936733	新合作商贸连锁集团公司		1200000
24	上海康诚仓储有限公司（TESCO）	外资	930000	武汉中百集团股份有限公司		1138576
25	北京市大中电器有限公司		870000	锦江麦德龙现购自运有限公司	外资	1107942
26	武汉武商集团股份有限公司		839300	北京王府井百货（集团）股份有限公司		1060000
27	家世界连锁商业集团有限公司		834451	武汉武商集团股份有限公司		924560
28	北京王府井百货（集团）股份有限公司		833397	安徽省徽商集团有限公司		921261
29	安徽省徽商集团有限公司		814599	北京迪信通商贸有限公司		850000
30	新合作商贸连锁有限公司		798203	人人乐连锁商业集团有限公司		823750
31	人人乐商业集团		720000	江苏时代超市有限公司	外资	762720
32	山东银座商城股份有限公司		700000	北京市京客隆商业集团股份有限公司		750100
33	江苏时代超市有限公司	外资	621148	天虹商场股份有限公司		747234
34	山东家家悦超市有限公司		621100	山东家家悦集团有限公司		724570
35	欧尚（中国）投资有限公司	外资	620000	江苏苏农农资连锁集团股份有限公司		722846

续表

排序	2006 年			2007 年		
	企业名称	类型	销售额	企业名称	类型	销售额
36	百安居（中国）投资有限公司	外资	620000	山东潍坊百货集团股份有限公司		722575
37	百盛商业集团有限公司	外资	616800	百安居（中国）投资有限公司	外资	700000
38	北京京客隆商业集团股份有限公司		613426	武汉中商集团股份有限公司		688584
39	山东潍坊百货集团股份有限公司		612799	步步高商业连锁有限公司		650000
40	江苏苏农农资连锁集团股份有限公司		610891	东方家园有限公司		626958
41	武汉中商集团股份有限公司		600106	山东新星集团有限公司		602000
42	内蒙古小肥羊餐饮连锁有限公司		575000	欧尚（中国）投资有限公司	外资	573052
43	天虹商场有限公司		562862	麦当劳（中国）有限公司	外资	550000
44	东方家园有限公司		500000	新燕莎控股（集团）有限责任公司		530000
45	百佳超级市场（中国区）	外资	470794	福建永辉集团有限公司		509583
46	山东新星集团有限公司		470175	内蒙古小肥羊餐饮连锁有限公司		508000
47	步步高商业连锁有限公司		453000	百佳超级市场（中国区）	外资	507778
48	麦当劳（中国）有限公司	外资	450000	天盟农资连锁有限责任公司		437000
49	北京新燕莎控股（集团）有限责任公司		430835	辽宁兴隆百货集团有限公司		429429
50	内蒙古小尾羊餐饮连锁有限公司		430722	永旺（中国）	外资	428256
51	福建永辉集团有限公司		406053	内蒙古小尾羊餐饮连锁有限公司		427500

续表

排序	2006年			2007年		
	企业名称	类型	销售额	企业名称	类型	销售额
52	辽宁兴隆百货集团有限公司		342174	成都红旗连锁有限公司		400697
53	四川省互惠商业有限责任公司		342000	福建新华都购物广场股份有限公司		397253
54	天盟农资连锁有限责任公司		332908	广州市广百股份有限公司		386366
55	湖南友谊阿波罗股份有限公司		329777	浙江裕兴不动产经纪有限公司		380000
56	成都红旗连锁有限公司		325749	宁波三江购物俱乐部有限公司		360977
57	永旺（中国）商业有限公司	外资	321955	上海家得利超市有限公司		333880
58	南京华诚超市有限公司		294216	青岛维客集团有限公司		285513
59	宁波市三江购物俱乐部有限公司		293712	上海可的便利店有限公司		281810
60	深圳市铜锣湾百货有限公司		288000	湖南友谊阿波罗股份有限公司		261641
61	福建新华都购物广场有限公司		286378	华糖洋华堂商业有限公司	外资	254491
62	广州市广百股份有限公司		285533	北京翠微大厦官方有限公司		251954
63	广东新协力集团有限公司		285458	广州友谊集团股份有限公司		250000
64	青岛维客集团股份有限公司		251820	湖南佳惠百货有限责任公司		248850
65	上海可的便利店有限公司		238337	山西省太原唐久超市有限公司		229656
66	北京市西单商场股份有限公司		223785	河北保龙仓商业连锁经营有限公司		228800

续表

排序	2006 年			2007 年		
	企业名称	类型	销售额	企业名称	类型	销售额
67	深圳市海王星辰医药有限公司		218270	山西美特好连锁超市有限公司		221956
68	华糖洋华堂商业有限公司	外资	210000	天津德克士食品开发有限公司	外资	221000
69	湖南佳惠百货有限责任公司		210000	重庆德庄实业集团有限公司		206957
70	广东大地通讯连锁服务有限公司		210000	浙江人本超市有限公司		205000
71	广州友谊商店股份有限公司		200000	北京阿博泰克北大青鸟信息技术有限公司		203900
72	上海捷强烟草糖酒（集团）连锁有限公司		197070	宜家家居（中国各公司）	外资	270379
73	浙江人本超市有限公司		188765	北京市顺义国泰商业大厦		198900
74	深圳市民润农产品配送连锁商业有限公司		185709	漯河双汇商业连锁有限公司		195653
75	漯河双汇商业连锁有限公司		184726	北京超市发连锁股份有限公司		191919
76	河北保龙仓商业连锁有限公司		183000	重庆小天鹅投资控股集团		191455
77	重庆德庄实业（集团）有限公司		180798	浙江华联商厦有限公司		189000
78	三联商社股份有限公司		178563	阜阳华联超市有限公司		180000
79	宜家家居（中国各公司）	外资	175000	中国全聚德（集团）股份有限公司		168275
80	重庆小天鹅投资控股集团		174050	宁波市北仑区加贝购物俱乐部		165000
81	北京超市发连锁股份有限公司		168131	浙江供销超市有限公司		160001
82	浙江华联商厦有限公司		161000	寿光百货大楼有限公司		159538

续表

排序	2006 年				2007 年			
	企业名称	类型	销售额		企业名称	类型	销售额	
83	山西太原唐久超市有限公司		158729		华普超市有限公司		158265	
84	天津德克士食品开发有限公司	外资	154152		西安爱家商贸有限公司		156150	
85	华普超市有限公司		146994		江西洪客隆实业有限公司		155108	
86	中国全聚德（集团）股份有限公司		144991		上海捷强烟草糖酒（集团）连锁有限公司		150853	
87	江西洪客隆实业有限公司		140000		深圳市民润农产品配送连锁商业有限公司		144813	
88	邯郸市阳光百货集团总公司		140000		哈尔滨中央红集团有限公司		142468	
89	北京市顺义国泰商业大厦		136860		上海良友金伴便利连锁有限公司		141922	
90	上海良友金伴便利连锁有限公司		135338		邯郸市阳光百货集团总公司		139023	
91	西安爱家商贸有限公司		134707		山东九州商业集团有限公司		136480	
92	北京阿博泰克北大青鸟信息技术有限公司		124955		深圳市百佳华百货有限公司		136205	
93	山东九州商业集团有限公司		123600		青岛市利客来商贸集团股份有限公司		125830	
94	宁波市北仑加贝购物俱乐部		122000		陕西海星连锁超级市场有限责任公司		125523	
95	河南大张实业有限公司		122000		淄博东泰集团有限公司		124786	
96	陕西海星连锁超级市场有限责任公司		121196		哈尔滨联强商业发展有限公司		124489	
97	哈尔滨中央红集团股份有限公司		121010		北京恒昌开拓科技有限公司		120000	

续表

排序	2006 年			2007 年		
	企业名称	类型	销售额	企业名称	类型	销售额
98	浙江供销超市有限公司		120001	重庆东方菜根香餐饮连锁管理有限公司		116680
99	阜阳华联超市有限公司		120000	重庆秦妈餐饮管理有限公司		116458
100	哈尔滨联强商业发展有限公司		118335	咸阳阿瓦餐饮文化连锁有限公司		102960
	合计		85519397	合计		100223692

资料来源：中国连锁经营协会。

附表 12　　　　中国连锁百强：2008 年、2009 年　　　　单位：万元

排序	2008 年			2009 年		
	企业名称	类型	销售额	企业名称	类型	销售额
1	国美电器有限公司		10459378	苏宁电器集团		11700267
2	苏宁电器集团		10234242	国美电器有限公司		10680165
3	百联集团有限公司		9432939	百联集团有限公司		9791537
4	华润万家有限公司		6380000	大商集团有限公司		7053590
5	大商集团有限公司		6255500	华润万家有限公司		6800000
6	家乐福（中国）管理咨询服务有限公司	外资	3381912	康成投资（中国）有限公司（大润发）	外资	4043169
7	康成投资（中国）有限公司（大润发）	外资	3356700	家乐福（中国）管理咨询服务有限公司	外资	3660000
8	物美控股集团有限公司		3020002	安徽省徽商集团有限公司		3437883
9	沃尔玛（中国）投资有限公司	外资	2782197	沃尔玛（中国）投资有限公司	外资	3400000
10	农工商超市（集团）有限公司		2667544	物美控股集团有限公司		3270000
11	重庆商社（集团）有限公司		2625581	重庆商社（集团）有限公司		3004698

续表

排序	2008 年			2009 年		
	企业名称	类型	销售额	企业名称	类型	销售额
12	百胜餐饮集团中国事业部	外资	2620000	新合作商贸连锁集团有限公司		3000000
13	江苏五星电器有限公司	外资	2300000	百胜餐饮集团中国事业部	外资	2880000
14	合肥百货大楼集团股份有限公司		1940000	农工商超市（集团）有限公司		2673800
15	山东省商业集团总公司（银座集团）		1871594	百思买（中国内地）	外资	2570000
16	宏图三胞高科技有限公司		1795432	山东省商业集团总公司（银座集团）		2564116
17	新一佳超市有限公司		1749260	合肥百货大楼集团股份有限公司		2090000
18	新合作商贸连锁集团有限公司		1700000	新一佳超市有限公司		1723600
19	好又多管理咨询服务（上海）有限公司	外资	1640000	武汉中百集团股份有限公司		1685519
20	新世界百货中国有限公司	外资	1480000	好又多管理咨询服务（上海）有限公司	外资	1650000
21	武汉中百集团股份有限公司		1424000	宏图三胞高科技有限公司		1593775
22	文峰大世界连锁发展股份有限公司		1410139	文峰大世界连锁发展股份有限公司		1566457
23	利群集团股份有限公司		1386877	利群集团股份有限公司		1516622
24	上海康诚仓储有限公司（TESCO 乐购）	外资	1350000	新世界百货中国有限公司	外资	1500000
25	易初莲花	外资	1300000	武汉武商集团股份有限公司		1352248
26	锦江麦德龙现购自运有限公司	外资	1264631	长春欧亚集团股份有限公司		1347068
27	长春欧亚集团股份有限公司		1213044	TESCO（中国内地）	外资	1330000

续表

排序	2008 年			2009 年		
	企业名称	类型	销售额	企业名称	类型	销售额
28	北京王府井百货（集团）股份有限公司		1200000	北京王府井百货（集团）股份有限公司		1327000
29	武汉武商集团股份有限公司		1150000	易初莲花	外资	1300000
30	百盛商业集团有限公司	外资	1069110	百盛商业集团有限公司	外资	1237000
31	人人乐连锁商业集团股份有限公司		1050000	锦江麦德龙现购自运有限公司	外资	1202277
32	北京京客隆商业集团股份有限公司		986400	石家庄北国人百集团有限责任公司		1167541
33	安徽省徽商集团有限公司		985484	天虹商场股份有限公司		1161990
34	天虹商场股份有限公司		946650	永辉集团有限公司		1021800
35	江苏时代超市有限公司	外资	904378	山东家家悦集团有限公司		1012021
36	北京华联综合超市股份有限公司		861845	北京京客隆商业集团股份有限公司		1006410
37	银泰百货（集团）有限公司		857300	人人乐连锁商业集团股份有限公司		1003779
38	山东家家悦集团有限公司		853150	山东新星集团有限公司		987787
39	山东新星集团有限公司		839524	欧尚（中国）投资有限公司	外资	986000
40	山东潍坊百货集团股份有限公司		835332	山东潍坊百货集团股份有限公司		952521
41	欧尚（中国）投资有限公司	外资	815200	金鹰商贸集团有限公司		936000
42	武汉中商集团股份有限公司		770861	江苏时代超市有限公司	外资	929590
43	永辉集团有限公司		701576	武汉中商集团股份有限公司		880687
44	百安居（中国）投资有限公司	外资	700000	永旺（中国内地）	外资	861077

续表

排序	2008 年			2009 年		
	企业名称	类型	销售额	企业名称	类型	销售额
45	北京迪信通商贸有限公司		660762	银泰百货（集团）有限公司		758659
46	郑州丹尼斯百货有限公司	外资	611000	郑州丹尼斯百货有限公司	外资	710000
47	麦当劳（中国）有限公司	外资	610000	福建新华都购物广场股份有限公司		694678
48	内蒙古小肥羊餐饮连锁有限公司		608800	北京新燕莎控股（集团）有限责任公司		690988
49	北京新燕莎控股（集团）有限责任公司		553738	北京迪信通商贸有限公司		687255
50	辽宁兴隆大家庭商业集团		547956	麦当劳（中国）有限公司	外资	650000
51	福建新华都购物广场股份有限公司		537739	广州市广百股份有限公司		643690
52	步步高商业连锁股份有限公司		520135	辽宁兴隆大家庭商业集团		639159
53	金鹰商贸集团有限公司		500000	内蒙古小肥羊餐饮连锁有限公司		621700
54	永旺（中国）	外资	464236	步步高商业连锁股份有限公司		572400
55	广州市广百股份有限公司		453420	湖南友谊阿波罗股份有限公司		519861
56	成都红旗连锁有限公司		452128	成都红旗连锁有限公司		502938
57	三江购物俱乐部股份有限公司		449577	三江购物俱乐部股份有限公司		496362
58	四川省互惠商业有限责任公司		420000	海航商业控股有限公司		470841
59	百佳超市（中国区）	外资	396001	四川省互惠商业有限责任公司		450000
60	南京中央商场股份有限公司		380000	南京中央商场股份有限公司		448000
61	海航商业控股有限公司		327288	百佳超市（中国内地）	外资	358196

续表

排序	2008年				2009年		
	企业名称	类型	销售额		企业名称	类型	销售额
62	湖南友谊阿波罗股份有限公司		321244		成都伊藤洋华堂有限公司	外资	351380
63	易买得	外资	320000		易买得	外资	351000
64	北京翠微大厦股份有限公司		312421		东方家园家居建材商业有限公司		350000
65	青岛维客集团股份有限公司		308182		青岛维客集团股份有限公司		328135
66	广州友谊集团股份有限公司		300000		广州友谊集团股份有限公司		320000
67	东方家园家居建材商业有限公司		287850		北京市顺义国泰商业大厦		316000
68	华糖洋华堂商业有限公司	外资	285000		宜家家居	外资	312000
69	深圳市海王星辰医药有限公司		280000		北京翠微大厦股份有限公司		311214
70	北京西单友谊集团		277700		深圳市海王星辰医药有限公司		310000
71	宜家家居	外资	270000		山西美特好连锁超市股份有限公司		306800
72	山西美特好连锁超市股份有限公司		268538		加贝物流股份有限公司		305000
73	河北保龙仓商业连锁经营有限公司		263000		河北保龙仓商业连锁经营有限公司		302000
74	上海如家酒店管理有限公司		259319		江西洪客隆实业有限公司		300000
75	湖南老百姓医药连锁有限公司		255000		北京西单友谊集团		294137
76	湖南佳惠百货有限责任公司		254600		湖南佳惠百货有限责任公司		288000
77	北京市顺义国泰商业大厦		252600		邯郸市阳光百货集团总公司		272404

续表

排序	2008 年			2009 年		
	企业名称	类型	销售额	企业名称	类型	销售额
78	话机世界数码连锁集团股份有限公司		250300	华糖洋华堂商业有限公司	外资	271000
79	加贝物流股份有限公司		250000	湖南老百姓医药连锁有限公司		268000
80	北京超市发连锁股份有限公司		230945	北京超市发连锁股份有限公司		264381
81	浙江人本超市有限公司		228230	山东全福元商业集团有限责任公司（原寿光百货大楼）		261808
82	山西省太原唐久超市有限公司		226000	上海如家酒店管理有限公司		260064
83	邯郸市阳光百货集团总公司		223428	浙江人本超市有限公司		258426
84	江西洪客隆实业有限公司		223150	深圳岁宝百货有限公司	外资	250085
85	漯河双汇商业连锁有限公司		221575	浙江华联商厦有限公司		248000
86	北京阿博泰克北大青鸟信息技术有限公司		214500	山西省太原唐久超市有限公司		238673
87	浙江华联商厦有限公司		214000	长沙通程控股股份有限公司		230000
88	中国全聚德（集团）股份有限公司		200150	话机世界数码连锁集团股份有限公司		225000
89	寿光百货大楼有限公司		192015	中国全聚德（集团）股份有限公司		219627
90	三联商社股份有限公司		189162	雄风集团有限公司		200775
91	阜阳华联超市有限公司		176000	味千（中国）控股有限公司（中国内地）	外资	199409
92	重庆和平药房连锁有限责任公司		172000	重庆和平药房连锁有限责任公司		198000

续表

排序	2008 年			2009 年		
	企业名称	类型	销售额	企业名称	类型	销售额
93	华普超市有限公司		161363	阜阳华联集团股份有限公司		192660
94	青岛利客来商贸集团股份有限公司		153635	广西南城百货股份有限公司		191250
95	家得宝（天津）商业有限公司	外资	153436	上海华氏大药房有限公司		190362
96	哈尔滨中央红集团股份有限公司		150338	成商集团股份有限公司		172224
97	深圳市百佳华百货有限公司		149537	深圳市百佳华百货有限公司		171595
98	淄博东泰集团		146000	哈尔滨中央红集团股份有限公司		163833
99	上海良友金伴便利连锁有限公司		143779	济南华联超市有限公司		161181
100	上海华氏大药房有限公司		141158	家得宝（中国内地）	外资	160000
	合计		119986917	合计		135787144

资料来源：中国连锁经营协会。

附表 13　　　中国连锁百强：2010 年、2011 年　　　单位：万元

排序	2010 年			2011 年		
	企业名称	类型	销售额	企业名称	类型	销售额
1	苏宁电器集团		15622292	百联集团有限公司		11820757
2	国美电器有限公司		15490000	苏宁电器股份有限公司		11000000
3	百联集团有限公司		10369291	国美电器有限公司		11000000
4	大连大商集团有限公司		8615769	华润万家有限公司		8270000
5	华润万家有限公司		7180000	康成投资（中国）有限公司（大润发）	外资	6156700
6	康成投资（中国）有限公司（大润发）	外资	5022500	重庆商社（集团）有限公司		4780262

续表

排序	2010年			2011年		
	企业名称	类型	销售额	企业名称	类型	销售额
7	家乐福（中国）管理咨询服务有限公司	外资	4200000	家乐福（中国）管理咨询服务有限公司	外资	4519581
8	安徽省徽商集团有限公司		4051974	百胜餐饮集团中国事业部	外资	4340000
9	沃尔玛（中国）投资有限公司	外资	4000000	沃尔玛（中国）投资有限公司	外资	4300000
10	重庆商社（集团）有限公司		3821585	物美控股集团有限公司		4107499
11	物美控股集团有限公司		3750456	大商股份有限公司		3560000
12	山东银座商城股份有限公司		3700000	山东银座商城股份有限公司		3067037
13	新合作商贸连锁集团有限公司		3560000	农工商超市（集团）有限公司		3024551
14	百胜餐饮集团中国事业部	外资	3360000	江苏五星电器有限公司（百思买）	外资	2748330
15	农工商超市（集团）有限公司		2781359	海航商业控股有限公司		2340000
16	百思买（中国内地）	外资	2700000	宏图三胞高科技术有限公司		2321435
17	合肥百货大楼集团股份有限公司		2490000	中百控股集团股份有限公司		2305342
18	武汉中百集团股份有限公司		1923413	石家庄北国人百集团有限责任公司		2187276
19	宏图三胞高科技术有限公司		2008965	武汉武商集团股份有限公司		2064129
20	新世界百货中国有限公司	外资	1790000	永辉超市股份有限公司		2038000
21	文峰大世界连锁发展股份有限公司		1764927	北京王府井百货（集团）股份有限公司		2009393
22	新一佳超市有限公司		1741320	长春欧亚集团股份有限公司		1990319

续表

排序	2010 年			2011 年		
	企业名称	类型	销售额	企业名称	类型	销售额
23	武汉武商集团股份有限公司		1721093	文峰大世界连锁发展股份有限公司		1945371
24	利群集团股份有限公司		1693036	利群集团股份有限公司		1905687
25	北京王府井百货（集团）股份有限公司		1660000	天虹商场股份有限公司		1895938
26	百盛商业集团有限公司	外资	1656000	特易购（TESCO）	外资	1800000
27	好又多管理咨询服务（上海）有限公司	外资	1650000	烟台市振华百货集团股份有限公司		1788360
28	石家庄北国人百集团有限责任公司		1619223	新一佳超市有限公司		1753400
29	长春欧亚集团股份有限公司		1617585	金鹰国际商贸集团（中国）有限公司		1642767
30	永辉超市股份有限公司		1598000	百盛商业集团有限公司	外资	1642617
31	特易购（TESCO）中国	外资	1590000	山东家家悦集团有限公司		1624500
32	天虹商场股份有限公司		1470557	新世界百货中国有限公司	外资	1550000
33	乐天超市（中国内地）	外资	1444700	乐天玛特	外资	1541077
34	易初莲花	外资	1360000	安徽省徽商集团有限公司		1509734
35	欧尚（中国）投资有限公司	外资	1350000	合肥百货大楼集团股份有限公司		1480000
36	金鹰商贸集团有限公司		1240000	北京首商集团股份有限公司		1402992
37	山东家家悦集团有限公司		1233717	人人乐连锁商业集团股份有限公司		1384204
38	银泰百货（集团）有限公司		1196235	锦江麦德龙现购自运有限公司	外资	1380000
39	人人乐连锁商业集团股份有限公司		1174832	银泰百货（集团）有限公司		1367318
40	锦江麦德龙现购自运有限公司	外资	1170000	好又多管理咨询服务（上海）有限公司	外资	1300000

续表

排序	2010年 企业名称	类型	销售额	2011年 企业名称	类型	销售额
41	山东新星集团有限公司		1106321	欧尚（中国）投资有限公司	外资	1269626
42	山东潍坊百货集团股份有限公司		1099246	山东新星集团有限公司		1239079
43	北京京客隆商业集团股份有限公司		1090975	北京京客隆商业集团股份有限公司		1221200
44	武汉中商集团股份有限公司		1001272	山东潍坊百货集团股份有限公司		1213215
45	步步高集团		930000	北京菜市口百货股份有限公司		1166196
46	辽宁兴隆大家庭商业集团		919382	武汉中商集团股份有限公司		1150060
47	海航商业控股有限公司		892207	辽宁兴隆大家庭商业集团		1126076
48	郑州丹尼斯百货有限公司	外资	877444	福建新华都购物广场股份有限公司		1099757
49	福建新华都购物广场股份有限公司		865951	郑州丹尼斯百货有限公司	外资	1080000
50	北京新燕莎控股（集团）有限责任公司		800416	茂业国际控股有限公司		1042986
51	广州屈臣氏个人用品商店有限公司	外资	800000	江苏华地国际控股集团有限公司		1017578
52	茂业国际控股有限公司		726669	卜蜂莲花	外资	1001900
53	麦当劳（中国）有限公司	外资	710000	广州屈臣氏个人用品商店有限公司	外资	1000000
54	广州市广百股份有限公司		677596	广州市广百股份有限公司		930900
55	北京迪信通商贸有限公司		669534	步步高商业连锁股份有限公司		843919
56	永旺（中国内地）	外资	662620	北京迪信通商贸有限公司		813912

续表

排序	2010年 企业名称	类型	销售额	2011年 企业名称	类型	销售额
57	内蒙古小肥羊餐饮连锁有限公司		622800	麦当劳（中国）有限公司	外资	810000
58	济南人民商场集团股份有限公司		598552	伊藤洋华堂	外资	748588
59	成都红旗连锁有限公司		543868	永旺	外资	666170
60	三江购物俱乐部股份有限公司		535571	成都红旗连锁股份有限公司		662388
61	南京中央商场股份有限公司		530000	湖南友谊阿波罗控股股份有限公司		623351
62	唐山百货大楼集团有限责任公司		501826	宜家家居	外资	571513
63	四川省互惠商业有限责任公司		482300	三江购物俱乐部股份有限公司		567143
64	济南华联商厦集团股份有限公司		462304	济南华联商厦集团股份有限公司		550493
65	成都伊藤洋华堂有限公司	外资	435363	南京中央商场股份有限公司		550000
66	北京翠微大厦股份有限公司		434197	北京翠微大厦股份有限公司		540000
67	宜家家居	外资	430000	四川省互惠商业有限责任公司		520000
68	广州友谊集团股份有限公司		415000	广州友谊集团股份有限公司		500000
69	湖南友谊阿波罗股份有限公司		414000	阜阳华联集团股份有限公司		482158
70	北京顺义国泰商业大厦		408000	中国春天百货集团	外资	481000
71	东方家园家居建材商业有限公司		405000	卓展集团控股有限公司		480000
72	山东威海百货大楼集团股份有限公司		401059	邯郸市阳光百货集团总公司		461000

续表

排序	2010 年				2011 年			
	企业名称	类型	销售额		企业名称	类型	销售额	
73	易买得	外资	400000		山东威海百货大楼集团股份有限公司		456000	
74	长沙通程实业集团有限公司		396500		北京市顺义国泰商业大厦		450891	
75	百佳超市（中国内地）	外资	388282		长沙通程控股股份有限公司		434952	
76	邯郸市阳光百货集团总公司		381000		百佳超市（中国内地）	外资	429453	
77	青岛维客集团股份有限公司		361842		青岛维客集团股份有限公司		421713	
78	北京西单友谊集团		353137		山东全福元商业集团有限责任公司		409200	
79	深圳市海王星辰医药有限公司		340000		上海如家酒店管理有限公司		396000	
80	江西洪客隆百货投资有限公司		328000		东方家园家居建材商业有限公司		396000	
81	北京超市发连锁股份有限公司		323364		北京超市发连锁股份有限公司		389824	
82	湖南老百姓医药连锁有限公司		315030		山西美特好连锁超市股份有限公司		387772	
83	加贝物流股份有限公司		315000		浙江人本超市有限公司		377076	
84	湖南佳惠百货有限责任公司（集团）		309100		湖南佳惠百货有限责任公司（集团）		370920	
85	广东大参林连锁药店有限公司		306000		广东大参林连锁药店有限公司		367000	
86	山西美特好连锁超市股份有限公司		304925		老百姓大药房连锁有限公司		366000	

续表

排序	2010 年			2011 年		
	企业名称	类型	销售额	企业名称	类型	销售额
87	山东全福元商业集团有限责任公司（原寿光百货大楼）		302236	深圳市海王星辰医药有限公司		362000
88	浙江人本超市有限公司		286859	加贝物流股份有限公司		348000
89	深圳岁宝百货有限公司	外资	288772	山西省太原唐久超市有限公司		307360
90	浙江华联商厦有限公司		278665	中国全聚德（集团）股份有限公司		301743
91	华糖洋华堂商业有限公司	外资	270875	广西南城百货股份有限公司		300353
92	重庆和平药房连锁有限责任公司		253000	浙江华联商厦有限公司		296500
93	山西省太原唐久超市有限公司		252038	中山市壹加壹商业连锁有限公司		289652
94	中国全聚德（集团）股份有限公司		248097	雄风集团有限公司		286528
95	安徽华夏集团		245013	重庆和平药房连锁有限责任公司		285000
96	广西南城百货股份有限公司		243360	内蒙古民族商场有限责任公司		280783
97	雄风集团有限公司		238000	汇银家电（控股）有限公司		280000
98	话机世界数码连锁集团股份有限公司		236250	青岛利客来商贸集团股份有限公司		270080
99	味千（中国）控股有限公司（中国内地）	外资	230000	南宁百货大楼股份有限公司		265907
100	阜阳市华联集团股份有限公司		218600	心连心集团有限公司		252093
	合计		166252247	合计		165073982

资料来源：中国连锁经营协会。

附表14　　　　　　　中国零售百强：2006年、2007年　　　　　　单位：万元

排序	2006年			2007年		
	企业名称	类型	销售额	企业名称	类型	销售额
1	国美电器集团		8693000	国美电器集团		10235000
2	百联集团有限公司		7709457	百联集团有限公司		8713915
3	苏宁电器集团		6095237	苏宁电器集团		8547456
4	华润万家有限公司		3785344	华润万家有限公司		5029979
5	大连大商集团有限公司		3613590	大连大商集团股份有限公司		5022000
6	家乐福（中国）管理咨询服务有限公司	外资	2480000	家乐福（中国）管理咨询服务公司	外资	2960000
7	物美控股集团有限公司		2311869	物美控股集团有限公司		2794052
8	北京华联集团投资控股有限公司		2120000	康诚投资（中国）有限公司（大润发）	外资	2567489
9	农工商超市（集团）有限公司		1962600	重庆商社（集团）有限公司		2216700
10	上海大润发有限公司	外资	1958720	农工商超市（集团）有限公司		2209569
11	重庆商社（集团）有限公司		1808855	江苏五星电器有限公司	外资	2156159
12	江苏五星电器有限公司	外资	1780131	沃尔玛（中国）投资有限公司	外资	2131500
13	沃尔玛（中国）投资有限公司	外资	1503181	新一佳超市有限公司		1675390
14	新一佳超市有限公司		1425490	合肥百货大楼集团股份有限公司		1567300
15	好又多商业发展集团公司	外资	1400000	宏图三胞高科技股份有限公司		1511040
16	易初莲花（中国）连锁超市有限公司	外资	1350000	好又多商业发展集团公司	外资	1400000
17	合肥百货大楼集团股份有限公司		1225000	百盛商业集团有限公司	外资	1400000

续表

排序	2006 年			2007 年		
	企业名称	类型	销售额	企业名称	类型	销售额
18	江苏文峰大世界连锁发展有限公司		1200470	山东省商业集团总公司（银座集团）		1389000
19	宏图三胞高科技股份有限公司		1030000	文峰大世界连锁发展股份有限公司		1350321
20	利群集团股份有限公司		1014296	乐购 TESCO	外资	1250000
21	山东省商业集团总公司		1003000	利群集团股份有限公司		1223634
22	武汉中百集团股份有限公司		948011	新合作商贸连锁集团公司		1200000
23	锦江麦德龙现购自运有限公司	外资	936733	武汉中百集团股份有限公司		1168576
24	上海康诚仓储有限公司	外资	930000	锦江麦德龙现购自运有限公司	外资	1107942
25	北京市大中电器有限公司		870000	易初莲花（中国）连锁超市有限公司	外资	1070000
26	武汉武商集团股份有限公司		839292	北京王府井百货（集团）股份有限公司		1005980
27	家世界连锁商业集团有限公司		834451	长春欧亚集团股份有限公司		1000281
28	北京王府井百货（集团）股份有限公司		833397	武汉武商集团股份有限公司		924560
29	安徽省徽商集团有限公司		814599	安徽省徽商集团有限公司		921261
30	新合作商贸连锁有限公司		798203	北京迪信通商贸有限公司		850000
31	天津劝业华联集团有限公司		751399	人人乐连锁商业集团股份有限公司		823750
32	人人乐商业集团		720000	江苏时代超市有限公司	外资	762720
33	长春欧亚集团股份有限公司		668058	北京市京客隆商业集团股份有限公司		750100
34	江苏时代超市有限公司	外资	621148	天虹商场股份有限公司		747234
35	山东家家悦超市有限公司		621100	山东家家悦集团有限公司		724570

续表

排序	2006年				2007年			
	企业名称	类型	销售额		企业名称	类型	销售额	
36	欧尚（中国）投资有限公司	外资	620000		江苏苏农农资连锁集团股份有限公司		722846	
37	百安居（中国）投资有限公司	外资	620000		山东潍坊百货集团股份有限公司		722575	
38	百盛商业集团有限公司	外资	616800		百安居（中国）投资有限公司	外资	700000	
39	北京京客隆商业集团股份有限公司		613426		武汉中商集团股份有限公司		688584	
40	山东潍坊百货集团股份有限公司		612799		石家庄北国人百集团有限责任公司		654674	
41	武汉中商集团股份有限公司		600106		步步高商业连锁股份有限公司		650000	
42	天虹商场有限公司		562863		东方家园有限公司		626958	
43	石家庄北国人百集团		513817		上海豫园旅游商城股份有限公司		606148	
44	东方家园有限公司		500000		山东新星集团有限公司		602000	
45	上海豫园旅游商城股份有限公司		483854		烟台市振华百货集团股份有限公司		596353	
46	百佳超级市场（中国区）	外资	470794		欧尚（中国）投资有限公司	外资	573052	
47	山东新星集团有限公司		470175		安徽辉隆农资集团有限公司		544305	
48	步步高商业连锁有限公司		453000		天津劝业华联集团有限公司		533114	
49	江苏无锡商业大厦集团有限公司		434207		新燕莎控股（集团）有限责任公司		530000	
50	北京新燕莎控股（集团）有限责任公司	外资	430835		福建永辉集团有限公司		509583	
51	南京中央商场股份有限公司		406577		百佳超级市场（中国区）	外资	507778	

续表

排序	2006 年			2007 年		
	企业名称	类型	销售额	企业名称	类型	销售额
52	福建永辉集团有限公司		406053	金鹰国际商厦集团（中国）有限公司		500159
53	烟台市振华百货集团股份有限公司		364943	南京中央商场（集团）股份有限公司		466638
54	辽宁兴隆百货集团有限公司		342174	天盟农资连锁有限责任公司		437000
55	四川省互惠商业有限责任公司		342000	济南人民商场集团有限公司		436392
56	济南人民商场集团有限公司		335936	辽宁兴隆百货集团有限公司		429429
57	湖南友谊阿波罗股份有限公司		329777	永旺（中国）	外资	428256
58	北京西单友谊集团		328696	成都红旗连锁有限公司		400697
59	成都红旗连锁有限公司		325749	江苏无锡商业大厦集团有限公司		399404
60	永旺（中国）商业有限公司	外资	321955	北京西单友谊集团		398819
61	南京华诚超市有限公司		294216	福建新华都购物广场股份有限公司		397253
62	宁波市三江购物俱乐部有限公司		293712	广州市广百股份有限公司		386366
63	深圳市铜锣湾百货有限公司		288000	浙江裕兴不动产经纪有限公司		380000
64	福建新华都购物广场有限公司		286378	宁波三江购物俱乐部有限公司		360977
65	广州市广百股份有限公司		285533	上海家得利超市有限公司		333880
66	杭州大厦购物中心		253245	杭州大厦购物中心		327645
67	青岛维客集团股份有限公司		251820	青岛维客集团有限公司		285513

续表

排序	2006				2007			
	企业名称	类型		销售额	企业名称	类型		销售额
68	中兴—沈阳商业大厦（集团）股份有限公司			245335	上海可的便利店有限公司			281810
69	上海可的便利店有限公司			238337	宜家家居（中国各公司）	外资		270379
70	深圳市海王星辰医药有限公司			218270	湖南友谊阿波罗股份有限公司			261641
71	西安开元商城有限公司			210662	中兴—沈阳商业大厦（集团）股份有限公司			259012
72	湖南佳惠百货有限责任公司			210000	济南华联商厦集团股份有限公司			254491
73	华糖洋华堂商业有限公司	外资		210000	华糖洋华堂商业有限公司	外资		254491
74	广东大地通讯连锁服务有限公司			210000	北京翠微大厦股份有限公司			251954
75	济南华联商厦集团股份有限公司			205738	唐山百货大楼集团有限责任公司			251121
76	唐山百货大楼集团有限责任公司			200578	广州友谊集团股份有限公司			250000
77	广州友谊商店股份有限公司			200000	湖南佳惠百货有限责任公司			248850
78	上海捷强烟草糖酒（集团）连锁有限公司			197070	北京菜市口百货股份有限公司			238263
79	沈阳商业城股份有限公司			193543	山西省太原唐久超市有限公司			229656
80	北京翠微大厦股份有限公司			192398	河北保龙仓商业连锁经营有限公司			228800
81	南昌百货大楼股份有限公司			188816	山西美特好连锁超市有限公司			221956
82	浙江人本超市有限公司			188765	西安开元控股集团股份有限公司			216275
83	深圳市民润农产品配送连锁商业有限公司			185709	河北保百集团有限公司			215569

续表

排序	2006 年			2007 年		
	企业名称	类型	销售额	企业名称	类型	销售额
84	漯河双汇商业连锁有限公司		184726	上海新世界股份有限公司	外资	214778
85	河北保龙仓商业连锁有限公司		183000	南昌百货大楼股份有限公司		214001
86	山东三联商社股份有限公司		178563	沈阳商业城股份有限公司		213579
87	宜家家居（中国）	外资	175000	浙江人本超市有限公司		205000
88	中原百货集团股份有限公司		170536	北京阿博泰克北大青鸟信息技术有限公司		203900
89	北京超市发连锁股份有限公司		168131	北京市顺义国泰商业大厦		198900
90	河北保百集团有限公司		167911	漯河双汇商业连锁有限公司		195653
91	浙江华联商厦有限公司		161000	北京超市发连锁股份有限公司		191919
92	山西太原唐久超市有限公司		158729	天津一商友谊股份有限公司		190382
93	百大集团股份有限公司		157239	浙江华联商厦有限公司		189000
94	北京城乡贸易中心股份有限公司		155858	阜阳华联超市有限公司		180000
95	北京菜市口百货股份有限公司		153832	百大集团股份有限公司		174546
96	上海徐家汇商城股份有限公司		147384	杭州解百集团股份有限公司		174440
97	南京新街口百货商店股份有限公司		147075	苏州人民商场股份有限公司		172492
98	华普超市有限公司		146994	南昌洪城大厦股份有限公司		170269
99	苏州人民商场股份有限公司		144750	北京城乡贸易中心股份有限公司		168265

续表

排序	2006			2007		
	企业名称	类型	销售额	企业名称	类型	销售额
100	南昌洪城大厦股份有限公司		141714	宁波市北仑区加贝购物俱乐部		165000
	合计		86153734	合计		103700268

资料来源：中国商业联合会、中华全国商业信息中心。

附表 15　中国零售百强：2008 年、2009 年　　　　单位：万元

排序	2008 年			2009 年		
	企业名称	类型	销售额	企业名称	类型	销售额
1	国美电器有限公司		10459378	苏宁电器集团		11700267
2	苏宁电器集团		10234242	国美电器有限公司		10680165
3	百联集团有限公司		9432939	百联集团有限公司		9791537
4	华润万家有限公司		6388021	大连大商集团有限公司		7053589
5	大商集团有限公司		6255500	华润万家有限公司		6803574
6	家乐福（中国）管理咨询服务有限公司	外资	3381912	康成投资（中国）有限公司（大润发）	外资	4043169
7	康成投资（中国）有限公司（大润发）	外资	3356700	家乐福（中国）管理咨询服务有限公司	外资	3660000
8	物美控股集团有限公司		3020002	安徽省徽商集团有限公司		3437883
9	沃尔玛（中国）投资有限公司	外资	2782197	沃尔玛（中国）投资有限公司	外资	3400000
10	农工商超市（集团）有限公司		2667544	物美控股集团有限公司		3270000
11	重庆商社（集团）有限公司		2625481	重庆商（集团）有限公司		3004698
12	江苏五星电器有限公司	外资	2303063	新合作商贸连锁集团有限公司		3000000
13	合肥百货大楼集团股份有限公司		1939962	农工商超市（集团）有限公司		2673800
14	山东省商业集团总公司（银座集团）		1871594	百思买（中国内地）	外资	2570000

续表

排序	2008 年			2009 年		
	企业名称	类型	销售额	企业名称	类型	销售额
15	宏图三胞高科技有限公司		1795432	山东省商业集团总公司（银座集团）		2564116
16	新一佳超市有限公司		1749260	合肥百货大楼集团股份有限公司		2089204
17	新合作商贸连锁集团有限公司		1700000	新一佳超市有限公司		1723600
18	好又多管理咨询服务（上海）有限公司	外资	1640000	武汉中百集团股份有限公司		1685519
19	新世界百货中国有限公司	外资	1480000	好又多管理咨询服务（上海）有限公司	外资	1650000
20	武汉中百集团股份有限公司		1423899	宏图三胞高科技有限公司		1593775
21	文峰大世界连锁发展股份有限公司		1410139	文峰大世界连锁发展股份有限公司		1566457
22	利群集团股份有限公司		1386877	利群集团股份有限公司		1516622
23	上海康诚仓储有限公司（TESCO 乐购）	外资	1350000	新世界百货中国有限公司	外资	1500000
24	锦江麦德龙现购自运有限公司	外资	1264631	武汉武商集团股份有限公司		1352248
25	长春欧亚集团股份有限公司		1213044	长春欧亚集团股份有限公司		1347068
26	武汉武商集团股份有限公司		1150076	TESCO（中国内地）	外资	1330000
27	卜蜂莲花	外资	1149309	北京王府井百货（集团）股份有限公司		1327000
28	北京王府井百货（集团）股份有限公司		1137433	百盛商业集团有限公司	外资	1237000
29	百盛商业集团有限公司	外资	1069110	锦江麦德龙现购自运有限公司	外资	1202277

续表

排序	2008 年			2009 年		
	企业名称	类型	销售额	企业名称	类型	销售额
30	人人乐连锁商业集团股份有限公司		1050000	石家庄北国人百集团有限责任公司		1167515
31	北京京客隆商业集团股份有限公司		986400	天虹商场股份有限公司		1161990
32	安徽省徽商集团有限公司		985484	烟台市振华百货集团股份有限公司		1149443
33	天虹商场股份有限公司		946650	正大集团·卜蜂莲花	外资	1113000
34	江苏时代超市有限公司	外资	904378	永乐（中国）电器销售有限公司		1039297
35	北京华联综合超市股份有限公司		861845	永辉集团有限公司		1021800
36	银泰百货（集团）有限公司	外资	857300	山东家家悦集团有限公司		1012021
37	山东家家悦集团有限公司		853150	北京京客隆商业集团股份有限公司		1006410
38	石家庄北国人百集团有限责任公司		850568	人人乐连锁商业集团股份有限公司		1003779
39	上海豫园旅游商城股份有限公司		849496	山东新星集团有限公司		987787
40	山东新星集团有限公司		839824	欧尚（中国）投资有限公司	外资	986000
41	山东潍坊百货集团股份有限公司		835332	山东潍坊百货集团股份有限公司		952521
42	欧尚（中国）投资有限公司	外资	815200	金鹰商贸集团有限公司		936000
43	武汉中商集团股份有限公司		770861	江苏时代超市有限公司	外资	929590
44	烟台市振华百货集团股份有限公司		758566	上海豫园旅商城股份有限公司		897954

续表

排序	2008 年			2009 年		
	企业名称	类型	销售额	企业名称	类型	销售额
45	永辉集团有限公司		701576	武汉中商集团股份有限公司		880687
46	百安居（中国）投资有限公司	外资	700000	永旺（中国内地）	外资	861077
47	北京迪信通商贸有限公司		660762	银泰百货（集团）有限公司	外资	758659
48	郑州丹尼斯百货有限公司	外资	611000	郑州丹尼斯百货有限公司	外资	710000
49	北京新燕莎控股（集团）有限责任公司		553738	福建新华都购物广场股份有限公司		694678
50	辽宁兴隆大家庭商业集团		547956	北京新燕莎控股（集团）有限责任公司		690988
51	南京中央商场股份有限公司		542439	北京迪信通商贸有限公司		687255
52	福建新华都购物广场股份有限公司		537739	江苏无锡商业大厦集团有限公司		663117
53	步步高商业连锁股份有限公司		520135	广州市广百股份有限公司		643690
54	江苏无锡商业大厦集团有限公司		511318	辽宁兴隆大家庭商业集团		639159
55	金鹰商贸集团有限公司		500000	南京中央商场股份有限公司		574374
56	济南人民商场集团有限公司		495564	步步高商业连锁股份有限公司		572400
57	永旺（中国）	外资	464236	济南人民商场集团有限公司		524055
58	广州市广百股份有限公司		453620	湖南友谊阿波罗股份有限公司		519861
59	成都红旗连锁有限公司		452128	成都红旗连锁有限公司		502938

续表

排序	2008 年			2009 年		
	企业名称	类型	销售额	企业名称	类型	销售额
60	三江购物俱乐部股份有限公司		449577	三江购物俱乐部股份有限公司		496362
61	湖南友谊阿波罗股份有限公司		427563	海航商业控股有限公司		470841
62	四川省互惠商业有限责任公司		420000	北京西单友谊集团		455583
63	百佳超市（中国区）	外资	396001	北京菜市口百货股份有限公司		450697
64	杭州大厦购物中心		380542	四川省互惠商业有限责任公司		450000
65	北京西单友谊集团		364118	杭州大厦购物中心		429492
66	北京菜市口百货股份有限公司		350577	唐山百货大楼集团有限责任公司		400515
67	海航商业控股有限公司		327288	百佳超市（中国内地）	外资	358196
68	唐山百货大楼集团有限责任公司		320695	成都伊藤洋华堂有限公司	外资	351380
69	易买得	外资	320000	易买得	外资	351000
70	北京翠微大厦股份有限公司		312421	北京翠微大厦股份有限公司		349554
71	青岛维客集团股份有限公司		308182	济南华联商厦集团股份有限公司		338017
72	济南华联商厦集团股份有限公司		305401	青岛维客集团股份有限公司		328135
73	广州友谊集团股份有限公司		300000	广州友谊集团股份有限公司		326389
74	东方家园家居建材商业有限公司		287850	宜家家居	外资	312000
75	华糖洋华堂商业有限公司	外资	285000	深圳市海王星辰医药有限公司		310000

续表

排序	2008 年			2009 年		
	企业名称	类型	销售额	企业名称	类型	销售额
76	深圳市海王星辰医药有限公司		280000	山西美特好连锁超市股份有限公司		306800
77	中兴—沈阳商业大厦（集团）股份有限公司		279982	邯郸市阳光百货集团总公司		305000
78	宜家家居	外资	270000	河北保龙仓商业连锁经营有限公司		302000
79	山西美特好连锁超市股份有限公司		268538	天津一商友谊股份有限公司		303858
80	河北保龙仓商业连锁经营有限公司		263000	中兴—沈阳商业大厦（集团）股份有限公司		303425
81	湖南老百姓医药连锁有限公司		255000	江西洪客隆实业有限公司		300000
82	湖南佳惠百货有限责任公司		254600	湖南佳惠百货有限责任公司		288000
83	北京市顺义国泰商业大厦		252600	华糖洋华堂商业有限公司	外资	271000
84	话机世界数码连锁集团股份有限公司		250300	湖南老百姓医药连锁有限公司		268000
85	天津一商友谊股份有限公司		249918	北京市顺义国泰商业大厦		264711
86	石家庄东方城市广场有限公司		238931	北京超市发连锁股份有限公司		264381
87	沈阳商业城股份有限公司		234184	山东全福元商业集团有限责任公司（原寿光百货大楼）		261808
88	北京超市发连锁股份有限公司		230945	浙江人本超市有限公司		258426
89	浙江慈客隆超市有限公司		230511	深圳岁宝百货有限公司	外资	250085
90	浙江人本超市有限公司		228230	浙江华联商厦有限公司		248000

续表

排序	2008 年			2009 年		
	企业名称	类型	销售额	企业名称	类型	销售额
91	山西省太原唐久超市有限公司		226000	长沙通程控股股份公司		239148
92	河北保百集团有限公司		225863	山西省太原唐久超市有限公司		238673
93	邯郸市阳光百货集团总公司		223428	河北保百集团有限公司		236362
94	江西洪客隆实业有限公司		223150	话机世界数码连锁集团股份有限公司		225000
95	南昌百货大楼股份有限公司		222553	宁波市蔬菜有限公司		223313
96	漯河双汇商业连锁有限公司		221575	苏州人民商场股份有限公司		222550
97	苏州人民商场股份有限公司		214519	南昌百货大楼股份有限公司		220464
98	浙江华联商厦有限公司		214000	长春卓展时代广场百货有限公司	外资	220259
99	上海徐家汇商城（集团）股份有限公司		204220	银川新华百货商店股份有限公司		213949
100	杭州解百集团股份有限公司		195809	成商集团股份有限公司		208296
	加总		120567881	加总		136683282

资料来源：中国商业联合会、中华全国商业信息中心。

附表 16　　中国零售百强：2010 年、2011 年　　单位：万元

排序	2010 年			2011 年		
	企业名称	类型	销售额	企业名称	类型	销售额
1	苏宁电器集团		15622292	苏宁电器股份有限公司		19473387
2	国美电器有限公司		15490000	国美电器有限公司		18091333
3	百联集团有限公司		10369291	百联集团有限公司		14899305
4	大连大商集团有限公司		8615769	大连大商集团有限公司		11010716

续表

排序	2010年			2011年		
	企业名称	类型	销售额	企业名称	类型	销售额
5	华润万家有限公司		7180000	华润万家有限公司		8270000
6	康成投资（中国）有限公司（大润发）	外资	5022500	高鑫零售（大润发和欧尚）	外资	6808400
7	家乐福（中国）管理咨询服务有限公司	外资	4200000	山东省商业集团有限公司（银座集团）		5029869
8	安徽省徽商集团有限公司		4051974	重庆商社（集团）有限公司		4780262
9	沃尔玛（中国）投资有限公司	外资	4000000	家乐福（中国）管理咨询服务有限公司	外资	4519581
10	重庆商社（集团）有限公司		3821590	沃尔玛（中国）投资有限公司	外资	4300000
11	物美控股集团有限公司		3750456	新合作商贸连锁集团有限公司		4200000
12	山东省商业集团有限公司（银座集团）		3702662	物美控股集团有限公司		4107499
13	新合作商贸连锁集团有限公司		3560000	合肥百货大楼集团股份有限公司		3030000
14	农工商超市（集团）有限公司		2781359	农工商超市（集团）有限公司		3024551
15	百思买（中国内地）	外资	2700000	江苏五星电器有限公司	外资	2748330
16	合肥百货大楼集团股份有限公司		2490000	海航商业控股有限公司		2340000
17	宏图三胞高科技术有限公司		2008965	宏图三胞高科技术有限公司		2321434
18	武汉中百集团股份有限公司		1923413	中百控股集团股份有限公司		2305342
19	新世界百货中国有限公司	外资	1790000	石家庄北国人百集团有限责任公司		2187276
20	文峰大世界连锁发展股份有限公司		1764927	武汉武商集团股份有限公司		2064128

续表

排序	2010 年			2011 年		
	企业名称	类型	销售额	企业名称	类型	销售额
21	新一佳超市有限公司		1741320	永辉超市股份有限公司		2038000
22	武汉武商集团股份有限公司		1721093	北京王府井百货（集团）股份有限公司		2009393
23	利群集团股份有限公司		1693036	广州百货企业集团有限公司		2000786
24	百盛商业集团有限公司	外资	1656000	长春欧亚集团股份有限公司		1990319
25	好又多管理咨询服务（上海）有限公司	外资	1650000	文峰大世界连锁发展股份有限公司		1945371
26	石家庄北国人百集团有限责任公司		1619223	利群集团股份有限公司		1905687
27	长春欧亚集团股份有限公司		1617585	天虹商场股份有限公司		1895937
28	北京王府井百货（集团）股份有限公司		1605154	上海豫园旅游商城股份有限公司		1850000
29	永辉超市股份有限公司		1598000	特易购（TESCO）	外资	1800000
30	特易购（TESCO）中国	外资	1590000	烟台市振华百货集团股份有限公司		1788360
31	烟台市振华百货集团股份有限公司		1495902	新一佳超市连锁有限公司		1753400
32	天虹商场股份有限公司		1470557	金鹰国际商贸集团（中国）有限公司		1642767
33	乐天超市（中国内地）	外资	1444700	百盛商业集团有限公司	外资	1642617
34	易初莲花	外资	1360000	山东佳佳悦集团有限公司		1624500
35	欧尚（中国）投资有限公司	外资	1350000	新世界百货中国有限公司	外资	1550000
36	上海豫园旅游商城股份有限公司		1326361	乐天玛特	外资	1541077
37	金鹰商贸集团有限公司		1240000	安徽省徽商集团有限公司		1509734

续表

排序	2010 年			2011 年		
	企业名称	类型	销售额	企业名称	类型	销售额
38	山东家家悦集团有限公司		1233717	北京首商集团股份有限公司		1402992
39	银泰百货（集团）有限公司	外资	1196235	人人乐连锁商业集团股份有限公司		1384203
40	人人乐连锁商业集团股份有限公司		1174832	锦江麦德龙现购自运有限公司	外资	1380000
41	锦江麦德龙现购自运有限公司	外资	1171380	银泰百货（集团）有限公司	外资	1367318
42	山东新星集团有限公司		1106321	好又多管理咨询服务（上海）有限公司	外资	1300000
43	山东潍坊百货集团股份有限公司		1099246	山东新星集团有限公司		1239079
44	北京京客隆商业集团股份有限公司		1090975	北京京客隆商业集团股份有限公司		1221200
45	武汉中商集团股份有限公司		1001272	山东潍坊百货集团股份有限公司		1213215
46	步步高集团			北京菜市口百货股份有限公司		1166196
47	辽宁兴隆大家庭商业集团			武汉中商集团有限公司		1150059
48	海航商业控股有限公司			辽宁兴隆大家庭商业集团		1126076
49	郑州丹尼斯百货有限公司	外资	877444	福建新华都购物广场股份有限公司		1099757
50	福建新华都购物广场股份有限公司			郑州丹尼斯百货有限公司	外资	1080000
51	北京新燕莎控股集团有限责任公司			安徽商之都股份有限公司		1047302
52	广州屈臣氏个人用品商店有限公司	外资	800000	茂业国际控股有限公司		1042990
53	无锡商业大厦（集团）有限公司			江苏华地国际控股集团有限公司		1017578

续表

排序	2010年			2011年		
	企业名称	类型	销售额	企业名称	类型	销售额
54	茂业国际控股有限公司			卜蜂莲花	外资	1001900
55	北京菜市口百货股份有限公司			广州屈臣氏个人用品商店有限公司	外资	1000000
56	广州市广百股份有限公司			上海永乐家用电器有限公司		855430
57	北京迪信通商贸有限公司			步步高商业连锁股份有限公司		843918
58	永旺（中国内地）	外资	662620	南京中央商场（集团）股份有限公司		832509
59	湖南友谊阿波罗控股股份有限公司			江苏无锡商业大厦集团有限公司		820794
60	济南人民商场集团有限公司			北京迪信通商贸有限公司		813912
61	南京中央商场（集团）有限公司			湖南友谊阿波罗商业股份有限公司		781271
62	成都红旗连锁有限公司			伊藤洋华堂	外资	748588
63	三江购物俱乐部股份有限公司			北京燕莎友谊商城有限公司		729431
64	杭州大厦购物中心			济南人民商场集团有限公司		704874
65	唐山百货大楼集团有限责任公司			唐山百货大楼集团有限责任公司		680583
66	四川省互惠商业有限责任公司			永旺	外资	666170
67	济南华联商厦集团股份有限公司			成都红旗连锁股份有限公司		662388
68	成都伊藤洋华堂有限公司	外资	435363	新光天地	外资	650000
69	北京翠微大厦股份有限公司			杭州大厦购物城		608269
70	宜家家居	外资	430000	宜家家居	外资	571513

续表

排序	2010 年			2011 年		
	企业名称	类型	销售额	企业名称	类型	销售额
71	广州友谊集团股份有限公司			三江购物俱乐部股份有限公司		567143
72	天津一商友谊股份有限公司			济南华联商厦集团股份有限公司		550493
73	北京顺义国泰商业大厦			北京翠微大厦股份有限公司		540847
74	东方家园家居建材商业有限公司			天津一商友谊股份有限公司		535691
75	山东威海百货大楼集团股份有限公司			四川省互惠商业有限责任公司		520000
76	易买得	外资	400000	浙江人本超市有限公司		500000
77	长沙通程实业集团有限公司			广州友谊集团股份有限公司		494768
78	百佳超市（中国内地）	外资	388282	阜阳华联集团股份有限公司		482158
79	邯郸市阳光百货集团总公司			春天百货	外资	481100
80	青岛维客集团有限公司			卓展集团控股有限公司	外资	480000
81	北京市西单友谊集团			邯郸市阳光百货集团总公司		461000
82	深圳市海王星辰医药有限公司			山东威海百货大楼集团股份有限公司		456000
83	江西洪客隆百货投资有限公司			北京市顺义国泰商业大厦		450891
84	北京超市发连锁股份有限公司			上海第一八佰伴股份有限公司		449102
85	老百姓大药房连锁有限公司			长沙通程控股股份有限公司		434952
86	加贝物流股份有限公司			百佳超市（中国内地）	外资	429853

续表

排序	2010年			2011年		
	企业名称	类型	销售额	企业名称	类型	销售额
87	湖南佳惠百货有限责任公司（集团）			青岛维客集团股份有限公司		421712
88	广东大参林连锁药店有限公司			山东全福元商业集团有限责任公司		409200
89	山西美特好连锁超市股份有限公司			中兴—沈阳商业大厦（集团）股份有限公司		401722
90	山东全福元商业集团有限责任公司（原寿光百货大楼）			东方家园家居建材商业有限公司		396000
91	深圳岁宝百货有限公司	外资	288772	北京超市发连锁股份有限公司		389824
92	浙江人本超市有限公司			山西美特好连锁超市股份有限公司		387772
93	中兴—沈阳商业大厦（集团）股份有限公司			新疆友好（集团）股份有限公司		381459
94	浙江华联商厦有限公司			湖南佳惠百货有限责任公司（集团）		370920
95	华糖洋华堂商业有限公司	外资	270875	广东大参林连锁药店有限公司		367000
96	长春卓展时代广场百货有限公司	外资	262404	老百姓大药房连锁有限公司		366000
97	新疆友好（集团）股份有限公司		253932	深圳市海王星辰医药有限公司		362000
98	银川新华百货商店股份有限公司			银川新华百货商业集团股份有限公司		312359
99	重庆和平药房连锁有限责任公司		253000	山西太原唐久超市有限公司		307360
100	山西省太原唐久超市有限公司		252038	广西南城百货股份有限公司		300353
	合计		166412000	合计		201216555

资料来源：中国商业联合会、中华全国商业信息中心。

附表 17 全球 250 强：2006 年、2007 年

单位：百万美元

排序	2006 年 公司名称	国家地区	零售额	备注	2007 年 公司名称	国家地区	零售额	备注
1	Wal–Mart Stores, Inc.	美国	344992	有	Wal–Mart Stores, Inc.	美国	374526	有
2	Carrefour S. A.	法国	97861	有	Carrefour S. A.	法国	112604	有
3	The Home Depot, Inc.	美国	90837	有	Tesco plc	英国	94740	有
4	Tesco plc	英国	79976	有	Metro AG	德国	87586	有
5	Metro AG	德国	74857	有	The Home Depot, Inc.	美国	77349	有
6	The Kroger Co.	美国	66111		The Kroger Co.	美国	70235	
7	Target Corp.	美国	59490		Schwarz Unternehmens Treuhand KG	德国	69346	
8	Costco Wholesale Corp.	美国	58963		Target Corp.	美国	63367	
9	Sears Holdings Corp.	美国	53012		Costco Wholesale Corp.	美国	63088	
10	Schwarz Unternehmens Treuhand KG	德国	52422		Aldi GmbH & Co. oHG	德国	58487	
11	Aldi GmbH & Co. oHG	德国	50010		Walgreen Co.	美国	53762	
12	Walgreen Co.	美国	47409		Rewe–Zentral AG	德国	51929	
13	LoweJ's Companies, Inc.	美国	46927		Sears Holdings Corp.	美国	50703	
14	Rewe–ZentralAG	德国	45850		Groupe Auchan SA	法国	49295	有
15	Seven & I Holdings Co., Ltd.	日本	43835	有	Lowe's Companies, Inc.	美国	48283	
16	Groupe Auchan SA	法国	43154	有	Seven & I Holdings Co., Ltd.	日本	47891	有
17	Edeka Zentrale AG & Co. KG	德国	40749		CVS Caremark Corp.	美国	45087	
18	CVS Corp.	美国	40286		Centres Distributeurs E. Leclerc	法国	44686	

续表

排序	2006 年				2007 年			
	公司名称	国家地区	零售额	备注	公司名称	国家地区	零售额	备注
19	Safeway, Inc.	美国	40185		Edeka Zentrale AG & Co. KG	德国	44609	
20	Centres Distributeurs E. Leclerc	法国	38692		Safeway, Inc.	美国	42286	
21	AEON Co., Ltd.	日本	38058	有	AEON Company Limited	日本	41339	有
22	Koninklijke Ahold N. V	荷兰	37149		Woolworths Ltd.	澳大利亚	41021	
23	Best Buy Co., Inc.	美国	35934		ITM Développement International (Intermarché)	法国	40692	
24	ITM Développement International (Intermarché)	法国	33678	有	Best Buy Co., Inc.	美国	40023	有
25	Woolworths Ltd.	澳大利亚	32456		Koninklijke Ahold N. V	荷兰	38589	
26	J Sainsbury Plc	英国	31912		J Sainsbury Plc	英国	35809	
27	SuperValu Inc.	美国	28016		SuperValu Inc.	美国	34341	
28	Federated Department Stores, Inc. (now Macy's, Inc.)	美国	26970		Casino Guichard – Perrachon S. A.	法国	32159	
29	CasinoGuichard – Perrachon S. A.	法国	26967		Coles Group Ltd.	澳大利亚	27599	
30	Tengelmann Warenhandelsgesellschaft KG	德国	26380		The Tengelmann Group	德国	27135	
31	Coles Group Ltd.	澳大利亚	25580		Macy's, Inc. (Formerly Federated Department Stores, Inc.)	美国	26313	
32	Delhaize Group	比利时	24151		The IKEA Group	瑞典	26161	有
33	WM Morrison Supermarkets Plc	英国	23035		Delhaize Group	比利时	25985	
34	Publix Super Markets, Inc.	美国	21655		WM Morrison Supermarkets Plc	英国	25800	

续表

排序	2006					2007			
	公司名称	国家地区	零售额	备注		公司名称	国家地区	零售额	备注
35	The IKEA Group	瑞典	21231			Rite Aid Corporation	美国	24229	
36	Loblaw Companies Limited	加拿大	19904			Wesfarmers Limited	澳大利亚	24007	
37	J. C. Penney Co., Inc.	美国	19903			Publix Super Markets, Inc.	美国	23017	
38	Staples, Inc.	美国	18161			Loblaw Companies Limited	加拿大	21114	
39	El Corte Inglés, S. A.	西班牙	17618			Système U, Centrale Nationale	法国	21068	
40	PPR S. A.	法国	17551	有		El Corte Inglés, S. A.	西班牙	20339	
41	Rite Aid Corp.	美国	17508			J. C. Penney Co., Inc.	美国	19860	有
42	TJX Companies, Inc.	美国	17405			PPR S. A.	法国	19351	有
43	Marks & Spencer plc	英国	16255			Kingfisher plc	英国	18754	
44	Kingfisher plc	英国	16133	有		The TJX Companies, Inc.	美国	18647	
45	Gap, Inc.	美国	15943			Marks & Spencer plc	英国	18112	
46	Kohl's Corporation	美国	15544			Mercadona, S. A.	西班牙	17799	有
47	Baugur Group hf.	冰岛	15033			Baugur Group hf.	冰岛	17487	
48	Office Depot, Inc.	美国	15011	有		Kohl's Corporation	美国	16474	
49	DSG International plc	英国	14375			DSG International plc	英国	16358	
50	Mercadona, S. A.	西班牙	14178			The Gap, Inc.	美国	15763	
51	Coop Italia	意大利	13702			Yamada Denki Co., Ltd.	日本	15521	
52	Meijer, Inc.	美国	13324			Coop Italia	意大利	15410	

续表

排序	2006 年				2007 年			
	公司名称	国家地区	零售额	备注	公司名称	国家地区	零售额	备注
53	Toys "Я" Us, Inc.	美国	13050		Alimentation Couche – Tard Inc.	加拿大	15370	
54	AS Watson & Company, Ltd.	中国香港	12764	有	Louis Delhaize S. A.	比利时	14653	
55	Louis Delhaize S. A.	比利时	12677		Amazon. com, Inc.	美国	14452	有
56	Circuit City Stores, Inc.	美国	12430		AS Watson & Company, Ltd.	中国香港	14101	有
57	Migros – Genossenschafts Bund	瑞士	12364		Meijer, Inc.	美国	13877	
58	Yamada Denki Co., Ltd.	日本	12358		Migros – Genossenschafts Bund	瑞士	13816	
59	Alimentation Couche – Tard Inc.	加拿大	12087		Toys "Я" Us, Inc.	美国	13794	有
60	Otto Group	德国	11715	有	Alliance Boots	英国	13748	
61	Coop Norden AB	瑞典	11610		H. E. Butt Grocery Company	美国	13500	
62	Alliance Boots plc	英国	11517		Empire Company Ltd.	加拿大	13487	
63	Sobeys Inc.	加拿大	11463		Gome Home Appliance Group	中国	13476	
64	KarstadtQuelle AG (now Arcandor AG)	德国	11437		Coop Norden AB	瑞典	13389	
65	H. E. Butt Grocery Company	美国	11301		Inditex S. A.	西班牙	12929	有
66	Dell Inc.	美国	11157	有	Otto Group	德国	12763	有
67	Home Retail Group plc	英国	10975		Staples, Inc.	美国	12758	有
68	Coop	瑞士	10862		LVMH	法国	12651	有
69	LVMH	法国	10767	有	Coop	瑞士	12136	
70	Amazon. com, Inc.	美国	10711	有	John Lewis Partnership plc	英国	12121	

续表

排序	2006 年 公司名称	国家地区	零售额	备注	2007 年 公司名称	国家地区	零售额	备注
71	Limited Brands, Inc.	美国	10671		ICA AB	瑞典	12019	
72	John Lewis Partnership Plc	英国	10597		Home Retail Group plc	英国	11988	
73	Système U, Centrale Nationale	法国	10517		Circuit City Stores, Inc.	美国	11744	
74	Inditex S. A.	西班牙	10251	有	Groupe Adeo (formerly Leroy Merlin Groupe)	法国	11651	有
75	Uny Co., Ltd.	日本	10204		H & M Hennes & Mauritz AB	瑞典	11559	有
76	The Jean Coutu Group (PJC) Inc.	加拿大	9786		Arcandor AG (formerly KarstadtQuelle AG)	德国	11545	
77	Metro Inc.	加拿大	9581		Conad Consorzio Nazionale, Dettaglianti Soc. Coop. a. r. l.	意大利	11246	
78	Leroy Merlin Groupe (now Groupe Adeo)	法国	9422	有	Shinsegae Co., Ltd.	韩国	11213	有
79	Lotte Shopping Co., Ltd.	韩国	9369		Office Depot, Inc.	美国	11009	
80	Conad Consorzio Nazionale, Dettaglianti Soc. Coop. a. r. l.	意大利	9299		KeKo Corporation	芬兰	10992	
81	H & M Hennes & Mauritz AB	瑞典	9173		S Group	芬兰	10630	
82	Dollar General Corp.	美国	9170		SPAR Österreichische Warenhandels – AG	奥地利	10570	
83	DanK Supermarked A/S	丹麦	9146		DanK Supermarked A/S	丹麦	10374	
84	ICA AB	瑞典	9094		Lotte Shopping Co., Ltd.	韩国	10339	
85	OfficeMax, Inc.	美国	8966		Uny Co., Ltd.	日本	10217	
86	SPAR Österreichische Warenhandels – AG	奥地利	8962		Dell Inc.	美国	10182	有

续表

排序	2006 年				2007 年			
	公司名称	国家地区	零售额	备注	公司名称	国家地区	零售额	备注
87	The Daiei, Inc.	日本	8902		Limited Brands, Inc.	美国	10134	
88	S Group (SOK)	芬兰	8890		Metro Inc.	加拿大	9578	
89	Avon Products, Inc.	美国	8677	有	Dollar General Corporation	美国	9495	
90	Nordstrom, Inc.	美国	8561		Grupo EroKi	西班牙	9166	
91	KeKo Corporation	芬兰	8534		Bailian Group	中国	8926	
92	Shinsegae Co., Ltd.	韩国	8515	有	Nordstrom, Inc.	美国	8828	
93	Army & Air Force Exchange Service (aka AAFES)	美国	8474	有	BJ's Wholesale Club, Inc.	美国	8815	
94	Kesa Electricals plc	英国	8370		Co-operative Group Ltd.	英国	8789	
95	BJ's Wholesale Club, Inc.	美国	8303		Fa. Anton Schlecker	德国	8704	
96	Somerfield Group	英国	8219		Kesa Electricals plc	英国	8641	
97	Takashimaya Company, Limited	日本	8061		C&A Europe	比利时	8528	
98	Fa. Anton Schlecker	德国	7801		Takashimaya Company, Limited	日本	8479	
99	Menard, Inc.	美国	7750		Somerfield Group	英国	8431	
100	Dillard's, Inc.	美国	7636		The Daiei, Inc.	日本	8420	
101	Bailian Group	中国	7534		QuikTrip Corporation	美国	8300	
102	Winn-Dixie Stores, Inc.	美国	7201		Army & Air Force Exchange Service (aka AAFES)	美国	8257	有
103	C&A Europe	比利时	7190		Menard, Inc.	美国	8000	
104	Liberty Media Corp. / QVC, Inc.	美国	7074		Shoppers Drug Mart Corp.	加拿大	7933	

排序	2006年 公司名称	国家地区	零售额	备注	2007年 公司名称	国家地区	零售额	备注
105	Grupo EroKi	西班牙	7025		Reitangruppen AS	挪威	7771	
106	Shoppers Drug Mart Corp.	加拿大	6868		Companhia Brasileira de Distribuicao SA Grupo Pão de Açúcar	巴西	7694	
107	Canadian Tire Corporation, Limited	加拿大	6657		J. Front Retailing Co., Ltd.	日本	7526	
108	Isetan Co., Ltd.	日本	6633	有	Liberty Media Corp. / QVC, Inc.	美国	7397	
109	Bed Bath and Beyond, Inc.	美国	6617		Winn-Dixie Stores, Inc.	美国	7281	
110	Mitsukoshi, Ltd.	日本	6559	有	Dillard's, Inc.	美国	7207	
111	Companhia Brasileira de Distribuicao SA Grupo Pao de Acucar	巴西	6395		Edion Corporation	日本	7175	
112	Family Dollar Stores, Inc.	美国	6395		Cencosud S. A.	智利	7112	
113	Co-operative Group Ltd.	英国	6343		GameStop Corp.	美国	7094	
114	Alticor Inc. /Amway, Quixtar	美国	6162	有	Canadian Tire Corporation, Limited	加拿大	7066	
115	Hudson's Bay Company	加拿大	6161		Bed Bath and Beyond, Inc.	美国	7049	
116	Edion Corporation	日本	6020		Jerónimo Martins, SGPS SA	葡萄牙	6968	
117	The Daimaru, Inc.	日本	5985		Alticor Inc. / Amway, Quixtar	美国	6957	有
118	The Pantry, Inc.	美国	5962		The Pantry, Inc.	美国	6911	
119	Cencosud S. A.	智利	5864		Isetan Co., Ltd.	日本	6862	有
120	Giant Eagle, Inc.	美国	5845		Family Dollar Stores, Inc.	美国	6834	

续表

排序	2006 年				2007 年			
	公司名称	国家地区	零售额	备注	公司名称	国家地区	零售额	备注
121	Foot Locker, Inc.	美国	5750		Esselunga S. p. A.	意大利	6800	
122	Next plc	英国	5726		Giant Eagle, Inc.	美国	6676	
123	Pick'sn Pay Stores Ltd.	南非	5711		Ets Franz Colruyt S. A.	比利时	6656	
124	Esselunga S. p. A.	意大利	5694		Whole Foods Market, Inc.	美国	6592	
125	Tokyu Corporation	日本	5652		Hudson's Bay Company	加拿大	6542	
126	Whole Foods Market, Inc.	美国	5607		Globus Holding GmbH & Co. KG	德国	6521	
127	Ross Stores, Inc.	美国	5570		Shoprite Holdings Ltd.	南非	6513	
128	Ets Franz Colruyt S. A.	比利时	5548		Mitsukoshi, Ltd.	日本	6390	有
129	Yodobashi Camera Co. , Ltd.	日本	5532		Pick'sn Pay Stores Ltd.	南非	6382	
130	Blockbuster, Inc.	美国	5462		Yodobashi Camera Co. , Ltd.	日本	6253	
131	Shoprite Holdings Ltd.	南非	5429		Next plc	英国	6227	有
132	Defense Commissary Agency (aka DeCA)	美国	5420		Décathlon Group (now known as Oxylane Groupe)	法国	6135	有
133	Organizacion Soriana S. A. de C. V.	墨西哥	5361		Katz Group Inc.	加拿大	6082	
134	GameStop Corp.	美国	5319		Eldorado	俄罗斯	6006	
135	Hy – Vee, Inc.	美国	5300		Beisia Group	日本	5975	
136	Barnes & Noble, Inc.	美国	5261		Ross Stores, Inc.	美国	5975	
137	AutoZone, Inc.	美国	5240		Organizacion Soriana S. A. de C. V.	墨西哥	5971	
138	Jerónimo Martins, SGPS S. A.	葡萄牙	5202		Albertson's LLC	美国	5879	

续表

排序	2006 年				2007 年			
	公司名称	国家地区	零售额	备注	公司名称	国家地区	零售额	备注
139	Reitangruppen AS	挪威	5193		Tokyu Corporation	日本	5674	
140	Groupe Galeries Lafayette S. A.	法国	5177		SHV Holdings N. V. / Makro	荷兰	5667	有
141	Makro (SHV)	荷兰	5107	有	Euroset Group	俄罗斯	5615	
142	Décathlon Group	法国	5031	有	Hy - Vee, Inc.	美国	5600	
143	Albertson's LLC (formerly Albertson's, Inc.)	美国	5010		OfficeMax Incorporated	美国	5563	
144	RaceTrac Petroleum Inc.	美国	5000		Defense Commissary Agency (aka DeCA)	美国	5540	
145	QuikTrip Corp.	美国	5000		Groupe Galeries Lafayette S. A.	法国	5537	
146	Maxeda (formerly Royal Vendex KBB)	荷兰	4978		Blockbuster, Inc.	美国	5483	
147	Beisia Group	日本	4965		Casas Bahia S. A.	巴西	5469	
148	Globus Holding GmbH & Co. KG	德国	4923		AutoZone, Inc.	美国	5464	
149	Dairy Farm International Holdings Limited	中国香港	4874	有	Massmart Holdings Limited	南非	5438	
150	Massmart Holdings Limited	南非	4851		Foot Locker, Inc.	美国	5437	
151	The Sherwin - Williams Co.	美国	4845		Praktiker Bau - und Heimwerkermärkte Holding AG	德国	5408	
152	RadioShack Corp.	美国	4778		X5 Retail Group N. V.	俄罗斯	5295	
153	Longs Drug Stores Corp.	美国	4777		Suning Appliance Co., Ltd.	中国	5287	有
154	Big Lots, Inc.	美国	4743		S. A. C. I. Falabella	智利	5226	
155	CompUSA Inc.	美国	4700		Barnes & Noble, Inc.	美国	5210	

续表

排序	2006 年				2007 年			
	公司名称	国家地区	零售额	备注	公司名称	国家地区	零售额	备注
156	Wawa Inc.	美国	4670		Dairy Farm International Holdings Limited	中国香港	5181	有
157	Advance Auto Parts, Inc.	美国	4617		RaceTrac Petroleum Inc.	美国	5000	
158	Casas Bahia S. A.	巴西	4528		K's Holdings Corporation (formerly Gigas K's Denki Corporation)	日本	4985	
159	S. A. C. I. Falabella	智利	4302		dm – drogerie markt GmbH + Co. KG	德国	4963	
160	Kojima Co., Ltd.	日本	4288		Celesio AG	德国	4960	
161	PetSmart, Inc.	美国	4234		The Sherwin – Williams Company	美国	4955	
162	Luxottica Group S. p. A.	意大利	4138	有	Longs Drug Stores Corporation	美国	4883	
163	Controladora Comercial Mexicana S. A. de C. V.	墨西哥	4124		Casey's General Stores, Inc.	美国	4802	
164	Bic Camera Inc.	日本	4114		Advance Auto Parts, Inc.	美国	4709	
165	Celesio AG	德国	4108		PetSmart, Inc.	美国	4673	
166	Wegmans Food Markets Inc.	美国	4100		Big Lots, Inc.	美国	4656	
167	Borders Group, Inc.	美国	4064		Dalian Dashang Group	中国	4629	
168	dm – drogerie markt GmbH + Co. KG	德国	4062		Controladora Comercial Mexicana S. A. de C. V.	墨西哥	4539	
169	Pathmark Stores, Inc.	美国	4058		Save Mart Supermarkets	美国	4529	
170	Neiman Marcus, Inc.	美国	4030		Apoteket AB	瑞典	4521	
171	Casey's General Stores, Inc.	美国	4023		Bic Camera Inc.	日本	4510	
172	Praktiker Bauund Heimwerkermarkte Holding AG	德国	3972		Wawa Inc.	美国	4500	

续表

排序	2006年 公司名称	国家地区	零售额	备注	2007年 公司名称	国家地区	零售额	备注
173	Dollar Tree Stores, Inc.	美国	3969		Wegmans Food Markets, Inc.	美国	4500	
174	Apoteket AB	瑞典	3888		Luxottica Group S. p. A.	意大利	4472	有
175	Fast Retailing Co. , Ltd.	日本	3882	有	"Sonae Distribuição SGPS S. A. (formerly Modelo Continente)"	葡萄牙	4440	
176	Wesfarmers Limited/ Bunnings	澳大利亚	3882		Fast Retailing Co. , Ltd.	日本	4412	有
177	Michaels Stores, Inc.	美国	3865		Maxeda (formerly Royal Vendex KBB)	荷兰	4406	
178	Littlewoods Shop Direct Home Shopping Limited	英国	3822		Neiman Marcus, Inc.	美国	4390	
179	Sheetz, Inc.	美国	3800		Kojima Co. , Ltd.	日本	4375	
180	CBA KereKedelmi Kft.	匈牙利	3750		Dirk Rossmann GmbH	德国	4332	
181	Williams – Sonoma, Inc.	美国	3728		The Carphone Warehouse Group plc	英国	4259	
182	Norma Lebensmittelfilialbetrieb, GmbH & Co. KG	德国	3718		RadioShack Corporation	美国	4252	
183	Modelo Continente, S. G. P. S. , S. A.	葡萄牙	3718		Dollar Tree Stores, Inc.	美国	4243	
184	Gigas K's Denki Corporation	日本	3690		Norma Lebensmittelfilialbetrieb, GmbH & Co. KG	德国	4241	
185	Belk, Inc.	美国	3685		Bauhaus GmbH & Co. KG	德国	4182	
186	Laurus N. V.	荷兰	3636		Apple Inc. / Apple Stores	美国	4115	
187	HMV Group plc	英国	3620		President Chain Store Corp.	中国台湾	4080	有
188	Marui Co, . Ltd.	日本	3614		Deichmann Group	德国	4031	
189	The Carphone Warehouse Group PLC	英国	3613		Douglas Holding AG	德国	3989	

附录二 附表数据 · 321 ·

续表

排序	2006 年				2007 年			
	公司名称	国家地区	零售额	备注	公司名称	国家地区	零售额	备注
190	Raley's Inc.	美国	3599		Migros Türk T. A. S.	土耳其	3959	
191	X5 Retail Group N. V.	俄罗斯	3551		Williams-Sonoma, Inc.	美国	3945	
192	Signet Group plc	英国	3521		Sheetz, Inc.	美国	3900	
193	Stater Bros. Holdings, Inc.	美国	3508		Dick's Sporting Goods, Inc.	美国	3888	
194	Life Corporation	日本	3494		H_2O Retailing Corporation	日本	3874	
195	Dirk Rossmann GmbH	德国	3478		Michaels Stores, Inc.	美国	3862	
196	East Japan Railway Company	日本	3424		FEMSA Comercio, S. A. de C. V.	墨西哥	3857	
197	Burlington Coat Factory Warehouse Corp.	美国	3403		Belk, Inc.	美国	3825	
198	Woolworths Group plc	英国	3372	有	Borders Group, Inc.	美国	3775	
199	GS Retail Co. Ltd. (previously LG Mart)	韩国	3368		HMV Group plc	英国	3764	
200	The Bon-Ton Stores, Inc.	美国	3362		Abercrombie & Fitch Co.	美国	3750	
201	Shimamura Co., Ltd.	日本	3349		NorgesGruppen ASA	挪威	3735	
202	Bertelsmann AG	德国	3348	有	Life Corporation	日本	3731	
203	Berkshire Hathaway Inc./Retail	美国	3334		Jim Pattison Group	加拿大	3728	
204	Abercrombie & Fitch Co.	美国	3318		Blokker Holding N. V.	荷兰	3701	
205	Douglas Holding AG	德国	3295		Stater Bros. Holdings Inc.	美国	3674	
206	IAC/InteractiveCorp/HSN	美国	3292		Signet Group plc	英国	3665	
207	Roundy's Supermarkets, Inc.	美国	3278		Magnit OJSC	俄罗斯	3648	

续表

排序	2006年 公司名称	国家地区	零售额	备注	2007年 公司名称	国家地区	零售额	备注
208	Jim Pattison Group	加拿大	3273		Arcadia Group Limited	英国	3640	
209	FEMSA Comercio, S. A. de C. V.	墨西哥	3261		Shimamura Co., Ltd.	日本	3559	
210	Arcadia Group Limited	英国	3232		East Japan Railway Company	日本	3547	
211	Heiwado Co. Ltd.	日本	3215	有	Marui Co., Ltd.	日本	3517	有
212	El Puerto de Liverpool, SA de CV	墨西哥	3189		Roundy's Supermarkets, Inc.	美国	3510	
213	Hankyu Department Stores, Inc.	日本	3166		El Puerto de Liverpool, SAB de CV	墨西哥	3505	
214	Blokker Holding N. V.	荷兰	3141		Lagardere Services SA (formerly Hachette Distribution Services)	法国	3504	有
215	Hachette Distribution Services	法国	3131	有	Bertelsmann AG	德国	3502	有
216	Suning Appliance Co., Ltd.	中国	3126		RONA Inc.	加拿大	3481	
217	Dick's Sporting Goods, Inc.	美国	3114		Debenhams plc	英国	3475	
218	GOME Electrical Appliances Holding Limited	中国	3104		HORNBACH – Baumarkt AG	德国	3451	
219	Retail Ventures, Inc.	美国	3068		Woolworths Group plc	英国	3440	有
220	Debenhams plc	英国	3065		Heiwado Co., Ltd.	日本	3418	有
221	Charming Shoppes, Inc.	美国	3064		Littlewoods Shop Direct Home Shopping Limited	英国	3412	
222	Cumberland Farms, Inc.	美国	3050		Raley's Inc.	美国	3400	
223	HORNBACH – Baumarkt – AG	德国	3042		Berkshire Hathaway Inc. / Retail	美国	3397	
224	Dalian Dashang Group	中国	3036		Burlington Coat Factory Investments Holdings, Inc.	美国	3393	

附录二 附表数据 ·323·

续表

排序	2006年 公司名称	国家地区	零售额	备注	2007年 公司名称	国家地区	零售额	备注
225	RONA Inc.	加拿大	3030		E. Land Group	韩国	3385	有
226	Gruppo PAM S. p. A., Gecos S. p. A.	意大利	3029		The Bon – Ton Stores, Inc.	美国	3366	
227	Mervyn's, LLC	美国	3000		Gruppo PAM S. p. A., Gecos S. p. A.	意大利	3360	
228	Finiper S. p. A.	意大利	2994		CP All (formerly C. P. Seven Eleven Public Co., Ltd.)	泰国	3357	有
229	Euroset Group	俄罗斯	2973		China Resources Enterprise, Ltd.	中国香港	3334	
230	Metcash Trading Africa (Pty) Ltd.	南非	2962		Poslovni sistem Mercator, d. d.	斯洛文尼亚	3308	有
231	President Chain Store Corp.	中国台湾	2961	有	Groupe Vivarte	法国	3303	
232	Matsumoto – Kiyoshi Co., Ltd.	日本	2948		Ruddick Corporation / Harris Teeter	美国	3299	
233	Saks, Inc.	美国	2923		Saks Incorporated	美国	3283	
234	Ruddick Corp. /Harris Teeter	日本	2919		MatsumotoKiyoshi Co., Ltd.	日本	3261	
235	Izumiya Co., Ltd.	日本	2911		Finiper S. p. a.	意大利	3260	
236	Ko Holding/Migros Türk TAS	土耳其	2845		Dunnes Stores Ltd.	爱尔兰	3223	
237	Axfood AB	瑞典	2841		Müller Ltd. & Co. KG	德国	3181	
238	The Golub Corporation / Price Chopper	美国	2825		Liquor Control Board of Ontario	加拿大	3170	
239	Daiso Sangyo Inc.	日本	2823		Associated British Foods plc / Primark	英国	3155	
240	Groupe Vivarte	法国			XXXLutz Group	奥地利	3153	

续表

排序	2006年 公司名称	国家地区	零售额	备注	2007年 公司名称	国家地区	零售额	备注
241	Linens Holding Co. (formerly Linens'sn Things Inc.)	美国	2819		Compagnie Financière Richemont SA	瑞士	3138	有
242	Grupo Gigante, S. A. de C. V.	墨西哥	2806		Axfood AB	瑞典	3122	
243	Matsuzakaya Co., Ltd.	日本	2806		WinCo Foods LLC	美国	3102	
244	Payless Shoe – Source, Inc.	美国	2797		Spar Group Ltd.	南非	3057	
245	American Eagle Outfitters, Inc.	美国	2794		American Eagle Outfitters, Inc.	美国	3055	
246	Fuji Co., Ltd.	日本	2768		Charming Shoppes, Inc.	美国	3007	
247	Caprabo, S. A.	西班牙	2756		The Sports Authority, Inc.	美国	2999	
248	Sports Authority	美国	2740		Systembolaget	瑞典	2996	
249	The Maruetsu, Inc.	日本	2732		Metcash Trading Africa (Pty) Ltd.	南非	2995	
250	Liquor Control Board of Ontario	加拿大	2722		IAC/Interactive Corp.	美国	2992	
	加总		3246257		加总		3619257	
	平均		12985		平均		14477	

注：备注中"有"表示在中国大陆有业务。

资料来源：《商店》杂志 (http://www.stores.org/)，德勤国际人力资本咨询公司 (http://www.deloitte.com/)，以及作者整理、计算。

附表18　　全球250强：2008年、2009年

单位：百万美元

排序	2008年				2009年			
	公司名称	国家地区	零售额	备注	公司名称	国家地区	零售额	备注
1	Wal-Mart Stores, Inc.	美国	401244	有	Wal-Mart Stores, Inc.	美国	405046	有
2	Carrefour S. A.	法国	127958	有	Carrefour S. A.	法国	119887	有
3	Metro AG	德国	99004	有	Metro AG	德国	90850	有
4	Tesco plc	英国	96210	有	Tesco plc	英国	90435	有
5	Schwarz Unternehmens Treuhand KG	德国	79924		Schwarz Unternehmens Treuhand KG	德国	77221	
6	The Kroger Co.	美国	76000		The Kroger Co.	美国	76733	
7	The Home Depot, Inc.	美国	71288	有	Costco Wholesale Corp.	美国	69889	
8	Costco Wholesale Corp.	美国	70977		Aldi Einkauf GmbH & Co. oHG	德国	67709	
9	Aldi GmbH & Co. oHG	德国	66063		The Home Depot, Inc.	美国	66176	有
10	Target Corp.	美国	62884		Target Corp.	美国	63435	
11	Rewe-Zentral AG	德国	61549		Walgreen Co.	美国	63335	
12	Walgreen Co.	美国	59034		Rewe-Zentral AG	德国	61771	
13	Groupe Auchan S. A.	法国	56831	有	CVS Caremark Corp.	美国	55355	
14	Seven & I Holdings Co., Ltd.	日本	54113	有	Edeka Zentrale AG & Co. KG	德国	55339	
15	CVS Caremark Corp.	美国	48990		Groupe Auchan SA	法国	54057	有
16	Lowe's Companies, Inc.	美国	48230		Seven & i Holdings Co., Ltd.	日本	52508	有
17	Aeon Co., Ltd.	日本	47975	有	Best Buy Co., Inc.	美国	49694	有
18	Centres Distributeurs E. Leclerc	法国	47567		Aeon Co., Ltd.	日本	49021	有

续表

排序	2008 年				2009 年			
	公司名称	国家地区	零售额	备注	公司名称	国家地区	零售额	备注
19	Edeka Zentrale AG & Co. KG	德国	47389		Lowe's Companies, Inc.	美国	47220	
20	Sears Holdings Corp.	美国	46770		Woolworths Limited	澳大利亚	44410	
21	Best Buy Co. , Inc.	美国	45015	有	Sears Holdings Corp.	美国	44043	
22	ITM Developpement International (Intermarche)	法国	44085		Centres Distributeurs E. Leclerc	法国	41002	
23	Safeway, Inc.	美国	43222		Wesfarmers Limited	澳大利亚	40288	
24	Casino Guichard – Perrachon S. A.	法国	39697		Safeway, Inc.	美国	40034	
25	Koninklijke Ahold N. V.	荷兰	37846		Koninklijke Ahold N. V.	荷兰	38945	
26	Woolworths Limited	澳大利亚	36002		Casino Guichard – Perrachon S. A.	法国	34160	
27	SuperValu Inc.	美国	34664		ITM Développement International (Intermarché)	法国	34071	
28	Wesfarmers Limited	澳大利亚	32716		J Sainsbury plc	英国	31869	
29	J Sainsbury plc	英国	32558		SuperValu Inc.	美国	31637	
30	The IKEA Group	瑞典	31794	有	The IKEA Group (INGKA Holding B. V.)	瑞典	29100	有
31	Rite Aid Corporation	美国	26289		Rite Aid Corporation	美国	25669	
32	WM Morrison Supermarkets plc	英国	26166		Delhaize Group	比利时	25026	
33	Delhaize Group	比利时	25192		Publix Super Markets, Inc.	美国	24320	
34	Systeme U, Centrale Nationale	法国	25175		WM Morrison Supermarkets Plc	英国	24200	
35	Macy's, Inc.	美国	24892		Amazon. com, Inc.	美国	23856	有
36	Publix Super Markets, Inc.	美国	23929		Macy's, Inc.	美国	23489	

续表

排序	2008 年 公司名称	国家地区	零售额	备注	2009 年 公司名称	国家地区	零售额	备注
37	Loblaw Companies Limited	加拿大	22208		Yamada Denki Co., Ltd.	日本	21734	
38	Mercadona, S. A.	西班牙	21016		The TJX Companies, Inc.	美国	20288	
39	PPR S. A.	法国	20681	有	Mercadona, S. A.	西班牙	20086	
40	Migros – Genossenschafts Bund	瑞士	20055		Loblaw Companies Limited	加拿大	20070	
41	El Corte Ingles, S. A.	西班牙	20048		Migros – Genossenschafts Bund	瑞士	19918	
42	The TJX Companies, Inc.	美国	19000		Système U, Centrale Nationale	法国	19692	
43	Yamada Denki Co., Ltd.	日本	18718		El Corte Inglés, S. A.	西班牙	18759	
44	Amazon.com, Inc.	美国	18624	有	PPR S. A.	法国	18714	有
45	J. C. Penney Company, Inc.	美国	18486		J. C. Penney Company, Inc.	美国	17556	
46	Coop Italia	意大利	17172		Kohl's Corporation	美国	17178	
47	Kingfisher plc	英国	16806	有	Coop Italia	意大利	16495	
48	Kohl's Corporation	美国	16389		Alimentation Couche – Tard Inc.	加拿大	16440	有
49	Louis Delhaize S. A.	比利时	16185		Coop Group	瑞士	16077	
50	Alimentation Couche – Tard Inc.	加拿大	15781	有	Inditex S. A.	西班牙	15424	有
51	Marks & Spencer Group plc	英国	15602	有	Louis Delhaize S. A.	比利时	15411	
52	Coop Group	瑞士	15573		Kingfisher plc	英国	15381	有
53	AS Watson & Company, Ltd.	中国香港	15217	有	Marks & Spencer Group plc	英国	15224	有
54	Inditex S. A.	西班牙	15048	有	H. E. Butt Grocery Company	美国	15039	

续表

排序	2008 年				2009 年			
	公司名称	国家地区	零售额	备注	公司名称	国家地区	零售额	备注
55	The Gap, Inc.	美国	14526		AS Watson & Company, Ltd.	中国香港	14977	有
56	H. E. Butt Grocery Company	美国	14460		Meijer, Inc.	美国	14960	
57	Meijer, Inc.	美国	14321		Staples, Inc.	美国	14635	有
58	Tengelmann Warenhandelsgesellschaft KG	德国	14293		Empire Company Limited	加拿大	14228	
59	Staples, Inc.	美国	14154	有	The Gap, Inc.	美国	14197	
60	H & M Hennes & Mauritz AB	瑞典	13821	有	Groupe Adeo S. A.	法国	13807	有
61	ICA AB	瑞典	13771		Isetan Mitsukoshi Holdings Ltd.	日本	13575	有
62	Toys "Я" US, Inc.	美国	13724	有	Toys "Я" US, Inc.	美国	13568	有
63	Isetan Mitsukoshi Holdings Ltd.	日本	13723	有	DSG International plc	英国	13309	
64	LVMH Mo Hennessy – Louis Vuitton	法国	13660	有	H & M Hennes & Mauritz AB	瑞典	13218	有
65	DSG International plc	英国	13501		Co – operative Group Ltd.	英国	13066	
66	Groupe Adeo	法国	13242	有	Conad Consorzio Nazionale, Dettaglianti Soc. Coop. a. r. l.	意大利	12969	
67	Empire Company Limited	加拿大	13035		LVMH Moët Hennessy – Louis Vuitton	法国	12843	有
68	S Group	芬兰	12943		S Group	芬兰	12747	
69	Conad Consorzio Nazionale, Dettaglianti Soc. Coop. a. r. l.	意大利	12885		Otto (GmbH & Co. KG)	德国	12572	有
70	Otto (GmbH & Co KG)	德国	12812	有	Bailian (Brilliance) Group	中国	12257	

续表

排序	2008年 公司名称	国家地区	零售额	备注	2009年 公司名称	国家地区	零售额	备注
71	Arcandor AG	德国	12640		ICA AB	瑞典	12230	
72	SPAR Österreichische Warenhandels – AG	奥地利	12484		SPAR Österreichische Warenhandels – AG	奥地利	12221	
73	Alliance Boots GmbH	英国	12305		Dell Inc.	美国	12054	有
74	KeKo Corporation	芬兰	11604		Alliance Boots GmbH	英国	12004	
75	Dell Inc.	美国	11529	有	Grupo Pão de Açúcar	巴西	11819	
76	Grupo EroKi	西班牙	11526		Dollar General Corp.	美国	11796	
77	UNY Co., Ltd.	日本	11511		UNY Co., Ltd.	日本	11785	
78	DanK Supermarked A/S	丹麦	11436		Tengelmann Warenhandelsgesellschaft KG	德国	11297	
79	John Lewis Partnership plc	英国	11351		DanK Supermarked A/S	丹麦	10664	
80	Cencosud S. A.	智利	11226		John Lewis Partnership plc	英国	10641	
81	Metro Inc.	加拿大	10644		Grupo EroKi	西班牙	10460	
82	Dollar General Corporation	美国	10458		KeKo Corporation	芬兰	10429	
83	Co – operative Group Ltd.	英国	10371		The Daiei, Inc.	日本	10295	
84	Office Depot, Inc.	美国	10353		BJ's Wholesale Club, Inc.	美国	9954	
85	Shinsegae Co., Ltd.	韩国	10278	有	Jerónimo Martins, SGPS S. A.	葡萄牙	9932	
86	Home Retail Group plc	英国	10263		Gome Home Appliance Group	中国	9823	
87	The Daiei, Inc.	日本	10214		Metro Inc.	加拿大	9525	
88	Reitangruppen AS	挪威	10158		Home Retail Group plc	英国	9405	

续表

排序	2008年 公司名称	国家地区	零售额	备注	2009年 公司名称	国家地区	零售额	备注
89	Fa. Anton Schlecker	德国	10093		J. Front Retailing Co., Ltd.	日本	9389	
90	Bailian (Brilliance) Group	中国	10091		Cencosud S. A.	智利	9143	
91	Gome Home Appliance Group	中国	10091		Shinsegae Co., Ltd.	韩国	9080	有
92	Grupo Pao de Acucar	巴西	10047		GameStop Corp.	美国	9078	
93	BJ's Wholesale Club, Inc.	美国	9802		Reitangruppen AS	挪威	9068	
94	Jeronimo Martins, SGPS SA	葡萄牙	9738		C&A Europe	比利时/德国	8882	
95	J. Front Retailing Co., Ltd.	日本	9571		Shoprite Holdings Ltd.	南非	8823	
96	The Great Atlantic & Pacific Tea Company, Inc.	美国	9516		Lotte Shopping Co., Ltd.	韩国	8823	有
97	Lotte Shopping Co., Ltd.	韩国	9140	有	The Great Atlantic & Pacific Tea Company, Inc.	美国	8814	
98	Takashimaya Company, Ltd.	日本	9126		Takashimaya Company, Limited	日本	8800	
99	C&A Europe	比利时/德国	9107		Shoppers Drug Mart Corporation	加拿大	8790	
100	Limited Brands, Inc.	美国	9043		X5 Retail Group N. V.	俄罗斯	8684	有
101	The Pantry, Inc.	美国	8996		Office Depot, Inc.	美国	8661	
102	Shoppers Drug Mart Corporation	加拿大	8896		Limited Brands, Inc.	美国	8632	
103	GameStop Corp.	美国	8806		Beisia Group Co., Ltd.	日本	8568	有
104	Organizacion Soriana S. A. de C. V.	墨西哥	8672		Suning Appliance Co., Ltd.	中国	8547	有

续表

排序	2008 年				2009 年			
	公司名称	国家地区	零售额	备注	公司名称	国家地区	零售额	备注
105	Army and Air Force Exchange Service (AAFES)	美国	8422	有	Giant Eagle, Inc.	美国	8535	
106	Kesa Electricals plc	英国	8320		Menard, Inc.	美国	8300	
107	X5 Retail Group N. V.	俄罗斯	8320		Hudson's Bay Trading Company, L. P.	美国	8266	
108	Nordstrom, Inc.	美国	8272		Nordstrom, Inc.	日本	8258	
109	Giant Eagle, Inc.	美国	8150		Edion Corporation	美国	8221	
110	Menard, Inc.	美国	8100		Kesa Electricals plc	英国	8206	
111	Whole Foods Market, Inc.	美国	7954		Army and Air Force Exchange Service (AAFES)	美国	8158	有
112	Canadian Tire Corporation, Limited	加拿大	7837		QuikTrip Corporation	美国	8099	
113	Beisia Group	日本	7777		Whole Foods Market, Inc.	美国	8032	
114	Esselunga S. p. A.	意大利	7758		Bed Bath and Beyond, Inc.	美国	7829	
115	QuikTrip Corporation	美国	7730		Esselunga S. p. A.	意大利	7746	
116	Edion Corporation	日本	7709		Oxylane Groupe	法国	7587	
117	Yodobashi Camera Co., Ltd.	日本	7692		Fa. Anton Schlecker	德国	7478	有
118	Hudson's Bay Trading Company, L. P	美国	7591		Family Dollar Stores, Inc.	美国	7401	
119	Ets Franz Colruyt S. A.	比利时	7431		Liberty Media Corp. / QVC, Inc.	美国	7374	
120	Winn – Dixie Stores, Inc.	美国	7367		Yodobashi Camera Co., Ltd.	日本	7369	
121	FDB (Coop Danmark A/S)	丹麦	7328		Etn. Fr. Colruyt N. V.	比利时	7369	
122	Oxylane Groupe (formerly Decathlon Group)	法国	7307	有	Winn – Dixie Stores, Inc.	美国	7248	

续表

排序	2008 年				2009 年			
	公司名称	国家地区	零售额	备注	公司名称	国家地区	零售额	备注
123	Liberty Media LLC/QVC, Inc.	美国	7303		Ross Stores, Inc.	美国	7184	
124	Bed Bath and Beyond Inc.	美国	7208		Fast Retailing Co., Ltd.	日本	7118	有
125	Suning Appliance Co. Ltd.	中国	7193		Dairy Farm International Holdings Limited	中国香港	7029	有
126	Family Dollar Stores, Inc.	美国	6984		K's Holdings Corporation	日本	6992	
127	Dillard's, Inc.	美国	6831		Canadian Tire Corporation, Limited	加拿大	6955	
128	Dairy Farm International	中国香港	6733	有	FDB (Coop Danmark A/S)	丹麦	6904	
129	RaceTrac Petroleum Inc.	美国	6680		Globus Holding GmbH & Co. KG	德国	6851	
130	Shoprite Holdings Ltd.	南非	6611		Pick n Pay Stores Limited	南非	6810	
131	Casas Bahia S. A.	巴西	6524		Casas Bahia Comercial Ltda.	巴西	6608	
132	Globus Holding GmbH & Co. KG	德国	6500		Organización Soriana, S. A. B. de C. V.	墨西哥	6586	
133	Ross Stores, Inc.	美国	6486		Apple Inc. / Apple Stores	美国	6574	有
134	S. A. C. I. Falabella	智利	6410		Hy – Vee, Inc.	美国	6400	
135	dm – drogerie markt GmbH & Co. KG	德国	6369		The Pantry, Inc.	美国	6390	
136	Apple Inc. /Apple Stores	美国	6315	有	SHV Holdings N. V. / Makro	荷兰	6373	
137	Katz Group, Inc.	加拿大	6278		dm – drogerie markt GmbH + Co. KG	德国	6351	
138	Hy – Vee, Inc.	美国	6200		Massmart Holdings Limited	南非	6274	
139	SHV Holdings N. V./Makro	荷兰	6159	有	Sonae, SGPS, S. A.	葡萄牙	6096	
140	Sonae Distribuicao SGPS S. A.	葡萄牙	5995		Bic Camera Inc.	日本	6060	

续表

排序	2008 年 公司名称	国家地区	零售额	备注	2009 年 公司名称	国家地区	零售额	备注
141	Groupe Galeries Lafayette S. A.	法国	5947		AutoZone, Inc.	美国	6044	
142	Defense Commissary Agency (DeCA)	美国	5800		Tokyu Corporation	日本	6015	
143	Pick n Pay Stores Limited	南非	5789		Defense Commissary Agency (DeCA)	美国	5981	
144	Tokyu Corporation	日本	5782		Dillard's, Inc.	美国	5890	
145	Bic Camera, Inc.	日本	5776		Dalian Dashang Group	中国	5864	
146	AutoZone, Inc.	美国	5769		Dirk Rossmann GmbH	德国	5740	
147	Praktiker Bau – und Heimwerkerm Holding AG	德国	5748		Barnes & Noble, Inc.	美国	5730	
148	Euroset Group	俄罗斯	5726		Katz Group Inc.	加拿大	5669	
149	K's Holdings Corporation	日本	5684		Groupe Galeries Lafayette S. A.	法国	5656	
150	Dirk Rossmann GmbH	德国	5665		S. A. C. I. Falabella	智利	5644	
151	Next plc	英国	5584	有	RaceTrac Petroleum, Inc.	美国	5463	
152	Fast Retailing Co., Ltd.	日本	5425	有	Open Joint Stock Company "Magnit"	俄罗斯	5346	
153	OJSC "Magnit"	俄罗斯	5326		PetSmart, Inc.	美国	5336	
154	KF Gruppen	瑞典	5288		Dollar Tree, Inc.	美国	5231	
155	Blockbuster, Inc.	美国	5255		Wegmans Food Markets, Inc.	美国	5150	
156	Foot Locker, Inc.	美国	5237		Don Quijote Co., Ltd.	日本	5139	
157	Office Max Incorporated	美国	5232		Praktiker Bau – und Heimwerkermärkte Holding AG	德国	5109	

续表

排序	2008 年				2009 年			
	公司名称	国家地区	零售额	备注	公司名称	国家地区	零售额	备注
158	Celesio AG	德国	5230		Next plc	英国	5074	有
159	Eldorado LLC	俄罗斯	5223		Bauhaus GmbH & Co. KG	德国	4947	
160	PetSmart, Inc.	美国	5065		Save Mart Supermarkets	美国	4900	
161	Barnes & Noble, Inc.	美国	5059		Life Corporation	日本	4889	
162	Save Mart Supermarkets	美国	5050		Foot Locker, Inc.	美国	4854	
163	Norma Lebensmittelfilialbetrieb, GmbH & Co. KG	德国	5007		O'Reilly Automotive, Inc.	美国	4847	
164	Apoteket AB	瑞典	4878		H_2O Retailing Corporation	日本	4812	
165	The Sherwin-Williams Company	美国	4835		Celesio AG	德国	4800	
166	Massmart Holdings Limited	南非	4806		Big Lots, Inc.	美国	4727	
167	H_2O Retailing Corporation	日本	4770		Kojima Co., Ltd.	日本	4703	
168	Controladora Comercial Mexicana S. A. de C. V.	墨西哥	4746		Casey's General Stores, Inc.	美国	4637	
169	SPAR Group	南非	4740		OfficeMax, Inc.	美国	4629	
170	Douglas Holding AG	德国	4715		China Resources Enterprise, Limited	中国香港	4626	有
171	Don Quijote Co., Ltd.	日本	4701		Shimamura Co., Ltd.	日本	4602	
172	Coop Norge A/S	挪威	4698		Norges Gruppen	挪威	4589	
173	Casey's General Stores, Inc.	美国	4688		Wawa, Inc.	美国	4550	
174	Big Lots, Inc.	美国	4645		KF Gruppen	瑞典	4522	
175	Dollar Tree, Inc.	美国	4645		Norma Lebensmittelfilialbetrieb GmbH & Co. KG	德国	4514	

续表

排序	2008 年				2009 年			
	公司名称	国家地区	零售额	备注	公司名称	国家地区	零售额	备注
176	Maxeda Retail Group B. V.	荷兰	4644		DCM Japan Holdings Co., Ltd.	日本	4481	
177	NorgesGruppen ASA	挪威	4644		Bass Pro Shops, Inc.	美国	4440	
178	Wegmans Food Markets, Inc.	美国	4620		Dick's Sporting Goods, Inc.	美国	4413	
179	Neiman Marcus, Inc.	美国	4601		Luxottica Group S. p. A.	意大利	4378	有
180	Deichmann Group	德国	4591		Douglas Holding AG	德国	4332	
181	Kojima Co., Ltd.	日本	4577		Coop Norge	挪威	4330	
182	Luxottica Group S. p. A.	意大利	4575	有	WinCo Foods LLC	美国	4300	
183	Dalian Dashang Group	中国	4561		RadioShack Corporation	美国	4276	
184	Pjbertson's LLC	美国	4500		Lojas Americanas S. A.	巴西	4236	
185	Life Corporation	日本	4498		The Sherwin – Williams Company	美国	4209	
186	President Chain Store Corp.	中国台湾	4482	有	Albertsons, LLC	美国	4200	
187	China Resources Enterprise, Limited	中国香港	4441	有	East Japan Railway Company	日本	4173	
188	Bauhaus GmbH & Co. KG	德国	4417		Apoteket AB	瑞典	4158	
189	Groupe Vivarte	法国	4349		Maxeda Retail Group B. V.	荷兰	4158	
190	FEMSA Comercio, S. A. de C. V.	墨西哥	4276		Deichmann SE	德国	4044	
191	RadioShack Corporation	美国	4225		Blockbuster, Inc.	美国	4042	
192	DCM Japan Holdings Co., Ltd.	日本	4212		Joshin Denki Co., Ltd.	日本	4039	
193	East Japan Railway Company	日本	4150		Groupe Vivarte	法国	4020	有

续表

排序	2008 年				2009 年			
	公司名称	国家地区	零售额	备注	公司名称	国家地区	零售额	备注
194	Dick's Sporting Goods, Inc.	美国	4130		Controladora Comercial Mexicana S. A. B. de C. V.	墨西哥	4012	
195	Sheetz, Inc.	美国	4107		Matsumoto Kiyoshi Holdings Co., Ltd.	日本	3982	
196	Shimamura Co., Ltd.	日本	4096		FEMSA Comercio, S. A. de C. V.	墨西哥	3979	
197	Blokker Holding N. V.	荷兰	4088		Blokker Holding N. V.	荷兰	3927	
198	Poslovni sistem Mercator, d. d.	斯洛文尼亚	3950		Michaels Stores, Inc.	美国	3888	
199	Migros Turk T. A. S.	土耳其	3942		Heiwado Co., Ltd.	日本	3869	有
200	Lojas Americanas S. A.	巴西	3886		Ruddick Corporation / Harris Teeter	美国	3827	
201	Heiwado Co., Ltd.	日本	3851	有	Izumiya Co., Ltd.	日本	3818	
202	Distribucion y Servicio D&S S. A.	智利	3849		President Chain Store Corp.	中国台湾	3797	有
203	Michaels Stores, Inc.	美国	3817		HORNBACH – Baumarkt – AG Group	德国	3784	
204	Associated British Foods plc/Primark	英国	3814		Advance Auto Parts, Inc.	美国	3705	
205	Gruppo PAM S. p. A.	意大利	3793		Sheetz, Inc.	美国	3700	
206	HORNBACH – Baumarkt – AG Group	德国	3755		Migros Ticaret A. Ş.（原 Migros Türk T. A. Ş.）	土耳其	3691	
207	Jim Pattison Group	加拿大	3720		Stater Bros. Holdings, Inc.	美国	3669	
208	Roundy's Supermarkets, Inc.	美国	3705		Poslovni sistem Mercator, d. d.	斯洛文尼亚	3656	
209	CP All plc	泰国	3698	有	Marui Group Co., Ltd.	日本	3648	有

续表

排序	2008 年				2009 年			
	公司名称	国家地区	零售额	备注	公司名称	国家地区	零售额	备注
210	MatsumotoKiyoshi Holdings Co., Ltd.	日本	3687		Neiman Marcus, Inc.	美国	3643	
211	Arcadia Group Limited.	英国	3678		The SPAR Group Limited	南非	3627	
212	Marui Group Co. Ltd.	日本	3666	有	Roundy's Supermarkets, Inc.	美国	3610	
213	Ruddick Corporation/Harris Teeter	美国	3665		Jim Pattison Group	加拿大	3609	
214	Debenhams plc	英国	3661		Iceland Foods Group Limited	英国	3601	
215	Izumiya Co., Ltd.	日本	3643		Associated British Foods plc / Primark	英国	3590	
216	Kwik Trip, Inc.	美国	3640		Valor Co., Ltd.	日本	3579	
217	Stater Bros. Holdings Inc.	美国	3640		The Maruetsu, Inc.	日本	3567	
218	El Puerto de Liverpool, SAB de CV	墨西哥	3637		Burlington Coat Factory Investments Holdings, Inc.	美国	3550	
219	Advance Auto Parts, Inc.	美国	3633		Grupo Comercial Chedraui, S. A. B. de C. V.	墨西哥	3522	
220	Raley's, Inc.	美国	3612		BİM (BirleŞik MaǧazalarA. Ş.)	土耳其	3440	
221	MAXIMA GRUPE, UAB	立陶宛	3607		Nonggongshang Supermarket Group Co., Ltd.	中国	3438	
222	Joshin Denki Co., Ltd.	日本	3597		The Golub Corporation / Price Chopper Supermarkets	美国	3400	
223	Iceland Foods Group Ltd.	英国	3583		Compagnie Financière Richemont S. A.	瑞士	3372	
224	Finiper S. p. A.	意大利	3579		Dunnes Stores Ltd.	爱尔兰	3365	有

续表

排序	2008 年				2009 年			
	公司名称	国家地区	零售额	备注	公司名称	国家地区	零售额	备注
225	O'Reilly Automotive, Inc.	美国	3577		Belk, Inc.	美国	3346	
226	The Game Group plc	英国	3571		Gruppo PAM S. p. A.	意大利	3303	
227	Axfood AB	瑞典	3543		Signet Jewelers Limited	百慕大	3291	
228	Burlington Coat Factory Investments Holdings, Inc.	美国	3542		XXXLutz Group	奥地利	3277	
229	Abercrombie & Fitch Co.	美国	3540		Finiper S. p. A.	意大利	3274	
230	RONA Inc.	加拿大	3533		Lagardere Services SA	法国	3226	有
231	Dunnes Stores Ltd.	爱尔兰	3514		HMV Group plc	英国	3217	
232	WinCo Foods LLC	美国	3506		Tractor Supply Company	美国	3207	
233	Belk, Inc.	美国	3499		CP ALL Public Company Limited	泰国	3203	
234	Lagardere Services S. A.	法国	3414	有	Demoulas Super Markets, Inc.	美国	3200	
235	Wawa Inc.	美国	3396		Kintetsu Department Store Co., Ltd.	日本	3176	
236	XXXLutz Group	奥地利	3384		Müller Ltd. & Co. KG	德国	3170	
237	Williams–Sonoma, Inc.	美国	3361		Liquor Control Board of Ontario	加拿大	3160	
238	The Maruetsu, Inc.	日本	3345		Coach, Inc.	美国	3156	有
239	Signet Jewelers Limited	美国	3344		Ingles Markets, Inc.	美国	3144	

续表

排序	2008 年				2009 年			
	公司名称	国家地区	零售额	备注	公司名称	国家地区	零售额	备注
240	The Golub Corporation/Price Chopper Supermarkets	美国	3300		MAXIMA GRUPĖ, UAB	立陶宛	3131	
241	BIM (Birleşik Mağazalar A. S.)	土耳其	3296		El Puerto de Liverpool, SAB de C. V.	墨西哥	3130	
242	HMV Group plc	英国	3286		Sugi Holdings Co., Ltd.	日本	3122	
243	Compagnie Financiere Richemont S. A.	瑞士	3282	有	RONA, Inc.	加拿大	3116	
244	Valor Co., Ltd.	日本	3256		Axfood AB	瑞典	3114	
245	Systembolaget	瑞典	3254		Metcash Trading Africa (Pty) Ltd.	南非	3105	
246	Borders Group, Inc.	美国	3242		Williams-Sonoma, Inc.	美国	3103	
247	Izumi Co., Ltd.	日本	3192		Raley's, Inc.	美国	3100	
248	Nonggongshang Supermarket	中国	3139		Woolworths Holdings Limited	南非	3093	
249	The Bon-Ton Stores, Inc.	美国	3130		Systembolaget AB	瑞典	3076	
250	Best Denki Co. Ltd.	日本	3110		Fuji Co., Ltd.	日本	3075	
	加总		3818834		加总		3760199	
	平均		15275		平均		15041	

注：备注中"有"表示在中国大陆有业务。

资料来源：《商店》杂志（http://www.stores.org/），德勤国际人力资本咨询公司（http://www.deloitte.com/），以及作者整理、计算。

附表 19　全球 250 强：2010 年、2011 年

单位：百万美元

排序	2010 年					2011 年			
	公司名称	国家地区	零售额	备注		公司名称	国家地区	零售额	备注
1	Wal-Mart Stores, Inc.	美国	418952	有		Wal-Mart Stores, Inc.	美国	446950	有
2	Carrefour S. A.	法国	119642	有		Carrefour S. A.	法国	113198	有
3	Tesco PLC	英国	92171	有		Tesco PLC	英国	101574	有
4	Metro AG	德国	88931	有		Metro AG	德国	92905	有
5	The Kroger Co.	美国	82189			The Kroger Co.	美国	90374	
6	Schwarz Unternehmens Treuhand KG	德国	79119			Costco Wholesale Corporation	美国	88915	
7	Costco Wholesale Corporation	美国	76255			Schwarz Unternehmens Treuhand KG	德国	87841	
8	The Home Depot, Inc.	美国	67997	有		Aldi Einkauf GmbH & Co. oHG	德国	73375	
9	Walgreen Co.	美国	67420			Walgreen Co.	美国	72184	
10	Aldi Einkauf GmbH & Co. oHG	德国	67112			The Home Depot, Inc.	美国	70395	有
11	Target Corp.	美国	65786			Target Corporation	美国	68466	
12	Rewe Group	德国	61134			Groupe Auchan S. A.	法国	60515	有
13	CVS Caremark Corp.	美国	57345			Aeon Co., Ltd.	日本	60158	有
14	Seven & i Holdings Co., Ltd.	日本	57055	有		CVS Caremark Corp.	美国	59599	
15	Groupe Auchan SA	法国	55212	有		Edeka Zentrale AG & Co. KG	德国	59460	
16	Edeka Zentrale AG & Co. KG	德国	54072			Seven & i Holdings Co., Ltd.	日本	57966	有
17	Aeon Co., Ltd.	日本	53458	有		Woolworths Limited	澳大利亚	54614	
18	Woolworths Limited	澳大利亚	51771			Wesfarmers Limited	澳大利亚	52208	

附录二 附表数据 · 341 ·

续表

排序	2010 年					2011 年			
	公司名称	国家地区	零售额	备注		公司名称	国家地区	零售额	备注
19	Best Buy Co., Inc.	美国	50272			Rewe Combine	德国	51331	
20	Lowe's Companies, Inc.	美国	48815			Best Buy Co., Inc.	美国	50705	有
21	Wesfarmers Limited	澳大利亚	47631			Lowe's Companies, Inc.	美国	50208	
22	Sears Holdings Corp.	美国	43326			Casino Guichard-Perrachon S. A.	法国	47107	
23	Centres Distributeurs E. Leclerc	法国	41165			Amazon com, Inc.	美国	46491	有
24	Safeway Inc.	美国	40229			Centres Distributeurs E. Leclerc	法国	45407	
25	Koninklijke Ahold N. V.	荷兰	39213			Safeway Inc.	美国	42758	
26	Casino Guichard-Perrachon S. A.	法国	37875			Koninklijke Ahold N. V.	荷兰	42163	
27	ITM D	法国	33994			Sears Holdings Corp.	美国	41567	
28	Amazon. com, Inc.	美国	33251	有		ITM D	法国	37050	
29	J Sainsbury plc	英国	32837			J Sainsbury plc	英国	35600	
30	The IKEA Group (INGKA Holding B. V.)	瑞典	31642	有		The IKEA Group (INGKA Holding B. V.)	荷兰	34314	有
31	SuperValu, Inc.	美国	28911			Loblaw Companies Limited	加拿大	31070	
32	WM Morrison Supermarkets PLC	英国	25248			Delhaize Group S. A.	比利时	29415	
33	Rite Aid Corporation	美国	25215			Wm Morrison Supermarkets PLC	英国	28300	
34	Yamada Denki Co., Ltd.	日本	25193	有		Grupo P	巴西	27988	
35	Publix Super Markets, Inc.	美国	25134			SuperValu, Inc.	美国	27906	
36	Macy's, Inc.	美国	25003			Publix Super Markets, Inc.	美国	27179	

续表

排序	2010 年				2011 年			
	公司名称	国家地区	零售额	备注	公司名称	国家地区	零售额	备注
37	Delhaize Group S. A.	比利时	24918		Macy's, Inc.	美国	26405	
38	The TJX Companies, Inc.	美国	21942		Rite Aid Corporation	美国	26121	
39	Loblaw Companies Limited	加拿大	21782		Migros – Genossenschafts Bund	瑞士	25352	
40	Migros – Genossenschafts Bund	瑞士	20937		Yamada Denki Co., Ltd.	日本	23483	有
41	Syst	法国	20423		Syst	法国	23316	
42	Mercadona, S. A.	西班牙	20241		The TJX Companies, Inc.	美国	23191	
43	Alimentation Couche – Tard, Inc.	加拿大	18966	有	Alimentation Couche – Tard, Inc.	加拿大	22998	有
44	Kohl's Corporation	美国	18391		Mercadona, S. A.	西班牙	22910	
45	Grupo P	巴西	18318		LVMH Mo	法国	20760	有
46	J. C. Penney Company, Inc.	美国	17759		Coop Group	瑞士	20065	有
47	El Corte Ingl	西班牙	17336		Inditex, S. A.	西班牙	19157	有
48	Coop Group	瑞士	16684		Lotte Shopping Co., Ltd.	韩国	19077	有
49	Inditex S. A.	西班牙	16343	有	Kohl's Corporation	美国	18804	
50	H. E. Butt Grocery Company	美国	16100		AS Watson & Company, Ltd.	中国香港	18444	有
51	AS Watson & Company, Ltd.	中国香港	15857	有	H. E. Butt Grocery Company	美国	17598	
52	Coop Italia	意大利	15845		Kingfisher plc	英国	17354	有
53	Empire Company Limited/Sobeys	加拿大	15575		J. C. Penney Company, Inc.	美国	17260	
54	Meijer, Inc.	美国	15323		El Corte Ingl	西班牙	17143	

续表

排序	2010年 公司名称	国家地区	零售额	备注	2011年 公司名称	国家地区	零售额	备注
55	Marks & Spencer Group plc	英国	15157	有	H & M Hennes & Mauritz AB	瑞典	16974	有
56	LVMH Mo	法国	15085	有	Coop Italia	意大利	16787	
57	H & M Hennes & Mauritz AB	瑞典	15051	有	Groupe Adeo S. A.	法国	16157	有
58	Groupe Adeo S. A.	法国	15005	有	Empire Company Limited/Sobeys	加拿大	16135	
59	Kingfisher plc	英国	14846	有	Bailian (Brilliance) Group	中国	15930	
60	PPR S. A.	法国	14803	有	Marks & Spencer Group Plc	英国	15863	有
61	Staples, Inc.	美国	14696	有	X5 Retail Group N. V.	俄罗斯	15455	有
62	The Gap, Inc.	美国	14664	有	Isetan Mitsukoshi Holdings Ltd.	日本	15373	有
63	Louis Delhaize S. A.	比利时	14100		Cencosud S. A.	智利	14967	
64	Isetan Mitsukoshi Holdings Ltd.	日本	13933	有	Staples, Inc.	美国	14966	有
65	Toys "Я" Us, Inc.	美国	13864	有	Gome Home Appliance Group	中国	14923	
66	Bailian (Brilliance) Group	中国	13344		Louis Delhaize S. A.	比利时	14809	
67	Otto (GmbH & Co. KG)	德国	13203	有	Dollar General Corporation	美国	14807	
68	Dollar General Corp.	美国	13035		The Gap, Inc.	美国	14549	有
69	Co-operative Group Ltd.	英国	12957		Suning Appliance Co. Ltd.	中国	14549	
70	ICA AB	瑞典	12818		Meijer, Inc.	美国	14400	
71	Dixons Retail plc (formerly DSG International plc)	英国	12738		ICA AB	瑞典	14395	
72	UNY Co., Ltd.	日本	12635		Apple Inc. / Apple Stores	美国	14127	有

续表

排序	2010 年				2011 年			
	公司名称	国家地区	零售额	备注	公司名称	国家地区	零售额	备注
73	Dell, Inc.	美国	12357	有	Toys "Я" Us, Inc.	美国	13909	有
74	Conad Consorzio Nazionale, Dettaglianti Soc. Coop. a. r. l.	意大利	12170		Otto (GmbH & Co. KG)	德国	13903	有
75	Gome Home Appliance Group	中国	12042		Distribuidora Internacional de Alimentaci	西班牙	13621	有
76	SPAR	奥地利	12011		Jer	葡萄牙	13508	
77	Alliance Boots GmbH	瑞士	11859	有	UNY Co., Ltd.	日本	13467	
78	Cencosud S. A.	智利	11791		Conad Consorzio Nazionale, Dettaglianti Soc. Coop. a. r. l.	意大利	13329	
79	Lotte Shopping Co., Ltd.	韩国	11487	有	Co - operative Group Ltd.	英国	13130	
80	John Lewis Partnership plc	英国	11359		SPAR	奥地利	13087	
81	Jer	葡萄牙	11317		Dixons Retail plc	英国	13060	
82	Shinsegae Co., Ltd.	韩国	11314	有	S Group	芬兰	12633	
83	X5 Retail Group N. V.	俄罗斯	11264		John Lewis Partnership plc	英国	12431	
84	Suning Appliance Co., Ltd.	中国	11170		Alliance Boots GmbH	瑞士	12241	有
85	S Group	芬兰	11007		Dell, Inc.	美国	11900	有
86	Metro, Inc.	加拿大	10896		Metro, Inc.	加拿大	11595	
87	BJ's Wholesale Club, Inc.	美国	10633		Open Joint Stock Company "Magnit"	俄罗斯	11420	
88	Tengelmann Warenhandelsgesellschaft KG	德国	10599		Tengelmann Warenhandelsgesellschaft KG	德国	11384	

续表

排序	2010 年				2011 年			
	公司名称	国家地区	零售额	备注	公司名称	国家地区	零售额	备注
89	DanK Supermarked A/S	丹麦	10563		BJ's Wholesale Club, Inc.	美国	11300	
90	The Daiei, Inc.	日本	10415		PPR S. A.	法国	11249	有
91	KeKo Corporation	芬兰	10356		The Daiei, Inc.	日本	10859	
92	Shoprite Holdings Ltd.	南非	10279		J. Front Retailing Co. , Ltd.	日本	10843	
93	Shoppers Drug Mart Corporation	加拿大	10075		Shoprite Holdings Ltd.	南非	10717	
94	J. Front Retailing Co. , Ltd.	日本	9866		Shoppers Drug Mart Corporation	加拿大	10584	
95	Apple Inc. / Retail (Apple Stores)	美国	9798	有	Nordstrom, Inc.	美国	10497	
96	Limited Brands, Inc.	美国	9613	有	Limited Brands, Inc.	美国	10364	有
97	GameStop Corp.	美国	9474		DanK Supermarked A/S	丹麦	10115	
98	Grupo EroKi	西班牙	9437		Takashimaya Company, Limited	日本	10109	
99	Reitan Group	挪威	9420		Whole Foods Market, Inc.	美国	10108	
100	Takashimaya Company, Limited	日本	9398		Fast Retailing Co. , Ltd.	日本	10028	有
101	Nordstrom, Inc.	美国	9310		NorgesGruppen ASA	挪威	10016	
102	Fast Retailing Co. , Ltd.	日本	9027	有	Beisia Group Co. , Ltd.	日本	9840	
103	K's Holdings Corporation	日本	9020		Liberty Interactive Corporation (formerly Liberty Media Corporation)	美国	9616	
104	Whole Foods Market, Inc.	美国	9006		KeKo Corporation	芬兰	9606	
105	Giant Eagle, Inc.	美国	8900		GameStop Corp.	美国	9551	

续表

排序	2010 年				2011 年			
	公司名称	国家地区	零售额	备注	公司名称	国家地区	零售额	备注
106	Home Retail Group plc	英国	8886		Bed Bath and Beyond, Inc.	美国	9500	
107	Bed Bath and Beyond, Inc.	美国	8759		Canadian Tire Corporation, Limited	加拿大	9475	
108	C&A Europe	比利时/德国	8697		Giant Eagle, Inc.	美国	9420	
109	Edion Corporation	日本	8647		K's Holdings Corporation	日本	9199	
110	Beisia Group Co., Ltd.	日本	8511		Army and Air Force Exchange Service (AAFES)	美国	9184	有
111	Office Depot, Inc.	美国	8343	有	S. A. C. I. Falabella	智利	9145	
112	Menard, Inc.	美国	8300		Edion Corporation	日本	9136	
113	Army and Air Force Exchange Service (AAFES)	美国	8244	有	Dairy Farm International Holdings Limited	中国香港	9134	有
114	Yodobashi Camera Co., Ltd.	日本	8196		Yodobashi Camera Co., Ltd.	日本	9090	
115	The Great Atlantic & Pacific Tea Company, Inc.	美国	8078		Oxylane Groupe	法国	9062	有
116	Dairy Farm International Holdings Limited	中国香港	7971	有	China Resources Enterprise, Limited	中国香港	8992	有
117	Oxylane Groupe	法国	7938		SHV Holdings N. V. / Makro	荷兰	8946	
118	Canadian Tire Corporation, Limited	加拿大	7921		Home Retail Group plc	英国	8931	
119	Kesa Electricals plc	英国	7879		Grupo EroKi	西班牙	8929	
120	SHV Holdings N. V. / Makro	荷兰	7870		Menard, Inc.	美国	8800	
121	Family Dollar Stores, Inc.	美国	7867		C&A Europe	比利时/德国	8762	

续表

排序	2010 年				2011 年		
	公司名称	国家地区	零售额	备注	公司名称	国家地区	零售额	备注
122	Ross Stores, Inc.	美国	7866		Katz Group Canada Ltd.	加拿大	8710	
123	Liberty Media Corp. / QVC, Inc.	美国	7807		Ross Stores, Inc.	美国	8608	
124	Open Joint Stock Company "Magnit"	俄罗斯	7776		Family Dollar Stores, Inc.	美国	8548	
125	Esselunga S. p. A.	意大利	7741		Esselunga S. p. A.	意大利	8468	
126	Massmart Holdings Limited	南非	7589		Etn. Fr. Colruyt N. V.	比利时	8268	
127	S. A. C. I. Falabella	智利	7473		Office Depot, Inc.	美国	8228	
128	Etn. Fr. Colruyt N. V.	比利时	7428		The Pantry, Inc.	美国	8139	
129	Organizaci	墨西哥	7425		AutoZone, Inc.	美国	8073	
130	Hudson's Bay Trading Company, L. P.	美国	7400		Reitan Group	挪威	8020	
131	Globus Holding GmbH & Co. KG	德国	7270		Organizaci	墨西哥	7945	
132	The Pantry, Inc.	美国	7265		Dalian Dashang Group	中国	7934	
133	Pick n Pay Stores Limited	南非	7140		Steinhoff International Holdings Ltd.	南非	7761	
134	China Resources Enterprise, Limited	中国香港	7089	有	dm – drogerie markt GmbH + Co. KG	德国	7760	
135	Barnes	美国	6999		Pick n Pay Stores Limited	南非	7560	
136	dm – drogerie markt GmbH + Co. KG	德国	6922		Bic Camera, Inc.	日本	7432	
137	Hy – Vee, Inc.	美国	6900		Globus Holding GmbH & Co. KG	德国	7306	
138	Winn – Dixie Stores, Inc.	美国	6881		Hy – Vee, Inc.	美国	7266	
139	FDB (Coop Danmark A/S)	丹麦	6822		E – MART Co., Ltd.	韩国	7257	

续表

排序	2010年 公司名称	国家地区	零售额	备注	2011年 公司名称	国家地区	零售额	备注
140	Bic Camera, Inc.	日本	6702		Coop Danmark A/S	丹麦	7183	
141	Dalian Dashang Group	中国	6613		Dirk Rossmann GmbH	德国	7131	
142	Fa. Anton Schlecker	德国	6580		Casey's General Stores, Inc.	美国	6988	
143	AutoZone, Inc.	美国	6483		The Great Atlantic & Pacific Tea Company, Inc.	美国	6700	
144	Dirk Rossmann GmbH	德国	6148		Dollar Tree, Inc.	美国	6631	
145	Sonae, SGPS, S. A.	葡萄牙	6144		Don Quijote Co., Ltd.	日本	6618	
146	Tokyu Corporation	日本	6031		Barnes	美国	6597	
147	Katz Group, Inc.	加拿大	6020		Compagnie Financi	瑞士	6420	有
148	Dillard's, Inc.	美国	6020		Sonae, SGPS, S. A.	葡萄牙	6382	
149	Dollar Tree, Inc.	美国	5882		Wegmans Food Markets, Inc.	美国	6335	
150	Don Quijote Co., Ltd.	日本	5879		Dillard's, Inc.	美国	6194	
151	Defense Commissary Agency (DeCA)	美国	5844		Life Corporation	日本	6191	
152	PetSmart, Inc.	美国	5660		Tokyu Corporation	日本	6182	
153	Casey's General Stores, Inc.	美国	5635		Lojas Americanas S. A.	巴西	6128	
154	Wegmans Food Markets, Inc.	美国	5600		PetSmart, Inc.	美国	6113	
155	Groupe Galeries Lafayette S. A.	法国	5444		Izumi Co., Ltd.	日本	6052	
156	Life Corporation	日本	5411		FEMSA Comercio, S. A. de C. V.	墨西哥	5992	
157	O'Reilly Automotive, Inc.	美国	5398		Defense Commissary Agency (DeCA)	美国	5958	

续表

排序	2010 年				2011 年			
	公司名称	国家地区	零售额	备注	公司名称	国家地区	零售额	备注
158	Lojas Americanas S. A.	巴西	5359		H₂O Retailing Corporation	日本	5916	
159	Kojima Co., Ltd.	日本	5236		Shimamura Co., Ltd.	日本	5914	
160	H2O Retailing Corporation	日本	5163		Advance Auto Parts, Inc.	美国	5885	
161	Shimamura Co., Ltd.	日本	5101		QuikTrip Corporation	美国	5800	
162	Norges Gruppen ASA	挪威	5062		O'Reilly Automotive, Inc.	美国	5789	
163	Foot Locker, Inc.	美国	5049		President Chain Store Corp.	中国台湾	5692	有
164	QuikTrip Corporation	美国	5000		Foot Locker, Inc.	美国	5623	
165	WinCo Foods LLC	美国	5000		The SPAR Group Limited	南非	5607	
166	Save Mart Supermarkets	美国	4985		DCM Holdings Co., Ltd.	日本	5601	
167	Next plc	英国	4976	有	Bauhaus GmbH & Co. KG	德国	5533	
168	Big Lots, Inc.	美国	4952		Darty plc (formerly Kesa Electricals plc)	英国	5509	
169	Joshin Denki Co., Ltd.	日本	4940		Matsumoto Kiyoshi Holdings Co., Ltd.	日本	5468	
170	FEMSA Comercio, S. A. de C. V.	墨西哥	4933		Next plc	英国	5378	有
171	Bauhaus GmbH & Co. KG	德国	4905		KF Gruppen	瑞典	5354	
172	Dick's Sporting Goods, Inc.	美国	4871		Coop Norge, the Group	挪威	5309	
173	Celesio AG	德国	4804		CP ALL Public Company Limited	泰国	5258	
174	DCM Japan Holdings Co., Ltd.	日本	4790		Dick's Sporting Goods, Inc.	美国	5212	
175	President Chain Store Corp.	中国台湾	4745	有	Big Lots, Inc.	美国	5202	

续表

排序	2010年 公司名称	国家地区	零售额	备注	2011年 公司名称	国家地区	零售额	备注
176	Luxottica Group S. p. A.	意大利	4729	有	WinCo Foods LLC	美国	5200	
177	Matsumoto Kiyoshi Holdings Co. , Ltd.	日本	4727		Groupe Galeries Lafayette S. A.	法国	5164	
178	KF Gruppen	瑞典	4723		Joshin Denki Co. , Ltd.	日本	5030	
179	The SPAR Group Limited	南非	4722		East Japan Railway Company	日本	5019	
180	Karstadt Warenhaus GmbH	德国	4703		Sheetz, Inc.	美国	5000	
181	Bass Pro Shops, Inc.	美国	4700		Deichmann SE	德国	4972	
182	OfficeMax, Inc.	美国	4668		Celesio AG	德国	4972	
183	Jumbo Supermarkten B. V.	荷兰	4665		Valor Co. , Ltd.	日本	4942	
184	Wawa, Inc.	美国	4630	有	Lawson, Inc.	日本	4941	有
185	Compagnie Financi	瑞士	4591		BIM Birleşik Mağazalar A. Ş.	土耳其	4907	
186	Coop Norge, the Group	挪威	4581		SUNDRUG Co. , Ltd.	日本	4901	
187	Praktiker Bau – und Heimwerkerm	德国	4579		Associated British Foods plc / Primark	英国	4889	
188	East Japan Railway Company	日本	4515		RONA Inc.	加拿大	4862	
189	Deichmann SE	德国	4515		The Sherwin – Williams Company	美国	4780	
190	Douglas Holding AG	德国	4504		Wawa, Inc.	美国	4760	
191	Sheetz, Inc.	美国	4500		Controladora Comercial Mexicana S. A. B. de C. V.	墨西哥	4727	
192	RadioShack Corporation	美国	4473		Douglas Holding AG	德国	4715	
193	The Sherwin – Williams Company	美国	4381		Heiwado Co. , Ltd.	日本	4692	有

续表

排序	2010 年				2011 年			
	公司名称	国家地区	零售额	备注	公司名称	国家地区	零售额	备注
194	BIM Birleşik Mağazalar A. Ş.	土耳其	4371		OfficeMax Inc.	美国	4672	
195	Arcadia Group Limited	英国	4349		Kojima Co., Ltd.	日本	4670	
196	Controladora Comercial Mexicana S. A. B. de C. V.	墨西哥	4348		Grupo Comercial Chedraui, S. A. B. de C. V.	墨西哥	4602	
197	Associated British Foods plc / Primark	英国	4257		Save Mart Supermarkets	美国	4600	
198	Groupe Vivarte	法国	4234	有	Landmark Group	阿联酋	4518	
199	Migros Ticaret A. Ş.	土耳其	4232		Karstadt Warenhaus GmbH	德国	4505	
200	SUNDRUG Co., Ltd.	日本	4220		Jumbo Supermarkten B. V.	荷兰	4503	
201	Heiwado Co., Ltd.	日本	4214	有	Groupe Vivarte	法国	4491	有
202	Valor Co., Ltd.	日本	4206		Belle International Holdings Limited	中国香港	4485	有
203	CP ALL Public Company Limited	泰国	4184		Praktiker AG	德国	4433	
204	Grupo Comercial Chedraui, S. A. B. de C. V.	墨西哥	4142		RaceTrac Petroleum, Inc.	美国	4400	
205	Jim Pattison Group	加拿大	4123		Arcs Co., Ltd.	日本	4400	
206	RaceTrac Petroleum, Inc.	美国	4100		RadioShack Corporation	美国	4378	
207	Ruddick Corporation / Harris Teeter	美国	4099		XXXLutz Group	奥地利	4318	
208	Advance Auto Parts, Inc.	美国	4088		Arcadia Group Limited	英国	4304	
209	Michaels Stores, Inc.	美国	4031		Debenhams plc	英国	4299	
210	Albertsons, LLC	美国	4000		Wu – Mart Group	中国	4292	
211	Izumiya Co., Ltd.	日本	3995		Ruddick Corporation / Harris Teeter	美国	4286	

续表

排序	2010年 公司名称	国家地区	零售额	备注	2011年 公司名称	国家地区	零售额	备注
212	El Puerto de Liverpool, SAB de CV	墨西哥	3845		Izumiya Co., Ltd.	日本	4262	有
213	The Maruetsu, Inc.	日本	3806		Emke Group/Lulu Group International	阿联酋	4250	
214	Marui Group Co., Ltd.	日本	3793	有	Tractor Supply Company	美国	4233	
215	HORNBACH – Baumarkt – AG Group	德国	3742		El Puerto de Liverpool, S. A. B. de C. V.	墨西哥	4232	
216	XXXLutz Group	奥地利	3718		Coach, Inc.	美国	4232	有
217	Iceland Foods Group Limited	英国	3716		Coppel SA de CV	墨西哥	4220	
218	Steinhoff International Holdings Ltd.	南非	3701		Marui Group Co., Ltd.	日本	4218	有
219	Neiman Marcus, Inc.	美国	3693		Michaels Stores, Inc.	美国	4210	
220	Nonggongshang Supermarket Group Co., Ltd.	中国	3684		FamilyMart Co., Ltd.	日本	4174	有
221	Burlington Coat Factory Investments Holdings, Inc.	美国	3670		Iceland Foods Group Limited	英国	4174	有
222	Woolworths Holdings Limited	南非	3666		Abercrombie & Fitch Co.	美国	4158	有
223	Poslovni sistem Mercator, d. d.	斯洛文尼亚	3665		HORNBACH – Baumarkt – AG Group	德国	4157	
224	Blokker Holding N. V.	荷兰	3656		Sugi Holdings Co., Ltd.	日本	4150	
225	Agrokor d. d.	克罗地亚	3654		Nitori Holdings Co., Ltd.	日本	4141	
226	Tractor Supply Company	美国	3638		Agrokor d. d.	克罗地亚	4117	

续表

	2010 年				2011 年			
排序	公司名称	国家地区	零售额	备注	公司名称	国家地区	零售额	备注
227	Coach, Inc.	美国	3622	有	TSURUHA Holdings, Inc.	日本	4076	
228	GS Holdings Corp./GS Retail	韩国	3614		Poslovni sistem Mercator, d. d.	斯洛文尼亚	4053	
229	Roundy's Supermarkets, Inc.	美国	3610		The Maruetsu, Inc.	日本	4050	
230	Stater Bros. Holdings, Inc.	美国	3607		Daiso Sangyo, Inc.	日本	4024	
231	Nitori Holdings Co., Ltd.	日本	3602		Neiman Marcus, Inc.	美国	4002	
232	Liquor Control Board of Ontario	加拿大	3569		Bass Pro Shops, Inc.	美国	4000	
233	Norma Lebensmittelfilialbetrieb GmbH & Co. KG	德国	3561		Fuji Co., Ltd.	日本	3944	
234	TSURUHA Holdings, Inc.	日本	3520		Albertsons, LLC	美国	3900	
235	RONA, Inc.	加拿大	3519		Norma Lebensmittelfilialbetrieb Stiftung & Co. KG	德国	3900	
236	Belk, Inc.	美国	3513		Hudson's Bay Company	加拿大	3889	
237	Williams-Sonoma, Inc.	美国	3504		Burlington Coat Factory Investments Holdings, Inc.	美国	3888	
238	Sugi Holdings Co., Ltd.	日本	3502		Esprit Holdings Limited	中国香港	3881	有
239	The Golub Corporation / Price Chopper Supermarkets	美国	3500		Roundy's, Inc.	美国	3842	
240	Arcs Co., Ltd.	日本	3469		OJSC "Company M. Video"	俄罗斯	3825	
241	Abercrombie & Fitch Co.	美国	3469		Central Retail Corporation Ltd.	泰国	3809	有

续表

排序	2010 年				2011 年			
	公司名称	国家地区	零售额	备注	公司名称	国家地区	零售额	备注
242	Signet Jewelers Limited	百慕大	3437		Liquor Control Board of Ontario	加拿大	3808	
243	Axfood AB	瑞典	3373		Blokker Holding N. V.	荷兰	3792	
244	Systembolaget AB	瑞典	3357		Systembolaget AB	瑞典	3768	
245	Lagard	法国	3355	有	Nonggongshang Supermarket Group Co. , Ltd.	中国	3759	
246	Fuji Co. , Ltd.	日本	3329		Komeri Co. , Ltd.	日本	3750	
247	Komeri Co. , Ltd.	日本	3320		Signet Jewelers Limited	百慕大	3749	
248	Debenhams plc	英国	3319		Axfood AB	瑞典	3741	
249	Kintetsu Department Store Co. , Ltd.	日本	3292		Lagard	法国	3735	有
250	Izumi Co. , Ltd.	日本	3292		Williams - Sonoma, Inc.	美国	3721	
	加总		3940748		加总		4271176	
	平均		15763		平均		17085	

注：备注中"有"表示在中国大陆有业务。
资料来源：《商店》杂志（http：//www. stores. org/），德勤国际人力资本咨询公司（http：//www. deloitte. com/），以及作者整理、计算。

参考文献

1. Akhter, Syed H., "Globalization, Expectations Model of Economic Nationalism, and Consumer Behavior", *The Journal of Consumer Marketing*, Vol. 24, No. 3, 2007.
2. Alling, Greg, "Economic Liberalization and Separatist Nationalism: The Cases of Sri Lanka and Tibet", *Journal of International Affairs*, Vol. 51, No. 1, 1997.
3. Balabkins, Nicholas W., "Old Lessons Not Learned: the Clash of Political and Economic Nationalism in Latvia", *Journal of Economic Studies*, Vol. 26, No. 4/5, 1999.
4. Berry, H. J., "Globalisation and the Rise of 'Economic Nationalism': Takeovers and Regulation within the European Union", *International Journal of Economics and Business Research*, Vol. 1, No. 2, 2009.
5. Boehme, Olivier, "Economic Nationalism in Flanders before the Second World War", *Nations and Nationalism*, Vol. 14, No. 3, 2008.
6. Brown, Philip C., "Mercantilism in a Japanese Domain: The Merchant Origins of Economic Nationalism in 18th – Century Tosa", *The Journal of Japanese Studies*, Vol. 26, No. , 2000.
7. Bucheli, Marcelo, "Multinational Corporations, Totalitarian Regimes and Economic Nationalism: United Fruit Company in Central America, 1899 – 1975", *Business History*, Vol. 50, No. 4, 2008.
8. Burnell, P., *Economic Nationalism in the Third World*, Colorado: Westview Press, 1986.
9. Cannon, Joseph P., and Paul N. Bloom, "Are Slotting Allowances Legal Under Antitrust Laws?" *Journal of PublicPolicy & Marketing*, Vol. 10, No. 1, 1991.

10. Chakrabarti, Manali, "Why Did Indian Big Business Pursue a Policy of Economic Nationalism in the Interwar Years? A New Window to an Old Debate", *Modern Asian Studies*, Vol. 43, No. 4, 2009.
11. Cho, Hong Sik, "Globalization and National Identity: Shintobul – i, A Case of Cultural Representation of Economic Nationalism", *Journal of International and Area Studies*, Vol. 15, No. 1, 2008.
12. Decker, Stephanie, "Building Up Goodwill: British Business, Development and Economic Nationalism in Ghana and Nigeria, 1945 – 1977", *Enterprise & Society*, Vol. 9, No. 4, 2008.
13. Dixon, Chris, "Post – Crisis Restructuring: Foreign Ownership, Corporate Resistance and Economic Nationalism in Thailand", *Contemporary Southeast Asia*, Vol. 26, No. 1, 2004.
14. European Economic Advisory Group (EEAG), "The EEAG Report on the European Economy 2007", http://www.cesifo – group.de/portal/page/portal/ifoHome/B – politik/70eeagreport/40PUBLEEAG2007, 2007.
15. European Economic Advisory Group (EEAG), "The EEAG Report on the European Economy 2009", http://www.cesifo – group.de/portal/page/portal/ifoHome/B – politik/70eeagreport/20PUBLEEAG2009, 2009.
16. Federal Trade Commission (FTC), Report on the Federal Trade Commission Workshop on Slotting Allowances and Other Marketing Practices in the Grocery Industry, Washington, D. C.: U. S. Government Printing Office, 2001.
17. Federal Trade Commission (FTC), Slotting Allowances in The Retail Grocery Industry: Selected Case Studies in The Product Categories, Washington, D. C.: U. S. Government Printing Office, 2003.
18. Foros, Øystein, and Hans Jarle Kind, "Do Slotting Allowances Harm Retail Competition?" *Scandinavian Journal of Economics*, Vol. 110, No. 2, 2008.
19. Girvan, N., *Corporate Imperialism: Conflict and Expropriation, Transnational Corporations and Economic Nationalism in the Third World*, NY: M. E. Sharpe, 1976.
20. Greenfeld, Liah, *The Spirit of Capitalism: Nationalism and Economic*

Growth, Cambridge and London: Harvard University Press, 2001.

21. Hagopian, Mark N., "Political Theory: The Spirit of Capitalism: Nationalism and Economic Growth", *The American Political Science Review*, Vol. 96, No. 4, 2002.

22. Hall, Derek, "Japanese Spirit, Western Economics: The Continuing Salience of Economic Nationalism in Japan", *New Political Economy*, Vol. 9, No. 1, 2004.

23. Hamilton, A., "Report on Manufactures", *Communicated to the House of Representatives*, December 5, 1791.

24. Helleiner, Eric, and Andreas Pickel (ed.), *Economic Nationalism in a Globalizing World*, Ithaca, N. Y.: Cornell University Press, 2005.

25. Helleiner, Eric, "Economic Nationalism as a Challenge to Economic Liberalism? Lessons from the 19th Century", *International Studies Quarterly*, Vol. 46, No. 3, 2002.

26. Innes, Robert, and Stephen F. Hamilton, "Vertical Restraints and Horizontal Control", *The RAND Journal of Economics*, Vol. 40, No. 1, 2009.

27. Jakobsen, Jo; Jakobsen, Tor G., "Economic Nationalism and FDI: The Impact of Public Opinion on Foreign Direct Investment in Emerging Markets, 1990 – 2005", *Society and Business Review*, Vol. 6, No. 1, 2011.

28. Jomo, K. S., "Economic Considerations for a Renewed Nationalism", *Journal of Contemporary Asia*, Special Issue: Tribute to Renato Constantino, Vol. 30, No. 3, 2000.

29. Kiiza, Julius, "Does The Culture of Economic Nationalism Make Sense in A Globalizing World?" *Journal of Cultural Studies*, Vol. 2, No. 1, 2000.

30. Kim, Joongi, "Fears of Foreign Ownership: The Old Face of Economic Nationalism", *The SAIS Review of International Affairs*, Vol. 27, No. 2, 2007.

31. LaRose, Edward C., and Patrick J. Poff, "Slotting Allowances and the Emerging Antitrust Enforcement Debate", *Florida Bar Journal*, Vol. 74, No. 10, 2000.

32. Lau, C., K. To, Z. Zhang and J. Chen, "Determinants of Competitiveness: Observations in China's Textile and Apparel Industries", *China &*

World Economy, Vol. 17, No. 2, 2009.
33. Laux, J. K. and M. A. Molot, "Multinational Corporations and Economic Nationalism: Conflict over Resource Development in Canada", *World Development*, Vol. 6, No. 6, 1978.
34. List, Friedrich, *The National System of Political Economy*, Trans. Sampson S. Lloyd, with an Introduction by J. Shield Nicholson, London: Longmans, Green and Co., 1909.
35. Lohr, Eric, "Russian Economic Nationalism during the First World War: Moscow Merchants and Commercial Diasporas", *Nationalities Papers*, Vol. 31, No. 4, 2003.
36. Marx, Leslie M., and Greg Shaffer, "Slotting Allowances and Scarce Shelf Space", *Journal of Economics & Management Strategy*, Vol. 19, No. 3, 2010.
37. Marx, Leslie M., and Greg Shaffer, "Up-front Payments and Exclusion in Downstream Markets", *RAND Journal of Economics*, Vol. 38, No. 3, 2008.
38. Nakano, Takeshi, "Alfred Marshall's Economic Nationalism", *Nations and Nationalism*, Vol. 13, No. 1, 2007.
39. Nakano, Takeshi, "Hegel's Theory of Economic Nationalism: Political Economy in the Philosophy of Right", *The European Journal of the History of Economic Thought*, Vol. 11, No. 1, 2004.
40. Nayar, Baldev Raj, "The Limits of Economic Nationalism in India: Economic Reforms under the BJP-led Government, 1998-1999", *Asian Survey*, Vol. 40, No. 5, 2000.
41. Olukoju, Ayodeji, "Economic Nationalism and Decolonization: West Africa in Comparative Perspective", *Hagar*, Vol. 9, No. 2, 2010.
42. Porter, M. E., *The Competitive Advantage of Nations*, New York: Free Press, 1990.
43. Prebisch, R., *The Economic Development of Latin America and Its Principal Problems*, NY: United Nations, 1950.
44. Ravina, Mark, "Mercantilism in a Japanese Domain: The Merchant Origins of Economic Nationalism in 18th-Century Tosa", *Harvard Journal of*

Asiatic Studies, Vol. 50, No. 2, 2000.

45. Schulze, Max – Stephan, and Nikolaus Wolf, "Economic Nationalism and Economic Integration: The Austro – Hungarian Empire in the Late Nineteenth Century", *The Economic History Review*, Vol. 55, No. 2, 2012.

46. Shaffer, Greg, "Slotting Allowances and Resale Price Maintenance: a Comparison of Facilitating Practices", *RAND Journal of Economics*, Vol. 22, No. 1, 1991.

47. Shaffer, Greg, "Slotting Allowances and Optimal Product Variety", *The B. E. Journal of Economic Analysis & Policy*, Vol. 5, No. 1, 2005.

48. Sheppard, Randal, "Nationalism, Economic Crisis and 'Realistic Revolution' in 1980s Mexico", *Nations and Nationalism*, Vol. 17, No. 3, 2011.

49. Stefanescu, F., "The Economic Crisis and Protectionism", *Romanian Economic Business Review*, Vol. 4, No. 3, 2009.

50. Sudhir, K., and Vithala R. Rao, "Do Slotting Allowances Enhance Efficiency or Hinder Competition?" *Journal of Marketing Research*, Vol. 43, No. 2, 2006.

51. Suginohara, Masako, "The Politics of Economic Nationalism in Japan: Backlashainst Inward Foreign Direct Investment?" *Asian Survey*, Vol. 48, No. 5, 2008.

52. Wang, Hao, "Slotting Allowances and Retailer Market Power", *Journal of Economic Studies*, Vol. 33, No. 1, 2006.

53. 安果、伍江:《外资并购国内企业与国家产业安全——基于Stackelberg博弈模型的解释》,《广东社会科学》2007年第6期。

54. 安贺新:《财政支持外经贸发展的理论溯源》,《经济研究参考》2006年第91期。

55. 白澎:《中国产业安全的实证研究》,《山西财经大学学报》2010年第8期。

56. 卜伟、谢敏华、蔡慧芬:《基于产业控制力分析的我国装备制造业产业安全问题研究》,《中央财经大学学报》2011年第3期。

57. 蔡珍贵:《跨国公司的对外直接投资与中国引资行为分析》,博士学位论文,中南林业科技大学,2002年。

58. 曹金栋：《关于流通业战略性地位的理论探讨及对策分析》，《经济问题探索》2005 年第 2 期。
59. 曹金栋：《流通业战略性地位实证》，《商业时代》2005 年第 11 期。
60. 曹秋菊、唐新明：《开放经济下中国产业安全测度》，《统计与决策》2009 年第 17 期。
61. 陈海东：《外资对我国产业安全的影响及对策》，《财经贸易》1997 年第 6 期。
62. 程宝栋、宋维明：《中国木材产业安全问题研究》，《绿色中国》（理论版）2005 年第 22 期。
63. 程宝栋：《我国木材安全分析与评价》，《西北农林科技大学学报》（社会科学版）2011 年第 5 期。
64. 程恩富：《外商直接投资与民族产业安全》，《财经研究》1998 年第 8 期。
65. 邓立治、何维达：《我国船舶产业安全状况及问题研究》，《技术经济与管理研究》2009 年第 6 期。
66. 丁建吾：《要从维护国家经济安全的战略高度重视发展我国现代流通业》，http://www.sdpc.gov.cn/jjmy/ltyfz/t20050720_50655.htm。
67. 丁建吾：《重视发展我国现代流通业要从维护国家经济安全的战略高度》，《中国经贸导刊》2005 年第 5 期。
68. 杜丹清：《零售商业全面开放下的产业安全危机及其消解》，《国际贸易问题》2005 年第 11 期。
69. 范晓男、戴明华、鲍晓娜：《跨国并购对辽宁省装备制造业产业安全的影响研究》，《科技管理研究》2011 年第 6 期。
70. 付敏：《产业安全问题讨论综述》，《经济理论与经济管理》2007 年第 2 期。
71. 傅元海：《我国引进 FDI 质量的实证研究》，《统计研究》2008 年第 10 期。
72. 高铁生：《流通立法的方法论思考》，《中国流通经济》2003 年第 7 期。
73. 高伟凯：《冷战后的国家利益理论探讨》，《世界经济与政治论坛》2006 年第 6 期。
74. 高秀艳、高亢：《中国工程机械行业产业安全状况分析与评价》，《现代财经》2011 年第 3 期。

75. 高秀艳、蒋存虎:《中国装备制造业产业安全问题分析》,《经济纵横》2007 年第 22 期。

76. 顾海兵、曹帆、沈继楼:《美国经济安全法律体系的分析与借鉴》,《学术研究》2009 年第 11 期。

77. 顾海兵:《当前中国经济的安全度估计》,《浙江社会科学》1997 年第 3 期。

78. 郭春丽:《外资并购给我国产业安全带来的隐患透析》,《宏观经济管理》2007 年第 4 期。

79. 郭冬乐、王成慧:《加入世贸组织后过渡期:外资零售商在华发展运营态势分析》,《市场营销导刊》2005 年第 4 期。

80. 国家发展和改革委员会宏观经济研究院课题组:《中国产业安全态势评估、国际借鉴及若干对策建议》,《改革》2009 年第 4 期。

81. 韩常青、蔡坚:《加入 GPA 对我国产业安全影响的实证分析》,《国际贸易问题》2010 年第 12 期。

82. 何维达、何昌:《当前中国三大产业安全的初步估算》,《中国工业经济》2002 年第 2 期。

83. 何维达、何丹、朱丽萌:《加入世界贸易组织后我国农业产业安全估算及对策》,《经济与管理研究》2007 年第 2 期。

84. 何维达、李冬梅:《我国产业安全理论研究综述》,《经济纵横》2006 年第 8 期。

85. 何维达、潘玉璋、李冬梅:《产业安全理论评价与展望》,《科技进步与对策》2007 年第 4 期。

86. 何维达、宋胜洲:《开放市场下的产业安全与政府规制》,江西人民出版社 2003 年版。

87. 何维达、吴玉萍、刘瑞华:《煤炭产业安全评价研究及实证分析》,《商业研究》2007 年第 9 期。

88. 何维达、赵维:《加入 WTO 对江西产业发展与产业安全的影响》,《企业经济》2003 年第 5 期。

89. 何维达:《中国"入世"后的产业安全问题及其对策》,《经济学动态》2001 年第 11 期。

90. 何维达:《中国若干重要产业安全的评价与估算》,知识产权出版社

2007 年版。

91. 洪涛：《流通产业是一个基础产业——重视流通基础产业论的研究》，《全国商情》（经济理论研究）2005 年第 3 期。

92. 洪涛：《中国的流通产业——不容忽视的基础产业》，《市场营销导刊》2003 年第 4 期。

93. 胡峰：《外资并购下我国产业安全法律保障体系的构建》，《亚太经济》2011 年第 2 期。

94. 黄国雄：《论流通产业是基础产业》，《财贸经济》2005 年第 4 期。

95. 黄建军：《中国的产业安全问题》，《财经科学》2001 年第 6 期。

96. 黄漫宇：《FDI 对中国流通产业安全的影响及对策分析》，《宏观经济研究》2011 年第 6 期。

97. 黄志勇、王玉宝：《FDI 与我国产业安全的辩证分析》，《世界经济研究》2004 年第 6 期。

98. 纪宝成、李陈华：《对中国流通产业安全的几点认识》，《经济理论与经济管理》2012 年第 1 期。

99. 纪宝成、李陈华：《我国流通产业安全：现实背景、概念辨析与政策思路》，《财贸经济》2012 年第 9 期。

100. 纪宝成、刘元春：《对我国产业安全若干问题的看法》，《经济理论与经济管理》2006 年第 9 期。

101. 纪宝成：《把农村基层供销社办成具有中国特色的农村合作商业组织》，《经济学周报》1983 年 3 月 21 日第 5 期。

102. 纪宝成：《发挥国有商业主导作用之我见》，《商业经济研究》1988 年第 4 期。

103. 纪宝成：《论发挥国营商业的主导作用》，《商业经济研究》1984 年第 2 期。

104. 纪宝成：《商品流通论——体制与运行》，中国人民大学出版社 1993 年版。

105. 纪宝成：《商品流通渠道分析》，《中国社会科学》1991 年第 6 期。

106. 姜红、曾锵：《零售业开放的经济安全评价预警指标体系构建》，《国际贸易问题》2009 年第 6 期。

107. 姜鸿：《国外吸引外资的经验教训及武汉的借鉴》，《中南财经政法大学学报》2005 年第 2 期。

108. 蒋昭乙：《垂直专业化、外商直接投资与产业安全》，《世界经济与政治论坛》2009 年第 6 期。
109. 金成晓、余志刚、俞婷婷：《我国产业安全研究的历史与发展动态评述》，《财经问题研究》2010 年第 7 期。
110. 荆林波：《关于外资进入中国流通业引发的三个问题》，《国际经济评论》2005 年第 3 期。
111. 景玉琴、高洪力、高艳华：《创造有利于产业安全的制度环境》，《理论前沿》2004 年第 24 期。
112. 景玉琴、宋梅秋：《美国维护产业安全的政策及其借鉴意义》，《当代经济研究》2006 年第 5 期。
113. 景玉琴：《产业安全概念探析》，《当代经济研究》2004 年第 3 期。
114. 景玉琴：《产业安全评价指标体系研究》，《经济学家》2006 年第 2 期。
115. 景玉琴：《关于产业安全问题的经济思想钩沉》，《江汉论坛》2005 年第 10 期。
116. 景玉琴：《开放、保护与产业安全》，《财经问题研究》2005 年第 5 期。
117. 景玉琴：《论运用产业保护措施维护我国产业安全》，《经济学家》2003 年第 6 期。
118. 鞠姗：《新加坡、韩国和台湾的产业安全政策模式》，《生产力研究》2010 年第 12 期。
119. 李碧芳、肖辉：《国家产业安全视角下的中国大豆产业研究》，《湖北农业科学》2010 年第 8 期。
120. 李陈华、文启湘：《流通企业的（规模）边界》，《财贸经济》2004 年第 2 期。
121. 李陈华：《产业安全研究：理论、经验与政策》，《财经论丛》2012 年第 5 期。
122. 李陈华：《流通企业规模效率研究》，经济科学出版社 2010 年版。
123. 李陈华：《中国流通产业安全的概念争论、评价方法与指标体系》，《湘潭大学学报》（社科版）2012 年第 5 期。
124. 李陈华：《中国流通产业的"序数安全度"测算——基于结构及趋势调整方法》，《财贸经济》2014 年第 4 期。

125. 李陈华:《中国商业经济理论研究的中流砥柱——纪宝成教授的商业经济思想》,《商业经济与管理》2011 年第 12 期。
126. 李冬梅:《产业安全的多层次综合评价研究》,《科技管理研究》2007 年第 6 期。
127. 李飞、汪旭晖:《零售业开放度对国家经济安全影响的测评研究》,《国际贸易》2006 年第 8 期。
128. 李海舰:《外资进入与国家经济安全》,《中国工业经济》1997 年第 8 期。
129. 李骏阳:《从"末端产业"到"先导产业"——我国流通改革三十年述评》,《市场营销导刊》2008 年第 5 期。
130. 李孟刚:《产业安全理论的研究》,博士学位论文,北京交通大学,2006 年。
131. 李孟刚:《产业安全理论研究》,《管理现代化》2006 年第 3 期。
132. 李孟刚:《中国物流产业安全问题研究》,《中国流通经济》2007 年第 12 期。
133. 李万青:《我国物流产业安全问题及应对策略》,《中国物流与采购》2010 年第 17 期。
134. 李泳、王爱玲:《中国重点行业安全评价指标体系研究》,《财经研究》2006 年第 10 期。
135. 李作战:《外商直接投资的进逼机制与我国的产业安全战略》,《现代管理科学》2009 年第 11 期。
136. 刘兵权、王耀中、文凤华:《开放经济下现代生产性服务业、高端制造业与产业安全》,《社会科学家》2011 年第 5 期。
137. 刘国光:《商品流通业应从末端行业升位为先导性行业》,《市场营销导刊》1999 年第 2 期。
138. 刘满凤:《入世后汽车产业安全度估算的 DEA 模型》,《统计与决策》2005 年第 2 期。
139. 刘伟、陶树人:《浅谈煤炭产业安全》,《中国矿业》2005 年第 4 期。
140. 刘雪斌、颜华保:《基于产业链角度探析我国的产业安全》,《南昌大学学报》(人文社科版) 2007 年第 6 期。
141. 刘一飞:《国外有关产业安全的经验及教训》,《宏观经济管理》2010 年第 4 期。

142. 刘勇、朱瑜：《论反倾销与反补贴对我国国内产业安全的保障作用》，《国际贸易问题》2011年第2期。
143. 龙永图：《外资零售没有想象的那么可怕》，《当代经理人》2005年第3期。
144. 吕勇斌：《外资并购与中国农业产业安全：效应与政策》，《农业经济问题》2009年第11期。
145. 吕有晨：《〈百货店法〉及其作用》，《现代日本经济》1986年第5期。
146. 吕政：《自主创新与产业安全》，《中国国情国力》2006年第8期。
147. 罗宾斯（Lionel C. Robbins）：《经济科学的性质和意义》，朱泱译，商务印书馆2000年版。
148. 马建会：《加入WTO后影响我国产业安全的八大因素》，《亚太经济》2002年第4期。
149. 马龙龙、顾仲阳、韩禄鑫：《对我国零售业对外开放过程中若干问题的再认识》，《中国流通经济》2003年第7期。
150. 马友君：《俄罗斯吸引外资的历程及其前景》，《西伯利亚研究》2004年第1期。
151. 马有才、赵映超：《产业安全理论研究综述——兼论高新技术产业安全的特点》，《科技管理研究》2009年第12期。
152. 倪洪兴：《开放条件下我国农业产业安全问题》，《农业经济问题》2010年第8期。
153. 倪洪兴：《统筹两个市场两种资源 确保农业产业安全》，《中国农村经济》2011年第5期。
154. 冉净斐、文启湘：《流通战略产业论》，《商业经济与管理》2005年第6期。
155. 冉净斐：《流通发展与经济增长：理论与实证》，《生产力研究》2005年第3期。
156. 邵春光：《中国产业安全现状及对策》，《中国科技投资》2007年第1期。
157. 邵念荣、付春光：《产业安全指标评价体系创新研究》，《商业时代》2011年第1期。
158. 史忠良：《产业经济学》，经济管理出版社2005年版。

159. 宋则、王水平：《中国零售产业安全问题研究——框架、评测和预警》，《经济研究参考》2010 年第 56 期。
160. 宋则：《流通产业地位和效能需要重新看》，《中国经贸导刊》2003 年第 19 期。
161. 孙前进：《日本现代流通政策体系的形成及演变》，《中国流通经济》2012 年第 10 期。
162. 孙瑞华、刘广生：《产业安全评价指标体系的构建研究》，《科技进步与对策》2006 年第 5 期。
163. 陶琲：《法国零售商业的发展和政策》，《杭州商学院学报》1982 年第 4 期。
164. 童志军：《利用外资和国家产业安全》，《中国投资》1996 年第 8 期。
165. 童志军：《利用外资和国家产业安全——美、日、韩、墨四国的政策及借鉴》，《中国软科学》1997 年第 2 期。
166. 万典武：《开放批发零售业要掌握"度"》，《商业时代》2000 年第 4 期。
167. 汪旭晖、李飞：《跨国零售商在华战略及本土零售商的应对》，《中国工业经济》2006 年第 2 期。
168. 汪旭晖：《跨国零售企业进军中国市场的动因与策略》，《市场营销导刊》2007 年第 3—4 期。
169. 汪旭晖：《跨国零售企业与本土零售企业的战略互动：基于中国零售市场的分析》，《管理现代化》2006 年第 2 期。
170. 王彬：《挪威〈竞争法〉执法情况及对我借鉴》，http://www.mofcom.gov.cn/aarticle/i/dxfw/jlyd/200704/20070404606822.html。
171. 王京刚：《韩国流通业与物流发展现状》，《市场周刊》2008 年第 2 期。
172. 王俊：《跨国零售企业在华投资区位变化与政府产业管制》，《探索》2008 年第 1 期。
173. 王腊芳、文雯、赖明勇：《中国铁矿石产业面临的安全威胁及其产业安全度的测算》，《财经理论与实践》2010 年第 5 期。
174. 王丽、王苏生、黄建宏：《我国零售业产业安全研究》，《中央财经大学学报》2008 年第 6 期。
175. 王前超：《跨国公司战略性并购对我国产业安全的影响及对策》，《亚太经济》2006 年第 4 期。

176. 王水平:《基于产业控制力视角的中国零售业安全评估》,《财贸研究》2010 年第 6 期。

177. 王苏生、黄建宏、李晓丹:《我国装备制造业产业安全分析——以产业控制理论为基础》,《西南交通大学学报》(社科版)2008 年第 2 期。

178. 王晓蓉:《外资流入与产业安全》,《中国投资与建设》1996 年第 2 期。

179. 王学人、张立:《产业安全问题制度非均衡成因探讨》,《求索》2005 年第 4 期。

180. 王耀中、刘建江:《基于产业安全视角的外资并购主体博弈分析》,《求索》2009 年第 6 期。

181. 王元京:《外商在关键性产业投资并购对产业安全的影响》,《经济理论与经济管理》2007 年第 4 期。

182. 王允贵:《产业安全问题与政策建议》,《开放导报》1997 年第 1 期。

183. 王允贵:《外资对我国产业安全的影响与对策》,《瞭望》1997 年第 3 期。

184. 吴岩:《反倾销条例——保护产业安全的有力武器》,《企业管理》2002 年第 2 期。

185. 吴英娜、伍雪梅:《开放条件下中国零售流通产业安全评价分析》,《宏观经济研究》2011 年第 11 期。

186. 吴玉萍:《煤炭产业安全的基本内涵及评价指标体系研究》,《生产力研究》2008 年第 8 期。

187. 夏春玉、任博华:《中国流通政策的构建——基于美日流通政策的比较研究》,《经济与管理研究》2006 年第 8 期。

188. 夏兴园、王瑛:《国际投资自由化对我国产业安全的影响》,《中南财经大学学报》2001 年第 2 期。

189. 肖飞:《流通产业——不容忽视的基础产业》,《辽宁经济》2009 年第 12 期。

190. 肖怡:《日本流通产业的管理政策对我国的启示》,《中国市场》2006 年第 43 期。

191. 徐力行、高伟凯、陈俞红:《国外产业安全防范体系的比较及启示》,

《财贸经济》2007 年第 12 期。

192. 徐淼：《跨国公司并购对我国产业安全影响研究》，硕士学位论文，北京交通大学，2009 年。

193. 许铭：《浅析韩国维护产业安全的成败与得失》，《亚太经济》2005 年第 5 期。

194. 许铭：《中国医药产业安全评估的实证分析》，《经济管理》2004 年第 23 期。

195. 杨公朴、夏大慰：《现代产业经济学》，上海财经大学出版社 2005 年版。

196. 杨公朴、王玉、朱舟、王蔷、李太勇：《中国汽车产业安全性研究》，《财经研究》2000 年第 1 期。

197. 杨公朴：《产业经济学》，复旦大学出版社 2005 年版。

198. 杨国亮：《新时期产业安全评价指标体系构建研究》，《马克思主义研究》2010 年第 6 期。

199. 杨宏斌：《印度利用外国直接投资政策的特点及新发展》，《南亚研究季刊》2002 年第 3 期。

200. 杨小凯、张永生：《新兴古典经济学与超边际分析》（修订版），社会科学文献出版社 2003 年版。

201. 杨小凯：《经济学原理》，中国社会科学出版社 1998 年版。

202. 亦北：《从国家战略高度审视流通业对外开放》，《中国工商管理研究》2006 年第 8 期。

203. 易明、杨树旺、宋德勇：《资源环境约束与产业安全评价指标体系重构》，《工业技术经济》2007 年第 9 期。

204. 于新东：《产业保护和产业安全的理论分析》，《上海经济研究》1999 年第 11 期。

205. 于新东：《跨国公司和东道国的产业保护与产业安全》，《社会科学战线》1999 年第 6 期。

206. 于新东：《中国加入 WTO 后产业保护和产业安全研究及对策》，《学习与探索》2000 年第 2 期。

207. 余治利：《警惕"产业空洞化"——对我国产业安全的思考》，《世界经济研究》2000 年第 5 期。

208. 郁德强、左世全：《国际产业转移对我国产业安全的影响》，《国际经济合作》2011 年第 7 期。

209. 昝欣:《后危机时代国际投机资本对我国产业安全的影响》,《中央财经大学学报》2010 年第 4 期。

210. 张碧琼:《国际资本扩张与经济安全》,《中国经贸导刊》2003 年第 6 期。

211. 张超:《确立流通业的战略性产业地位》,《市场周刊·研究版》2005 年第 S1 期。

212. 张春森:《进口反倾销:保护产业安全的利剑》,《浙江经济》2002 年第 7 期。

213. 张奋勤:《跨国公司对我国产业安全的影响与对策分析》,《宏观经济管理》1999 年第 11 期。

214. 张海洋、刘海云:《外资溢出效应与竞争效应对中国工业部门的影响》,《国际贸易问题》2004 年第 3 期。

215. 张金鑫、徐淼、谢纪刚:《外资并购对我国医药产业安全的影响》,《财政研究》2010 年第 2 期。

216. 张丽娜:《韩国流通产业发展法及其对中国的启示》,《中国流通经济》2011 年第 5 期。

217. 张丽淑、樊秀峰:《跨国企业行为视角:我国零售产业安全评估》,《当代经济科学》2011 年第 1 期。

218. 张林超:《中国重大装备产业安全研究》,博士学位论文,西南财经大学,2008 年。

219. 张律律:《外资与产业安全若干问题分析与思考》,《国际贸易》2011 年第 1 期。

220. 张铭:《美国保护产业安全的做法及对我国的启示》,《经济管理》1997 年第 2 期。

221. 张平:《不必夸大业态冲击——关于中国零售业对外开放争论的评析》,《中国外资》2005 年第 6 期。

222. 张瑞萍:《我国农业产业安全的反垄断法保障机制与规则分析》,《当代法学》2011 年第 1 期。

223. 张淑荣、魏秀芬:《我国棉花产业安全状况评价》,《农业技术经济》2011 年第 2 期。

224. 张文魁:《外资并购并未产生巨大威胁 真正威胁是限制内资》,ht-

tp: //finance. sina. com. cn/review/20060409/12302485737. shtml。

225. 张文中：《流通业：与狼难以共舞》，《IT 经理世界》2003 年第 21 期。
226. 张秀岩：《国内产业安全理论研究现状分析》，《人民论坛》2010 年第 29 期。
227. 张秀岩：《流通产业安全评价指标体系设计》，《商业时代》2010 年第 36 期。
228. 张志宏：《关于利用外资与我国产业安全大论战若干问题的深入思考》，《国际经贸探索》1997 年第 6 期。
229. 张志宏：《关于利用外资与我国产业安全的若干问题》，《高校理论战线》1998 年第 1 期。
230. 张志宏：《利用外资与我国产业安全若干问题的深入思考》，《中国工业经济》1998 年第 3 期。
231. 张志君：《中国全面"入世"与国家电视文化产业安全》，《中国人民大学学报》2002 年第 1 期。
232. 赵德馨：《中国市场经济的由来——市场关系发展的三个阶段》，《中南财经政法大学学报》2010 年第 2 期。
233. 赵尔烈、于淑华：《战后日本流通政策体系及其对我们的启示》，《商业经济与管理》（杭州商学院学报）1994 年第 1 期。
234. 赵广林：《经济全球化背景下我国的产业安全》，《南京政治学院学报》2000 年第 2 期。
235. 赵勤：《产业安全视角下黑龙江省大豆产业发展研究》，《大豆科学》2010 年第 3 期。
236. 赵世洪：《国民产业安全概念初探》，《经济改革与发展》1998 年第 3 期。
237. 周勤、余晖：《转型时期中国产业组织的演化：产业绩效与产业安全》，《管理世界》2006 年第 10 期。
238. 周新健：《挪威的流通产业和管理体制》，http: //no. mofcom. gov. cn/aarticle/ztdy/200502/20050200343555. html。
239. 朱丽萌：《中国农产品进出口与农业产业安全预警分析》，《财经科学》2007 年第 6 期。
240. 朱涛：《中国零售业的产业安全评价体系研究》，《商业经济与管理》2010 年第 9 期。

241. 朱钟棣、孙瑞华:《入世后评价产业安全的指标体系》,《世界贸易组织动态与研究》2006 年第 5 期。
242. 祝年贵:《利用外资与中国产业安全》,《财经科学》2003 年第 5 期。
243. 庄尚文、赵亚平:《跨国零售买方势力的福利影响与规制思路——以通道费为例的模型分析》,《财贸经济》2009 年第 3 期。

后 记

本书的出版得到了国家社科规划办的大力资助。书稿的主要内容是在中国人民大学做博士后研究期间完成的，后几经修改，终于完稿，长吁一口气。博士后没有学位，但与读博士没两样，也是一段艰难而又难得的求学经历，至少在我看来是这样的。在西安交通大学读博士时选择了一个偏重理论的题目"流通企业规模效率"（拙作《流通企业规模效率研究》已于2010年由经济科学出版社出版），至今我自己也没搞太清楚，但总觉得接下来应该扩展至政策应用层面，于是便联想到中外商业规模效率竞争和中国流通产业安全问题。非常荣幸和感激，这一选题得到流通学界前辈们的鼓励，以及国家社科规划办的重点资助，特别是得到了合作导师纪宝成教授的认可，给予我到中国人民大学做博士后研究的机会。后来，该选题又得到了中国博士后科学基金面上资助和特别资助以及湖南省社科规划办的资助，让我更加充满信心。

跟随纪老师做研究是一种可遇不可求的人生际遇。入学才知道导师从前还没有带过博士后，心想他身为校长，公务繁忙，应该没有多少时间照看我的学术研究。结果出人意料，纪老师治学极其严谨。因恐打扰，我经常以短信和邮件形式向他汇报研究进展，请教学术困惑，几乎每次他都及时回复，而且有时候还要约去面谈，详细指出问题所在。记得有一次我在文章中写了这么一句话："……中国走了很长一段时期的计划经济弯路……"，纪老师似乎很严厉："弯路"一词不妥。你们这一代不了解，在那个物资极其匮乏又面临西方国家全面封锁的年代，不搞计划经济，难道可以搞市场经济吗？要是那样，有多少人会饿死？计划经济不是一无是处，相反，它对新中国成立初期的经济发展、人民生活和社会稳定有过不可磨灭的贡献，是当时的必然选择。"这种认识让我醍醐灌顶，的确值得我们青年一代认真反思。于是，我开始全面查找和拜读导师从前的论著，结果很吃惊，当时的许多观点至今仍有重要借鉴意义，比如商业作用

"繁荣市场与稳定市场"的两分法,商品流通渠道的"环节说",市场秩序"宜疏不宜堵"的政策见解,等等(参见《中国商业经济理论研究的中流砥柱——纪宝成教授的商业经济思想》,《商业经济与管理》2011年第12期)。这些思想和观点对我影响很大,有些是参考,有些是借鉴,还有一些实际上是"借用",用一个更上台面的词叫"继承和发展"。纪老师不仅治学严谨,而且对学生的品行要求极高。由于我出身小中专(造船专业),没有念过高中和大学,考研时以一自考大专勉强获得考试资格,后来在读博士和毕业后才发表了几篇小论文,申请博士后时自然心虚,结果没想到纪老师容忍了这块让我一直心怀忐忑的短板。更没想到的是,导师对学生人品的要求似乎更高,经各种渠道了解我的情况之后才同意接纳,这里也特别感谢当时徐从才老师和柳思维老师的大力推荐和"人品担保"。几年来,从纪老师那里学到的不仅仅是商业经济理论,更重要的是让我进一步体会到做学问要先做人的深刻道理。师恩重于山。

记得刚入校时,有一博士师妹(若按入门先后则应该叫师姐)在闲聊时透露,咱们要想给导师争光恐怕难,不抹黑就不错了。可想而知"压力山大",不抹黑最好的办法就是把自己的研究做扎实些,于是翻文献、查档案、找数据、做调研,寻找一切可利用的机会向权威专家请教。接下来的进展还算顺利,甚至还有一些意外发现,比如当前在流通学界,特别是流通企业界有一种流行说法,认为中央对流通业的开放过早过快,WTO谈判在分销领域让步太多,而事实并非完全如此,从20世纪90年代后期和21世纪初期中央及各部委下发的有关整治地方政府"越权审批外资商业项目"的文件中可以推断,地方政府的流通开放大大超前于中央政策,以既成事实来推动或"迫使"中央不得不那样去选择。这里又联想到纪老师的教诲:批评有时候完全是因为批评者不了解真实情况,人云亦云,以讹传讹,学术批评也是如此,因此批评一定要有理有据。

在这几年里,帮助我的人实在太多太多,感谢流通学界徐从才、柳思维、文启湘、黄国雄、郭冬乐、宋则、纪良纲、夏春玉、晏维龙、荆林波、陈甫军、蔡文浩、马龙龙、李泽华、吴小丁、王晓东、祝合良、洪涛、陈阿兴、李骏阳、张建民、郭守亭、王先庆、郑勇军等前辈们的指点;感谢中国人民大学商学院伊志宏、刘向东、谷克鉴、陈君、王强、易靖韬、李智、石明明等老师以及湖南商学院和南京审计学院领导和同事的关心;感谢中国人民大学郭海鹰、郭娜、沈健、王亚敏、郭韶伟、陈亮、孙静、万静、胡德宝、蒋艳霞、刘斌、刘建利、曲词、王晓彦、黄海军、赵义华、杨振、韩磊、何洁等同学的陪伴,以及向佐谊、杨欢进、石奇、许永兵、王兆峰、高觉民、樊秀峰、戎素云、赵玻、刘凤根、唐红涛、尹元元、张学文、王娟、杨宗锦、杜焱、徐志耀、赵锋、朱艳春、熊曦等同学的帮助;特别感谢国家社科规划办的吴榆老师、湖南省社科规划办的王礼生老师和中国人民大学博管办的李陈锋老师,在研究遇到困难的时候,他们总是给我巨大鼓励。感谢中国社会科学出版社的侯苗苗老师,她为本书出版付出了辛勤的汗水。

在本书即将出版之际,我调到了南京审计大学,新单位的领导和同事非常热情,感谢王家新、晏维龙、吴朝国、张建红、尹平、郭宏之、王会金、张金城、时现、裴育、李群、姜德波、郑石桥、许成安、李乾文、程乃胜、方习年、张维、卢亚娟、庄玉良、施平、刘爱龙、汪自成、李冠强、卢加元、童瑞莲、孙文远、后小仙、孙国锋、周方舒、杨国为、李昆、鲁靖、魏昌东、殷俊民、戚振东、刘玉、李卫红、李海燕、陈祖华、刘骅、江涛、徐超等领导和同事的关心和支持。

陈王伊佳上小学四年级了,身高与脾气同时见长,但目前学习还行,这是硬道理,"成绩好,没道理也有道理;成绩差,有道理也没道理",初级教育阶段,只能如此。爱人王丽在中南大学任教,科研任务不比我轻,但家里的事她操心更多,除了技术含量低的洗碗和技术含量高的维修,中间层的工作基本上都是她负责,为我完成这项研究提供了坚实的后方保障。贤妻不言谢。

李陈华

2015 年 10 月 18 日